Dem Kirchenaustritt begegnen

# Europäische Hochschulschriften
Publications Universitaires Européennes
European University Studies

Reihe XXIII
Theologie

Série XXIII Series XXIII
Théologie
Theology

Bd./Vol. 695

PETER LANG
Frankfurt am Main · Berlin · Bern · Bruxelles · New York · Oxford · Wien

Dirk Dütemeyer

Dem Kirchenaustritt begegnen

Ein kirchenorientiertes Marketingkonzept
2., überarbeitete Auflage

PETER LANG
Europäischer Verlag der Wissenschaften

Die Deutsche Bibliothek - CIP-Einheitsaufnahme

Dütemeyer, Dirk:

Dem Kirchenaustritt begegnen : ein kirchenorientiertes
Marketingkonzept ; 2., überarbeitete Auflage / Dirk Dütemeyer. -
Frankfurt am Main ; Berlin ; Bern ; Bruxelles ; New York ;
Oxford ; Wien : Lang, 2002
    (Europäische Hochschulschriften : Reihe 23, Theologie ;
    Bd. 695)
    Zugl.: Münster (Westfalen), Univ., Diss., 2000
    ISBN 3-631-39389-X

Gedruckt auf alterungsbeständigem,
säurefreiem Papier.

D 6
ISSN 0721-3409
ISBN 3-631-39389-X

© Peter Lang GmbH
Europäischer Verlag der Wissenschaften
Frankfurt am Main 2002
Alle Rechte vorbehalten.

Das Werk einschließlich aller seiner Teile ist urheberrechtlich
geschützt. Jede Verwertung außerhalb der engen Grenzen des
Urheberrechtsgesetzes ist ohne Zustimmung des Verlages
unzulässig und strafbar. Das gilt insbesondere für
Vervielfältigungen, Übersetzungen, Mikroverfilmungen und die
Einspeicherung und Verarbeitung in elektronischen Systemen.

Printed in Germany 1 2 3 4 5 7

www.peterlang.de

Weil der Kirchenaustritt die Verheißung des Evangeliums nicht aufheben kann, die in der Taufe sichtbaren Ausdruck gefunden hat, besteht für die Gemeinde die Pflicht, Ausgetretenen nachzugehen, sie zu informieren, für sie zu beten und sie immer wieder auch zur Rückkehr in die Kirche einzuladen.

(Entwurf der Lebensordnung der EKU. 1997)

Geleitwort

Die vorliegende Publikation greift ein Problem auf, das seit geraumer Zeit die beiden großen Kirchen in Deutschland betrifft: Sie leiden unter Akzeptanzverlust und viele Menschen kehren ihnen den Rücken, d.h. sie vollziehen einen formellen Kirchenaustritt. Der Verfasser behandelt dieses Thema aus historischer, gesetzgeberischer, kirchengeschichtlicher und betriebswirtschaftlicher Perspektive. Er nimmt die Situation des Kirchenaustritts zum Anlaß und Ausgangspunkt praktisch-theologischer Handlungsnotwendigkeit. Dabei verwendet er als konzeptionellen Bezugsrahmen die Erkenntnisse der modernen Marketingwissenschaft. Diesem Ansatz liegt die Vorstellung einer „bedürfnis- bzw. marktorientierten" Führung der kirchlichen Organisation zugrunde. Dabei werden Erkenntnisse zur Beeinflussung und Steuerung von Zielgruppen im kommerziellen Bereich auf den nicht-kommerziellen Sektor des sog. Kirchenmarketing übertragen. Im Mittelpunkt dieser praktisch-normativen Konzeption steht die Erhaltung und Gestaltung von Austauschprozessen, d.h. der Beziehung zu den Kirchenmitgliedern.

Der Verfasser widmet der Analyse und Prognose der Entwicklung des Kirchenaustrittes einen relativ breiten Raum. Er gibt einen sorgfältig recherchierten Überblick über die Mitgliederbewegung in den Kirchen seit 1884. Dabei werden bestimmte Phasen von Zu- und Abnahmen der Austritte ermittelt und nach soziodemographischen Daten aufbereitet. Besonders aufschlußreich ist die Analyse der unterschiedlichen Entwicklung der Kirchenaustritte in Ost- und Westdeutschland. Die zuverlässigen und vollständigen Erhebungen werden flankiert von der Darstellung der Entwicklung der Kirchenaustrittsgesetzgebung in Preußen und im Reich (seit 1788). Unter Bezugnahme auf die einschlägigen Gesetze liegt damit ein Handbuch des Kirchenaustritts vor, das qualifiziert über den Gegenstand in Vergangenheit und Gegenwart informiert.

Vor diesem Hintergrund setzt sich der Verfasser in Szenarien mit Zukunftsperspektiven der Kirchen auseinander und entwickelt eine „kirchenorientierte" Marketingkonzeption, die geeignet erscheint, Kirchenaustritte zu vermeiden und Wiedereintritte zu fördern. Er nimmt dabei auf die Besonderheiten und Merkmale von Zielgruppen Bezug und zeigt auf, welchen

Beitrag der systematische Einsatz von Marketinginstrumenten zur Lösung der aktuellen Problematik der Kirchen leisten kann.

Mit der disziplinenübergreifenden Arbeit beschreitet der Verfasser wissenschaftliches Neuland. Er weist sich nicht nur als fundierter Kenner der Materie aus, sondern versteht es mit kritischer Distanz die theologisch-pragmatische Perspektive mit Erkenntnissen des nicht-kommerziellen Marketing zu verbinden. Damit leistet er einen herausragenden Beitrag zum interdisziplinären Dialog universitärer Wissenschaften. In diesem Sinne ist zu wünschen, daß die Arbeit in einschlägigen Fachkreisen ein entsprechendes Echo findet.

Münster, im September 2000

Heribert Meffert *Friedemann Merkel*

Vorwort zur zweiten Auflage

Das Erscheinen einer zweiten Auflage bestätigt das große Interesse an einem kirchenorientierten Marketingkonzept als Ansatz dem Kirchenaustritt zu begegnen.

Ich war selbst überrascht von der deutlichen Akzeptanz, mit der kirchenleitende Gremien der evangelischen und der katholischen Kirche auf meine Ausführungen reagiert haben. Dass jedoch nicht nur Fachkreise mit Interesse reagierten, zeigte sich mir bei meinen Vorträgen zu diesem Thema, in Diskussionen und Wortbeiträgen von Teilnehmerinnen und Teilnehmern und nicht zuletzt in einer ausführlichen Berichterstattung der Medien.

Dennoch werden die Ergebnisse meiner Untersuchung in der kirchlichen Praxis mit sehr unterschiedlicher Dynamik umgesetzt. Während die Erhebung und Vernetzung des notwendigen Datenmaterials immer noch weit hinter dem technisch möglichen liegt, haben viele evangelische Landeskirchen die juristischen Voraussetzungen zur Errichtung von Wiedereintrittsstellen geschaffen und vielerorts bereits die Arbeit in Eintritts- bzw. Wiedereintrittsstellen aufgenommen.

Ich habe in meiner Gemeinde damit begonnen, die Arbeit mit Ausgetretenen und Wiedereintretenden nochmals zu intensivieren. Deutlicher als bisher traten dabei die Wiedereintrittshindernisse in den Vordergrund, so dass ich mich entschlossen habe, dieser Problematik in der zweiten Auflage ein eigenes Kapitel zu widmen.

Bleibt zu hoffen, dass sich die Mitgliederorientierung fest im Denken kirchlich Mitarbeitender etabliert und so deren Handeln maßgeblich mitbestimmt.

Münster, im Januar 2002 *Dirk Dütemeyer*

Vorwort zur ersten Auflage

Trotz der großen Zahl an Kirchenaustritten im ausgehenden 20. Jahrhundert ist das Engagement evangelischer Landeskirchen, kirchenfernen Menschen zu begegnen, gering. Der Grund hierfür ist in der persönlichen Betroffenheit kirchlicher Mitarbeiterinnen und Mitarbeiter ebenso zu finden wie in einer deutlichen Unkenntnis der Zielgruppe der kirchenfernen Menschen.

Die Folge ist, dass bislang in der evangelischen Kirche ungeahnte Möglichkeiten zur Festigung kirchlicher Mitgliedschaft und zur Wiedergewinnung ausgetretener Mitglieder, trotz teilweise nur sehr geringen Aufwands, nicht erkannt werden und damit ungenutzt bleiben.

Diese Zusammenhänge haben mein Interesse geweckt, so dass ich im Februar 1998 damit begonnen habe, grundlegend über den Kirchenaustritt zu forschen.

Die nun als Buch (mit geringfügigen Aktualisierungen) vorliegenden Ergebnisse wurden im Sommersemester 2000 als erste interdisziplinäre Promotion zwischen den Fachbereichen Betriebswirtschaft und Evangelische Theologie von der Evangelisch-Theologischen Fakultät der Westfälischen Wilhelms-Universität Münster angenommen.

Dass dies möglich wurde, verdanke ich der Tatsache, dass zwei Wissenschaftler mich und meine Überlegungen uneingeschränkt unterstützt haben. Zum einen ist hier mein Doktorvater, der praktische Theologe Prof. Dr. Friedemann Merkel, zu nennen, der schon in unseren ersten Begegnungen dem schwierigen Thema vorbehaltlos und offen gegenüberstand. Er begleitete mich mit Wohlwollen und Konsequenz, bis das Ziel erreicht war.

Zum anderen gilt mein Dank dem Professor für Betriebswirtschaftslehre und Direktor des Instituts für Marketing Prof. Dr. Dr. h.c. mult. Heribert Meffert aus Münster. Prof. Meffert war eine interdisziplinäre Begegnung von Theologie und Betriebswirtschaftslehre – insbesondere des Marketing – schon seit längerem ein Anliegen. So war ich als Theologe herzlich willkommen in einer Welt, die dem Außenstehenden wohl eher rational und kühl anmutet.

Beide Professoren haben aufgrund ihrer Erfahrung und Weitsicht die innovativen Möglichkeiten erkannt, die sich mit dem vorliegenden kirchenorientierten Marketingkonzept für die beiden großen Kirchen eröffnen.

Des Weiteren danke ich für hilfreiche Gespräche, fachliche Ratschläge, praxisnahe Anregungen und kollegiale Kritik dem Professor für Praktische Theologie Christian Grethlein, dem Steuerreferenten der EKD Oberkirchenrat Dr. Jens Petersen, dem Akademischen Rat am Institut für Marketing Dr. Dr. Helmut Schneider, den Pfarrern Klaus Knorrek und Dirk Leiendecker, dem Supervisor und Krankenhausseelsorger Reiner Stephany, Pater Hubertus Görgens (SDS) sowie den Sparkassenbetriebswirtinnen Mechthild Dütemeyer und Edda Möllers.

Außerdem gilt mein Dank meiner Landeskirche, der Evangelischen Kirche von Westfalen, vertreten durch Vizepräses Dr. Hans-Detlef Hoffmann, die meine Promotion mit der Freistellung von der pfarramtlichen Tätigkeit ebenso ermöglicht hat wie durch ein Empfehlungsschreiben an alle Landeskirchen der EKD mit der Bitte um Unterstützung dieser Arbeit.

So gilt mein weiterer Dank den Landeskirchen der EKD und der EKD selbst, die mit zum Teil umfangreichem Material dazu beigetragen haben, ein festes Fundament für das vorliegende Buch zu schaffen und gleichzeitig viele Erkenntnisse mit Leben zu füllen. Hier ist auch das Referat Statistik der EKD, vor allem Maik Jankowiak, zu nennen, das mich mit umfangreichem Datenmaterial versorgt hat.

Auch von der katholischen Bischofskonferenz, vor allem Gabriele Grohs vom Referat Statistik, wurde für diese Arbeit dankenswerterweise ausführliches Material zur Verfügung gestellt.

Zum Schluss danke ich noch Marius Jacoby, der mich in Layoutfragen beraten und unterstützt hat, sowie Beatrix Bohn, die die Lektoratsaufgaben übernommen hat.

Sie alle haben dazu beigetragen, dass mit diesem Buch ein fundiertes kirchenorientiertes Marketingkonzept zum Umgang mit kirchenfernen Menschen vorgelegt werden kann.

Münster, im September 2000 *Dirk Dütemeyer*

Inhaltsverzeichnis

Geleitwort	VII
Vorwort zur zweiten Auflage	IX
Vorwort zur ersten Auflage	X
Verzeichnis der Abbildungen	XVII
Verzeichnis der Tabellen	XVII

0. Einleitung
0.1. Der Kirchenaustritt – Eine bedeutende Herausforderung für die evangelische Kirche der Gegenwart — 1
0.2. Die Forschungsgeschichte – Ein Überblick über die Literatur zum Kirchenaustritt — 4
0.3. Die Praxissituation des Kirchenaustritts als Ausgangspunkt praktisch-theologischer Handlungsnotwendigkeit — 20

I. Analyse — 28

1. Die Begriffsklärung — 29
1.1. Die Kirche und ihre ‚Mit-Glieder' — 29
1.1.1. Die Kirchen als Körperschaften des öffentlichen Rechts — 29
1.1.2. Die Kirchengliedschaft — 30
1.1.3. Die Kirchenmitgliedschaft in der EKD — 32
1.1.4. Der Kirchenaustritt — 35
1.1.4.1. Der Übertritt — 37
1.1.4.2. Der negative Religionsaustritt — 40
1.1.5. Die Kirchensteuer — 41
Exkurs: Die Preis-Leistungs-Bestimmer — 44
Exkurs: Die Kirchensteuer in der DDR — 48
1.1.6. Der Kirchenaustritt aus Sicht der römisch-katholischen Kirche — 51

2. Die Kirchenaustrittsgesetzgebung — 55
2.1. Das Wöllnersche Religionsedikt vom 25. Juli 1788 — 55
2.2. Das allgemeine preußische Landrecht vom 5. Februar 1794 — 58
2.3. Das preußische Religionspatent vom 30. März 1847 und die Verordnung, betreffend die Geburten, Heirathen und Sterbefälle vom 30. März 1847 — 62
2.4. Das preußische Gesetz, betreffend den Austritt aus der Kirche vom 14. Mai 1873 — 67
2.5. Der Entwurf eines Reichsgesetzes, betreffend die Freiheit der Religionsausübung vom 23. November 1900 — 72
2.6. Preußisches Gesetz, betreffend die Erleichterung des Austritts aus der Kirche und aus den jüdischen Synagogengemeinden vom 13. Dezember 1918 — 74
2.7. Gesetz, betreffend den Austritt aus den Religionsgesellschaften öffentlichen Rechts vom 30. November 1920 — 76
2.8. Von der Weimarer Verfassung bis zum Grundgesetz – 1919 bis 1949 — 79

2.9.	Die Religionsgemeinschaften in der Verfassung der DDR vom 7. Oktober 1949 in Verbindung mit der Verordnung über den Austritt aus Religionsgemeinschaften öffentlichen Rechts. Vom 13. Juli 1950	82
2.10.	Die Verfassung der DDR vom 7. Oktober 1974	85
2.11.	Die gegenwärtig gültige Kirchenaustrittsgesetzgebung in den evangelischen Landeskirchen in Deutschland	87
2.12.	Der zusammenfassende Überblick	89
3.	**Kirchengeschichtliche Beispiele zum Umgang mit Ausgetretenen**	**91**
3.1.	Die Aufgabe der evangelischen Kirche, die ihr entfremdeten Angehörigen wiederzugewinnen. Das Beispiel Johann Hinrich Wichern	91
3.2.	Erlaß des Evangelischen Oberkirchenrats über das Verhalten der Kirche zu den Ausgetretenen vom 20. Dezember 1920	93
3.3.	Gegenwärtige Erlasse der evangelischen Landeskirchen zum Umgang mit Ausgetretenen	96
4.	**Der statistische Überblick**	**101**
4.1.	Mitgliederbewegungen der evangelischen Kirche 1884–1999	102
	Exkurs: Die Sogwirkung eines Kirchenaustritts	118
	Exkurs: Die Alleinlebenden	120
4.2.	Geschlechtsspezifische Analyse der Mitgliederbewegungen der evangelischen Kirche 1978–1998	124
4.3.	Der Wiedereintritt in die evangelische Kirche 1933–1996	131
4.4.	Mitgliederbewegungen der ostdeutschen evangelischen Landeskirchen 1946–1998 (i.A.)	136
	Exkurs: Die Konfessionslosen	145
	Exkurs: Dokumente der Evangelisch-Lutherischen Landeskirche Sachsens zum Kirchenaustritt in den Anfängen der DDR	149
4.5.	Datenvergleich der ost- und westdeutschen evangelischen Landeskirchen	151
4.6.	Mitgliederbewegungen der römisch-katholischen Kirche in Deutschland 1900–1999 (i.A.)	152
4.7.	Abschließende Bemerkungen	162
5.	**Die gegenwärtig vorliegenden kirchlichen Konzepte zur nachgehenden Seelsorge an Ausgetretenen**	**164**
5.1.	neu anfangen – Christen laden ein zum Gespräch	165
5.2.	Eine offene Tür	167
5.3.	‚Kontakt-Telefon' und ‚Kirche – Ja'	168
5.4.	(WIEDER)DAZUGEHÖREN	169
5.5.	Die Einrichtung von Wiedereintrittsstellen	170
5.6.	Zusammenfassung	173

II.	**Prognose**	175
1.	Negative Zukunftsperspektive der evangelischen Kirche	177
2.	Positive Zukunftsperspektive der evangelischen Kirche	182
3.	Persönliche Einschätzung der zukünftigen Entwicklung der evangelischen Kirche	185
III.	**Zielfestlegung**	186
1.	Die Ziele des kirchenorientierten Marketingkonzeptes für den Umgang der Kirche mit ausgetretenen und kirchenfernen Menschen	187
2.	Das Zielgruppenprofil	189
2.1.	Das Persönlichkeitsprofil eines kirchenfernen Menschen	190
2.2.	Die kausale Komponente eines Kirchenaustritts	194
2.3.	Die psychologische Komponente eines Kirchenaustritts	197
2.4.	Die kausale Komponente eines Wiedereintritts	207
2.5.	Die Wiedereintrittshindernisse	211
3.	Die Zielgruppen	213
IV.	**Operative Marketingplanung**	214
1.	Leistungen	216
1.1.	Der Erlass zum Umgang mit aus der Kirche Ausgetretenen	216
1.2.	Der Wiederaufnahmeritus	219
2.	Distribution	222
2.1.	Der Adressat der Austrittserklärung	222
2.2.	Die Mitgliederbeauftragten	224
2.2.1.	Die Mitgliederbeauftragten der Landeskirchen	224
2.2.2.	Die Mitgliederbeauftragten der Kirchenkreise und Gemeinden	227
2.3.	Die Wiedereintrittsstellen	230
3.	Kommunikation	232
3.1.	Das Seelsorgegespräch mit kirchenfernen Menschen	232
3.1.1.	Das Seelsorgegespräch bei der Kirchenaustrittserklärung	237
3.1.2.	Das Seelsorgegespräch mit einem ausgetretenen Menschen	238
3.1.3.	Das Seelsorgegespräch beim Wiedereintritt	239
3.2.	Der Leitfaden zur Kirchenmitgliedschaft	240
3.3.	Die Öffentlichkeitsarbeit und die Werbung	242
3.4.	Der Schriftwechsel nach dem Kirchenaustritt bzw. dem Wiedereintritt	245

3.5.	Die Bekanntmachung von Austrittsdaten	248
V.	**Realisation und Kontrolle**	251
1.	Die Steuerungsmaßnahmen im ersten Jahr	252
2.	Die jährlichen Steuerungsmaßnahmen	253
	Schlussbetrachtung	254
	Anhang	256
1.	Abkürzungsverzeichnis	256
2.	Gesetzestexte	258
2.1.	No. X L I X. Circulare an alle Inspectoren der Churmark, nebst Edict vom 9. Jul. die Religions=Verfassung in den Preußischen Staaten betreffend. De Dato Berlin, den 25. Jul. 1788.	258
2.2.	Hauptbestimmungen des Staatskirchenrechts des Allgemeinen Landrechts für die Preußischen Staaten vom 5. Februar 1794.	263
2.3.	Patent König Friedrich Wilhelms IV. betreffend die Bildung neuer Religionsgemeinschaften vom 30. März 1847.	266
2.4.	Verordnung, betreffend die Geburten, Heirathen und Sterbefälle, deren bürgerliche Beglaubigung durch die Ortsgericht erfolgen muß. Vom 30. März 1847.	267
2.5.	Gesetz betreffend den Austritt aus der Kirche vom 14. Mai 1873.	269
2.6.	Gesetzentwurf über die Freiheit der Religionsausübung im deutschen Reiche.	270
2.7.	Preußisches Gesetz, betreffend die Erleichterung des Austritts aus der Kirche und aus den jüdischen Synagogengemeinden ... vom 13. Dezember 1918.	272
2.8.	Die Verfassung des Deutschen Reiches (Weimarer Verfassung) vom 11. August 1919.	272
2.9.	Gesetz, betreffend den Austritt aus den Religionsgesellschaften öffentlichen Rechts vom 30. November 1920.	274
2.10.	Reichsgesetz über die religiöse Kindererziehung vom 15. Juli 1921.	275
2.11.	Das Bonner Grundgesetz vom 23. Mai 1949.	276
2.12.	Die Verfassung der DDR vom 7. Oktober 1949.	276
2.13.	Kirchenaustritt: Verordnung über den Austritt aus Religionsgemeinschaften öffentlichen Rechts. Vom 13. Juli 1950.	278
2.14.	Die Verfassung der DDR vom 7. Oktober 1974.	279
2.15.	Kirchengesetz über das Ruhen kirchlicher Rechte vom 5. Dezember 1977.	279
3.	Erlasse	281
3.1.	Erlaß des Evangelischen Oberkirchenrats über das Verhalten der Kirche zu den Ausgetretenen vom 20. Dezember 1920.	281

3.2.	Bremische Evangelische Kirche: Verordnung betreffend das Verfahren gegenüber aus der Evangelischen Kirche Ausgetretenen vom 28. März 1961 in der Fassung vom 21. Oktober 1976. Vom 2. November 1976.	282
3.3.	Evangelische Landeskirche in Baden: Richtlinien über das Verhalten und Verfahren bei Kirchenaustritten und bei der Wiederaufnahme Ausgetretener. Vom 9. Februar 1988.	283
3.4.	Evangelische Kirche der Pfalz: Richtlinien über das Verhalten der Kirche gegenüber den Ausgetretenen. Vom 22. Februar 1991.	285
3.5.	Evangelische Kirche in Hessen und Nassau: Von der Aufnahme in die Kirche, der Wiederaufnahme und den Folgen des Austritts.	286
3.6.	Evangelische Landeskirche in Württemberg - Oberkirchenrat (Hg.): Verfahren bei der Aufnahme und Wiederaufnahme in die Evangelische Landeskirche in Württemberg. Erlaß des Oberkirchenrats vom 19. Dezember 1995.	287
3.7.	Evangelische Kirche der Union (Hg.): Ordnung des kirchlichen Lebens der Evangelischen Kirche der Union - Entwurf -.	289
3.8.	Evangelische Kirche der Kirchenprovinz Sachsen (Hg.): Verordnung zur Aus- und Durchführung des Wiederaufnahmegesetzes. Vom 23. Juni 2001.	289
4.	**Zusätzliche Datenreihen**	291
4.1.	Übertretende der evangelischen Kirche zur römisch-katholischen Kirche und umgekehrt 1990–1998	291
4.2.	Einpersonenhaushalte in Deutschland 1961–2000	292
5.	**Zeitdokumente**	293
5.1.	Schreiben des Ev.-luth. Pfarramts Olbersdorf vom 27.3.1948	293
5.2.	Schreiben des OLKR Kleemann vom 15.3.1949	294
5.3.	Entwurf eines Schreibens des OLKR Kandler vom 5.11.1949	295
5.4.	Schreiben des OLKR Kandler vom 31.1.1955	296
5.5.	Schreiben des Pfarrers Herbert Schwabe vom 11.10.1955	298
5.6.	Schreiben des Pfarrers Dr. Helmut Laue vom 27.10.1955	299
5.7.	Schreiben des Pfarrers von Bad Schandau vom 23.2.1960	300
5.8.	Schreiben zum Beschluss über das Ruhen kirchlicher Rechte	301
5.9.	Schreiben des Landesbischofs Heinrich Herrmanns vom 14.8.1998	302
5.10.	Schreiben des Dr. Johannes Georg Bergemann vom 6.10.1998	304
6.	**Literaturverzeichnis**	305

Abbildungen

Abb. 1	Kirchenorientiertes Marketingkonzept: Wiedergewinnung kirchenferner Menschen	23
Abb. 2	Die Mitbewerber und Wettbewerber der EKD	25
Abb. 3	Entwicklung der Kirchenaustrittsgesetzgebung	89
Abb. 4	Mitgliederbewegungen der evangelischen Kirche 1884–1999	106
Abb. 5	Mitgliederentwicklung der evangelischen Kirche 1953–1999	108
Abb. 6	Alleinlebende 1961–2000	121
Abb. 7	Kirchenaustrittswellen aus der evangelischen Kirche im 20. Jahrhundert	123
Abb. 8	Frauenanteil der Aufnahmen in die evangelische Kirche 1978–1998	125
Abb. 9	Frauenanteil der Austritte aus der evangelischen Kirche 1978–1998	126
Abb. 10	Aufnahmen und Wiederaufnahmen in die evangelische Kirche 1949–1996	133
Abb. 11	Austritte und Wiederaufnahmen der evangelischen Kirche 1949–1996	134
Abb. 12	Mitgliederentwicklung der östlichen evangelischen Landeskirchen zwischen 1946 und 1998	139
Abb. 13	Mitgliederbewegungen der Evangelischen Landeskirche Sachsens 1950–1989	141
Abb. 14	Austritte und Aufnahmen der östlichen evangelischen Landeskirchen 1991–1998	144
Abb. 15	Mitgliederentwicklung der römisch-katholischen Kirche 1950–1999	156
Abb. 16	Mitgliedervergleich der evangelischen und römisch-katholischen Kirche 1953–1999	157
Abb. 17	Mitgliederbewegungen der römisch-katholischen Kirche 1950–1999	158
Abb. 18	Vergleich der Austritte aus der evangelischen und römisch-katholischen Kirche 1970–1999	159
Abb. 19	Vergleich der Aufnahmen in die evangelische und römisch-katholische Kirche 1970–1999	160
Abb. 20	Die drei Komponenten des Kirchenaustritts	189
Abb. 21	Segmentierungskriterien zur Bestimmung der Kirchenaustrittsgefährdung	191
Abb. 22	Grad der Austrittsgefährdung von Kirchenmitgliedern	192
Abb. 23	Indikatoren zur Bestimmung der Austrittsgefährdung	193
Abb. 24	Austrittsmotive	195
Abb. 25	Phasenmodell der Kirchenaustrittsentscheidung	200
Abb. 26	Wiedereintrittsmotive	208
Abb. 27	Wiedereintrittshindernisse	211

Tabellen

Tab. 1	Mitgliederbewegungen der evangelischen Kirche in Deutschland 1884–1999	102
Tab. 2	Aufnahmen und Austritte von Frauen in die bzw. aus den westlichen evangelischen Landeskirchen 1978–1998	124
Tab. 3	Aufnahmen und Wiederaufnahmen in die evangelische Kirche 1933–1996 (i.A.)	131
Tab. 4	Mitgliederentwicklung der ostdeutschen evangelischen Landeskirchen 1946–1998 (i.A.)	136
Tab. 5	Mitgliederbewegungen der Evangelisch-Lutherischen Landeskirche Sachsens 1950–1989	138

Tab. 6	Mitgliederbewegungen der ostdeutschen evangelischen Landeskirchen 1991–1998	144
Tab. 7	Religionslose in Deutschland 1939–1987 (i.A.)	146
Tab. 8	Mitgliederbewegungen der römisch-katholischen Kirche in Deutschland 1900–1999 (i.A.)	152
Tab. 9	Vergleich der Mitgliederbewegungen der deutschen evangelischen und römisch-katholischen Kirche 1970–1999	154
Tab. 10	Vergleich der Mitgliederzahlen der deutschen evangelischen und römisch-katholischen Kirche gemessen an der Bevölkerung 1953–1999	155

0. Einleitung
0.1. Der Kirchenaustritt – Eine bedeutende Herausforderung für die evangelische Kirche der Gegenwart

191.072 Menschen haben im Jahr 1999 ihren Austritt aus der evangelischen Kirche erklärt.[1] Damit hat die evangelische Kirche in diesem Jahrzehnt mehr als zwei Millionen Mitglieder allein durch den Kirchenaustritt verloren. Insgesamt erklärten im 20. Jahrhundert mehr als 12 Millionen Mitglieder den Austritt aus der evangelischen Kirche.

Die alarmierenden Zahlen sind für die EKD eine kirchenpolitische, aber in besonderem Maße auch eine seelsorgerliche Herausforderung. Diese bezieht sich auf die nachgehende Seelsorge an Ausgetretenen und Austrittsgefährdeten ebenso wie auf die seelsorgerliche Verantwortung der Kirchenleitungen den kirchlich Mitarbeitenden gegenüber.

Als weitere Herausforderung ist an dieser Stelle der betriebswirtschaftliche Aspekt der Kirchenaustritte zu nennen, da mit weniger Kirchenmitgliedern gleichzeitig geringere Finanzmittel für die Erfüllung aller kirchlichen Aufgaben zur Verfügung stehen. „Die Refinanzierungsautomatik der evangelischen Landeskirchen ist ins Stottern geraten und hat ins Bewußtsein zurückgerufen, daß die Landeskirchen neben anderem auch hochkomplexe Sozialsysteme sind, die als solche eben nicht nur vom Glauben allein, sondern auch vom Brot leben."[2]

Grundsätzlich steht hinter jedem einzelnen Kirchenaustritt der Abschied eines Kirchengliedes, das nicht unbedingt die Botschaft dieser Kirche in Frage stellt, häufig aber seine Botschafter. Die Gründe hierfür reichen von ganz persönlichen Differenzen mit einem bestimmten Geistlichen über die Ärgernisse, denen mancher Mensch auf der kirchenpolitischen Ebene zu begegnen meint, bis hin zu einer Gleichgültigkeit allem kirchlichen Leben gegenüber. Hinter der großen Zahl der Austretenden verbergen sich viele einzelne Menschen mit ihrer ganz persönlichen, traurigen und manchmal auch schmerzhaften Geschichte der kirchlichen Entfremdung.

Gleichzeitig setzt sich die Institution Kirche aus einer Vielzahl von Seelsorgern/innen und kirchlich Mitarbeitenden zusammen, die angesichts der heute ungebrochen hohen Zahl von Kirchenaustritten ihren Dienst mit dem

---

[1] Statistisches Bundesamt Gruppe VII B.
[2] Rudolf Roosen, Die Kirchengemeinde – Sozialsystem im Wandel (Berlin/New York 1997), S. 1.

inneren Gefühl der Ohnmacht tun, in dem Bewusstsein, gegen die anhaltende Austrittsbewegung doch nichts ausrichten zu können. Viele von ihnen hat der Mut verlassen, sich auf die Suche nach der unüberschaubaren Fülle von ‚verlorenen Schafen' zu machen.

So löst das Thema der Kirchenaustritte besonders in der Pfarrerschaft Berührungsängste aus, die sich in einer gewissen Regungslosigkeit bis hin zur Gleichgültigkeit bei den Betreffenden äußern. „Die Angst vor einem ‚Ende der Volkskirche' trübt den Blick für die Stärke, die Substanz und die Verantwortlichkeiten der Volkskirche."[3] Die Nachfrage bei Pfarrern/innen nach ihrem Umgang mit dem Kirchenaustritt und den Ausgetretenen zeigt, dass in vielen Fällen Meldungen über Kirchenaustritte still und leise abgeheftet werden und nichts weiter unternommen wird.

Doch das alles kann nicht darüber hinwegtäuschen, dass die Austrittszahlen mittlerweile eine solche Größenordnung erreicht haben, dass einschneidende Sparmaßnahmen bei den Kirchen die Folge sind. Zwar werden die demographischen Erhebungen über weiter sinkende Mitgliederzahlen in den kommenden Jahren auf Seiten der Kirche sehr ernst genommen, jedoch nur insoweit, als man Personal und Tätigkeitsfelder den sinkenden Einnahmen entsprechend anpasst.[4] Dieser betriebswirtschaftliche Eingriff bewirkt allerdings nur kurzzeitig eine Entlastung des angespannten kirchlichen Finanzhaushalts, da die Einsparung von kirchlich Mitarbeitenden und kirchlichen Tätigkeitsfeldern im Gegenzug die Möglichkeiten eines kirchlichen Marketings abnehmen lässt. So ist im Sinne einer Spiralwirkung ein weiterer Verlust von Kirchenmitgliedern zu erwarten.

Weniger wird dagegen in Betracht gezogen, was getan werden kann, um den wachsenden Mitgliederschwund aufzuhalten und sich auf die Suche nach den ‚verlorenen Schafen' zu machen.

Die Zusammenhänge machen deutlich, wie wichtig und dringend erforderlich an dieser Stelle ein Brückenschlag ist, der die Kirche, die Gemeinden, die einzelnen Seelsorger/innen mit den Austrittsgefährdeten und den Ausgetretenen zusammenbringt, um gemeinsam voneinander zu hören, zu verstehen und zu lernen. Ich bin davon überzeugt, dass dies möglich ist. Die ‚Frohe Botschaft' der Kirche ist ein Erlebnis, das Menschen anrührt, das Menschen sich

---

[3] Ebd., S. 182.
[4] Dazu Günter Wasserberg, Ausbildungsdezernent der EKD: „Der finanziell bedingte Wegfall von Pfarrstellen werde den Erosionsprozess der Volkskirche weiter beschleunigen …" Gemeinschaftswerk der Evangelischen Publizistik (Hg.), epd-Wochenspiegel 10 (Frankfurt am Main 2001), 7.

wünschen. „Das Evangelium als ein lebendiges, jeweils aktuelles Geschehen macht die Kirche dynamisch und gibt ihr eine Perspektive über ihre augenblickliche Verfassung hinaus."[5]

Die vorliegende Arbeit unterbreitet konkrete Vorschläge, wie einerseits Kirchenaustritte zu vermeiden sind und andererseits ausgetretene Menschen zurückgewonnen werden können. Sie will mit ihren Ausführungen kirchlich Mitarbeitende und Kirchenleitungen zur persönlichen Auseinandersetzung und zur kontroversen Diskussion über Kirchenaustritte anregen. Die Kirche mit all ihren Mitwirkenden sollte verstärkt ein Selbstverständnis gestalten, entwickeln und selbst leben, das nach innen und außen Lebendigkeit ausstrahlt, Regung zeigt und erkennen lässt, dass jeder Kirchenaustritt bedauert wird. Gleichzeitig gilt es, umgehend einen Prozess der Auseinandersetzung mit den Ausgetretenen zu beginnen. Erst eine solche Haltung ermöglicht Verständnis und Aufmerksamkeit für die seelischen Nöte von Austrittsgefährdeten und Ausgetretenen.

Es hat sich in Gesprächen mit Pfarrern/innen immer wieder gezeigt, dass der Austritt eines Menschen aus der Kirche von den Amtspersonen als Aggression gegen sich selbst und die Kirche verstanden wird, aber nicht als das letzte Signal eines Enttäuschten.[6] Diese Haltung führt dazu, dass ein ernst gemeintes und durchaus selbstkritisches seelsorgerliches Gesprächsangebot in der Regel unterbleibt. Vor einem solchen Hintergrund gestaltet sich die Rückgewinnung ausgetretener Menschen verständlicherweise als fast unmöglich.

So ist eine Strategie der evangelischen Kirche wichtig, mit dem Ziel, den ‚verlorenen Schafen' nachzugehen, versäumte Gespräche nachzuholen, um damit für kirchenferne Menschen die Möglichkeit einer Rückkehr in die Kirche zu schaffen. Nur so kann nach meiner Meinung der anhaltende Trend, der Institution Kirche den Rücken zu kehren, wirkungsvoll aufgehalten werden.

---

5   Herbert Lindner, Kirche am Ort (Stuttgart/Berlin/Köln 1994), S. 66.
6   Vgl. Siegfried Dreher, Besuch bei Ausgetretenen, Das missionarische Wort 6 (1986), 243. Er schreibt: „Zunächst einmal ärgerte ich mich einfach darüber und schwankte zwischen Gedanken wie: ‚Sollen sie doch gehen', und einem dumpfen, undeutlichen Schuldgefühl: ‚Was habe ich denn falsch gemacht?' Mit anderen Worten: Ich nahm es ziemlich persönlich – darin vielen Kollegen ähnlich, wie ich später feststellte." - So auch Hans-Christoph Piper, Der Hausbesuch des Pfarrers (Göttingen [2]1988), S. 66: „Kirchenaustritte bedeuten eine Kränkung und eine Verunsicherung für den Gemeindepfarrer. Er reagiert mit einer Mischung von Ärger, Traurigkeit und Schuldgefühlen darauf. Hat er vielleicht etwas versäumt? Hat er die Menschen abgestoßen? Jeder Kirchenaustritt ist eine persönliche Infragestellung der Gemeindepfarrer."

Gleichzeitig gewinnt die evangelische Kirche mit einem solchen Auftreten an Kontur und erhält verlorene Glaubwürdigkeit zurück.

Diese Inhalte und Zielsetzungen im Blick habend gilt es im Folgenden, ein kirchenorientiertes Marketingkonzept zu entwerfen, das die Festigung der kirchlichen Mitgliedschaft zum Ziel hat und die Bindung der Mitglieder an die Religionsgemeinschaft stärkt. Gleichzeitig gilt es in einem weiteren Schritt, den Ausgetretenen nachzugehen, ihre Beweggründe zu erfragen und zu verstehen suchen, um ggf. Abhilfe zu schaffen und zum Wiedereintritt einzuladen.

0.2. Die Forschungsgeschichte – Ein Überblick über die Literatur zum Kirchenaustritt

Das Ziel der hier angestellten Überlegungen ist, einerseits einen Überblick über die Literatur zu geben, die sich mit dem Thema des Kirchenaustritts befasst. Vor diesem Hintergrund gilt es sodann, andererseits den in dem jeweiligen Werk dargestellten Ansatz zeitlich und inhaltlich einzuordnen, um die Stellung meiner eigenen Untersuchung innerhalb der bisherigen Forschung deutlich zu machen.

Als erstes Werk, das sich umfassend mit dem Kirchenaustritt aus juristischer Sicht beschäftigt, erschien 1893 in Leipzig das Buch des Gießener Juraprofessors *Arthur B. Schmidt*, unter dem Titel: *„Der Austritt aus der Kirche'*.[7] Die Austrittszahlen bewegen sich zur Zeit der Drucklegung aus heutiger Sicht auf sehr niedrigem Niveau. Auch hat es bislang noch keine Austrittswelle gegeben. Dennoch will der Verfasser eine kirchenrechtliche und kirchenpolitische Arbeit vorlegen mit dem Ziel „... die Anregung [zu] geben, den juristischen Fragen, welche sich in reicher Fülle um den Austritt aus der Kirche gruppieren, näher zu treten. Sie erstrebt zugleich die Klarlegung der wichtigsten dieser Fragen für Praxis und Gesetzgebung."[8]

Der Verfasser gliedert sein Werk in den systematischen Teil und die Quellensammlung. Im systematischen Teil stellt er die Regelung des Kirchenaustritts durch Staatsgesetz voran, um daran anschließend die Gesetzgebung der deutschen Einzelstaaten darzustellen. Mit dem dritten Paragraphen beginnt eine detaillierte Auseinandersetzung mit den Vorbedingungen, Formen und

---

7   Arthur B. Schmidt, Der Austritt aus der Kirche (Leipzig 1893). Zitiert: Austritt 1893.
8   Ebd., S. V f.

Inhalten, sowie den Rechtsfolgen eines Kirchenaustritts. In § 7 fasst der Verfasser die Beobachtungen des systematischen Teils wie folgt zusammen:
- Teilweise fehlen in den Partikularstaaten generelle Formvorschriften für den Kirchenaustritt.
- Einige Teilstaaten behandeln nur den Austritt in die Religionslosigkeit. Dort ist der Übertritt Sache der kirchlichen Gesetzgebung.
- Ebenso gibt es den umgekehrten Fall, dass in Einzelstaaten lediglich für den Übertritt eine gesetzliche Regelung vorliegt.
- In einer dritten Gruppe von Staaten ist beides per Gesetz geregelt.

Daraus leitet der Verfasser die Forderung ab:
- „Der Staat muß seinen Unterthanen die gesetzlich geordnete Möglichkeit eröffnen, aus jeder oder doch aus jeder korporativ gestalteten Religionsgemeinschaft mit bürgerlicher Rechtswirkung auszuscheiden."[9]
- In einem solchen Gesetz gilt es die Beitragspflicht, die Festsetzung des Diskretionsalters und die konfessionelle Stellung von Kindern beim Austritt der Eltern zu regeln.[10]
- Im Falle des negativen Religionsaustritts empfiehlt der Autor die Austrittserklärung vor einer staatlichen Stelle mit Benachrichtigung der Religionsgemeinschaft. Der Konfessionswechsel dagegen solle dem kirchlichen Recht überlassen bleiben.
- Allerdings gilt in jedem Fall, dass eine Auswirkung im bürgerlichen Rechtsgebiet vorliegt.[11]

Mit dem zweiten Teil, der Quellensammlung (Bestimmungen, Erlasse, Verordnungen, Edikte und Gesetze der Königreiche, Großherzogtümer, Herzogtümer, Fürstentümer und einiger freier und Hansestädte), gibt der Verfasser dem Lesenden „... die Möglichkeit einer selbständigen Nachprüfung und Weiterbildung über die Grenzen des von der Arbeit Gebotenen."[12]

Arthur B. Schmidt liefert dem Lesenden mit seiner Darstellung eine gewissenhafte Schilderung der damaligen Rechtslage den Kirchenaustritt betreffend. Im Rahmen seiner Arbeit gibt er eine ausführliche Beschreibung und Erläuterung der zugänglichen Rechtsvorschriften. Zudem findet in den Anmerkungen eine ausführliche Auseinandersetzung mit der juristischen (auch kirchenrechtlichen) Sekundärliteratur der damaligen Zeit statt.

---

9 Ebd., S. 261.
10 Vgl. ebd., S. 266 ff.
11 Vgl. ebd., S. 295.
12 Ebd., S. VI.

Auf Grund der erfassten Inhalte kommt der Verfasser zu einer persönlichen Überzeugung, die er in dem vorliegenden Werk als Vorschlag in die Diskussion seiner Zeit einbringen wollte.[13] Insgesamt markiert Schmidts Werk den Zeitpunkt, ab dem offensichtlich in Deutschland der Kirchenaustritt zu einem Thema wissenschaftlicher Reflexion wurde. Inhaltlich wird die Offenheit der juristischen Situation deutlich.

16 Jahre später, im Jahre 1909, veröffentlichte Paul Göhre zwei von ihm im selben Jahr verfasste Aufsätze zum Kirchenaustritt in Deutschland. Seit mehreren Jahren bereits erforschte der Autor die Beziehung zwischen Kirche und Arbeiterschaft.[14] Unter der Überschrift *‚Die neueste Kirchenaustrittsbewegung aus den Landeskirchen in Deutschland'* versucht Göhre auf knapp fünfzig Seiten, in zehn Kapiteln, Ursachenforschung zu betreiben für den seit 1906 zu verzeichnenden (aus heutiger Sicht nur sehr leichten) jährlichen Anstieg der Kirchenaustritte um 10.000–15.000.[15]

Der Verfasser schildert zu Beginn seiner Darstellung die kirchlichen Verhältnisse als „... starrer noch und konservativer als die politischen ..."[16] Allerdings verweist er gleichzeitig auf einen zunehmenden Einfluss sozialdemokratischen Gedankengutes, sowohl im staatlichen als auch im kirchlichen Bereich. Dennoch war in damaliger Zeit der Kirchenaustritt mit deutlichen Hindernissen behaftet und wurde in den allermeisten Fällen nur zum Zwecke des Übertritts vollzogen, nicht als Austritt zur Religionslosigkeit. Göhre schreibt: „Der Seltene und Einzelne, der es bisher dennoch einmal riskierte, wurde geradezu als weißer Rabe bestaunt oder verhöhnt oder auch gepiesackt, je nachdem."[17]

---

13 Eine Fortführung erfährt das oben dargestellte Werk in einer Veröffentlichung des Jahres 1908 von Arthur B. Schmidt, Neue Beiträge zum Austritt aus der Kirche, Abdruck aus der FS für Emil Friedberg (Leipzig 1908).
14 Vgl. dazu: Paul Göhre (Hg.), Lebensgeschichte eines modernen Fabrikarbeiters [Moritz William Theodor Bromme] (Jena/Leipzig 1905). - Ders., Schule, Kirche, Arbeiter (Berlin 1906). - Ders., Drei Monate Fabrikarbeiter und Handwerksbursche (Leipzig 1913).
15 Paul Göhre, Die neueste Kirchenaustrittsbewegung aus den Landeskirchen in Deutschland (Jena 1909). Aus heutiger Sicht handelt es sich hierbei um eine kirchenkundliche Abhandlung mit soziologischer Ausrichtung.
16 Ebd., S. 6.
17 Ebd., S. 9. Zudem geschehen nach Ansicht Göhres die meisten der vollzogenen Übertritte nicht auf religiösem Hintergrund, sondern sind eine Folge der wirtschaftlichen Verhältnisse. Er schreibt: „Unsere modernen Produktionsverhältnisse wirbeln die Menschen zu Hunderttausenden immerfort durcheinander." Ebd., S. 12 f.

Dagegen stellt der Autor im weiteren Verlauf seiner Aufzeichnungen fest, dass sich die neue Austrittsbewegung durch eine deutliche Zunahme der Kirchenaustritte in die Religionslosigkeit auszeichnet. Sie wird seiner Meinung nach ausschließlich von sozialdemokratischen Arbeitern getragen.[18] Dabei sieht der Verfasser nicht die gesamte Sozialdemokratie hinter dieser kirchenfeindlichen Haltung, sondern vielmehr einzelne Sozialdemokraten, „... die das Recht für ihr Vorgehen und Verhalten gerade aus dem bekannten Programmpunkt der Partei folgern, der die Erklärung der Religion zur Privatsache fordert."[19]

Für das Anwachsen der Austrittszahlen sind nach Ansicht des Verfassers drei Dinge ursächlich:
- Die „... Aneignung der modernen, auf den Ergebnissen der naturwissenschaftlichen Forschung ruhenden Weltanschauung."[20]
- Die „... Niederlage der christlichen Sittenlehre ..."[21]
- Die „... politisch und sozialpolitisch immer reaktionärere Praxis der heutigen Kirchen."[22]

Zusätzlich sieht der Verfasser als äußere Anlässe für die Zunahme der Kirchenaustritte das neue preußische Volksschulgesetz, den Kampf preußischer Arbeiter gegen das preußische Dreiklassenwahlrecht und den daraus resultierenden Erfolg der Arbeiterpartei.[23]

Während auf Seiten der römisch-katholischen Kirche keine Stellungnahmen zu den zunehmenden Kirchenaustritten zu vernehmen sind, wird seitens der evangelischen Kirche „... die steigende Kirchensteuer, der Mangel an vorhandenen Kirchen in den Großstadtgemeinden und die Kirchenfeindschaft der Sozialdemokratie ..." angeführt.[24]

Der Verfasser kommt zu dem Schluss, dass es sich im vorliegenden Fall nicht um eine Massenbewegung handelt, sondern um eine ausschließlich regionale Zunahme von Kirchenaustritten, mit deren Ausweitung zunächst nicht zu rechnen ist. Dennoch ist ebenso ein Abnehmen der Bewegung in absehbarer

---

18 Vgl. ebd., S. 15 ff.
19 Ebd., S. 19.
20 Ebd., S. 22.
21 Ebd., S. 24.
22 Ebd., S. 27.
23 Vgl. ebd., S. 28 f. Eine umfassende Analyse dieser Zusammenhänge findet sich bei Jochen-Christoph Kaiser, Arbeiterbewegung und organisierte Religionskritik – Proletarische Freidenkerverbände in Kaiserreich und Weimarer Republik (Stuttgart 1981).
24 Göhre, S. 37 f.

Zeit nicht zu erwarten. Nach seiner Ansicht beginnt sich in Deutschland die Trennung von Staat und Kirche „... von unten her, in Form der Trennung einer an Zahl stetig wachsenden Gruppe von Staatsbürgern von der Kirche zu vollziehen."[25]

Die Arbeit Göhres beschäftigt sich mit der Beschreibung eines sehr kurzen Zeitraums der mittlerweile über hundertjährigen Geschichte des Kirchenaustritts. Das benutzte statistische Material bezieht sich anscheinend ausschließlich auf das Jahr 1907. Es wird fast gar keine Sekundärliteratur verwandt. Zudem bedient sich der Verfasser einer sehr pathetischen, manchmal sogar scheinbar polemisch anklingenden Sprache. Trotzdem gelingt es dem Autor wesentliche Zusammenhänge der damaligen Kirchenaustrittssituation für den Lesenden klar und deutlich darzustellen und daraus eine Zukunftsprognose zu entwickeln, die sich aus heutiger Sicht als richtig bewahrheitet hat.

Aus dem Abstand von über 60 Jahren hat sich Horst D. Ermel in seiner Dissertationsschrift, aus einem sozialgeschichtlichen Blickwinkel heraus, mit der Kirchenaustrittsbewegung der Jahre 1906–1914 auseinander gesetzt. Anders also als die Abhandlung Göhres ist seine Arbeit nicht aus einer persönlichen Involviertheit in die damaligen Vorgänge entstanden. Vielmehr ging Ermel schon vor seiner Dissertation der Frage des Säkularisierungsprozesses nach.[26] Eventuell erhielt der Autor durch die einsetzende Austrittswelle am Ende der 60er Jahre einen zusätzlichen Impuls für sein Thema, so dass er im Jahr 1971 an der Philosophischen Fakultät der Universität Köln seine Dissertation vorlegte mit dem Titel ‚Die Kirchenaustrittsbewegung im Deutschen Reich 1906–1914'.[27]

Der Autor versucht, wie er es nennt, „... gleichsam in konzentrischen Kreisen einander zugeordneter Kapitel ... in dieser Verbindung des historischen Rekurses mit dem systematischen die besondere Situation als das konkrete Allgemeine sozialgeschichtlich ausdeutbar zu machen."[28]

Zunächst untersucht der Verfasser die Bindung an die Institution Kirche als Problem der Sozialgeschichte. Anschließend geht es um den Kirchenaustritt

---

25 Ebd., S. 47.
26 Vgl. dazu Horst D. Ermel, Zum Rückgang der Kommunikanten in der Rheinprovinz, Problem einer historischen Analyse von Säkularisierungsprozessen, in: Monatshefte für evangelische Kirchengeschichte des Rheinlandes 15 (1966), 101 ff.
27 Horst D. Ermel, Die Kirchenaustrittsbewegung im Deutschen Reich 1906–1914, Studien zum Widerstand gegen die soziale und politische Kontrolle unter dem Staatskirchentum, phil. Diss. (Köln 1971).
28 Ebd., S. 10.

als Forderung der Reformvernunft. Darin wird die Bedeutung des Dissidententums für die Austrittsbewegung ebenso beleuchtet wie der Kampf der freireligiösen Gemeinden gegen das preußische Schulunterhaltungsgesetz. Unter Zuhilfenahme statistischen Zahlenmaterials führt der Autor im folgenden Schritt den Nachweis über die Beteiligung der Massen am Kampf gegen die soziale Auszeichnung der Kirchenmitgliedschaft. Sodann folgt die Beschreibung der sich daraus ergebenden Forderung: Der Kirchenaustritt als Forderung des Klassenkampfes. Der Autor fasst das Ergebnis seiner Untersuchung unter der Überschrift: ‚Die institutionalisierte Religion im Zweiten Reiche als Fixativ gesellschaftlicher Macht' zusammen.

Mit analytischem Scharfsinn gelingt es Ermel, in seinem Werk die sozialgeschichtlichen Zusammenhänge zwischen den Kirchenaustritten und den Stimmungen der Menschen Deutschlands in der Zeit vor dem Ersten Weltkrieg zu schildern und miteinander in Zusammenhang zu bringen. Methodisch kann er die Bedeutung von statistischem Material für eine sozialgeschichtliche Interpretation des Phänomens zeigen.

Im gleichen Jahr erscheint ein 1970 gehaltener Vortrag von *Friedrich Wilhelm Kantzenbach*.[29] In komprimiert dargestellter Form beschreibt Kantzenbach erstmals *‚Das Phänomen der Entkirchlichung als Problem kirchengeschichtlicher Forschung und theologischer Interpretation'*. Ebenfalls vor dem Hintergrund des gesellschaftlichen Umbruchs am Ende der 60er Jahre des 20. Jahrhunderts gibt der Verfasser bei der Frage nach der Zukunft der Kirche einen umfassenden theologiegeschichtlichen Überblick zum Problem der Wirkweise des Christentums in der Vergangenheit. Vor allem gelingt es dem Kirchenhistoriker ideengeschichtliche Zusammenhänge zu benennen, die wesentliche Bedeutung für den Kirchenaustritt haben und wenigstens indirekt bis heute wirken.

Systematischer Bezugspunkt ist dabei für Kantzenbach die Christentumstheorie des Theologen Trutz Rendtorff. Dieser hatte, einen ironischen Kommentar Eberhard Stammlers aufnehmend, dazu aufgefordert, „das neuzeitliche Christentum nicht mit der Kirche gleichzusetzen. Die religiöse, geschichtliche und gesellschaftliche Signatur des neuzeitlichen Christentums bedürfe einer selbständigen Wahrnehmung ..."[30] Dazu gilt es, bis in die Zeit der christlichen Aufklärung zurückzuschauen. Hier findet sich der Ursprung für das Auseinan-

---

[29] Friedrich Wilhelm Kantzenbach, Das Phänomen der Entkirchlichung als Problem kirchengeschichtlicher Forschung und theologischer Interpretation, NZSTh 13 (1971), 58–86.
[30] Ebd., S. 59 f.

dertreten von Kirche und Christentum.³¹ Eine Antwort auf diese Entwicklung seitens der evangelischen Kirche sieht Rendtorff in der innerkirchlichen Erweckungsbewegung des 19. Jahrhunderts. Daraus leitet er seine Forderung an die Kirche ab, „... daß sie ihr Tun nicht nur auf das kirchliche Leben im engeren Sinne [bezieht], sondern sich für das nichtkirchliche Christentum verantwortlich [fühlt]."³² Diesen Ansatz Rendtorffs kann Kantzenbach zwar nachvollziehen, warnt aber gleichzeitig vor dessen zu großer Nähe den kirchlich Distanzierten und der sog. christlichen Aufklärung gegenüber.

In einem nächsten Schritt forscht Kantzenbach ausgehend von Rendtorff, der sich auf den Theologen Richard Rothe beruft, nach tiefer gehenden theologischen Wurzeln.³³ Dabei fällt sein Blick auf Schleiermacher (Vierte Rede in »Über die Religion, Reden an die Gebildeten unter ihren Verächtern« 1799), der schon zu diesem frühen Zeitpunkt der Kirche die Rolle eines Bindemittels zwischen der Kirche und den Noch-Suchenden zuschreibt. Über Johann August Heinrich Tittmann (1805), der wiederum die Erträge der christlichen Aufklärung positiv beurteilt, kommt der Autor zu Carl Gottlieb Bretschneider (1822). Dessen Sicht der Zusammenhänge resümiert Kantzenbach folgendermaßen: „Das Faktum der Entkirchlichung auf die neuere Theologie abzuwälzen, sei schon deshalb abwegig, weil die Unkirchlichkeit bereits begonnen hätte, als die Theologie anfing, sich zu verändern, ja, es seien gerade die Angriffe der Unkirchlichkeit selbst gewesen, die die theologischen Veränderungen notwendig gemacht hätten."³⁴

Gänzlich anders beurteilt Johann Hinrich Wichern die Zusammenhänge. Er sieht die Ursache für den Zustand der Kirche in der Mitte des 19. Jahrhunderts in der Thronbesteigung Kaiser Konstantins und bringt damit das Elend der Christenheit „... mit einem Versagen in der Liebeskraft der Christenheit in Zusammenhang ..."³⁵ Von hier schlägt Kantzenbach eine Brücke über die Reich-Gottes-Konzeption hin zu Richard Rothe, der die einzig noch verbleibende Aufgabe der Kirche darin sieht, dem sich neu gestaltenden Christentum den Weg zu ebnen, um sich dann selbst zurückzuziehen.

Anfang des 20. Jahrhunderts beschreibt der Kirchenhistoriker Wilhelm Heinrich Riehl eine wichtige Beobachtung der wirkungsgeschichtlichen Zu-

---

31 Vgl. ebd.
32 Ebd., S. 61.
33 Vgl. ebd., S. 63 f.
34 Ebd., S. 65.
35 Ebd., S. 66.

sammenhänge. Er erkennt, „... daß sich der Drang nach Emanzipierung von allem Kirchlichen von den gebildeten Schichten nach und nach in die mindergebildeten fortgesetzt hat."[36]

In einem weiteren Schritt fragt Kantzenbach nach der Beurteilung des Idealismus und der theologiegeschichtlichen Entwicklung des 19. Jahrhunderts. Die Antwort auf diese Frage ist in der Tatsache zu finden, so Wilhelm Lütgert und Adolf Schlatter, „... daß die Idealisten die Grundlage ihrer Bildung in der Aufklärung haben."[37] Von Lütgert führt der Weg zu Albrecht Ritschl, der die Schuld am Zerfall der evangelischen Kirche sowie der Ausbreitung von Sekten im innerkirchlichen Pietismus zu finden meint.[38] Wie Ritschl beschäftigte sich auch Ernst Troeltsch mit dem Einfluss der Aufklärung auf das kirchliche Leben. Er meint, „... daß soziologisch die kultische Gemeinschaft völlig saekularisiert sei zu mehr oder minder ethisierenden kleinen Kreisen, die sich vom christlichen Kreise mehr oder minder abgelöst haben zu einem persönlich differenzierten, innerlichen Spiritualismus."[39]

Nach der Darstellung dieser theologiegeschichtlichen Zusammenhänge sieht Kantzenbach bestätigt, dass Rendtorff seine Position in der Folge von Tittmann und vor allem von Rothe entwickelt hat. Kantzenbachs Bedenken hierüber bleiben deutlich.[40] Er selbst ordnet sich dazwischen ein, wenn er vom Dienstauftrag der Kirche in der Welt spricht und ansonsten den einzelnen Christenmenschen mit in die Verantwortung hineinnimmt: „Wenn von Kirche überhaupt die Rede ist, dann muß heute jeder Christ wissen, daß er damit selber gemeint ist. Die Zeiten sind vorbei, da man die eigene Verantwortung auf die Kirche abwälzen konnte."[41]

Detailliert und gewissenhaft gelingt es dem Autor, häufig mit nur wenigen Worten, die theologiegeschichtliche Entwicklung des Phänomens der Entkirchlichung nachzuzeichnen. Dabei arbeitet er interessante Zusammenhänge heraus und schafft es so die Entwicklungslinien bis in die Gegenwart auszuziehen. Es ist verständlich, dass er hinsichtlich des begrenzten Umfangs der Ausarbeitung (lediglich als Vortrag) an vielen Stellen nur einen oberflächlichen Einblick in die Zusammenhänge gewähren kann. Hierdurch entstehen teilweise

---

36 Ebd., S. 69.
37 Ebd., S. 70.
38 Vgl. ebd., S. 72.
39 Ebd., S. 73.
40 Vgl. ebd., S. 83.
41 Ebd., S. 85.

abrupte Gedankensprünge. Dennoch gelingt Kantzenbach der Nachweis tiefgreifender Wurzeln und Geflechte, ohne die der Kirchenaustritt als Gesamtphänomen nicht hinreichend verstanden werden kann, ohne dass aber direkte Einzelzusammenhänge und damit operationale Konsequenzen möglich werden.

Unter dem Titel ‚*Kirchenaustritt*' erschien 1976 eine erste grundlegende empirische Untersuchung zum Mitgliederverhalten in der evangelischen Kirche von *Andreas Feige*.[42] Auf dem Hintergrund der ersten Mitgliederbefragung der EKD ‚Wie stabil ist die Kirche' wurde der Versuch unternommen die Ausgetretenen als Testgruppe für das negative Verständnis von Kirchenmitgliedschaft ernst zu nehmen. Den Datenhintergrund der Studie bildeten die Kirchenaustritte aus der Berlin-Brandenburgischen Landeskirche (Berlin West). Auslöser für die religionssoziologische Untersuchung waren die schwunghaft angestiegenen Austrittszahlen gegen Ende der 60er Jahre des 20. Jahrhunderts. Dazu kamen die Berichterstattungen zu dem Thema, in denen „... je nach Standort und Interesse heruntergespielt oder dramatisiert ..." wurde.[43] Vorrangiges Ziel der Untersuchung war es aus den jährlich erhobenen Daten eine systematische Sozialdatenstatistik über alle ausgetretenen Personen mit repräsentativer Qualität zu erstellen, um damit wissenschaftlich fundiertes Reflexions- und Diskussionsmaterial an die Hand zu bekommen.[44]

Erfolgreich bereitet der Autor das Datenmaterial detailliert auf und wertet es faktorenanalytisch gewissenhaft aus. Die so herausgearbeiteten Erkenntnisse werden mit den Ergebnissen der oben erwähnten EKD-Studie verglichen. Der Verfasser kommt in seiner Untersuchung zu dem Ergebnis, dass der Entschluss, aus der Kirche auszutreten, das Ergebnis des Zusammentreffens einer Reihe von Umständen ist. Zudem ist die große Zahl von Austritten darauf zurückzuführen, „... daß jetzt nur wieder eine Entwicklung stärker sichtbar, zählbar wird, die nur durch Krieg und durch gesellschaftliche Reorganisation der Nachkriegszeit unterbrochen worden ist."[45] Gleichzeitig macht die Untersuchung deutlich, dass die Mitgliedschaft in der Kirche zur damaligen Zeit keine gesellschaftliche Selbstverständlichkeit mehr darstellte.[46]

Durch die eigens durchgeführten Befragungen sowie durch zusätzliche umfangreiche makrostatistische Analysen erarbeitet Feige sich originäres Da-

---

42 Andreas Feige, Kirchenaustritt (Gelnhausen/Berlin 1976).
43 Ebd., S. 10.
44 Vgl. ebd., S. 17 f.
45 Ebd., S. 239.
46 Vgl. ebd.

tenmaterial.⁴⁷ Insgesamt liefert der Autor mit diesem Werk einen wichtigen Beitrag über Sinn und Zweck soziologischer Untersuchungen, fokussiert auf ein ganz spezielles Verhalten kirchlicher Mitglieder bzw. Nicht(mehr)mitglieder. Gleichzeitig etabliert er sich damit, wie seine weiteren Veröffentlichungen zeigen, als führender Wissenschaftler kirchensoziologischer Untersuchungen.

Nur drei Jahre später, 1979, erscheint unter dem Titel ‚Abschied von der Kirche' das nächste Werk mit (kirchen)soziologischer Intention als soziologische Dissertation.⁴⁸ Der Verfasser ist *Armin Kuphal*, der schon im Untertitel die im Werk verfolgte Zielrichtung dokumentiert: *‚Traditionsabbruch in der Volkskirche. Zugleich ein Beitrag zur Soziologie des kollektiven Verhaltens'*. D.h., es geht dem Autor in seiner Untersuchung zunächst um die Klärung des Traditionsabbruchs von Kirche und sodann um die Suche nach allgemeineren sozialen Regelmäßigkeiten, die den Prozessablauf bestimmen. Damit konzeptualisiert der Verfasser erstmalig den Begriff des Kirchenaustritts. Hintergrund für die Untersuchung ist die ca. 10 Jahre zurückliegende Austrittswelle aus der Kirche, die am Ende der 60er Jahre begann.

Grundlage der Arbeit ist ein umfangreiches, detailliertes Datenmaterial, das vom Verfasser systematisch ausgewertet wird und somit den Ausgangspunkt für die Interpretation der Zusammenhänge bildet. Gleichzeitig findet im Rahmen der Untersuchung eine umfassende Auseinandersetzung mit der zahlreich aufgeführten Sekundärliteratur statt, die vor allem dem soziologischen und politologischen Bereich zuzuordnen ist.

In der Sache kommt der Autor zu dem Schluss: „Seit Ende der 60er Jahre ist mehr geschehen, als daß einige ... Kirchenmitglieder ihrem Unmut über unpopuläre Maßnahmen per Austritt Luft gemacht haben. Vielmehr hat in den Strukturen, die eine äußerst wichtige Komponente kirchlicher Bindung bewirkten, eine Art Bruch stattgefunden."⁴⁹ Dieser Bruch fand in der Bindung des Gläubigen an seine Kirche statt, und zwar ohne politischen Hintergrund. Gerade diese unpolitisch motivierte Handlung der Menschen zum Kirchenaustritt birgt für die Kirchen eine große Gefahr in sich: „Es gibt keinen Gegner, auf den hin man religiöse Erweckung und politische Abwehr mobilisieren

---

47   Vgl. Andreas Feige, Kirchenmitgliedschaft in der Bundesrepublik Deutschland (Gütersloh 1990), S. 220. Zitiert: Kirchenmitgliedschaft.
48   Armin Kuphal, Abschied von der Kirche (Gelnhausen/Berlin/Stein 1979).
49   Ebd., S. 469.

könnte."⁵⁰ Daraus zieht der Autor den Schluss, dass ein anhaltender Trend der Entkirchlichung zu erwarten ist.⁵¹

Kuphal arbeitet sekundäranalytisch. Er kommt anhand der ihm zugänglichen Zahlen zu einleuchtenden und nachvollziehbaren Ergebnissen. Im Rahmen der soziologischen Betrachtung der Kirchenaustritte kann die vorliegende Arbeit mit Fug und Recht als grundlegend angesehen werden. Dabei macht die Abhandlung deutlich, wie schwierig sich die Sammlung von Zahlenmaterial zum Kirchenaustritt gestaltet, wie klein zum Teil die erfassten Zeiträume oder zugrundeliegenden Regionen sind, und wie lückenhaft und teilweise unvollständig kirchlicherseits statistische Daten erhoben werden. Aus dieser Tatsache resultiert auch die Schwachstelle dieser Abhandlung, der manchmal zur inhaltlichen Begründung zu wenig Datenmaterial vorlag. Bis heute hat sich diese Problemlage nicht wesentlich verändert und verhindert größere Exaktheit auch in Marketingstrategien.

Knapp 90 Jahre nach dem juristischen Grundlagenwerk zum Kirchenaustritt von Arthur B. Schmidt erscheint 1981 die Dissertation aus dem Fachbereich der Rechtswissenschaften von *Bernhard Gallenkämper*. Seine Ausführungen mit dem Titel ‚*Die Geschichte des preußischen Kirchenaustrittsrechts und Aspekte seiner heutigen Anwendung*' können als Ergänzung und Fortführung der juristischen Betrachtungen Schmidts gesehen werden.⁵²

Gallenkämper begründet seine Untersuchung zu Recht mit dem Hinweis auf die bis dato fehlende umfassende Behandlung der Frage des preußischen Kirchenaustrittsrechts, das die Beziehung zwischen Staat und Kirche vor allem in Nordrhein-Westfalen besonders geprägt hat. In diesem Zusammenhang verweist der Autor auf die schon zu Arthur Schmidts Zeit brennende Frage nach dem Verhältnis von Staat und Kirche, die sich in den 80er Jahren des 20. Jahrhunderts erneut bzw. immer noch stellte.

Im Hauptteil beschäftigt sich der Verfasser ausführlich mit der Entwicklung der Kirchenaustrittsgesetzgebung. Er beschreibt deren Anfänge im Jahr 1847. Daran anschließend beleuchtet er das Austrittsgesetz vom 14. Mai 1873 sowie das preußische Kirchenaustrittsgesetz von 1920.

Gallenkämper kommt in seiner Untersuchung zu dem Ergebnis, „… daß die Notwendigkeit staatlicher Kirchenaustrittsnormen so lange gegeben sein

---

50 Ebd., S. 472.
51 Vgl. ebd.
52 Bernhard Gallenkämper, Die Geschichte des preußischen Kirchenaustrittsrechts und Aspekte seiner heutigen Anwendung, Inaugural-Dissertation (Münster 1981).

wird, wie die Zugehörigkeit zur Kirche im staatlich-weltlichen Bereich bestimmte Rechtsfolgen nach sich zieht und es entsprechende kircheneigene Austrittsvorschriften nicht gibt."⁵³ Zudem fordert der Verfasser neben dem sofortigen Wirksamwerden der Austrittserklärung die Aufhebung der Kirchensteuerpflicht spätestens zum Ende des auf die Austrittserklärung folgenden Monats. Auch die aufgekommene Problematik der modifizierten Austrittserklärung bedarf seiner Meinung nach einer juristischen Neuregelung.⁵⁴

In mühevoller Detailarbeit beleuchtet der Autor Hintergründe und Zusammenhänge der Entstehungsgeschichte der einzelnen Gesetze zum Kirchenaustritt. Historisch gewissenhaft recherchiert er die Arbeit in den damaligen Regierungsausschüssen und Debatten. Dabei gelingt ihm eine feinsinnige Schilderung der zeitlichen Gegebenheiten, die zum Teil weit über das rein Juristische hinausgeht, allerdings für dessen Ausprägung von großer Bedeutung war.

Aus der eigenen Betroffenheit heraus beschäftigte sich der Pfarrer i.R. Johannes-Georg Sternberg mit dem Kirchenaustritt. Selbst im aktiven Dienst als Pfarrer in der ehemaligen DDR tätig, erfuhr der Autor, welche „... freiheitsfeindlichen und totalitären Energien ein politischer Atheismus entfalten kann, wenn er unkontrolliert die Staatsmacht in die Hand bekommt ..."⁵⁵ Er veröffentlicht im Jahr 1992 eine Untersuchung der ‚Kirchenaustritte in Preußen 1847 bis 1933 im Lichte der kirchlichen Publizistik als Anfrage an die evangelische Kirche'.

Die Arbeiten von Ermel und Kaiser im Hintergrund, zieht der Autor den zeitlichen Fokus der Betrachtung auf den Zeitraum von 1847 bis 1933 auf und bemüht sich nach eigenen Angaben bewusst, die Kirchenaustritte aus der Sicht der christlichen Kirchen zu beleuchten.

Nach einem einleitenden geschichtlichen Überblick macht sich der Verfasser im zweiten Kapitel auf die Suche nach Tendenzen der Kirchenaustrittsbewegung seit dem Ersten Weltkrieg. Das Kapitel endet mit einer eher verkürzten Darstellung von Kirchenaustrittsgründen. Die abschließende Bewertung der Kirchenaustritte macht zugleich die Schwäche der vorliegenden Arbeit deutlich. Der Autor schreibt: „... die Geschichte der Kirchenaustritte, die in dieser Arbeit mit dem Jahre 1933 einen vorläufigen Schlußstrich ziehen möchte, ist bis zum heutigen Tage nicht beendet. Sie bleibt weiterhin als

---

53 Ebd., S. 199.
54 Vgl. ebd., S. 200.
55 Johannes-Georg Sternberg, Kirchenaustritte in Preußen von 1847 bis 1933 im Lichte der kirchlichen Publizistik als Anfrage an die evangelische Kirche (Bochum 1992), S. 15.

Anfrage an unsere Kirche bestehen, daß wir erkennen möchten, was wir als Christen einer ‚lau' gewordenen Kirche selber versäumt haben."⁵⁶

Diese abschließenden Äußerungen des Verfassers bestätigen die Vermutung, dass der Autor die Ergebnisse seiner historischen Aufarbeitung der Kirchenaustritte von 1847–1933 zu Unrecht in die Gegenwart zu übertragen versucht, um daraus Rückschlüsse für die gegenwärtige Kirchenaustrittsproblematik zu ziehen. Dennoch ist die Arbeit für den betrachteten Zeitraum gewissenhaft recherchiert und bietet manchen interessanten Einblick in die Hintergründe der Kirchenaustritte in Preußen. Allerdings sucht der Lesende an mancher Stelle die inhaltliche Einordnung der Vorkommnisse in den gesamtdeutschen Kontext vergeblich. Auch erscheint das verwendete Datenmaterial teilweise als unzureichend.

Kurz vor der Jahrtausendwende, im Jahr 1999, erschien die theologische Dissertation von *Matthias Hoof* mit dem Titel ‚*Der KirchenAUSTRITT*'.⁵⁷ Der Verfasser legt erstmalig eine qualitative sozialpsychologische Untersuchung vor, in der er die Interviews mit 6 Pfarrern/innen der EKvW auswertet, die er unter dem Gesichtspunkt der Wahrnehmung, Deutung und Handhabung des Kirchenaustritts geführt hat. Die Abhandlung will beschreiben, „… wie sich die Kirchenaustrittsproblematik aus der Sicht der Kirche und der in ihr tätigen Pfarrer und Pfarrerinnen darstellt."⁵⁸

Im ersten Teil des Werkes werden der Rahmen, die Art und die Durchführung der empirischen Untersuchung sowie die Interviews selbst ausgeführt. Im zweiten Teil wird der Versuch unternommen die Kirchenaustrittsproblematik in ihren gegenwärtigen kirchlichen Spannungsfeldern darzustellen. Im dritten Teil wird bruchstückhaft die theologische und soziologische Diskussion um den Kirchenaustritt (z.B. historische Aspekte, Austrittsmotive, gesellschaftstheoretische und soziologische Erklärungsmodelle) aufgenommen. Im vierten Teil zieht der Verfasser als Resümee zum Problem des Kirchenaustritts zunächst die Forderung nach einer generellen pfarramtlichen Wahrnehmung, einer Kirchenreform sowie einer Erweiterung des Mitgliederverständnisses. Für die praktische Arbeit im Gemeindealltag empfiehlt er, unbedingt mit den Ausgetretenen Kontakt aufzunehmen. Zudem solle die Kirche ihre Mitarbei-

---

56 Ebd., S. 250.
57 Matthias Hoof, Der Kirchenaustritt (Neukirchen-Vluyn 1999).
58 Ebd., S. 4.

tenden auf den Entkirchlichungsprozess aufmerksam machen und Mitgliederpflege ebenso betreiben wie Strategien zur Mitgliedergewinnung entwickeln.[59]

Der Einstieg in das Thema des Kirchenaustritts erscheint dem Lesenden in diesem Werk recht abrupt und eher willkürlich gewählt. Zudem ist die wissenschaftliche Verwertbarkeit von nur 6 Probanden sehr fragwürdig. Dennoch gelingt es dem Autor, die wesentlichen Inhalte und Anfragen zum Thema des Kirchenaustritts, wenn auch ohne besonderen Tiefgang, herauszustellen. Dass hier dem Autor viel mehr Material vorlag, zeigt das umfangreiche Literaturverzeichnis, wobei man allerdings die ausführliche, inhaltliche Einarbeitung vieler der hier aufgeführten Titel in den Gang der Untersuchung häufig vermisst.

Zum Schluss gilt es, die Darstellung der Kirchenaustrittsproblematik in den *Kirchlichen Jahrbüchern* und in den von der evangelischen Kirche in Auftrag gegebenen bzw. unterstützten Untersuchungen zu betrachten.

In den Kirchlichen Jahrbüchern finden sich seit Anfang des 20. Jahrhunderts in unregelmäßigen Abständen zunächst statistische Angaben über die Übertritte zur, bzw. Austritte aus der evangelischen Kirche. Regelmäßig kam es zu einer kurzen Kommentierung der Daten. Lediglich in Phasen zunehmender Austrittszahlen wurde in diesem Zusammenhang der Versuch einer Ursachenforschung betrieben. Dabei spielte die Konversion vor allem zur römisch-katholischen Kirche von Anbeginn eine bedeutende Rolle, da durch die statistische Kompensation eine erhebliche Reduzierung der Austrittszahlen erreicht werden konnte. Häufig wurden die jeweils aktuellen Daten gemeinsam mit denen der vergangenen vier oder fünf Jahren aufgeführt, um eine Zunahme oder Abnahme von Austrittsdaten deutlicher herauszustellen.

In der Regel decken sich die Angaben der Kirchlichen Jahrbücher im Zusammenhang mit dem Kirchenaustritt mit denen der Statistischen Beilagen zum ABlEKD, die seit Ende des Zweiten Weltkriegs erscheinen.[60] Etwa gegen Ende der 80er Jahre wird in den Statistischen Beilagen immer genauer versucht, die erfassten Daten in den Kontext des kirchen- und weltpolitischen Geschehens einzuordnen.

Die Erhebung von Daten des kirchlichen Lebens wurde seit Anfang der 70er Jahre ergänzt durch Befragungen evangelischer Kirchenmitglieder. Diese

---

59 Vgl. ebd., S. 299 ff.
60 Sofern es bis zum Erscheinen der Kirchlichen Jahrbücher zu Korrekturen der erhobenen Daten kam, wurden diese aktualisierten Zahlen in die Jahrbücher aufgenommen.

wurden im Auftrag der evangelischen Kirche im Abstand von 10 Jahren von der Studien- und Planungsgruppe der EKD durchgeführt.

Die erste Untersuchung erschien vor dem Hintergrund der gesellschaftlichen Umwälzungen am Ende der 60er Jahre des 20. Jahrhunderts. Unter dem provokanten Titel: ‚*Wie stabil ist die Kirche?*' (1974) wurde kritisch versucht, die gesellschaftlichen und kirchlichen Hintergründe der 68er-Zeit zu beleuchten.[61] „Insgesamt gesehen eröffnete das systemtheoretische Denken im weiteren Sinne und das organisationssoziologische im engeren nicht nur einen genuin soziologischen Zugang zum Problem der Kirchenmitgliedschaft *und* der gesellschaftlichen Existenz der Kirche. Es eröffnete auch einen *innerkirchlich* bedeutsamen Problemzugang."[62]

Als Fortführung und Weiterentwicklung verstand sich die 10 Jahre später veröffentliche zweite Studie der EKD ‚*Was wird aus der Kirche?*'.[63] Auch hier wurde versucht, „mit den Mitteln sozialwissenschaftlicher Methodik und der Umfrageforschung ein Zustandsbild der gegenwärtigen Wirklichkeit von Volkskirche zu erheben."[64]

Die dritte und bislang letzte EKD-Erhebung zur Kirchenmitgliedschaft erschien 1997 unter dem Titel ‚*Fremde Heimat Kirche*'.[65] Dieser Erhebung kommt die Tatsache zugute, dass es mittlerweile in mehreren zentralen Themenfeldern über einen Zeitraum von 30 Jahren zu einer kontinuierlichen Erhebung von Daten gekommen ist. Damit werden Zeitreihenvergleiche möglich. Erstmalig kann die Untersuchung in allen Landeskirchen der EKD durchgeführt werden. Dadurch kommt es zu detaillierten, differenzierten Beschreibungen und Bewertungen der ost- und westdeutschen Verhältnisse.

Das besondere Augenmerk der Untersuchung gilt der Randgemeinde, „... solchen Mitgliedern, die am Leben der Ortsgemeinde nicht teilnehmen, den Sonntagsgottesdienst kaum einmal besuchen und allenfalls im Rahmen von Kasualien persönlichen Kontakt mit dem Pfarrer oder der Pfarrerin aufnehmen."[66] Indem mehrere Erzählinterviews zusammen mit den Ergebnissen einer Repräsentativbefragung gesehen werden, kommt es in dieser Untersu-

---

[61] Helmut Hild (Hg.), Wie stabil ist die Kirche? (Gelnhausen/Berlin 1974).
[62] Feige, Kirchenmitgliedschaft, S. 164.
[63] Johannes Hanselmann, Helmut Hild, Eduard Lohse (Hgg.), Was wird aus der Kirche? (Gütersloh 1984).
[64] Ebd., S. 12 f.
[65] Klaus Engelhardt, Hermann von Loewenich, Peter Steinacker (Hgg.), Fremde Heimat Kirche (Gütersloh 1997). Zitiert: Engelhardt, Fremde Heimat Kirche.
[66] Ebd., S. 13.

chung erstmals zu einer Datenauswertung durch die Verbindung von qualitativen und quantitativen Forschungsergebnissen.

Insgesamt gesehen gelingt es der evangelischen Kirche mit diesen drei Erhebungen, die bislang erfassten Mitgliederdaten transparenter zu gestalten und eine Fokussierung kirchlicher Arbeit auch im Hinblick auf den Kirchenaustritt zu ermöglichen.

Dennoch bleibt kritisch anzumerken, dass die evangelische Kirche bei der Erhebung und Auswertung von Daten bei weitem noch nicht die heutzutage zur Verfügung stehenden Mittel und Möglichkeiten ausgeschöpft hat. Auch lässt die kirchliche Erfassung und Deutung von Austrittsdaten im 20. Jahrhundert den Blick scharfer Analyse bis heute teilweise vermissen.

Der forschungsgeschichtliche Überblick zeigt, dass die Kirchenaustrittsproblematik in juristischer und soziologischer Hinsicht recht ausführlich bearbeitet wurde.

Es fällt weiterhin auf, dass sich in keiner der bislang erschienenen Arbeiten ein grundlegender und möglichst umfassender Überblick zu allen Bereichen, die den Kirchenaustritt betreffen, findet. Vielmehr richten die Verfassenden in jedem der bislang vorliegenden Werke ihr Augenmerk auf einen speziellen Teilbereich des Kirchenaustritts. Sie betrachten die Kirchenaustritte jeweils aus einem ganz bestimmten Blickwinkel und mit einer ganz bestimmten Intention. D.h., in einigen Arbeiten wird lediglich eine bestimmte Landeskirche oder ein besonderes Bundesland im Blick auf die dort vorkommenden Kirchenaustritte betrachtet. Andere Werke beschäftigen sich ausschließlich mit soziologischen oder juristischen Überlegungen zum Thema des Kirchenaustritts.

Auf dem Hintergrund dieser forschungsgeschichtlichen Erkenntnisse wird in der vorliegenden Ausarbeitung die Kirchenaustrittsproblematik von einem neuen methodologischen Ansatz ausgehend bearbeitet. Die Basis hierfür bildet eine breit angelegte Analyse den Kirchenaustritt betreffender Inhalte. Dabei wird der juristischen Entwicklung sowie der Statistik bis in die Gegenwart besondere Aufmerksamkeit gewidmet. Daran anschließend wird die Kirchenaustrittsproblematik vor dem Hintergrund betriebswirtschaftlicher Fragestellungen, speziell aus dem Bereich des Marketing, untersucht. Ziel dieser Untersuchung ist es, ein kirchenorientiertes Marketingkonzept zu entwickeln, mit dem der evangelischen Kirche die Möglichkeit gegeben wird, Mitglieder zum Verbleib in der Kirche anzuregen und bereits ausgetretene Menschen wiederzugewinnen. Dabei treten die etwa von Kantzenbach herausgestellten ideen- und sozialgeschichtlichen Gesichtspunkte zurück. Sie werden lediglich als Relativierung für mögliche kurz- und mittelfristige Veränderungsversuche berücksichtigt.

Warum es gerade in der Praktischen Theologie möglich und erlaubt ist, ein derartiges handlungsorientiertes Konzept zu einem theologischen Problem zu erstellen, soll u.a. im Folgenden erörtert werden.

0.3. Die Praxissituation des Kirchenaustritts als Ausgangspunkt praktisch-theologischer Handlungsnotwendigkeit

„Ausgangspunkt praktisch-theologischer Reflexion ist häufig eine vorfindliche, problematisch gewordene *Praxissituation*, die Handlungsnotwendigkeiten aus sich heraus setzt."[67]

Ein solch situativer Ansatz als Ausgangspunkt für die vorliegende praktisch-theologische Arbeit sind die Austritte aus der evangelischen Kirche. Durch diese Austritte verliert die evangelische Kirche im ausgehenden 20. Jahrhundert auch eine Vielzahl von Kirchensteuer zahlenden Mitgliedern. Diese Entwicklung führt dazu, dass sie Ende der 90er Jahre des 20. Jahrhunderts gezwungen ist, Sparmaßnahmen einzuleiten, die direkte Auswirkungen auf die Qualität und Quantität der kirchlichen Arbeit haben. D.h., die Folge der Austritte beinhaltet für die evangelische Kirche eine betriebswirtschaftliche Komponente, da die Finanzierung kirchlicher Arbeit zu einem erheblichen Teil durch die von den Mitgliedern eingenommene Kirchensteuer erfolgt.

Die Analyse derartiger Zusammenhänge in Verbindung mit der Erarbeitung möglicher Lösungsvorschläge ist die Aufgabe eines Spezialgebiets der Betriebswirtschaftslehre, des Marketing. Hier werden wesentliche Methoden der Zielerreichung entwickelt, die sich die Praktische Theologie im Rahmen der kirchlichen Arbeit in der Mitgliederpflege zunutze machen kann.

Es ist diese besondere Praxissituation, die im vorliegenden Fall zu einem Brückenschlag zwischen der Praktischen Theologie und der Betriebswirtschaft berechtigt, denn die einzelne Praxissituation ist „... in der Regel Ausgangspunkt praktisch-theologischer Reflexion und damit einer entsprechenden Theoriebildung. Der situative Ausgangspunkt ist geradezu das Spezifikum der

---

[67] Karl-Fritz Daiber, Religion in Kirche und Gesellschaft (Stuttgart/Berlin/Köln 1997), S. 45.

Praktischen Theologie."⁶⁸ D.h., die Entwicklung eines kirchenorientierten Marketing ist eine praktisch theologische Handlungsnotwendigkeit, die sich aus der aktuellen Praxissituation ergibt.

„In der klassischen Interpretation bedeutet Marketing die Planung, Koordination und Kontrolle aller auf die aktuellen und potentiellen Märkte ausgerichteten Unternehmensaktivitäten. Durch eine dauerhafte Befriedigung der Kundenbedürfnisse sollen die Unternehmensziele verwirklicht werden."⁶⁹ Diese konkrete Planung, Koordination und Kontrolle aller Unternehmensaktivitäten ist im schematisierten Marketingzyklus mit den einsetzbaren Instrumenten des Marketing-Mix effizient dargestellt.⁷⁰

Bei konsequenter Anwendung des Marketingzyklus, einer umfassenden Analyse des Ist-Zustandes und zugleich genauester Übertragung der individuellen Zielformulierung wird die Strategie, die den Weg zur Zielerreichung beschreibt, entwickelt. Bezugsgröße stellen hier kleine und kleinste Zieleinheiten dar. Diese Strategie beinhaltet in der Feinabstimmung eine genau dosierte Koordination einzelner Maßnahmenbausteine. Nach erfolgter operativer Umsetzung in der Praxis ermöglicht die Zielerreichungskontrolle eine ständige Kurskorrektur bzw. Kursanpassung der Unternehmensaktivitäten an z.B. veränderte Rahmenbedingungen oder falsch gewählte Bausteine innerhalb der Maßnahmenbündel. Dieser Marketing-Regelkreislauf wird als stützender Rahmen in großen und kleinen Konzepten erfolgreich eingesetzt. So auch im sozialen Bereich, wo die Unternehmensziele nicht der Gewinnmaximierung entsprechen, sondern andere individuelle, gänzlich verschiedene Ziele verfolgen.

Ziele der Kirche lassen sich in großen und kleinen Einheiten formulieren. So erlaubt der Marketingzyklus auch im kirchlichen Kontext eine effiziente Konzeptentwicklung und deren Umsetzung. Eine solche Umsetzung bietet diese Arbeit bezogen auf die Zielgruppen der innerkirchlich Distanzierten und der ausgetretenen Kirchenmitglieder der letzten fünf Jahre. Dabei erfolgt die

---

68 Ebd., S. 46. - „Der Diskurs mit den anderen Wissenschaften ist nicht nur für die Theologie nötig, er ist auch für die Erkenntnisprozesse unserer Gesellschaft und für die aus ihnen resultierenden Handlungsschritte erforderlich." Manfred Kock, Gedanken über die Zukunft der Evangelischen Kirche, epd-Dokumentation 21a/99 (Frankfurt am Main 1999), 9.
69 Heribert Meffert, Marketing: Grundlagen marktorientierter Unternehmensführung: Konzepte-Instrumente-Praxisbeispiele, Mit neuer Fallstudie VW-Golf (Wiesbaden ⁸1998), S. 7.
70 Vgl. ebd., S. 13.

Verflechtung der Wissenschaft der Praktischen Theologie mit der Betriebswirtschaftslehre, indem die Theologie sich der Instrumente des Marketing bedient.

Bei der Entwicklung eines kirchenorientierten Marketingkonzeptes ist zu berücksichtigen, dass die Kirche in gewisser Hinsicht eine so genannte ‚Nonprofit-Organisation' ist, der es, wie der Name sagt, nicht um den Profit geht, sondern um die Wahrnehmung sozialer Verantwortung in der Gesellschaft.[71] Es gelten daher für ein solches Konzept die Grundsätze des ‚Sozial Marketing'. Dabei kann ‚Sozial Marketing' „... definiert werden als die **Planung, Organisation, Durchführung und Kontrolle von Marketingstrategien und -aktivitäten nichtkommerzieller Organisationen, die direkt oder indirekt auf die Lösung sozialer Aufgaben gerichtet sind.**"[72] Nicht nur im Gesamtaufbau, sondern auch maßgeblich in den einzelnen Schritten begleiten die genannten betriebswirtschaftlichen Überlegungen diese Abhandlung. Das hieraus entwickelte kirchenorientierte Marketingkonzept basiert in seinen grundsätzlichen Inhalten auf dem oben beschriebenen Managementprozess nach Meffert. Im Einzelnen ergeben sich fünf Phasen:

---

[71] „Eine Non-Profit-Organisation stellt Dienstleistungen zur Verfügung. Sie hat Mitglieder, die den Vereinszweck nutzen und denen die Dienstleistungen ... zugute kommen. Sie finanzieren den Aufwand. Sie können ein- und austreten. Sie bestimmen die Organisation durch Wahl (mit) ... Gleichzeitig stellen sich die Mitglieder als nichtbezahlte Mitarbeiterinnen und Mitarbeiter zur Verfügung." Lindner, S. 151.

[72] Meffert, S. 1186. - Die Begriffsprägung ‚Sozial Marketing' geht wahrscheinlich auf einen 1952 erschienenen Aufsatz des Kommunikationsforschers Gerd Wiebe zurück. „Wiebe war Mitglied der Forschungsabteilung von CBS Radio und wollte herausfinden, ob und unter welchen Bedingungen bestimmte Instrumente der Absatzförderung erfolgreich für die Popularisierung sozialer Wertvorstellungen wie Bürgersinn und nachbarschaftliches Engagement eingesetzt werden können." Michael Krzeminski, Clemens Neck, Sozial Marketing, Ein Konzept für die Kommunikation von Wirtschaftsunternehmen und Nonprofit-Organisationen, in: Ders., Praxis des Sozial Marketing (Frankfurt am Main 1994), S. 12 f. - Grundsätzlich darf davon ausgegangen werden, dass an dieser Stelle zumindest die soziale Komponente in den Blick der Marketingstrategen kam, wenn auch mit dem plakativen Vorwurf behaftet „... soziale Wertvorstellungen mit den Mitteln der Konsumgüterwerbung an den Mann bzw. die Frau zu bringen." Ebd., S. 13. - In dem im Jahr 1989 erschienenen Werk „*Social Marketing - Strategies for changing Public Behavior*' gelang es den Autoren Philip Kotler und Eduardo Roberto mit solchen Vorwürfen abzuschließen und eine umfassende Betrachtung des ‚Sozial Marketing' vorzulegen. Die darin entworfenen ‚Steps in the Social-Marketing Management Process' haben bis heute grundlegende Bedeutung behalten. Philip Kotler, Eduardo L. Roberto, Social Marketing (London/New York 1989), S. 39. - Vgl. Meffert, S. 3.

Struktur des Marketing-Konzeptes für Kirche

Abb. 1: Kirchenorientiertes Marketingkonzept: Wiedergewinnung kirchenferner Menschen

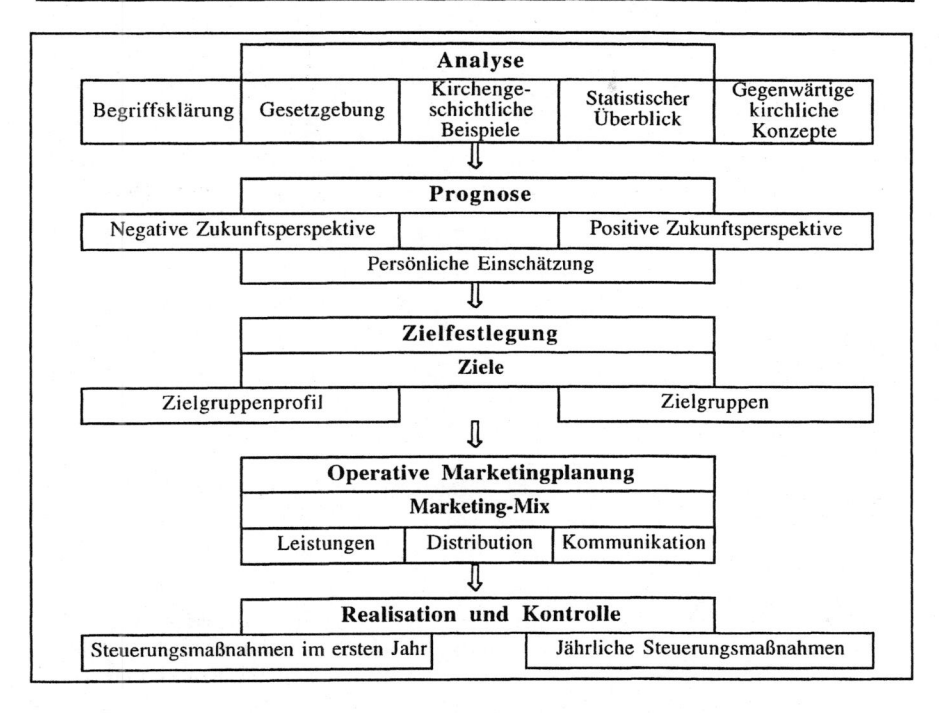

		Analyse		
Begriffsklärung	Gesetzgebung	Kirchengeschichtliche Beispiele	Statistischer Überblick	Gegenwärtige kirchliche Konzepte

⇩

	Prognose	
Negative Zukunftsperspektive		Positive Zukunftsperspektive
	Persönliche Einschätzung	

⇩

	Zielfestlegung	
	Ziele	
Zielgruppenprofil		Zielgruppen

⇩

	Operative Marketingplanung	
	Marketing-Mix	
Leistungen	Distribution	Kommunikation

⇩

Realisation und Kontrolle	
Steuerungsmaßnahmen im ersten Jahr	Jährliche Steuerungsmaßnahmen

- In der **ersten Phase -Analyse-** wird die Bestandsaufnahme gemacht. Hierhin gehört eine ausführliche Klärung der Begriffe, die mit dem Kirchenaustritt in Verbindung stehen, sowie die Beleuchtung der Kirchensteuerfrage. Dabei gilt es besonders die einzelnen Landeskirchen der EKD einzubeziehen. Zusätzlich wird die Stellung der römisch-katholischen Kirche zum Kirchenaustritt dargestellt. Des Weiteren werden in diesem Teil der Ausführungen die historischen Zusammenhänge des Kirchenaustritts und deren Abbildung vor dem Hintergrund statistischer Fakten entfaltet. Auch die kirchlichen Konzepte zur nachgehenden Seelsorge an Ausgetretenen der letzten 10 Jahre werden in diesem Abschnitt untersucht.
- Diese umfassende Analyse ermöglicht in der **zweiten Phase -Prognose-** die mögliche Zukunftsentwicklung der evangelischen Kirche unter Berücksichtigung der Kirchenaustrittsproblematik darzustellen.
- In der **dritten Phase -Zielfestlegung-** finden die bisher gemachten Beobachtungen und festgestellten Ergebnisse ihren Niederschlag in der For-

mulierung von Zielen. Es folgt eine ausführliche Untersuchung des Zielgruppenprofils, wodurch die Formulierung von Zielgruppen ermöglicht wird.
- In **Phase vier -Operative Marketingplanung-** wird die kirchenorientierte Marketingstrategie zum Kirchenaustritt entworfen mittels Einsatz einer ausgewählten Kombination der unterschiedlichen Marketinginstrumente. Hier entsteht ein Seelsorgekonzept für/mit kirchenferne/n Menschen. Außerdem werden in dieser Phase Überlegungen angestellt, welche Möglichkeiten bestehen, die Vorgabe von Zielen auf landeskirchlicher und gemeindlicher Ebene zu erreichen. Dies geschieht, indem die entwickelten Maßnahmen und die darin enthaltenen Möglichkeiten und Potentiale aufgezeigt werden, die gewährleisten, dass die angestrebten Ziele auch erreicht werden. Diese Koordination der Marketinginstrumente wie Preisgestaltung, Absatzwegegestaltung, und Kommunikationspolitik kann direkt auf die Lösung der sozialen und christlichen Aufgaben der Kirche übertragen und ausgerichtet werden.
- Den Abschluss bildet **Phase fünf -Realisation und Kontrolle-**. Diese Phase befasst sich mit der operativen Umsetzung in die Praxis unter Beachtung von vereinbarten Zeitrahmen, in Verbindung mit enger unterstützender Begleitung, Motivation und Beobachtung der Verantwortlichen.

Die Begegnung und der Umgang mit den Instrumenten moderner wirtschaftswissenschaftlicher Erkenntnis im kirchlichen Bereich wird kirchenintern oft als problematisch angesehen. Herbert Lindner, langjähriger Gemeindeberater in der Evangelisch-lutherischen Kirche in Bayern, hält dem entgegen: „Das Leitungsproblem der Volkskirchen in der nächsten Generation dürfte in den Bereichen von Betriebswirtschaft/Finanzwesen, Informatik und Planungskompetenz, ferner im kreativen Bereich und auf dem Gebiet der Kommunikation besonders zutage treten."[73] Dazu macht Rudolf Roosen auf die veränderte gesellschaftliche Stellung der Landeskirchen in Deutschland aufmerksam, die u.a. dazu führt, dass sie sich am Markt platzieren müssen. Es gilt zu akzeptieren, dass mit „... dem Weimarer Reichsgesetz ... die evangelischen Landeskirchen aus dem funktionalen Segment ausgeschlossen und ins Marktsegment des Systembereichs ‚Religion' positioniert worden ..." sind.[74] Aus welchen verschiedenen Schichten dieser Markt u.a. besteht, geht aus folgender Grafik hervor.

---

[73] Lindner, S. 52.
[74] Roosen, S. 333.

Abb. 2: Die Mitbewerber und Wettbewerber der EKD[75]

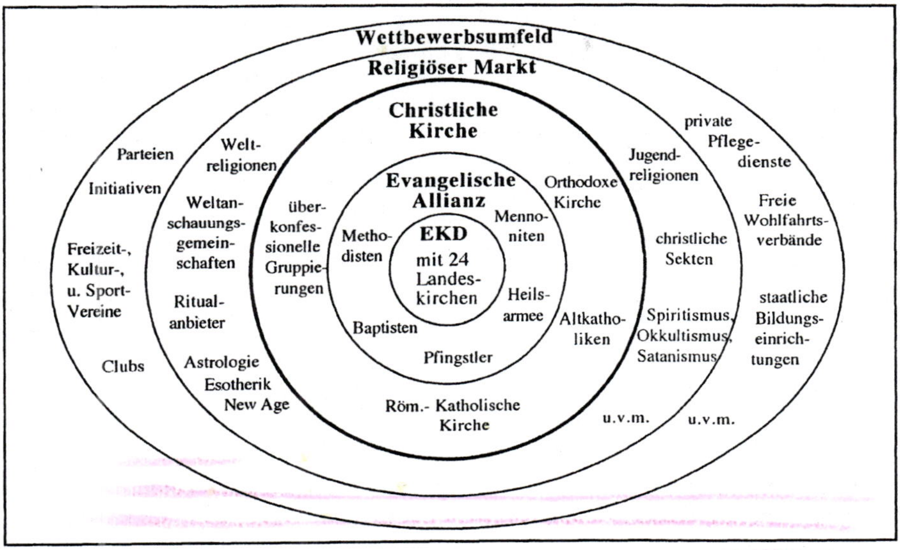

Wettbewerbsumfeld
Religiöser Markt

- **Christliche Kirche**
  - **Evangelische Allianz**
    - EKD mit 24 Landeskirchen
    - Methodisten
    - Mennoniten
    - Baptisten
    - Heilsarmee
    - Pfingstler
  - Orthodoxe Kirche
  - Altkatholiken
  - Röm.- Katholische Kirche
- überkonfessionelle Gruppierungen
- Weltanschauungsgemeinschaften
- Ritualanbieter
- Astrologie / Esoterik / New Age
- Weltreligionen
- Jugendreligionen
- christliche Sekten
- Spiritismus / Okkultismus / Satanismus
- u.v.m.
- Parteien
- Initiativen
- Freizeit-, Kultur-, u. Sport-Vereine
- Clubs
- private Pflegedienste
- Freie Wohlfahrtsverbände
- staatliche Bildungseinrichtungen
- u.v.m.

Von daher erscheint eine Einbeziehung heutiger Informations- und Angebotsinstrumente in der kirchlichen Arbeit unerlässlich. Herbert Lindner konstatiert auf Grund seiner langjährigen Erfahrung in der Gemeindeberatung: „Die Lage der evangelischen Kirche in Deutschland läßt sich verstehen als die einer Großinstitution im Übergang. Sie zeigt nahezu alle klassischen Symptome einer nicht bewältigten Differenzierungsphase einer Organisation; Unüberschaubarkeit, Bürokratisierung, nachlassende Motivation der Mitarbeiterinnen und Mitarbeiter."[76]

---

75 Maike M. Selmayr, Marketing eines "Glaubens"-Gutes: Übertragung des modernen Marketingansatzes auf die evangelische Kirche in Deutschland, dargestellt am Fallbeispiel der Martin-Luther-Gemeinde in Lüneburg (Frankfurt am Main 2000), S. 46. - „Allgemein werden **Absatzmärkte definiert als Menge der aktuellen und potentiellen Abnehmer bestimmter Leistungen sowie der aktuellen und potentiellen Mitanbieter dieser Leistungen sowie den Beziehungen zwischen diesen Abnehmern und Mitanbietern.**" Meffert, S. 35.

76 Lindner, S. 51. - „Der Geist einer bürokratischen Staatsbehörde durchwaltet immer noch das Arbeits- und Entscheidungstempo der Landeskirchen. Er prägt das berufliche Selbstverständnis der hauptamtlichen Mitarbeiter/innen und lähmt die Innovationsfähigkeit, die

Meines Erachtens darf man nicht länger die Augen vor der Tatsache verschließen, dass Kirche längst auch „... zu einem Unternehmen geworden ... [ist,] ... das, nach den Regeln der Marktwirtschaft finanziert und organisiert, das Produkt ‚lebensbegleitender Sinn' anbietet."[77] So ist es wichtig, den Nutzen und die Chance für den Verkündigungsauftrag der Kirche zu erkennen, den die Wirtschaftswissenschaft, im Besonderen ein kirchenorientiertes Marketingkonzept, leisten kann.

Es ist die anspruchsvolle Aufgabe von Kirchenleitungen, von kirchlich haupt- und ehrenamtlich Mitarbeitenden, bis hin zu jedem einzelnen Gemeindeglied, viele Menschen mit der ‚Frohen Botschaft' zu erreichen. Diese ‚Frohe Botschaft' allein ermöglicht, die Summe der unterschiedlichsten Wünsche von Menschen gleichzeitig aufzunehmen und zu erfüllen.

So wird in diesen Ausführungen vor dem Hintergrund meiner Erfahrungen im Gemeindepfarramt eine kirchenorientierte Marketingstrategie entwickelt und präsentiert, mit der die Austrittsneigung bei den Kirchenmitgliedern deutlich herabgesetzt werden kann. Zudem werden Chancen aufgezeigt, Ausgetretene zur Rückkehr in die Kirche zu bewegen. Dieser Prozess findet nicht nur in der Medienpräsentation kirchlicher Inhalte statt, sondern geht in den engen Kontaktbereich von Mensch zu Mensch, der das größte kirchliche Arbeitsfeld darstellt. Hier stehen die Mitarbeitenden der Kirche in dem Berührungsfeld der Begegnung mit dem Einzelnen.

Darüber hinaus sollen die dargestellten Überlegungen den kirchlich Mitarbeitenden Sicherheit geben sowie Perspektiven und Handlungsvorschläge vermitteln, um die Umgangsschwierigkeiten mit kirchenfernen Menschen in der Seelsorge zu überwinden. Denn: „Seelsorge ist die Präsenz der Kirche im Leben der ihr anvertrauten Menschen. Sie leistet persönlichen Zuspruch, hilft bei der Beratung privater Angelegenheiten, sie ist cura animarum in allen Bereichen des Lebens des Einzelnen wie der Gemeinschaft."[78] Deshalb wird eine Anleitung zum seelsorgerlichen Gespräch ebenso gegeben, wie das große Feld

---

Flexibilität und die Mitgliedernähe der Organisation. Mental wie konzeptionell befinden sich die Landeskirchen allenfalls in einem Stadium, in dem ihnen die längst vollzogene Wandlung vom funktionalen Teilsystem hin zum marktorientierten Teilsystem nach und nach bewußt wird. Der erforderliche Wandlungsprozeß aber ist kaum einmal angedacht." Roosen, S. 333.

[77] Berndt Seite, Verdunstung des Glaubens? LM 12 (1995), 3.
[78] Friedemann Merkel, Bestattung in der Volkskirche, in: Ders., Sagen-hören-loben, Studien zu Gottesdienst und Predigt (Göttingen 1992), S. 185.

der vorbeugenden und der nachgehenden Seelsorge rund um den Kirchenaustritt in den Blick gerückt.

Das Marketing ist in der Lage, bei dieser wichtigen Aufgabe zu unterstützen. „Beim Marketing geht es nach heutigem Verständnis um:
- eine ganzheitliche *Führungskonzeption* sowohl für erwerbswirtschaftliche wie für nicht-erwerbswirtschaftliche Institutionen,
- die Planung und *Gestaltung von Austauschbeziehungen* mit *Kunden,* um ihnen *Problemlösungen* zu bieten,
- eine *Denkhaltung* (‚Im Kopf und Herzen des Kunden denken und fühlen') und um eine ‚*Technologie*' (im Sinne eines Repertoires von Gestaltungsinstrumenten)."[79]

Dabei gilt es kirchlicherseits zu erkennen, dass ein speziell für die Kirchen erarbeitetes und angewandtes kirchenorientiertes Marketing nicht der Erzielung größtmöglicher Gewinne für die Kirchenkasse dient, sondern dabei helfen will, die ‚Gute Nachricht' einer möglichst großen Öffentlichkeit nahe zu bringen.

In der Anwendung dieser Erkenntnisse eröffnet sich die Chance, unter von den Kirchen festgelegten Rahmenbedingungen die Instrumente des modernen Marktes auf ihre Verwendbarkeit für die kirchliche Verkündigung hin zu überprüfen. So kann der kirchliche Auftrag auch im 21. Jahrhundert bestmöglich erfüllt werden. Dabei ist unabdingbare Grundvoraussetzung, „„... daß Glaube unverfügbar und damit Geschenk, Gnade ist und nicht die Sache der ‚Macher' sein kann. Kirchenmarketing ersetzt nicht das Wirken des Heiligen Geistes; wohl aber kann es an Glauben und Glaubensfragen heranführen, Interesse wecken, anregen, zum Abbau von Frustrationen beitragen, die Voraussetzungen dafür schaffen helfen, daß Glaubenserfahrung und Glaubenserfüllung wachsen."[80]

---

[79] Hans Raffée, Kirchenmarketing – Irrweg oder Gebot der Vernunft?, in: Hans Bauer, Erwin Diller (Hgg.), Wege des Marketing, Festschrift zum 60. Geburtstag von Erwin Dichtl (Berlin 1995), S. 162 f.
[80] Ebd., S. 165.

	I. Analyse			
1. Begriffsklärung	2. Gesetzgebung	3. Kirchengeschichtliche Beispiele	4. Statistischer Überblick	5. Gegenwärtige kirchliche Konzepte

„In der **Analysephase** geht es darum, die relevanten Probleme strategischer und operativer Art zu erkennen. Die wesentlichen Elemente des Marketingsystems – Kunden-Konkurrenz-Handel – sind ebenso wie das eigene Unternehmen im Hinblick auf die Stärken und Schwächen zu untersuchen. Es gilt die Frage zu beantworten: Wo stehen wir?"[81]

Will man ein handlungsfähiges Konzept erstellen, das den Bezug von Mitgliedern zu ihrer Religionsgemeinschaft festigt und somit entscheidend dazu beiträgt, dass die Neigung zum Verlassen der Gemeinschaft durch Austritt deutlich abnimmt, beziehungsweise bei bereits ausgetretenen Mitgliedern den Wunsch nach Rückkehr hervorruft, so ist es in einem ersten Schritt erforderlich, eine ausführliche Klärung von Begriffen im Zusammenhang mit dem Kirchenaustritt durchzuführen. Dabei ist die Frage nach der kirchlichen Finanzierung ebenso zu beleuchten wie die vergleichende Betrachtung von Religionsgemeinschaften in einem ähnlichen Kontext. In der vorliegenden Untersuchung geschieht dies bezüglich der römisch-katholischen Kirche.

Die so herausgearbeiteten Ergebnisse fordern vom Betrachtenden immer wieder, auch den historischen Kontext, dessen Kenntnis Entwicklungen und Zusammenhänge verständlich macht, ausführlich mit einzubeziehen.

Erst vor diesem Hintergrund werden die statistischen Zahlen der Kirchenein- und -austritte sowie der Wiedereintritte transparent und nur so können Austrittswellen erklärt, Austrittsgründe nachvollzogen und Präventivmaßnahmen entwickelt werden. Besondere Aufmerksamkeit wird dabei der Frage gewidmet, wie die evangelische Kirche, vor dem Hintergrund all dieser Erkenntnisse, dem Problem des Kirchenaustritts von der Vergangenheit bis zur Gegenwart begegnet. Dies ermöglicht die Untersuchung kirchlicher Konzepte zur nachgehenden Seelsorge an Ausgetretenen der letzten 10 Jahre. Hierbei erhält der/die Betrachtende einen ersten Eindruck von sinnvollen wie auch von weniger erfolgreichen Versuchen der evangelischen Kirche, dem Kirchenaustritt zu begegnen.

---

[81] Meffert, S. 14.

1. Die Begriffsklärung
1.1. Die Kirche und ihre ‚Mit-Glieder'

Die Frage nach der Kirche und ihren ‚Mit-Gliedern' kann vor dem Hintergrund der erkenntnisleitenden Frage einer Marketingstrategie hinsichtlich des Kirchenaustritts nur dann richtig verstanden werden und eine angemessene Betrachtung erfahren, wenn zunächst der Begriff der Kirche als Körperschaft des öffentlichen Rechts Erläuterung erfährt, sodann der theologisch geprägte Begriff des Kirchengliedes geklärt wird, bevor man sich dem juristischen Terminus der Kirchenmitgliedschaft in der evangelischen Kirche zuwendet. Des Weiteren werden in diesem Zusammenhang die Kosten der Mitgliedschaft dargelegt und die Möglichkeiten, diese zu kündigen. Abgerundet wird die Betrachtung durch die Darstellung der Position, die die römisch-katholische Kirche in der Frage des Kirchenaustritts einnimmt.

1.1.1. Die Kirchen als Körperschaften des öffentlichen Rechts

Körperschaften des öffentlichen Rechts „... sind auf einem Mitgliederbestand aufbauende Personenverbände des öffentlichen Rechts, die selbständig staatl. Aufgaben wahrnehmen und voll rechtsfähig, also Träger von Rechten und Pflichten sein können."[82]

Dass die evangelische und die römisch-katholische Kirche den Anspruch haben, als Körperschaften des öffentlichen Rechts behandelt zu werden, obwohl sie dieser Definition nicht entsprechen,[83] findet seine Begründung in der geschichtlichen Entwicklung des Begriffs, zu der die anerkannten Religionsgemeinschaften zur Zeit der Entstehung des Allgemeinen Preußischen

---

[82] Hermann Weber, Artikel: Körperschaft des öffentlichen Rechts, EKL 2 (Göttingen ³1989), Sp. 1453.

[83] Die Korporationsqualität verleiht den Kirchen keinen öffentlich-rechtlichen Gesamtstatus sondern „... lediglich bestimmte öffentlichrechtl. Gestaltungsmöglichkeiten (Besteuerungsrecht, Dienstherrenfähigkeit) ... Auch die *Bewertung* der Korporationsqualität ist streitig: Während sie einerseits geradezu als ‚Pionier eines Verbände-Verfassungsrechts' angesehen wird (Meyer-Teschendorf), wird sie von anderen als Relikt einer früheren Schicht des ... Staatskirchenrechts betrachtet und auch verfassungsrechtl. in Zweifel gezogen (Schmidt-Eichstaedt)." Ebd., Sp. 1454.

Landrechts im Jahre 1794 beigetragen haben.[84] Gemäß § 25 II 6 des ALR heißt es:
„Die Rechte der Corporationen und Gemeinen kommen nur solchen vom Staate genehmigten Gesellschaften zu, die sich zu einem fortdauernden gemeinnützigen Zwecke verbunden haben."[85]

Als solche genehmigte Gesellschaften übernahm das ALR die im § 1 des Wöllnerschen Religionsedikts von 1788 als Haupt=Confessionen der christlichen Religion aufgeführten Kirchen, *„... nehmlich die Reformirte, Lutherische und Römisch=Catholische ..."*[86]

An dieser besonderen Stellung der großen Kirchen wurde bis heute nicht gezweifelt. „Vielmehr benutzten die Gesetzgeber in Deutschland den Begriff so, wie er ihnen vom Allgemeinen Landrecht zur Verfügung gestellt worden war ..."[87] So fand die Stellung der Kirchen als Körperschaften des öffentlichen Rechts unverändert 1919 mit Art. 137 Einlass in die Weimarer Verfassung. Gemäß GG Art. 140 wurde der Art. 137 WA 30 Jahre später in das Grundgesetz von 1949 aufgenommen. „Unstreitig ist, daß die Zuerkennung des Status als K. (der sog. ,*Korporationsqualität*') die Kirchen keiner besonderen Staatsaufsicht unterwirft ..., ihnen aber – über die Rechtsfähigkeit nach staatl. Recht hinaus – die Fähigkeit einräumt ... Träger öffentlichrechtl. Befugnisse zu sein."[88]

Vor dem Hintergrund dieser vorangestellten Bemerkungen zum gegenwärtig rechtlichen Status der evangelischen und römisch-katholischen Kirche in Deutschland gilt es nun die kirchliche Mitgliedschaft genau zu untersuchen.

1.1.2. Die Kirchengliedschaft

Den Begriff des Kirchengliedes kann man bis auf den Apostel Paulus zurückführen, wenn man einen Nebenaspekt des Bildes vom Leib und seinen Gliedern

---

84 Allgemeines Preußisches Landrecht, abgekürzt als ALR, nach Hans Hattenhauer, Günther Bernert, Allgemeines Landrecht für die Preußischen Staaten von 1794 (Frankfurt am Main/Berlin 1970), S. 11. Zitiert: ALR. In Auszügen im Anhang, S. 263, 2.2.
85 Hattenhauer, Bernert, ALR, S. 427.
86 Wöllnersches Religionsedikt, Novum Corpus Constitutionum Prussico-Brandenburgensium 8,2 (Berlin 1791), Sp. 2176. Siehe Anhang, S. 258, 2.1.
87 Gerd Schmidt-Eichstaedt, Kirchen als Körperschaften des öffentlichen Rechts? (Köln/Berlin/Bonn/München 1975), S. 30.
88 Weber, Sp. 1453.

betrachtet, das der Apostel im 1. Korintherbrief aufgreift.⁸⁹ „Die metaphorische Rede vom ‚Leib' zur Bezeichnung eines gesellschaftlichen Organismus und den ‚Gliedern' als den innerhalb dieser gesellschaftlichen Größe existierenden Individuen ist in der Antike seit ältester Zeit geläufig ..."⁹⁰

In 1. Kor. 12,12 bedient sich Paulus dieses Bildes und wendet es in den folgenden Versen 13–26 auf die korinthische Gemeindesituation an. Dabei ist ihm daran gelegen, „... die zwischen den einzelnen ‚Gliedern' innerhalb des ‚Leibes' bestehenden Beziehungen ganz auf der ‚profanen' – individuellen wie sozialen – Ebene zu beschreiben."⁹¹ Paulus möchte den Adressaten als Gliedern der Gemeinde deutlich machen, in welcher unauflösbaren Wechselbeziehung sie untereinander stehen, dass sie „... eine solidarische Weg- und Schicksalsgemeinschaft ..." bilden.⁹² So sind von Leid und Ehre eines einzelnen Gliedes des Leibes Christi alle (anderen) Glieder mitbetroffen.⁹³ Paulus folgt mit dieser Vorstellung den Gedanken Platons, dieser in der Politeia entwickelt.⁹⁴

In 1 Kor. 12, 27 stellt Paulus das antike Bild vom Leib und den Gliedern in einen völlig neuen Zusammenhang, indem er sagt: „Ihr aber seid Leib Christi und, als Teil, Glieder."

Die Betrachtung der Verse 12–26 lässt keine gedankliche Vorbereitung dieses Bildes der Gliedschaft am Leibe Christi zu, so dass die Vermutung nahe liegt, dass Paulus in Vers 27 lediglich dem spontanen Gedanken eines solchen Vergleichs gefolgt ist. Diese Überlegung wird von der Tatsache unterstützt,

---

89 An drei weiteren neutestamentlichen Stellen wird dieses Bild ebenfalls benutzt: Röm. 12,5, 1. Kor. 6,15, Eph. 5,30.
90 Andreas Lindemann, Die Kirche als Leib, ZThK 92 (1995), 142. - Dazu sagt Hans Conzelmann, Der erste Brief an die Korinther, KeKNT 5 (Göttingen ¹²1981), 257, Anm. 7: „Am besten bekannt ist die Fassung der Fabel des Menenius Agrippa Livius II 32, Dion Hal VI 86." - Ernst Käsemann, Leib und Leib Christi (Tübingen 1933), schreibt S. 160: „Faktisch bedeutet das nichts anderes als die Aufnahme des Organismusgedankens. Nun läßt sich allerdings gar nicht leugnen, daß dieser Organismusgedanke wirklich bei Paulus vorliegt ..."
91 Ebd., S. 152.
92 Wolfgang Schrage, Der erste Brief an die Korinther (1 Kor. 11,17–14,40), EKK VII/3 (Neukirchen-Vluyn 1999), 229.
93 1. Kor. 12,26: „Und wenn ein Glied leidet, so leiden alle Glieder mit; wenn ein Glied geehrt wird, freuen sich alle Glieder mit."
94 Vgl. Gunther Eigler, Platon, Politeia 4 (Darmstadt 1971), V 462 d, 408.

dass der Begriff σωμα Χριστου (=Leib Christi) nur dieses eine Mal an dieser Stelle von Paulus benutzt wird.[95]

Mit der Erläuterung in 1 Kor. 12,27b (die Angeredeten sind als ‚Teile' des Leibes Christi, d.h. als einzelne betrachtet, ‚Glieder') wird erneut die gegliederte Vielfalt in der Einheit hervorgehoben.[96] Sicher geht es Paulus im Zusammenhang seiner Ausführungen nicht in erster Linie um den Gedanken der Glieder des Leibes, wie er in Vers 27 formuliert ist, sondern primär um den Gesichtspunkt der wechselseitigen Abhängigkeit und Bezogenheit der Glieder. Das zeigt – neben 1 Kor. 12,12–26 – auch die Anwendung auf die konkrete Situation in Korinth in Vers 28–30 (bzw. 31a). Doch kann sich das heute übliche Verständnis der der Kirche angehörenden Christen als Kirchenglieder oder Glieder am Leibe Christi auf diese Äußerung des Apostels berufen.[97]

Die Aufnahme in diesen Leib Christi geschieht durch die Taufe. Diese Auffassung galt in „... den Kirchen der Reformation ... von Anfang an, in Übereinstimmung mit der römisch-katholischen Auffassung und nahezu allen christlichen Denominationen ..." und gilt auch heute noch.[98]

Für die Betrachtung des juristischen Begriffs der Kirchenmitgliedschaft bleibt die theologische Überzeugung festzuhalten, dass die Kirchengliedschaft durch die Taufe empfangen wird. Sie ist, wie das Folgende zeigen wird, ein konstituierendes Element der Kirchenmitgliedschaft.

1.1.3. Die Kirchenmitgliedschaft in der EKD

Im Unterschied zu dem in Kapitel I. 1.1.2. beschriebenen Begriff der theologischen Kirchengliedschaft, die die Teilhabe am Leib Christi gewährt, ist die Frage der Kirchenmitgliedschaft ein juristisch gefasster Begriff: „... er zielt auf die Trägerschaft der Kirche im rechtlichen Sinne durch die Individuen als

---

95 Vgl. Lindemann, S. 153 f., Anm. 52: „Paulus wendet das von ihm zunächst ganz profan verstandene Bild quasi ‚sekundär' auf Christus an, nicht umgekehrt." - Vgl. auch ebd., S. 155. - Gegen Conzelmann, S. 258 und S. 261.
96 Vgl. Lindemann, S. 153 mit Anm. 49. - Vgl. auch Schrage, S. 230 mit Anm. 699.
97 Vgl. Jacob Grimm, Wilhelm Grimm, Deutsches Wörterbuch 4, I. Abt. 5. Teil, Artikel: Glied (Leipzig 1958), Sp. 18 ff. Zitiert: Bd. 4.
98 Karl-Wilhelm Dahm, Artikel: Kirchenmitgliedschaft, TRE XVIII (Berlin/New York 1989), 643. - So auch Joachim Mehlhausen, Artikel: Kirchengliedschaft. I. Evangelisch. A. Theol., EStL 1 (Stuttgart ³1987), Sp. 1592. Zitiert: Kirchengliedschaft.

Rechtspersonen. Diese können rechtlich frei über Ein- und Austritt entscheiden."99

Die Entstehung des Begriffs Kirchenmitglied geht zurück auf den oben beschriebenen biblisch geprägten Begriff des Kirchengliedes. Allerdings veränderte sich die Bedeutung unter dem Einfluss des lateinischen Wortes ‚membrum' und meint jetzt Angehöriger bzw. Mitglied.[100] Der so verstandene Begriff des Mitglieds findet im 17. Jahrhundert Einlass in den deutschen Sprachgebrauch: „glied *einer durch satzungen oder vertrag u. ä. gebundenen gemeinschaft: einer gesellschaft, genossenschaft, einer schauspielertruppe u. dgl., seit dem 17. jahrh. geläufig, vielleicht unter specieller mitwirkung von ital. membro: glieder ...*"[101]

Vor dem Hintergrund dieses, historisch so hergeleiteten Mitgliedschaftsbegriffs, trat am 1. Januar 1978, mit dem sog. Kirchengesetz über die Kirchenmitgliedschaft vom 10. November 1976, ein für alle Landeskirchen der EKD einheitliches Mitgliedschaftsrecht in Kraft. In § 1 Abs. 1 dieses Gesetzes heißt es:

> „*Innerhalb der Evangelischen Kirche in Deutschland sind Kirchenmitglieder die getauften evangelischen Christen, die ihren Wohnsitz oder gewöhnlichen Aufenthalt im Bereich einer Gliedkirche der Evangelischen Kirche in Deutschland haben ...*"[102]

In diesem Passus werden die drei das Mitgliedschaftsrecht der Kirche konstituierenden Bedingungen aufgeführt:

- An erster Stelle steht das sakramentale Geschehen der Taufe. In der Regel entscheiden die Eltern, ihr Kind taufen zu lassen. So ist für „... das getaufte Kind ... Mitgliedschaft also zunächst ein zugeschriebenes Merkmal, gleichsam ein Erbe, ein Element seiner Herkunft, eine familiäre, gesellschaft-

---

99 Wolfgang Bock, Fragen des kirchlichen Mitgliedschaftsrechts, ZEvKR 42 (1997), 320.
100 Vgl. Grimm, Bd. 4, Sp. 20. - Vgl. auch Jacob Grimm, Wilhelm Grimm, Deutsches Wörterbuch 6, Artikel: Mitglied, Sp. 2350 (Leipzig 1885). Da heißt es: „MITGLIED, *n. glied eines körpers im vereine mit andern; im 16. jahrh. noch in ganz durchsichtiger bildlicher verwendung:* sintemal weltlich herrschaft ist ein mitglied worden des christlichen cörpers,... darumb jr werk sol frei unverhindert gehen, in allen gliedmas des ganzen cörpers. LUTHER 1, 290; *später verdunkelt, und jetzt als bild längst nicht mehr gefühlt, wiewol wir eine vereinigung, behörde, gesellschaft noch immer als* körper *oder* körperschaft *bezeichnen:* mitglied, *membrum,* consors, *socius* STEINBACH 1, 605."
101 Grimm, Bd. 4, Sp. 22.
102 EKD: Kirchengesetz über die Kirchenmitgliedschaft, das kirchliche Meldewesen und den Schutz der Daten der Kirchenmitglieder (Kirchengesetz über die Kirchenmitgliedschaft) vom 10. November 1976, ABlEKD 11 (1976), 389. Zitiert: EKD-Kirchenmitgliedschaft.

liche, kulturelle Tradition."[103] In der evangelischen Lehre wird die Auffassung vertreten, dass jeder Mensch, der einmal durch die Taufe dem Leib Christi hinzugefügt ist, nicht mehr von diesem Leib getrennt werden kann. Insoweit erhält er zwar einen ‚charakter indelebilis'. Jedoch kann er durchaus, wie im Folgenden dargestellt, die Mitgliedschaft zu dieser Kirche im weltlichen Bereich verlieren.[104]

- Die zweite Voraussetzung ist das biographische Merkmal. Damit ist die persönliche „... Realisierung der eigenen Mitgliedschaft in Glauben, Bekenntnis und Lebensführung ..." gemeint.[105] Dabei ist einschränkend festzustellen, dass – wenn überhaupt – nur der Bekenntnisstand als biographisches Merkmal nachweisbar ist.
- Als dritte Bedingung ist der Wohnort von Bedeutung, also das geographische Merkmal. D.h., der Wohnsitz des Betreffenden oder gewöhnliche Aufenthalt muss im Bereich einer EKD-Gliedkirche sein.

Werden diese drei Voraussetzungen erfüllt, so wird in der Mitgliedschaft die Gliedschaft am Leibe Christi konkret. Fehlt nur eine der drei Bedingungen oder fällt sie weg, so erlischt die Kirchenmitgliedschaft.[106] Dieser Gedanke wird in § 10 des Kirchengesetzes über die Kirchenmitgliedschaft der EKD entfaltet: Wenn sich das geographische (Fortzug) oder das biographische Merkmal (Übertritt bzw. Austritt) ändert, erlischt die Mitgliedschaft.[107]

Damit ist die juristische Forderung nach der freien Entscheidung zur Kirchenmitgliedschaft, die laut § 1 Abs. 2 des Kirchenmitgliedschaftsgesetzes zur Kirchengemeinde und zur Gliedkirche des Wohnsitzes des Kirchenmitgliedes besteht, innerhalb der EKD erfüllt. Sie leitet sich ab aus der im GG Art. 4 dem Einzelnen zugesicherten Religionsfreiheit.

Das einheitliche Mitgliedsrecht der EKD ermöglicht die Normierung wesentlicher Elemente kirchlicher Mitgliedschaft (z.B. Beginn und Ende,

---

[103] Engelhardt, Fremde Heimat Kirche, S. 23.

[104] D.h., es kann „... von diesem theologischen Verständnis der kirchlichen Mitgliedschaft her den einzelnen evangelischen Landeskirchen eher möglich sein, einen ‚Kirchenaustritt' zuzulassen und auch für den kirchlichen Bereich zu sanktionieren ..." Paul Mikat, Religionsrechtliche Schriften, Erster Halbband (Berlin 1974), 489. - Vgl. hierzu: Evangelisch-Reformierte Kirche, Der Heidelberger Katechismus (Neukirchen-Vluyn 1997), S. 56: Wie wird das Himmelreich durch die christliche Bußzucht zu- und aufgeschlossen? - Vgl. auch: Mehlhausen, Kirchengliedschaft, Sp. 1592–1594.

[105] Dahm, S. 643. - So auch Mehlhausen, Kirchengliedschaft, Sp. 1592.

[106] Vgl. Albert Stein, Kirchengliedschaft als rechtstheologisches Problem, ZEvKR 29 (1984), 54.

[107] Vgl. EKD-Kirchenmitgliedschaft, S. 390.

Übertritt oder Umzug).[108] Zugleich trägt es dem sog. Doppelcharakter der Zugehörigkeit von evangelischen Christen Rechnung. Doppelcharakter der Zugehörigkeit meint zum einen die Gliedschaft im Leibe Christi (unauflösbar), zum anderen die Mitgliedschaft in einer der Landeskirchen der EKD (auflösbar).[109]

Der so definierte Begriff der Mitgliedschaft in der EKD ermöglicht im folgenden Kapitel zu untersuchen, wann ein Kirchenaustritt vorliegt.

1.1.4. Der Kirchenaustritt

„Als Allgemeinbegriff könnte man Kirchenaustritt umschreiben als eine irgendwie gesetzlich geregelte und erlaubte Abkehr von einer Kirche im Unterschied zum einfachen passiven Wegbleiben."[110] Von einem Kirchenaustritt im staatsrechtlichen Sinn sprechen wir, wenn ein Mitglied einer Religionsgemeinschaft, die als Körperschaft des öffentlichen Rechts anerkannt ist, sich bewusst und freiwillig dazu entschließt, vor dem zuständigen Adressaten mündlich oder in schriftlich beglaubigter Form seinen Austritt aus dieser Religionsgemeinschaft zu erklären.[111] Die Rechtsgrundlage hierfür bilden die Kirchenaustrittsgesetze der jeweiligen Bundesländer nach 1945.[112]

Die Erfassung dieses Austritts durch den Staat wird notwendig auf Grund des besonderen staatlichen Status, den eine Körperschaft des öffent-

---

[108] Vgl. Günther Wendt, Bemerkungen zur gliedkirchlichen Vereinbarung über das Mitgliedschaftsrecht in der EKD, ZEvKR 16 (1971), 23–37. - Es hat sich „*Wendts* Erwartung einer in eine erfolgreiche Verfassungsreform der EKD eingebetteten Mitgliedschaftsrechtsreform ... leider bisher nicht verwirklicht. Allerdings brachte das *Kirchengesetz der EKD über die Kirchenmitgliedschaft* vom 10. November 1976 ... einen energischen Schritt nach vorwärts im Blick auf ein gemeinsames Kirchenmitgliedschaftsrecht." Stein, S. 52.

[109] Vgl. Dahm, S. 643. - Vgl. auch Bock, S. 332 ff.

[110] Kuphal, S. 15.

[111] Dagegen regelt sich der Austritt aus einer privatrechtlich organisierten Kirche und Religionsgemeinschaft nach § 39 BGB: „(1) Die Mitglieder sind zum Austritt aus dem Vereine berechtigt. (2) Durch die Satzung kann bestimmt werden, daß der Austritt nur am Schlusse eines Geschäftsjahrs oder erst nach dem Ablauf einer Kündigungsfrist zulässig ist; die Kündigungsfrist kann höchstens zwei Jahre betragen." Heinrich Schönfelder, Deutsche Gesetze (München Februar 1990), 20 BGB, 19.

[112] Die derzeit gültige Rechtsquellenlage ist aufgelistet bei Axel Frhr. v. Campenhausen, Der Austritt aus den Kirchen und Religionsgemeinschaften, HSKR 1 (Berlin ²1994), 783–785. Zitiert: Austritt.

lichen Rechts genießt. Dabei handelt es sich nicht um die Einmischung des Staates in die innerkirchlichen Angelegenheiten, sondern das Bundesverfassungsgericht hat ausdrücklich festgehalten: „Der staatlich geregelte Kirchenaustritt ist nicht darauf gerichtet, Wirkungen im innerkirchlichen Bereich herbeizuführen, sondern soll nur Wirkungen im Bereich des staatlichen Rechts auslösen."[113] Erst nach diesem Schritt wird der Ausgetretene vom Staat nicht mehr als Angehöriger der verlassenen Religionsgemeinschaft behandelt.[114]

Dabei bleiben die persönlichen Beweggründe unbeachtet. Wenn dies in der Geschichte der Kirchenaustrittsgesetzgebung auch immer wieder ein Diskussionspunkt gewesen ist, da manche der Ausgetretenen ihre Austrittserklärung mit einer Begründung versehen wollten, d.h. eine sog. ‚modifizierte' Kirchenaustrittserklärung abgeben wollten. Die Ausgetretenen wollten durch diese Zusatzerklärungen häufig der Kirche, die sie durch Austritt verlassen hatten, mitteilen, dass sie aus unterschiedlicher Motivation heraus zwar keine Mitglieder der Kirche mehr seien, sich aber durchaus weiterhin als ihre Glieder verständen. Somit wollten jene Personen sich nicht mehr als Mitglieder der evangelischen bzw. römisch-katholischen Kirche, sondern der ‚ecclesia credenda' verstanden wissen. „Inzwischen sind solche Zusatzerklärungen ausdrücklich verboten worden. Entsprechende Erklärungszusätze werden von der Kirchenaustrittsbehörde nicht mehr protokolliert..."[115] Im Folgenden werden zwei Gründe für einen Kirchenaustritt betrachtet.

---

[113] BVerfGE 30, 415 (426), in: Campenhausen, Austritt, S. 778, Anm. 4.
[114] Vgl. ebd. - Dagegen stellt Renck fest: „Es ist ein Unfug, einen Kirchenaustritt zu verlangen und behördlich zu protokollieren, der kirchenrechtlich keiner ist und der staatskirchenrechtlich keiner sein kann ... Sachlich geboten wäre es deshalb, sich auf eine Abstandserklärung zu beschränken, wie sie nach Art. 7 Abs. 2 GG genügt ... Der vom Kirchensteuerrecht geforderte Kirchenaustritt ist aber nicht nur ein technischer Mißgriff. Mit ihm interferiert der Staat übermäßig in das Verhältnis seiner Bürger zu ihren Bekenntnisgemeinschaften. Er verletzt damit seine Bekenntnisneutralität ..." Ludwig Renck, Verfassungsprobleme des Kirchenaustritts aus kirchensteuerlichen Gründen, DÖV 9 (1995), 375.
[115] Campenhausen, Austritt, S. 781. - Vgl. auch Heiner Marré, Das kirchliche Besteuerungsrecht, HSKR 1 (Berlin ²1994), 1123 f.

1.1.4.1. Der Übertritt

Entscheidet sich das Mitglied einer als öffentlich rechtlich anerkannten Kirche, sich einer anderen rechtlich anerkannten Religionsgemeinschaft anzuschließen, spricht man aus kirchlicher Sicht von einem Übertritt. Allerdings erfordert ein solcher Übertritt staatsrechtlich zunächst die Erklärung des Kirchenaustritts.

Der klassische Fall eines Kirchenübertritts ist bis heute der Wechsel von der evangelischen zur römisch-katholischen Kirche und umgekehrt. Tritt also jemand aus der römisch-katholischen Kirche aus, um danach in die evangelische Kirche aufgenommen zu werden, so fordert der Gesetzgeber, dass der Betreffende zuerst seinen Austritt aus der römisch-katholischen Kirche erklärt, bevor er in die evangelische Kirche eintreten kann.

An dieser Stelle ist aus Sicht der römisch-katholischen Kirche grundsätzlich einschränkend anzumerken, dass nach katholischem Rechtsverständnis ein einmal katholisch getaufter Mensch für immer der römisch-katholischen Kirche angehört. So versteht man katholischerseits den Austritt aus der römisch-katholischen Kirche zum Zwecke des Übertritts generell als Abfall. Diese Menschen begehen nach katholischem Recht Apostasie: „apostasia, fidei christianae ex toto repudiatio ..."[116] Der Apostat wird automatisch mit der Exkommunikation bestraft.[117]

Trotz dieser dogmatischen Schwierigkeiten ist man katholischerseits bemüht, die Übertrittsentscheidung eines katholischen Gläubigen zu achten. „So bestimmt die katholische gemeinsame Synode der Bistümer in der Bundesrepublik Deutschland von 1975: Ein aus Gewissensgründen vollzogener Übertritt von einer Kirche in eine andere ist zu respektieren."[118]

Generell sind im Falle der Übertrittsentscheidung eines Gemeindegliedes zwei Sichtweisen festzustellen: Aus der persönlichen Sicht der Übertretenden erscheint es „... nicht angemessen, daß der Übertrittswillige zunächst gezwun-

---

[116] Deutsche und Berliner Bischofskonferenz (Hg.), Codex des Kanonischen Rechtes (Kevelaer 1989), can. 751, S. 345. Zitiert: CIC/1983: „Apostasie nennt man die Ablehnung des christlichen Glaubens im ganzen ..." - Gegen Campenhausen, Austritt, S. 782. - Vgl. auch Peter Krämer, Die Zugehörigkeit zur Kirche, HKKR (Regensburg 1983), S. 169.
[117] Vgl. CIC/1983, can. 1364, S. 603.
[118] Gerhard Robbers, Kirchenrechtliche und staatsrechtliche Fragen des Kirchenübertritts, ZEvKR 32 (1987), 20.

gen wird, mit der Austrittserklärung eine Haltung anzudeuten, die seiner Einstellung nicht entspricht."[119]

Aus juristischer Sicht dagegen gibt es nur evangelische oder römisch-katholische Christen. So fordert der Gesetzgeber, dass der Betreffende zuerst seinen Austritt aus der jeweiligen Kirche erklärt, bevor er in die andere Kirche eintreten kann. Allerdings wird in der Erklärung lediglich der Austritt aus der Religionsgemeinschaft protokolliert. Eine Gesinnung wird ausdrücklich nicht festgestellt. Zu diesem Rechtsgebaren hat folgende Entwicklung geführt:

Da die Mitgliedschaft in einer Kirche immer auch eine finanzielle Verpflichtung der Religionsgemeinschaft gegenüber beinhaltete, fühlte sich der Staat schon am Ende des 18. Jahrhunderts verpflichtet, an dieser Stelle gesetzgeberisch tätig zu werden. Es wurde gesetzlich eine Vorgehensweise festgelegt, wie die finanzielle Verflechtung zwischen Kirche und ehemaligem Mitglied zu lösen sei.

Bis heute ist die Notwendigkeit, bei einem Wechsel der Religionsgemeinschaft staatlicherseits den Austritt aus der bisherigen Kirche zu erklären, Diskussionsthema geblieben. Campenhausen vermutet: „Die Überzeugung, daß ein Übertritt mit öffentlich-rechtlicher Wirkung auch ohne Austritt, nur auf Grund zwischenkirchlicher Vereinbarung erfolgen könne, beginnt sich durchzusetzen ..."[120] Allerdings ist bis heute ein Fortschritt im Sinne der Übertretenden bislang nur in Niedersachsen erreicht worden. Hier wurde am 4. Juli 1973 für Niedersachsen ein Kirchenaustrittsgesetz erlassen, das als einziges eine gesetzliche Regelung des Übertritts vorsieht, allerdings nur von einem evangelischen Bekenntnis zu einem anderen.[121] Da heißt es im Runderlass vom 17. Oktober 1996, der die Durchführung des Kirchenaustrittsgesetzes vom 4.7.1973 regelt:

„8. Übertritt aus einer Religionsgemeinschaft in eine andere
8.1. Wer aus einer Religionsgemeinschaft in eine andere übertreten will, kann an Stelle des Austritts bei der aufnehmenden Religionsge-

---

[119] Campenhausen, Austritt, S. 783. - So auch Christian Meyer, Zur Übertrittsregelung in Niedersachsen, ZEvKR 24 (1979), 342.
[120] Campenhausen, Austritt, S. 782.
[121] Land Niedersachsen, Niedersächsisches Kirchenaustrittsgesetz. Vom 4. Juli 1973, AB1EKD 9 (1973), 1032 f. Geändert am 8. Mai 1978 Land Niedersachsen, Austritt aus Religionsgemeinschaften des öffentlichen Rechts. Vom 8. Mai 1978, AB1EKD 9 (1978), 410–413. Zuletzt geändert durch Artikel 10 des Gesetzes vom 28.5.1996, Niedersächsische GVBl. S. 242. Als einzige Ausnahme ist das ‚in den althessischen Gebieten' fortgeltende hessische Kirchenaustrittsgesetz von 1878 i.d.F. vom 31. Mai 1974 zu nennen.

meinschaft den Übertritt erklären, wenn die beteiligten Religionsgemeinschaften den Übertritt durch Vereinbarung zugelassen haben ..."[122]

Solche Übertrittsvereinbarungen hat die Evangelisch-lutherische Landeskirche Hannovers bislang mit drei Kirchen getroffen: Der Evangelisch-reformierten Kirche in Nordwestdeutschland, der Selbständigen Evangelisch-Lutherischen Kirche und der Evangelisch-reformierten Gemeinde Göttingen.[123]

Der Versuch, den Übertritt rechtlich nicht als Kirchenaustritt zu behandeln, ist zu begrüßen, da hierdurch auf die persönlichen Beweggründe der Betreffenden Rücksicht genommen wird. Aber auch die einzelnen Religionsgemeinschaften sind hier gefordert, ihren Mitgliedern einen Übertritt zu ermöglichen.

Es „... fragt sich jedoch, ob die ausdrückliche staatliche Anerkennung der Übertrittsvereinbarungen durch die Kirchenaustrittsgesetze in dieser Form auch notwendig ist, um dem zwischenkirchlich geregelten Übertrittsverfahren Geltung für das staatliche Recht zu verschaffen."[124]

Dass beim Kirchenübertritt anders als bei der schlichten Erklärung des Kirchenaustritts zusätzliche Erläuterungen notwendig sind, zeigt sich in dem Merkblatt zur Anwendung der Übertrittsvereinbarungen des Niedersächsischen Kirchenaustrittsgesetzes. In diesem Merkblatt werden im zweiten Abschnitt nochmalig deutlich die Unterschiede zwischen staatlichem und kirchlichem Recht in Bezug auf die Übertrittserklärung erläutert:

„2. Für die Praxis ist in der Regel folgendes zu beachten:
a) Die Übertrittserklärung ist zunächst als Erklärung des Übertrittswillens zu verstehen. Sie bewirkt nicht unmittelbar die neue Kirchenzugehörigkeit. Diese wird nach der Aufnahme durch den Pastor oder die Pastorin bewirkt durch Zugang der Übertrittserklärung bei dem Standesbeamten.
b)...Die Wirksamkeit der Übertrittserklärung nach staatlichem Recht (Austritt aus der verlassenen Kirche) tritt mit dem Eingang der Abschrift der Übertrittserklärung bei dem Standesbeamten ein. Für die

---

[122] Horst Nagel (Hg.), Rechtssammlung der evangelisch-lutherischen Landeskirche Hannovers I (Hannover 1969), 29–1, S. 4.
[123] Vgl. ebd.
[124] Matthias Haß, Der Erwerb der Kirchenmitgliedschaft nach evangelischem und katholischem Kirchenrecht (Berlin 1997), S. 214.

kirchliche Praxis gilt jedoch der oder die Übertretende mit der Aufnahme als Kirchenmitglied der aufnehmenden Kirche ..."[125]

Bleibt abschließend festzuhalten, dass juristisch gesehen auch im Kirchenaustrittsgesetz Niedersachsens der Kirchenübertritt die Wirkung eines Austritts behält.

1.1.4.2. Der negative Religionsaustritt

Ein negativer Religionsaustritt liegt vor, wenn der Austrittserklärung aus einer Religionsgemeinschaft öffentlichen Rechts kein Eintritt in eine andere öffentlich-rechtliche Religionsgemeinschaft folgt. Z.B. wenn ein Mensch sich einer Sekte anschließt oder eine Weltanschauung lebt, in der religiöse Formen keine Rolle spielen, wie es im Atheismus der Fall ist.

Der negative Religionsaustritt wird durch Art. 4 GG ermöglicht.[126] Die hier dem Menschen zugesicherte „... Glaubensfreiheit garantiert nicht nur das Recht, an Gott zu glauben, sondern ebensogut auch das Recht, nicht an Gott zu glauben; die Bekenntnisfreiheit garantiert nicht nur das Recht, eine religiöse Überzeugung zu äußern, sondern ebensogut das Recht, keine religiöse Überzeugung zu äußern, und die Religionsausübungsfreiheit gewährt nicht nur das Recht, bestimmte kultische Handlungen vorzunehmen, sondern ebenso auch das Recht, ihnen fern zu bleiben ..."[127]

Dem Phänomen des negativen Religionsaustritts begegneten bislang besonders die Kirchen im Osten Deutschlands. Dort hatte der atheistisch geprägte Staat der DDR über 40 Jahre lang eine kontinuierliche Entkirchlichung betrieben und bewirkt. Hier stellte „... die Regelung des Verhältnisses von Staat und Kirche im Prinzip nur eine Übergangsordnung auf dem Weg zur völligen ‚Befreiung' des Menschen von Religion und Kirche und zur endgültigen Durchsetzung des Atheismus dar ..."[128]

---

[125] Nagel, 29-3, S. 2.
[126] Horst Hildebrandt (Hg.), Die deutschen Verfassungen des 19. und 20. Jahrhunderts (Paderborn/München/Wien/Zürich [14]1992), S. 117. Siehe Anhang, S. 276, 2.11.
[127] Roman Herzog, Artikel: Glaubens-, Bekenntnis- und Gewissensfreiheit, EStL 1, (Stuttgart [3]1987), Sp. 1162.
[128] Alexander Hollerbach, Das Verhältnis von Kirche und Staat in der Deutschen Demokratischen Republik, HKKR (Regensburg 1983), S. 1074 f. Zitiert: Kirche und Staat. - Vgl. auch Axel Frhr. v. Campenhausen, Kirche im zweiten Jahrzehnt der DDR, ZEvKR 39 (1994), 395. Zitiert: DDR. Er schreibt: „Die Dokumente machen in bedrückender Weise deutlich, wie gering die Möglichkeiten in einem das ganze politische Leben beherrschen-

1.1.5. Die Kirchensteuer

Wie bereits erwähnt, spielt die Frage nach der finanziellen Verpflichtung der Kirchenmitgliedschaft eine wichtige Rolle beim Kirchenaustritt. Konkret handelt es sich hierbei um die Kirchensteuer. „Aufgekommen waren die Kirchensteuern auf Initiative der Staaten, welche seit der Säkularisation für die finanzielle Unterhaltung der Kirchen aufzukommen hatten und sich alsbald einem wachsenden Finanzbedarf der Kirchen gegenübersahen. Die Kirchen sollten also durch Besteuerung ihrer Mitglieder selber für ihre Finanzen sorgen ..."[129] So war schon früh die Mitgliedschaft in einer Kirche mit finanziellen Zahlungen des Mitglieds an dieselbe verbunden. Mit diesem Geld konnte die Religionsgesellschaft hauptamtlich Mitarbeitende bezahlen, Baumaßnahmen durchführen bzw. zur Kirche gehörende Gebäude unterhalten, Projekte und karitative Einrichtungen unterstützen. Das ist bis heute so geblieben. Das Recht auf Erhebung von Kirchensteuern durch Religionsgesellschaften des öffentlichen Rechts wurde im Grundgesetz der Bundesrepublik Deutschland durch Art. 140 GG/Art. 137 Abs. 6 WA festgeschrieben. Da heißt es:

> *„Die Religionsgesellschaften, welche Körperschaften des öffentlichen Rechtes sind, sind berechtigt, auf Grund der bürgerlichen Steuerlisten nach Maßgabe der landesrechtlichen Bestimmungen Steuern zu erheben."*[130]

Auf der Grundlage dieses geltenden Rechtes erheben die evangelischen Landeskirchen unter Zuhilfenahme des staatlichen Finanzapparates in heutiger Zeit von ihren Mitgliedern eine Kirchensteuer in Höhe von 8% der zu zahlenden Einkommensteuer in den Ländern Baden-Württemberg, Bayern, Bremen und Hamburg.[131] In den anderen Bundesländern werden 9% Kirchensteuer

---

den, alle Kommunikationsmittel monopolisierenden Staate schließlich sind." - Vgl. auch Steffen Heitmann, Die Entwicklung von Staat und Kirche aus der Sicht der ‚neuen' Länder, ZEvKR 39 (1994), 402–417.

[129] Kuphal, S. 22.
[130] Hildebrandt, S. 102.
[131] Die Kirchen sind nicht dazu verpflichtet, den staatlichen Finanzapparat einzubeziehen. Aber die Möglichkeit der Inanspruchnahme ist in den Kirchensteuergesetzen bzw. den Staatskirchenverträgen geregelt. - Vgl. Jens Petersen, Die Kirchensteuer (Wedemark ^{2}1998), S. 29.

von der zu zahlenden Einkommensteuer erhoben.[132] D.h., derzeit zahlt ein Lediger in Steuerklasse I bis 2.000,– DM monatlichem Bruttoeinkommen, ein Verheirateter in Steuerklasse III bis 3.000,– DM monatlichem Bruttoeinkommen, sowie ein Verheirateter mit 3 Kindern und einem monatlichen Bruttoeinkommen von nicht mehr als 5.000,– DM ebenfalls in Steuerklasse III unter 10,– DM Kirchensteuer.[133]

Allerdings kommt es in allen Bundesländern mit Ausnahme von Bayern und Mecklenburg zu einer sog. Kappung der Kirchensteuer, wenn das zu versteuernde Einkommen eines Gemeindegliedes einen Kirchensteuerhebesatz von 3–4% des zu versteuernden Einkommens übersteigt. Die Kappung tritt, je nach Bundesland, bei Ledigen ab 116.000,– DM bis 267.000,– DM und bei Verheirateten ab 232.000,– DM bis 564.000,– DM jährlichem Bruttoeinkommen ein.[134]

In dem Moment, als der Staat bestimmte Religionsgesellschaften als öffentlich rechtlich anerkannte und ihnen das Recht zur Kirchensteuererhebung einräumte, stellte er diesen gleichzeitig für den Einzug der so genannten Kirchensteuer seinen staatlichen Finanzapparat zur Verfügung. Für diese Bereitstellung seines Finanzapparates erhält der Staat derzeit 2–4,5% der eingenommenen Kirchensteuern.[135] „Für die Kirche ist das, weil sie insoweit kein eigenes Verwaltungssystem zu unterhalten braucht, ein sehr kostengünstiges System. Für den Staat wahrscheinlich auch, weil es inzwischen Erhebungen gibt,

---

[132] Vgl. Klaus Mader, Detlef Perach, Werner Greilich, Gerd Tritz, Dietmar Besgen (Hgg.): ABC des Lohnbüros 1998 (Bonn 1998), S. 292. Die Landeskirchen wären rechtlich in der Lage diesen Hebesatz von 8% bzw. 9% bis auf 10% zu erhöhen. Allerdings bedarf eine Änderung des Hebesatzes der Vorlage eines begründeten Antrags zur Genehmigung an die entsprechende Landesregierung. Eine Antragstellung zur Erhöhung des Hebesatzes von Seiten der evangelischen Landeskirchen unterbleibt derzeit mit Rücksicht auf den Vergleich mit der römisch-katholischen Kirche, aber vor allem auf Grund der Befürchtung, mit einem solchen Schritt eine neue Austrittswelle auszulösen.
[133] Vgl. Petersen, S. 20.
[134] Vgl. ebd., S. 22. – An dieser Stelle sind die Kirchensteuersätze und die Kappung der einzelnen Bundesländer aufgeführt. Allerdings wirkt sich die Kappungsregelung „... nur für einen kleinen Kreis von Steuerpflichtigen aus. So beträgt z.B. in der EKvW das Aufkommen hieraus 1,7% des Gesamtkirchensteueraufkommens, da von 2,9 Mio. Gemeindemitgliedern nur 2.400 von der Kappungsregelung betroffen sind." Ebd., S. 23.
[135] Vgl. Petersen, S. 29. Lediglich in Bayern gibt es eigene Kirchensteuerämter. Hier erhebt der Staat nur die Kirchenlohnsteuer.

wonach der Staat durch diese Dienstleistung nur Mehrkosten zwischen 1,5% und 2% der Kirchensteuersummen hat."[136]

Zusätzlich zur Kirchensteuer, die sich prozentual auf die Einkommensteuer bezieht, sehen die Kirchensteuergesetze der Bundesländer die Kirchensteuer direkt vom Einkommen, von Vermögen und Grundbesitz sowie Mindestkirchensteuer und (allgemeines) Kirchgeld bzw. besonderes Kirchgeld vor.[137] „Allerdings werden nicht überall und von allen dazu berechtigten Kirchen bzw. Religionsgemeinschaften alle Steuerarten in Anspruch genommen. So erheben die römisch-katholische und evangelische Kirche in keinem Bundesland Kirchensteuer auf Vermögen: Kirchensteuer vom Grundbesitz (als Zuschlag zur Grundsteuer) wird nur in einzelnen Bundesländern, beispielsweise in Bayern und Hessen, erhoben."[138]

Noch 1991 schreibt Heiner Marré über diese Allianz von Staats- und Kirchensteuer, sie sei „... finanzpsychologisch geschickt, weil die kirchliche Abgabe nicht isoliert den Steuerpflichtigen trifft, mithin nicht als Besonderheit empfunden wird und keinen kirchenspezifischen Steuerwiderstand auslöst."[139]

Dabei gilt es festzuhalten, dass lediglich ein Drittel der Evangelischen und der Katholiken kirchensteuerpflichtig sind.[140] D.h., der Großteil des Geldes zur Kirchenfinanzierung kommt von der relativ kleinen Gruppe der Steuerzahler unter den Kirchenmitgliedern. Von ihnen werden die kirchlichen

---

[136] Hartmut Johnsen, Die Evangelischen Staatskirchenverträge in den neuen Bundesländern – ihr Zustandekommen und ihre praktische Anwendung, ZEvKR 43 (1998), S. 212. - Vgl. auch Alexander Hollerbach, Kirchensteuer und Kirchenbeitrag, HKKR (Regensburg 1983), S. 898.

[137] Eine ausführliche Darstellung von Inhalten und Möglichkeiten des allgemeinen Kirchgeldes findet sich in dem Leitfaden der Evangelisch-Lutherischen Kirche in Bayern - P.Ö.P. (Hg.), Kirchgeld steigern, Gemeinde entwickeln, Ein Leitfaden (München 1998).

[138] Ulrich Ruh, Auf dem Prüfstand, HerKorr 53 (1999), 337. - „Solche Maßnahmen können aber nicht mehr sein als der berühmte Tropfen auf dem heißen Stein. Schließlich stammt derzeit das Kirchensteueraufkommen der katholischen und evangelischen Kirche in der Bundesrepublik zu etwa 98 Prozent aus der Kirchensteuer, die als *Zuschlag zur Lohn- bzw. Einkommensteuer* erhoben wird." Ebd., S. 338.

[139] Heiner Marré, Die Kirchenfinanzierung in Kirche und Staat der Gegenwart (Essen ³1991), S. 46.

[140] Diese Zahl stammt laut Dieter Kleinmann, Probleme und Möglichkeiten bei der Ausgestaltung eines Kirchensteuersystems aus theologischer und ökonomischer Sicht, in: Wolfgang Lienemann (Hg.), Die Finanzen der Kirche (München 1989), S. 921 von der Studien- und Planungsgruppe des Kirchenamtes der EKD, Strukturbedingungen der Kirche auf längere Sicht, Hannover 1985, S. 21f. - Vgl. auch Gerhard Besier, Konzern Kirche (Neuhausen-Stuttgart 1997), S. 32. Zitiert: Konzern.

Leistungen häufig noch nicht einmal in Anspruch genommen. Die hauptsächlichen Nutznießer der kirchlichen Arbeit sind dagegen Kinder, junge Familien und ältere Menschen, die nur wenig oder gar keine Steuern zahlen. Allerdings darf nicht übersehen werden, dass ältere Menschen, sofern sie erwerbstätig waren, bereits für die Dauer ihres Erwerbslebens Kirchensteuern gezahlt haben und damit ihren Beitrag zur Finanzierung kirchlicher Arbeit geleistet haben. Ebenso darf erwartet werden, dass Kinder und Jugendliche diesen Beitrag in ihrem Erwerbsleben noch leisten werden. Dass an dieser Stelle dennoch Diskussions- und Handlungsbedarf angezeigt ist, belegt die Tatsache, dass die Kirchensteuer immer wieder von Steuerzahlenden als Grund für den Kirchenaustritt angeführt wird.

Die Pflicht zur Zahlung von Kirchensteuer endet mit dem Kirchenaustritt. Im Kirchenaustrittsgesetz von 1873 wurde die Befreiung von der Leistungspflicht erstmals gesetzlich geregelt. Danach trat die Befreiung „*mit dem Schlusse des auf die Austrittserklärung folgenden Kalenderjahres ein.*"[141] Erst 1977 wurde diese Regelung nach dem Urteil des Bundesverfassungsgerichtes aufgehoben. Seitdem tritt die Steuerbefreiung zum Ende des Monats der Wirksamwerdung der Austrittserklärung ein.[142]

Exkurs: Die Preis-Leistungs-Bestimmer

Vor allen Dingen Menschen mit einer akademischen Ausbildung beurteilen den Betrag der zu zahlenden Kirchensteuer auch nach kognitiven Gesichtspunkten. Häufig sind gerade sie es, die in diesem Zusammenhang nach dem Verhältnis von Preis und Leistung fragen. Ihre Lebensphilosophie basiert vorwiegend auf einer humanistisch-ethischen Grundlage. Die-

---

[141] Ernst Rudolf Huber, Wolfgang Huber, Staat und Kirche im 19. und 20. Jahrhundert, 2 (Berlin 1976), S. 610. Zitiert: Staat und Kirche 2.

[142] Vgl. Mitglieder des BVerfGE (Hg.), Entscheidungen des Bundesverfassungsgerichts, 44. Bd., Tübingen 1977, S. 59. Zitiert: BVerfGE 44. – Es handelt sich an dieser Stelle um einen Schnittpunkt, an dem staatliches Recht, trotz der Autonomie der Kirche, in den kirchlichen Rechtsbereich hineinreicht. „Anders ausgedrückt: die kirchliche Mitgliedschaft ist ihrem Wesen nach primär dem kirchlichen Recht und der kirchlichen Eigenständigkeit zugeordnet; daneben gibt es aber noch eine Rechtsbeziehung zwischen dem einzelnen Kirchenmitglied und seiner Kirche, deren Ausgestaltung dem staatlichen Recht zugewiesen ist ... Überall dort, wo das kirchliche Recht nicht mit den ihm eigenen Mitteln allein die Durchsetzung seiner Bestimmungen verfolgt, sondern sich den Arm der staatlichen Macht leiht, ist der Staat berechtigt und verpflichtet, zu überprüfen, ob der verfolgte Zweck seinen eigenen staatlichen Ordnungsvorstellungen entspricht." Mikat, S. 491.

ser Gruppe sind nach der EKD-Umfrage von 1993 44% der in Westdeutschland und 48% der in Ostdeutschland ausgetretenen Menschen zuzurechnen.[143]

Die Preis-Leistungs-Bestimmer überlegen, in welchem Verhältnis die Kosten der Mitgliedschaft zu dem Nutzen stehen, den sie aus dieser Mitgliedschaft ziehen. Nach der Zufriedenheit mit dem Preis-Leistungs-Verhältnis ihrer Kirche bzw. Religionsgemeinschaft gefragt, äußern sich in den Jahren 1993 und 1994 jeweils 30% der Befragten enttäuscht. Sie seien weniger zufrieden bzw. unzufrieden.[144] „Diese zweckrationale, ökonomische Sicht des Kirchenaustritts verweist auf weitreichende gesellschaftliche Zusammenhänge, für die *Ulrich Beck* das Schlagwort der ‚Individualisierung' populär gemacht hat ..."[145]

Der eine Teil dieser Menschen legt rechnerisch zugrunde, dass sie die Kirche für drei bis fünf, höchstens aber zehn Amtshandlungen im Laufe ihres Lebens in Anspruch nehmen, dafür jedoch vierzig Jahre Kirchensteuer zahlen. „Der Dienstleistungsorientierung gemäß wird die Finanzierung der Mitgliedschaft zunehmend in individuellen *Kosten-Nutzen-Relationen* reflektiert – und weniger als ‚Dankopfer' oder als genereller Beitrag zur Ausführung des kirchlichen Verkündigungsauftrages."[146] In den meisten Fällen berücksichtigt dieser Teil der Preis-Leistungs-Bestimmer dabei nur die Inanspruchnahme der kirchlichen Amtshandlungen, da sie nach ihrer Meinung andere kirchliche Leistungen nicht abrufen.

Diese Menschen empfinden die Kostenrelation einer kirchlichen Mitgliedschaft als unverhältnismäßig, da die Angebote der kirchlichen Gemeinschaft für ihr Leben zu wenig Bedeutung haben, um die hohen Mitgliedsbeiträge zu rechtfertigen. Für sie gilt: „Die Höhe der Beträge ist zwar mit der wirtschaftlichen Leistungskraft, aber nicht mit der inneren Motivation gekoppelt ... Die volle Höhe des Kirchensteuerbetrags ist durch die innere Haltung der Zahlenden nicht abgedeckt."[147]

---

143 Vgl. Engelhardt, Fremde Heimat Kirche, S. 327.
144 Deutsche Marketing-Vereinigung e.V. und Deutsche Bundespost POSTDIENST, Das Deutsche Kundenbarometer 1994 (Düsseldorf/Bonn 1994), S. 9.
145 Jan Hermelink, Gefangen in der Geschichte?, PTh 89.2000, 46.
146 Dahm, S. 648. - Vgl. auch Andreas Feige, Artikel: Kirchenentfremdung/Kirchenaustritt, TRE XVIII (Berlin/New York 1989), 533. Zitiert: Kirchenaustritt 1989.
147 Lindner, S. 250 f.

Der andere Teil dieser Gruppe hat das Ziel, Steuern zu sparen, um mehr von ihrem verdienten Geld ausgezahlt zu bekommen. Eine theologische Motivation für den Austritt aus der Kirche ist – wenn überhaupt – nur hintergründig vorhanden. Nach der EKD-Studie von 1993 nannten 58% der in Westdeutschland und 46% der in Ostdeutschland Ausgetretenen das Sparen der Kirchensteuer als Grund für den Kirchenaustritt.[148]

Dabei ist ein großer Teil der Austretenden wie auch der kirchlichen Mitglieder der Auffassung, dass trotz der Kirchenaustritte genügend Mitglieder in der Kirche blieben. 40% der befragten evangelischen Christen in Westdeutschland und 45% der Befragten in Ostdeutschland meinen: „Mein Austritt hätte keine Folgen für die Kirche, denn es sind immer noch genügend Leute in der Kirche."[149]

Dennoch darf bei diesem Teil der Preis-Leistungs-Bestimmer die Entscheidung zum Kirchenaustritt nicht allein auf die Kirchensteuer als Begründung zurückgeführt werden. So fand das Allensbacher Meinungsforschungsinstitut heraus: „Soweit die Kirchensteuer als Grund angeführt wurde, geschah es in der Regel nicht isoliert, sondern in Verbindung mit teilweise harscher Kritik an der Kirche ..."[150]

---

[148] Vgl. Engelhardt, Fremde Heimat Kirche, S. 327. - Ein noch höherer Prozentsatz wird bei Allensbach angeführt: „72 Prozent derjenigen, die mit Bekannten oder Verwandten gesprochen haben, die ausgetreten sind oder diesen Schritt planen, berichten, daß ihnen als Begründung die Kirchensteuer genannt wurde." Institut für Demoskopie Allensbach, Kirchenaustritte (Allensbach 1992), S. 12. Zitiert: Kirchenaustritt 1.

[149] Engelhardt, Fremde Heimat Kirche, S. 394. - An dieser Stelle wird deutlich, wie wichtig es ist, „... den Kirchensteuerzahlern deutlich zu machen, wofür ihr Geld gebraucht wird...Es darf nicht der Eindruck entstehen, die Kirchen würden sozusagen mit der einen Hand um Geld betteln und mit der anderen gleichzeitig in immer noch gut gefüllten Kassen wühlen." Ruh, S. 339.

[150] Institut für Demoskopie Allensbach, Kirchenaustritt 1, S. 18. - So auch Peter Höhmann, Austritte als Gegenstand kirchlicher Planung, SUB 20 (1997), 98, Anm. 2. Er schreibt: „Das Argument, daß Menschen die Kirche verlassen, weil die Mitgliedschaft finanziell etwas teurer geworden ist, verdeckt eher heute bestehende Mitgliedschaftsmotive und ist kaum geeignet, den langfristigen Vorgang der Auflösung kirchlicher Bindungen zu erhellen." - Renate Köcher, Artikel: Kirchenaustritt. II. Praktisch-theologisch, LThK 5 (Freiburg/Basel/Rom/Wien ³1996), Sp. 1511: „Unters. belegen jedoch, daß die Kirchensteuer für die große Mehrheit keine entscheidende Belastung darstellt. Als solche wird sie in der Regel erst in dem Moment empfunden, in dem ihr kein subjektiv nachvollziehbarer Sinn der Mitgliedschaft gegenübersteht."

Es ist sicherlich zu überlegen, inwieweit die Erschließung zusätzlicher Finanzierungsquellen für die kirchliche Arbeit zu einer gleichmäßigeren Verteilung der finanziellen Beanspruchung der einzelnen Mitglieder beitragen kann.[151] Allerdings gilt es bei einem solchen Modell gewissenhaft zu prüfen, ob die Neutralität der kirchlichen Botschaft gewährleistet bleibt. Denn, so fordert der Wirtschaftswissenschaftler Prof. Meffert: „Das Sponsoring muß mit den Zielen der Lehre in Einklang zu bringen sein."[152]

Als zusätzliche Finanzierungsquellen zur Kirchensteuer sind hier neben einer Ausweitung der Möglichkeit der Erhebung eines besonderen Kirchgeldes die zusätzliche Eröffnung privater Finanzierungsquellen (Fund-raising) wie z.B. Mäzenatentum, Sponsoring und Spendengelder zu nennen.[153] Eine solche Finanzierung kirchlicher Arbeit muss folgende ethische Kriterien beachten: „Rede nur Wahres und Nachprüfbares über deine Arbeit und gib dem Partner dabei Chancen, über das Anliegen nachzudenken und seine Fragen zu stellen. Tue Gutes und achte die Würde derer, denen du helfen willst, betrachte sie auch in der Darstellung der Arbeit als Partner in einer Beziehung, die auf die Mehrung der Gerechtigkeit und die Aufrichtung des Rechts hinweist."[154] Damit gleichzeitig ist eine umfassende Veröffentlichung und Erläuterung kirchlicher Ausgaben sicherzustellen.[155]

---

[151] Gegen Hans-Joachim Kiderlen, Steuer oder Spende, EK 8 (1996), 446–449. Kiderlen spricht sich für eine allgemeine Kultussteuer aus. - Dazu schreibt Ruh, S. 339: „Die Beträge, die so jährlich zur Finanzierung kirchlicher Aufgaben zusammenkommen, liegen weit unter den Kirchensteuereinnahmen der beiden großen Kirchen in Deutschland." - Wie sich die Kirchen in der Europäischen Union und den USA finanzieren dazu vgl.: Heinz Marré, Die Systeme der Kirchenfinanzierung in Ländern der Europäischen Union und in den USA, KJ 123 (1996), 253–261.

[152] Diese Forderung erhebt Meffert in Bezug auf Sponsoring an bundesdeutschen Hochschulen in einem Interview mit den Westfälischen Nachrichten Münster vom 27.5.1998.

[153] „Es [das besondere Kirchgeld] wird erhoben, wenn der Hauptverdiener in einer Ehe keiner Kirche angehört und der andere Ehegatte zwar Kirchenmitglied ist, aber über kein oder nur ein geringes Einkommen verfügt. Das besondere Kirchgeld kann bis zu 4500 DM im Jahr betragen. Derzeit wird diese Abgabe in den neuen Bundesländern sowohl von den evangelischen Landeskirchen wie von den katholischen Bistümern überall erhoben. In Westdeutschland gibt es das besondere Kirchgeld bisher nur in einigen Ländern bzw. Landeskirchen und Diözesen ..." Ruh, S. 337 f.

[154] Hans-Otto Hahn, Marketing statt Sammeldose, EK 29 (1996), 99.

[155] Ein Beispiel einer Umsetzung solcher Überlegungen findet sich in der Niederländischen Reformierten Kirche: „Jedes Jahr wird eine Aktion mit ungezählten Freiwilligen durchgeführt, bei der alle Gemeindemitglieder in den ersten Januarwochen besucht werden. Bei dieser Gelegenheit erhält jedes Kirchenmitglied einen Brief, der Einnahmen und Ausgaben

Ebenso gilt es, die Erhebung von Gebühren für kirchliche Handlungen, an denen Nichtmitglieder beteiligt sind, sowie eine kostenpflichtige Nutzung kirchlicher Einrichtungen durch Nichtmitglieder zu prüfen, wobei im Zusammenhang mit diesen Möglichkeiten grundsätzliche Bedenken gegen die Erbringung kirchlicher Leistungen für Ausgetretene zu berücksichtigen sind.[156] Gleichzeitig ist besonders der Anspruch der Kirche, für alle Menschen da zu sein, zu beachten.

Eine weitere Möglichkeit der Entlastung kirchlicher Haushalte bestände, wenn die „... Ausgründung (Out-sourcing) bestimmter kirchlicher Arbeitszweige durch Schaffung von GmbH´s, Vereinen und Stiftungen ... modellhaft erprobt [wird]."[157] In diesem Zusammenhang ist es wichtig, die kirchlichen Strukturen auf vermeidbare Doppelarbeiten auf allen Ebenen zu überprüfen.

Zusätzlich sehen die Kirchensteuergesetze von Berlin, Hamburg, Schleswig-Holstein, Baden-Württemberg, Hessen, Niedersachsen, Sachsen, Sachsen-Anhalt, Thüringen und dem Saarland die Möglichkeit der Erhebung einer Mindestkirchensteuer vor, die derzeit allerdings nur in Schleswig-Holstein erhoben wird. „Die Mindestkirchensteuer soll ... bewirken, daß die Kirchenmitglieder, die trotz Einkünften einkommensteuerfrei bleiben, zur Kirchensteuer herangezogen werden."[158]

Exkurs: Die Kirchensteuer in der DDR

In der ehemaligen DDR gab es eine „... unter dem Schutz und mit Hilfe des Staates eingehobene Kirchensteuer ... schon seit den 50er Jahren nicht mehr; eine Rundverfügung des Ministeriums der Justiz vom 10.2.1956 verbot die Zwangseintreibung ... Die Kirchen ... [waren] ... deshalb auf eigene Unterlagen und auf die freiwillige Zahlung angewiesen, im übrigen auf Kollekten und Spenden."[159]

---

der Kirche im vergangenen Jahr enthält, und in dem mit konkreten Angaben für die notwendigen kirchlichen Aufwendungen um Spendenzusagen geworben wird." Götz Planer-Friedrich, Die Krise als Chance sehen, EK 6 (1998), 348. - Siehe auch: Bischof von Münster (Hg.), Kirche + Leben extra, Der Haushalt für den nordrhein-westfälischen Teil des Bistums Münster, Wofür das Bistum Münster Geld ausgibt (Münster 1998) und Evangelische Kirche von Westfalen (Hg.), Die Kirche und ihr Geld (Bielefeld 2000).
156 Vgl. Kiderlen, S. 446 f.
157 Kirchenamt der EKD (Hg.), „Minderheit mit Zukunft", Zwischenbilanz und Anregungen zur Weiterarbeit in den Kirchen (Hannover 1996), S. 27.
158 Ebd.
159 Hollerbach, Kirche und Staat, S.1079 f. - Vgl. auch Campenhausen, DDR, S. 386 ff.

Grundsätzlich wurde von den östlichen Landeskirchen zwischen 0,3% und 3% des Nettoverdienstes als Kirchensteuerbetrag erhoben, wobei die Angabe des Verdienstes freiwillig erfolgte. Mitglieder ohne Einkommen sowie Rentner waren von der Kirchensteuer befreit.

Wurden die erhobenen Kirchensteuern von einem Mitglied nicht gezahlt, so führte dieses Verhalten nicht automatisch zum Kirchenaustritt, sondern dem Betreffenden wurden die kirchlichen Rechte, vor allem die Inanspruchnahme kirchlicher Amtshandlungen solange aberkannt, bis er wieder seinen Kirchensteuerpflichten nachkam. Hierzu war die Kirche per Gesetz vom 14.11.1969 berechtigt: „Nach dem Kirchengesetz über die Erfüllung finanzieller Pflichten gegenüber der Kirche vom 14.11.1969 konnten kirchliche Berechtigungen ruhen (Zahlungsrückstand) oder verloren gehen (Verlust durch Beschluß des Kirchenvorstandes) oder verlorene Berechtigungen wieder aufleben (bei Nachzahlung)."[160]

Im Unterschied zu Westdeutschland wurde die Kirchensteuerzahlung nicht durch den DDR-Staat im kirchlichen Auftrag durchgeführt. Auch standen weder die staatlichen Steuerlisten noch die Unterstützung der Gerichtsbarkeit bei Zahlungsversäumnissen zur Verfügung.[161] Die Folge war, dass die östlichen Landeskirchen zur Zeit der DDR erheblich weniger Kirchensteuern als die westlichen Landeskirchen einnahmen. Zwar erhielt die Kirche daneben eine jährliche Staatsleistung in Höhe von 12 Millionen Mark, dazu kamen Zahlungen der westlichen Landeskirchen, erzielte Erträge aus selbst bewirtschafteten Kirchengütern und Waldstücken sowie Einnahmen aus der Landverpachtung, dennoch blieb die finanzielle Situation der evangelischen Landeskirchen der DDR angespannt.[162]

---

[160] Evangelisch-Lutherische Landeskirche Sachsens (Hg.), Kirchengliedschaft und Kirchensteuerpflicht in der Evangelisch-Lutherischen Landeskirche Sachsens, Vom 23. Mai 1996 (Dresden 1996), S. 7.

[161] Vgl. Reinhard Henkys, Volkskirche im Übergang, in: Ders. (Hg.), Die evangelischen Kirchen in der DDR (München 1982), S. 440. Zitiert: Volkskirche.

[162] Vgl. ebd., S. 441. - Einschränkend ist festzuhalten: „Zu Zeiten der DDR stellte Grundbesitz nur dann einen wirtschaftlichen Faktor dar, wenn es sich um eigenbewirtschaftete Flächen oder sonst für den unmittelbaren Gebrauch benötigte Flächen handelte. Der Grundbesitz als Vermögen und Quelle einer dauerhaften Alimentation war dem politökonomischen System der DDR fremd." Hans-Martin Harder, Zur wirtschaftlichen Neuorientierung der östlichen evangelischen Kirchen nach der ‚Wende', PTh 34 (1999), S. 272.

So wurde die Erhebung eines Gemeindebetrages als weitere Finanzierungsquelle der Kirche in der DDR eingeführt, um dadurch zum einen die Einbindung der Gemeindemitglieder in die kirchliche Arbeit zu fördern und zum anderen auch diejenigen finanziell einzubinden, die keine Kirchensteuern zu entrichten hatten, aber die Möglichkeiten und Angebote der Kirche in Anspruch nahmen.[163]

Nach der ‚Wende' wurde auch im Osten Deutschlands die Zahlung der Kirchensteuer an die Einkommensteuer gekoppelt und von den Finanzämtern eingezogen. „Die Konferenz der Kirchenleitungen faßte ... auf ihrer Sitzung am 9.–11.3.1990 einen eindeutigen Beschluß zur Frage der Kirchensteuer, mit dem sie auf die Wiedereinführung der Erhebung im Steuerabzugsverfahren orientierte und den Gliedkirchen entsprechende Beschlüsse empfahl (s. Protokoll der 132. Sitzung der KKL). Auf ihrer Sitzung am 29./30.6.1990 wurde dieser Beschluß weiter untersetzt, u.a. mit dem Entwurf der erforderlichen gesetzlichen Regelungen (s. Protokoll der 135. Sitzung der KKL). Mit dem Einigungsvertrag trat dann u.a. auch das Kirchensteuergesetz in Kraft ..."[164]

Die ostdeutsche Bevölkerung reagierte mit außerordentlichen Vorbehalten und Bedenken auf die Koppelung der Kirchensteuer an die Einkommensteuer und den Einzug durch den Staat. Für sie war die Vorstellung der Beteiligung des Staates an einer zentralen Kirchenfunktion, wie es die Finanzierung der kirchlichen Arbeit darstellt, vor dem Hintergrund der negativen Erfahrungen unter einer 40-jährigen Diktatur nur schwer vorstellbar. Hinzu kam in der Anfangsphase, dass bestimmte Kreise versuchten, zum Teil mit deutlichem Erfolg, den Menschen im Osten bewusst falsche Informationen über die Kirchensteuer zu vermitteln. „So war immer wieder richtigzustellen, daß die Kirchensteuer nicht 9% des Bruttolohnes, sondern 9% der Lohnsteuer beträgt."[165] Als weiteres Problem stellte sich der Eintrag der Religionszugehörigkeit auf den Steuerkarten heraus, da viele Menschen aus der Zeit der DDR ihren kirchlichen Mitgliedschaftsstatus nicht wussten oder nichts davon wissen wollten. In dieser Phase der Umgestaltung trat so mancher zur Sicherheit nochmals

---

[163] An dieser Erhebung eines Gemeindebeitrages, in Sachsen derzeit 20% des Kirchensteueraufkommens, haben die ostdeutschen Landeskirchen auch nach der Wende festgehalten. - Vgl. Christoph Demke, Institution im Übergang, EvTh 57 (1997), 129.
[164] Harder, S. 271.
[165] Ebd., S. 271, Anm. 15.

aus der Kirche aus, mancher sogar aus der evangelischen und der römisch-katholischen Kirche.

1.1.6. Der Kirchenaustritt aus Sicht der römisch-katholischen Kirche

Schaut man im deutschen Index des CIC/1983 unter dem Stichwort Kirchenaustritt nach, so liest man dort: „siehe Glaubensabfall."[166] Dieser Verweis liefert einen ersten Hinweis auf die nicht unproblematische Stellung der römisch-katholischen Kirche zu der Frage des Kirchenaustritts.

Die römisch-katholische Sichtweise des Kirchenaustritts ist unlösbar verbunden mit der Aufnahme eines Menschen in die römisch-katholische Kirche.

Zum besseren Verständnis ist es zunächst hilfreich, die Gesetzesentwicklung in der Frage der Kirchengliedschaft der römisch-katholischen Kirche von der vorkonziliaren Theologie zu Beginn des 20. Jahrhunderts bis hin zur Auslegung des CIC/1983 zu verfolgen. Gemäß can. 87 des Codex Iuris Canonici aus dem Jahr 1917 fand die Aufnahme in die Kirche Jesu Christi durch die Taufe statt:

„*Baptismate homo constituitur in Ecclesia Christi persona cum omnibus christianorum iuribus et officiis ...*"[167]

Da in der vorkonziliaren Theologie die Kirche Jesu Christi mit der römisch-katholischen Kirche gleichgesetzt wurde, war es unerheblich, ob die Taufe in der römisch-katholischen Kirche vollzogen worden war oder nicht.[168]

Papst Pius XII. vertrat im Jahre 1943 ein verändertes Kirchengliedschaftsverständnis. Er zählte in der Enzyklika ‚Mystici Corporis Christi' vom Juni 1943 zu den Gliedern der Kirche nur jene hinzu, die vier Voraussetzungen erfüllten:

---

[166] CIC/1983, S. 861.
[167] Petri Gasparri (Hg.), Codex Iuris Canonici (Freiburg i.B. 1918), S. 17. Zitiert: CIC/1917. Die deutsche Übersetzung lautet: „Durch die Taufe wird der Mensch eingesetzt in die Kirche Christi als Person mit allen Rechten und Pflichten der Christen ..."
[168] Vgl. Klaus Lüdicke, Die Kirchengliedschaft und die plena communio, in: Klaus Lüdicke, Hans Paarhammer, Dieter A. Binder (Hgg.), Rechte im Dienste des Menschen (Graz 1986), S. 378.

„*... qui regenerationis lavacrum receperunt veramque fidem profitentur, neque a Corporis compage semet ipsos misere separarunt, vel ob gravissima admissa a legitima auctoritate seiuncti sunt ...*"[169]

Diese Gedanken lassen die Vermutung zu, dass Pius XII. ein erweitertes Mitgliedschaftsverständnis innerhalb der römisch-katholischen Kirche vertrat. Nach seinem Denken musste ein der römisch-katholischen Kirche zugehörender Christ getauft sein, seinen Glauben bekennen und durfte sich weder vom Leib Christi losgesagt haben, noch mit kirchlichen Strafen belegt worden sein. Das ermöglicht folgende Schlussfolgerung über die kirchliche Mitgliedschaft: „Sie ist nicht unverlierbar, sondern kann durch Absonderung oder Abtrennung von dem kirchlichen Organismus aufgehoben werden."[170]

Auf dem 2. Vatikanischen Konzil (1962–1965) kam es dann (siehe Konstitution ‚Lumen Gentium' [LG]) zu einem veränderten „... Verständnis der Rechtsstellung der nichtkatholischen Christen, das sich auch auf die römisch-katholische Gliedschaftslehre ausgewirkt hat. Zwar ist die Taufe noch entscheidende Voraussetzung für die Eingliederung in die römisch-katholische Kirche (LG Art. 14.1), doch wird nun zwischen Getauften unterschieden, die in voller Gemeinschaft (plena communio, vgl. LG Art. 14.2) mit der Kirche stehen und anderen, bei denen diese Voraussetzung nicht gegeben ist (LG Art. 15)."[171]

Als Folge dieser Denkweise wurden, wenn auch weniger deutlich, in der Neufassung des CIC/1983 gewisse Änderungen vorgenommen, die auf eine die Realitäten des kirchlichen Alltags zunehmend berücksichtigende Sichtweise schließen lassen. Dabei ist für unseren Zusammenhang von Bedeutung, dass die oben beschriebene Gleichsetzung der Kirche Jesu Christi mit der römisch-katholischen Kirche, wie sie in der vorkonziliaren Theologie angenommen wurde, im CIC/1983 nicht mehr vertreten wird. Diese Veränderung zeigt sich deutlich in der Betrachtung von can. 204 mit can. 205: „Während can. 204 § I

---

[169] Pius XII., Mystici Corporis Christi (Freiburg 1947), S. 24. Die approbierte deutsche Übersetzung S. 25, lautet: „... die das Bad der Wiedergeburt empfangen, sich zum wahren Glauben bekennen und sich weder selbst zu ihrem Unsegen vom Zusammenhang des Leibes getrennt haben, noch wegen schwerer Verstöße durch die rechtmäßige kirchliche Obrigkeit davon ausgeschlossen worden sind."

[170] Nikolaus Hilling, Die kirchliche Mitgliedschaft nach der Enzyklika Mystici Corporis Christi und nach dem Codex Juris Canonici, AKathKR 125 (1951), 123. - Vgl. hierzu auch: Krämer, S. 163. - Bleibt anzumerken, dass über diese Form der Auslegung der Enzyklika Pius XII. die katholischen Theologen auf der einen und die Kanonisten auf der anderen Seite in eine Auseinandersetzung um die Frage der rechten Auslegung geraten sind.

[171] Haß, S. 241.

feststellt, daß die Gläubigen durch die Taufe Christus eingegliedert, zum Volke Gottes gemacht, des Amtes Christi teilhaft und zur Ausübung der Sendung der Kirche berufen sind, ... spricht c. 205 von jenen, die voll in der Gemeinschaft der katholischen Kirche in dieser Welt stehen, ohne sie expressis verbis als Katholiken zu bezeichnen."[172]

Diese volle Gemeinschaft gemäß can. 205 ist dann gegeben, wenn drei Voraussetzungen erfüllt sind: „... die Voraussetzungen der vollen Gemeinschaft das –>Bekenntnis des (wahren) Glaubens (vinculum symbolicum), die Anerkennung der (sieben) –>Sakramente (v. liturgicum) und jene der –>Kirchenleitung (v. hierarchicum). Fehlt auch nur eines dieser Elemente, besteht keine volle Gemeinschaft mit der kath. Kirche."[173]

Das heißt, nach dem CIC/1983 gründet sich die Kirchengliedschaft in der römisch-katholischen Kirche durch das Zusammentreffen von drei Komponenten: Zunächst bedarf es der Taufe als Eingliederung in Christus. Ein zweiter Schritt ist die Aufnahme in die römisch-katholische Kirche und als Drittes ist die Erfüllung der in can. 205 geforderten drei Voraussetzungen notwendig.[174]

Trotz dieser Änderungen bleibt der Begriff des Kirchenaustritts auch im CIC/1983 unausgesprochen. Die Aufnahme in die römisch-katholische Kirche ist und bleibt gemäß can. 11 ein irreversibler Schritt:

„*Legibus mere ecclesiasticis tenentur baptizati in Ecclesia catholica vel in eandem recepti ...* "[175]

D.h., die Aufnahme in die römisch-katholische Kirche ist eine Eingliederung in die Kirche Christi, die unauflöslich ist. Sie beginnt mit der Taufe in der römisch-katholischen Kirche bzw. mit der Aufnahme eines rechtsgültig Getauften einer anderen christlichen Religionsgemeinschaft in die römisch-

---

[172] Lüdicke, S. 378.

[173] Knut Walf, Artikel: Kirchengliedschaft, II. Römisch-katholisch, EStL 1 (Stuttgart ³1987), Sp. 1605. - „Der Begriff der plena communio in can. 205 hat die Definition der Kirchenmitgliedschaft im katholischen Kirchenrecht noch weiter verkompliziert. Nunmehr kann (anders als nach can. 87 CIC/1917) nicht mehr ohne weiteres festgestellt werden, daß die Kirchenmitgliedschaft in der katholischen Kirche durch die Taufe begründet wird." Haß, S. 242.

[174] Lüdicke spricht in diesem Zusammenhang von einer Dreischichtigkeit, die er sakramentale Gliedschaft, korporative Gliedschaft und Vollgliedschaft nennt. Vgl. Lüdicke, S. 383.

[175] CIC/1983, can. 11, S. 4. Die approbierte deutsche Fassung S. 5, lautet: „Durch rein kirchliche Gesetze werden diejenigen verpflichtet, die in der katholischen Kirche getauft oder in diese aufgenommen worden sind ..."

katholische Kirche und endet mit dem Tod.[176] Dabei wird durch die Taufe ein ‚charakter indelebilis' bewirkt. Was nach katholischem Rechtsverständnis einen Kirchenaustritt nicht vorstellbar macht.[177] Erklärt dennoch ein katholischer Christ den Austritt aus der Kirche, so ist er nach katholischem Kirchenrecht ein Apostat und wird exkommuniziert.[178] Die Erklärung des Kirchenaustritts bewirkt „... eine umfassende Minderung seiner grundlegenden kirchl. Rechtsstellung, d.h. den Ausschluß v. Empfang der Sakramente der Eucharistie, der Buße u. Krankensalbung, die Enthebung v. jedwedem kirchl. Amt, die Unfähigkeit z. Ausübung kirchl. Wahlrechte u. z. Übernahme kirchl. Ämter, den Verlust der Mitgliedschaft im Pfarrgemeinderat u. die Unfähigkeit z. Übernahme des Patenamtes. Arbeitsrechtlich ist der K. absoluter Kündigungsgrund."[179] Allerdings bleibt der Ausgetretene auf Grund des ‚charakters indelebilis' nach katholischem Rechtsverständnis Glied der römisch-katholischen Kirche.

Die Beobachtungen machen deutlich, welche schwierigen Zusammenhänge im katholischen Kirchenrecht mit der Frage nach dem Kirchenaustritt angesprochen werden. Dies wird allerdings nur ansatzweise in dem Verweis ‚siehe Glaubensabfall' im deutschen Index des CIC/1983 bei der Suche nach dem Begriff des Kirchenaustritts deutlich.[180]

---

[176] Lediglich den Katechumenen, denjenigen, die den Eintritt in die römisch-katholische Kirche anstreben, wird im CIC/1983 eine besondere Stellung eingeräumt. Gemäß can. 206- § 1 heißt es in der approbierten deutschen Fassung S. 85: „Auf besondere Weise mit der Kirche verbunden sind die Katechumenen, jene nämlich, die, vom Heiligen Geist geleitet, mit erklärtem Willen um Aufnahme in sie bitten; durch dieses Begehren wie auch durch ihr Leben des Glaubens, der Hoffnung und der Liebe werden sie mit der Kirche verbunden, die sie schon als die ihren umsorgt."
[177] Vgl. Lüdicke, S. 381. - Vgl. auch Dahm, S. 645.
[178] CIC/1983, can. 751, S. 345 in Verbindung mit can. 1364, S. 603.
[179] Joseph Listl, Artikel: Kirchenaustritt, I. Rechtlich, LThK 5 (Freiburg/Basel/Rom/Wien ³1996), Sp. 1510. Allerdings ist darauf hinzuweisen, dass die von Listl vertretene Auffassung rechtlich nicht unumstritten ist und jeder Einzelfall der sorgfältigen juristischen Prüfung bedarf.
[180] CIC/1983, S. 861.

2. Die Kirchenaustrittsgesetzgebung
2.1. Das Wöllnersche Religionsedikt vom 25. Juli 1788[181]

Wie die Forschungsgeschichte zeigt, existiert das Problem des Kirchenaustritts erst ab Mitte des 19. Jahrhunderts. Dennoch gilt es die juristischen Zusammenhänge bereits vor dieser Zeit in die Betrachtung einzubeziehen, da sich hierdurch für die Kirchenaustrittsgesetzgebung wichtige Entwicklungslinien nachzeichnen lassen. Daher setzt die Untersuchung der Kirchenaustrittsgesetzgebung mit dem Wöllnerschen Religionsedikts ein, dessen Abfassung in den Ausgang des 18. Jahrhunderts fällt.

Die Menschen dieser Zeit, die der Kirche und ihrer Lehre faktisch unkritisch gegenüber standen, entwickelten vor dem Hintergrund einer großen geistesgeschichtlichen Wende mehr und mehr aufklärerische Gedanken. Der aufgeklärte Philosoph fand mit Hilfe des *lumen naturale* der Vernunft „... grundlegende Wahrheit über Gott, Welt und Mensch ..."[182] Dieses Denken machte auch vor Theologie und Kirche nicht Halt und erreichte am Ende des 18. Jahrhunderts im religiösen Bereich seinen Höhepunkt. „Zwischen 1770 und 1790 vollzog sich eine rapide Ausfächerung religiöser Bewußtseinswelten. Ihr entsprach eine zunehmende soziologische Differenzierung der Gesellschaft in christliche Milieus."[183]

Gleichzeitig mit den aufklärerischen Gedanken begann sich im Deutschland des ausgehenden 18. Jahrhunderts die Freidenkerbewegung zu formieren. Als Freidenker wurden „... alle jene Personen bezeichnet, die aus verschiedenen Gründen und mit verschiedener Konsequenz die Glaubensüberlieferung der Kirchen nicht akzeptierten und an ihre Stelle eine auf ‚Selbstdenken' und Vernunft begründete (meist moralisch orientierte) freie Weltanschauung setzten."[184] Diese kirchenkritische Haltung war in erster Linie gegen den Protestantismus gerichtet.

Die kirchenfeindlichen Gedanken dieser Zeit waren der Nährboden für erste Überlegungen, allerdings nur weniger Menschen, der offiziellen Religion und damit der Kirche dieser Zeit den Rücken zu kehren. Trotz dieser Einflüsse blieb es in der damaligen Rechtsprechung zunächst lediglich bei der Möglich-

---

[181] Siehe Anm. 86.
[182] Wilhelm Anz, Artikel: Aufklärung, RGG 1 (Tübingen ³1957), Sp. 703.
[183] Kurt Nowak, Geschichte des Christentums in Deutschland, München 1995, S. 21.
[184] Joachim Mehlhausen, Artikel: Freidenker, TRE XI (Berlin/New York 1983), 490. Zitiert: Freidenker.

keit des Kirchenaustritts zum Zwecke des Übertritts in eine andere Religionsgemeinschaft, wie das Wöllnersche Religionsedikt zeigt. Den negativen Religionsaustritt gab es noch nicht.

Um Freidenkertum und aufklärerischen Tendenzen in der Kirche Einhalt zu gebieten, entschloss sich Friedrich Wilhelm II. von Preußen, ein Religionsedikt zu erlassen, das zwar äußerlich betrachtet Grundsätze der friderizianischen Aufklärung bekannte, in „... der Sache aber war es ein Dokument der Gegenaufklärung."[185] Friedrich Wilhelm II. beauftragte mit der Verfassung des Dokuments seinen intimen Berater, den Pfarrer Johann Christoph von Wöllner (1732–1800), der wie Friedrich Wilhelm II. Mitglied des geheimen Ordens der Rosenkreuzer in Berlin war. Ihn hatte er „... am 3.7.1788 anstelle des aufgeklärten Ministers v. Zedlitz ..." zum Minister des geistlichen Departements ernannt.[186] Bereits 6 Tage später erging das „... *Edikt vom 9. Jul. die Religions=Verfassung in den Preußischen Staaten betreffend.*"[187] In dem Dokument wurde kein Hehl daraus gemacht, dass mit dieser Verordnung den aufklärerischen Tendenzen im Lande Einhalt geboten werden sollte. Im Vorspruch zu den einzelnen Paragraphen wurde der konservative Grundgedanke der Abhandlung ausdrücklich erwähnt:

„*... daß in den Preussischen Landen die Christliche Religion der Protestantischen Kirche, in ihrer alten ursprünglichen Reinigkeit und Aechtheit erhalten, und zum Theil wieder hergestellet werde ...*"[188]

Der Schutz der drei so genannten Hauptkonfessionen, der Reformierten, der Lutheraner und der römischen Katholiken wurde im Edikt nach den Bestimmungen des Augsburger Religionsfriedens von 1555 und denen des Westfälischen Friedens von 1648 nochmals festgeschrieben (§ 1). Gleichzeitig wurde die Toleranz gegenüber den geduldeten ‚Sekten', welche da waren: die ‚jüdische Nation', die Herrenhuter, die Mennoniten und die Böhmische Brüdergemeine, zugesichert (§ 2). An dieser Stelle wurde der Begriff des freien Gewissens gebraucht. Es hieß:

„*Ob ein Unterthan nun aber diese gute ihm so reichlich dargebotene Gelegenheit zu seiner Ueberzeugung nutzen und gebrauchen will*

---

[185] Ernst Rudolf Huber, Wolfgang Huber, Staat und Kirche im 19. und 20. Jahrhundert, 1 (Berlin 1973), S. 2. Zitiert: Staat und Kirche 1.
[186] Erich Beyreuther, Artikel: Wöllner und das W.sche Religionsedikt, RGG 6 (Tübingen ³1962), Sp. 1789.
[187] Wöllner, Sp. 2175 f.
[188] Ebd., Sp. 2175.

oder nicht, muß seinem eigenen Gewissen völlig frey anheim gestellet bleiben. "[189]

Religionsfreiheit in jeder Beziehung räumte das Wöllnersche Religionsedikt mit dieser Aussage den Gläubigen dennoch nicht ein, da eine Wahlmöglichkeit nur zwischen den oben erwähnten anerkannten Religionsgemeinschaften bestand.

Einer der wichtigen Beweggründe für den Wöllnerschen Erlass von 1788 ergab sich durch die Anzahl verschiedener Glaubensgemeinschaften. Der Gesetzgeber fürchtete, dass die Religionsgemeinschaften sich untereinander die Gläubigen abwerben könnten. Dieses sog. ‚Proselytenmachen' wurde mit § 3 des Ediktes ausdrücklich verboten.

"Wie Wir denn überhaupt § 3. alles und jedes Proselytenmachen bey allen Confessionen ohne Unterschied ernstlich verbieten ..."[190]

§ 4 verdeutlichte, dass bei diesem Problem der Verfasser besonders die römisch-katholische Kirche im Blick hatte.[191]

Der letzte Teil des § 3 war für die spätere Kirchenaustrittsgesetzgebung von Bedeutung, da hier die Tatsache einer Religionsveränderung, also eines Übertritts, bei den staatlichen Behörden als anzeigepflichtig festgeschrieben wurde. Der Übertretende hatte:

„*... zur Vermeidung aller Inconvenienzen in bürgerlichen Verhältnissen, seine Religions-Veränderung bey der Behörde anzuzeigen.*"[192]

§ 3 wurde notwendig, da das konfessionelle Zusammenspiel in Preußen, mit einem calvinistischen Herrscherhaus, lutherischen Untertanen und einem großen Zustrom schlesischer Katholiken, zunehmend problematisch wurde. Deshalb begann der preußische Staat mit dieser Forderung seine Einflussnahme in den kirchlichen Bereich hinein auszubauen.

Die folgenden Paragraphen des Religionsedikts setzten sich mit den Problemen auseinander, die durch aufklärerische Gedanken in Preußen entstanden. In § 6 wurde das Beibehalten der alten Agenden bei Reformierten und Lutheranern angeordnet, da einige Geistliche einen zügellosen Lehrbegriff, gemeint sind aufklärerische Gedanken, hatten (§ 7). Solche Gedanken wurden aus-

---

[189] Ebd., Sp. 2177.
[190] Ebd.
[191] Vgl. ebd., Sp. 2178.
[192] Ebd.

drücklich verboten (§ 8), und die Pfarrerschaft im Hinblick hierauf besonders beobachtet (§§ 9 ff.).[193]

„So forderte das Wöllnersche Religionsedikt von 1788 in Preußen einerseits von den Predigern eine auf den Bekenntnisschriften der Kirche fußende Kanzelverkündigung, räumte ihnen aber andererseits die persönliche Überzeugung ihres Glaubens ein."[194] Gleichzeitig zeigte es, dass die Möglichkeit des negativen Kirchenaustritts selbst vor dem Hintergrund der Aufklärung und des Freidenkertums damaliger Zeit nicht im gesetzgeberischen Denken vorkam und folglich zu diesem Zeitpunkt kein Problem darstellte.

Schon in diesem frühen Dokument wird das staatliche Interesse am Wechsel des religiösen Bekenntnisses deutlich, da eine Meldepflicht für den Konfessionswechsel eingeführt und in folgenden Gesetzen beibehalten wurde.

Zugleich zeigt der Erlass von 1788, dass eine, wenn auch eingeschränkte Religionsfreiheit in die juristischen Überlegungen des Gesetzgebers Einlass fand. Sie bildete gemeinsam mit der Tatsache eines Kirchenaustritts zum Zwecke des Übertritts die gedankliche Grundlage für die Erkenntnis, dass es einen Kirchenaustritt auch ohne den Übertritt in eine andere religiöse Gemeinschaft, die so genannte negative Religionsfreiheit, geben kann. Dieses Problem wurde allerdings erst etwa hundert Jahre später per Gesetz geregelt.

Das Wöllnersche Religionsedikt ist faktisch nicht zur Anwendung gekommen. Mit der Regierungsübernahme Friedrich Wilhelms III. im Jahre 1797 wurde es außer Kraft gesetzt und Johann Christoph von Wöllner 1798 entlassen. Nun konnten sich die staatskirchenrechtlichen Grundsätze des ALR ohne Einschränkung entfalten.[195] Die Entwicklung und die Gesetzesbestimmungen des ALR sollen im Hinblick auf die Frage des Kirchenaustritts im Folgenden untersucht werden.

2.2. Das allgemeine preußische Landrecht vom 5. Februar 1794[196]

Das allgemeine preußische Landrecht wurde am 5.2.1794 in Kraft gesetzt. Dadurch wurde zum ersten Mal ein für alle Religionsgemeinschaften gültiges

---

[193] Vgl. ebd., Sp. 2179–2184.
[194] Nowak, S. 18.
[195] Vgl. Huber, Huber, Staat und Kirche 1, S. 2.
[196] Siehe Anm. 84.

Staatskirchenrecht geschaffen. Es regelte zu damaliger Zeit erstaunlich grundlegend und umfassend die Belange der religiösen Gruppierungen im Staatsgebiet.

Beeinflusst vom Geist der Aufklärung, geht die liberale Grundhaltung des ALR vor allem auf Friedrich den Großen zurück, einen liberalen Kirchenpolitiker, „... der in seiner Gesamtpersönlichkeit stark von der Aufklärung geprägt war."[197] Daraus erklärt sich, dass in einer Rechtssammlung bis dahin unvorstellbare Gedanken wie Religionsfreiheit, Toleranz und Gleichberechtigung Einlass in die 1232 einzelnen Paragraphen fanden.

Damit wurde das ALR zur bedeutendsten und umfassendsten Regelung zwischen Kirche und Staat eines deutschen Einzelstaates am Ende des 18. Jahrhunderts. Seine Hauptvorschriften im staatskirchenrechtlichen Teil waren „... bezeichnend für das ganze deutsche Staatengefüge der Zeit, auch für die katholischen deutschen Einzelstaaten josefinischen Gepräges, wie das damalige Österreich und das damalige Bayern."[198]

Die für unsere Betrachtungen wichtigen Inhalte wurden im Teil II. Titel 11. des ALR unter der Überschrift: *„Von den Rechten und Pflichten der Kirchen und geistlichen Gesellschaften ..."* entfaltet.[199] Im Hinblick auf die Kirchenaustrittsgesetzgebung wurden im ALR folgende wichtige Gesetzesregelungen aufgestellt:

„§ 2. Jedem Einwohner im Staate muß eine vollkommene Glaubens- und Gewissensfreyheit gestattet werden.

§ 3. Niemand ist schuldig, über seine Privatmeinungen in Religionssachen Vorschriften vom Staate anzunehmen."[200]

Dies war die Geburtsstunde der gesetzlich zugesicherten Religionsfreiheit, allerdings verstand der Gesetzgeber diese Religionsfreiheit zu diesem Zeitpunkt nur in Bezug auf die bis dato anerkannten Religionsgesellschaften. Trotzdem eröffnete dieser Gesetzestext erstmals die juristische Möglichkeit eines negativen Religionsaustritts. So wurde in § 40 jedem Bürger das Recht zugesprochen, seine Religion frei zu wählen,

„... welchen die Gesetze fähig erkennen, für sich selbst zu urtheilen, soll die Wahl der Religionspartey, zu welcher er sich halten will, frey stehn."[201]

---

[197] Gallenkämper, S. 34.
[198] Huber, Huber, Staat und Kirche 1, S. 1 f.
[199] Hattenhauer, Bernert, ALR, S. 543.
[200] Ebd.

Diese Fähigkeit wurde laut ALR § 84 II 4 mit der Vollendung des 14. Lebensjahres erreicht.[202] Mit dieser Altersangabe wurde erstmals in der Rechtsprechung das sog. ‚Unterscheidungsalter', ‚Diskretionsalter', ‚annus discretionis' festgelegt. Bis dato gab es lediglich in der römisch-katholischen Kirche die Festlegung auf die Vollendung des 7. Lebensjahres. „Die Sachlage änderte sich in dem Augenblicke, in welchem neben die bisherige einzige Kirche andere christliche Konfessionsverbände traten, zu deren äußeren Anerkennung die römisch-katholische Kirche gezwungen wurde. Von jetzt ab stehen mehrere gleichberechtigte Kirchen nebeneinander. Die Möglichkeit eines Wechsels ihrer Mitglieder war geschaffen."[203] Damit stellte sich gleichzeitig die Frage nach dem ‚annus discretionis'. Es waren vor allem die evangelischen Stände, die das ‚Diskretionsalter' auf die Vollendung des 18. Lebensjahres festsetzen wollten. Doch weder im Augsburger Religionsfrieden noch im Westfälischen Frieden des Jahres 1648 wurde eine solche gesetzliche Feststellung getroffen.[204] Mit der Festsetzung des ‚annus discretionis' im ALR § 84 II 4 auf das 14. Lebensjahr folgte das ALR einem Promemoria des Corpus Evangelicorum – der evangelischen Reichsstände – vom 17. Mai 1752 an das Corpus Catholicorum, in dem die gemeinsame Festsetzung und Anwendung des ‚annus discretionis' auf das vollendete 14. Lebensjahr gefordert wurde.[205]

§ 41 regelte den Übergang von einer Religionspartei zu einer anderen. Dies geschah entweder durch eine ausdrückliche Erklärung oder gemäß § 42 durch die Teilnahme an den Religionshandlungen der anderen Religionspartei.[206]

Neben neu gewährten Freiheiten wurde im ALR aber immer wieder auch die Staatstreue (§ 13), die Oberaufsicht des Staates (§ 32) und letztend-

---

[201] Ebd., S. 544. - Das Edikt über die äußeren Rechts-Verhältnisse der Einwohner des Königreichs Bayern, in Beziehung auf Religion und kirchliche Gesellschaften vom 26. Mai 1818, setzt an dieser Stelle abweichend vom ALR das Alter der Religionsmündigkeit mit dem Eintreten der gesetzlichen Volljährigkeit fest. Vgl. Huber, Huber, Staat und Kirche 1, S. 129.

[202] „§. 84. Nach zurückgelegtem Vierzehnten Jahre hingegen steht es lediglich in der Wahl der Kinder, zu welcher Religionspartey sie sich bekennen wollen." Hattenhauer, Bernert, ALR, S. 385.

[203] Schmidt, Austritt 1893, S. 84.

[204] Vgl. ebd., S. 84 f.

[205] Vgl. ebd., S. 88. Die Übernahme der gleichen Altersgrenze in weiteren Reichsgebieten beschreibt Schmidt, Austritt 1893, S. 93 ff.

[206] Vgl. Hattenhauer, Bernert, ALR, S. 544.

liche Entscheidungsgewalt des Staates über die Kirchen (§ 56) gesetzlich festgeschrieben.[207]

Entscheidende Bedeutung gewannen mit der Einführung des ALR die von den Kirchen geführten Personenstandsregister. Da auf staatlicher Seite kein System gab, das die einzelnen Untertanen und deren religiösen Status erfasste, wurden die Geistlichen, die bisher in kirchlichem Auftrag Kirchenbücher über Taufen, Trauungen, Geburten und Sterbefälle geführt hatten, nun per Gesetz (§ 481 und § 482 ALR) zur schriftlichen Fixierung verpflichtet.[208] „Durch diese Regelung erhielten die Kirchenbücher 1794 den Charakter staatlicher Register, die für den weltlichen Bereich mit juristischer Beweiskraft ausgestattet waren."[209] In der folgenden Zeit wurden ebenfalls die Kirchenaustritte in die Kirchenbücher eingetragen. Diese Praxis ist bis heute beibehalten worden. Allerdings übernahm 1876, ein Jahr nach der Personenstandsgesetzgebung von 1875, der Staat die offizielle Führung von Personenstandslisten.[210]

So implizierte das ALR mit der Einführung der Glaubens- und Gewissensfreiheit im Grundsatz auch die Möglichkeit des Kirchenaustritts und der Religionslosigkeit.[211] Da allerdings ein Kirchenaustritt in Verbindung mit Religionslosigkeit in der damaligen Gesellschaft praktisch nicht vorkam, darf man davon ausgehen, dass dieser Gedanke vom Gesetzgeber bei der Abfassung der Gesetzestexte nicht in Erwägung gezogen wurde.

Gegenwärtige Bedeutung kommt der Tatsache zu, dass im ALR die Religionsmündigkeit auf ein Alter von 14 Jahren (§ 84 II 4) festgesetzt wurde. Im Laufe der folgenden Jahre wurde zwar immer wieder kontrovers diskutiert, ob die Religionsmündigkeit mit 12 bzw. 14 Jahren oder mit der Volljährigkeit eintrat, doch das derzeit gültige Recht setzt wie das ALR das Alter der Religionsmündigkeit auf 14 Jahre fest.[212]

So wird dem ALR mit Fug und Recht eine epochale Bedeutung für das Staatskirchenrecht bezeugt. Die hier erlassenen Gesetze haben zum Teil erheblichen Anteil an derzeitiger staatskirchlicher Gesetzgebung. Gut 50 Jahre nach den Bestimmungen des ALR kam es mit dem preußischen Religionspatent von

---

[207] Vgl. ebd., S. 544 f.
[208] Vgl. Gallenkämper, S. 30, Anm. 1.
[209] Ebd., S. 31.
[210] Vgl. Helmut Baier, Artikel: Kirchenbücher, TRE XVIII (Berlin/New York 1989), S. 529.
[211] Vgl. Feige, Kirchenaustritt 1989, S. 531.
[212] Vgl. Ernst Rudolf Huber, Wolfgang Huber, Staat und Kirche im 19. und 20. Jahrhundert, 4 (Berlin 1988), S. 219. Zitiert: Staat und Kirche 4.

1847 zu einer Regelung, die über das ALR hinausgehend den Kirchenaustritt und die Gründung neuer Religionsgemeinschaften erleichterte. Dies gilt es im anschließenden Kapitel zu betrachten.

2.3. Das preußische Religionspatent vom 30. März 1847[213] und die Verordnung, betreffend die Geburten, Heirathen und Sterbefälle vom 30. März 1847[214]

Mitte des 19. Jahrhunderts gerieten die evangelische und auch die römisch-katholische Kirche unter wachsenden Druck.[215] Die römisch-katholische Kirche wurde vor allem von Liberalismus, Rationalismus und besonders von der deutsch-katholischen Bewegung, deren geistiger Kopf der katholische Geistliche Johannes Ronge (1813–1887) war, mehr und mehr in Frage gestellt.[216] Ronge setzte sich mit seinem Denken auf dem Leipziger Konzil der Deutschkatholiken 1845 durch. Dieses Konzil „... beschränkte die Sakramente auf Taufe und Abendmahl; es entschied sich für die Presbyterial- und Synodalverfassung und für den Übergang zur deutschen Liturgie; außerdem schaffte es die Ohrenbeichte, das Meßopfer und das Zölibat ab."[217] Das waren für die römisch-katholische Kirche inakzeptable Forderungen. So wurde die deutsch-katholische Bewegung von der Kurie gemeinsam mit dem deutschen Episkopat scharf bekämpft.[218]

Nicht anders erging es der evangelischen Kirche. Flügelkämpfe und Unstimmigkeiten in Fragen der Union waren an der Tagesordnung. Als Unionsgegner auf evangelischer Seite sind besonders die schlesischen Altlutheraner zu nennen. Das Luthertum Schlesiens hatte „... sich im jahrhundertelangen Kampf gegen die katholische Mehrheit des Landes nur durch seine Bekennt-

---

[213] Patent König Friedrich Wilhelms IV. betreffend die Bildung neuer Religionsgemeinschaften vom 30. März 1847. Preußische Gesetz-Sammlung (1847), S. 121. In: Huber, Huber, Staat und Kirche 1, S. 454 f. Siehe Anhang, S. 266, 2.3.
[214] Verordnung, betreffend die Geburten, Heirathen und Sterbefälle, deren bürgerliche Beglaubigung durch die Ortsgericht erfolgen muß. Vom 30. März 1847. Preußische Gesetz-Sammlung (1847), S. 125. In: Gallenkämper, S. 204–209. Siehe Anhang, S. 267, 2.4.
[215] Vgl. Huber, Huber, Staat und Kirche 1, S. 454.
[216] Vgl. Ernst Rudolf Huber, Deutsche Verfassungsgeschichte seit 1789, 2, Der Kampf um Einheit und Freiheit 1830 bis 1850 (Stuttgart/Berlin/Köln/Mainz ³1988), S. 265–268. Zitiert: Verfassungsgeschichte 2.
[217] Ebd., S. 266.
[218] Vgl. ebd.

nistreue ... erhalten können. Den Kalvinismus lehnten die schlesischen Lutheraner daher auch jetzt noch mit der gleichen Schärfe wie den Katholizismus ab."[219] So war ihr Denken mit den Unionsbestrebungen Preußens nicht vereinbar.

Diese grundlegenden unüberbrückbaren Konflikte der großen Religionsgemeinschaften führten zu deren Wunsch, Rand- und Splittergruppierungen aus den Kirchen herauszubekommen.

In dieser kirchenpolitisch schwierigen Zeit bestieg 1840 Friedrich Wilhelm IV. den Thron. Er stand der Kirche ausgesprochen positiv gegenüber. Sein Denken war trotz zunehmender liberaler Tendenzen im Lande konservativ geprägt. „Sein Nationalsinn war romantisch-altdeutsch; er nährte sich aus historischen Reminiszenzen."[220]

Vor diesem Hintergrund gilt es, das preußische Religionspatent zu betrachten, das am 30. März 1847 unter Friedrich Wilhelm IV. erlassen wurde. Am gleichen Tag trat die Verordnung betreffend die Geburten, Heirathen und Sterbefälle, deren bürgerliche Beglaubigung durch die Ortsgerichte erfolgen muss, in Kraft. Auch sie wird im Folgenden zur Erläuterung der Zusammenhänge hinzugezogen.

Mit dem Religionspatent von 1847 wollte Friedrich Wilhelm die Befriedung der Kirchen erreichen. Er schrieb:

„Diejenigen welche in ihrem Gewissen mit dem Glauben und Bekenntnisse ihrer Kirche nicht in Übereinstimmung zu bleiben vermögen und sich demzufolge zu einer besonderen Religionsgesellschaft vereinigen, oder einer solchen sich anschließen, genießen hiernach nicht nur volle Freiheit des Austritts, sondern bleiben auch in soweit ihre Vereinigung vom Staate genehmigt ist, im Genuß ihrer bürgerlichen Rechte und Ehren ..."[221]

Dass Friedrich Wilhelm IV. nicht an Austritt ohne Übertritt gedacht hat, zeigt ein Blick auf den § 16 der gleichzeitig erlassenen Verordnung:

„Die Vorschriften der gegenwärtigen Verordnung finden auch auf Geburten, Heirathen und Sterbefälle solcher Personen Anwendung, welche aus ihrer Kirche ausgetreten sind, und noch keiner vom Staate genehmigten Religionsgesellschaft angehören."[222]

---

[219] Ebd., S. 272.
[220] Ebd., S. 847.
[221] Huber, Huber, Staat und Kirche 1, S. 454 f.
[222] Gallenkämper, S. 208.

So wollte der König auf Grund der Unruhe innerhalb der großen Kirchen und ihrer Bedrängnis durch anders denkende Gruppierungen mit dem Religionspatent von 1847 die Möglichkeit schaffen, innerkirchlich kritische Gruppierungen aus der jeweiligen Kirche auszugliedern, sofern ihre Lehre im Wesentlichen mit dem katholischen, lutherischen oder reformierten Bekenntnis übereinstimmte.[223]

Wie der Terminus *„noch keiner vom Staate genehmigten Religionsgesellschaft angehören"* anklingen lässt, hielt der Monarch die Genehmigung weiterer Religionsgesellschaften für möglich. Die zu erfüllenden Voraussetzungen für die Anerkennung einer Religionsgesellschaft waren im ALR (Teil II. Tit. 11 § 13) festgelegt:

„Jede Kirchengesellschaft ist verpflichtet, ihren Mitgliedern Ehrfurcht gegen die Gottheit, Gehorsam gegen die Gesetze, Treue gegen den Staat, und sittlich gute Gesinnungen gegen ihre Mitbürger einzuflößen."[224]

„Allerdings wurde eine Genehmigung für solche neuen Religionsgesellschaften äußerst selten erteilt, meist auch nur für kurze Zeit; wiederholt wurde sie wieder zurückgenommen."[225]

§ 16 der Verordnung von 1847 machte gleichzeitig deutlich, dass zur Zeit Friedrich Wilhelms IV. Religionslosigkeit immer noch nicht vorstellbar war,[226] selbst wenn § 17 der Verordnung wie folgt lautete:

„Der Austritt aus der Kirche (§ 16) kann nur durch eine vor dem Richter des Orts (§ 2) persönlich zum Protokoll abzugebende Erklärung erfolgen. Diese Erklärung hat nur dann rechtliche Wirkung,

---

[223] Vgl. Huber, Verfassungsgeschichte 2, S. 280.
[224] Hattenhauer, Bernert, ALR, S. 543.
[225] Sternberg, S. 23.
[226] Nach ausführlicher Betrachtung der Persönlichkeit des Monarchen und seines Umfeldes kommt Gallenkämper ebenfalls zu der Überzeugung, dass mit diesem Religionspatent noch nicht die negative Religionsfreiheit angedacht wurde. Er schreibt: „Es muß deshalb davon ausgegangen werden, daß Friedrich Wilhelm IV. von seinen Ratgebern allenfalls in seiner eigenen Überzeugung bestärkt worden ist, wonach die Grenzen der den Untertanen zu gewährenden Religionsfreiheit dort zu sehen waren, wo der Einzelne ein Dasein ohne jedwede Zugehörigkeit zu (irgend) einer christlichen Religionsgesellschaft anstreben würde." Gallenkämper, S. 86. - Die gleiche Auffassung wird in der Verordnung Großherzog Ludwigs III., die Staatsaufsicht über neue Religionsgemeinschaften und über Versammlungen zu kirchlichen Zwecken betreffend, deutlich. Vgl. Huber, Huber, Staat und Kirche 2, S. 40 f. - Diese Auffassung vertritt auch Sternberg, S. 23: „Der Kirchenaustritt in die Glaubenslosigkeit war im Toleranzedikt noch nicht im Blick."

wenn die Absicht, aus der Kirche auszutreten, mindestens vier Wochen vorher dem Richter des Orts in gleicher Weise erklärt worden ist. Der Richter hat von der zuerst bei ihm abgegebenen Erklärung dem kompetenten Geistlichen sofort Mittheilung zu machen."[227]

Obwohl zwischen den Zeilen vom Gesetzgeber anderes impliziert, blieb faktisch entscheidend, dass in § 16 Abs. 1, fortgeführt in § 17 der Verordnung von 1847 erstmalig der Begriff des Kirchenaustritts in der Rechtssprache auftauchte.[228] Damit wurde an dieser Stelle durch den sprachlichen Terminus *Kirchenaustritt* der Grundstein für die Kirchenaustrittsgesetzgebung des Jahres 1873 gelegt.

Für diese und folgende Regelungen war gemäß § 17 weiterhin von Bedeutung, dass der Austrittserklärung eine Absichtserklärung vier Wochen vorher vorauszugehen hatte. Hieraus begründete sich die bis ins 20. Jahrhundert hineinreichende Überlegensfrist. Diese konnte von der betroffenen Religionsgesellschaft zum Gespräch mit dem Austrittswilligen genutzt werden.

Als Behörde, der gegenüber der Austritt zu erklären war, wurde in § 17 staatlicherseits der Richter des zuständigen Wohnortes bestimmt. Die betroffene Religionspartei wurde lediglich sofort informiert. So wurde als Adressat der Austrittserklärung an dieser Stelle erstmalig eine staatliche Stelle eingeführt. Dazu kam es, da mit dem Erlass des Religionspatents von 1847 zu der Gruppe der staatlich anerkannten Religionsgesellschaften zum einen jene neuen Religionsgesellschaften hinzukamen, die

„... in Hinsicht auf Lehre und Bekenntniß mit einer der durch den Westphälischen Fridensschluß in Deutschland anerkannten christlichen Religionsparteien in wesentlicher Übereinstimmung ... "

waren und damit nach ihrer Genehmigung auch staatlich anerkannte Religionsgesellschaften werden konnten.[229] Bei allen anderen Religionsgesellschaften, so der Text des Patents, blieben

„... die zur Feier ihrer Religionshandlungen bestellten Personen von der Befugniß ausgeschlossen, auf bürgerliche Rechtsverhältnisse sich beziehende Amtshandlungen der oben bezeichneten Art mit zivilrechtlicher Wirkung vorzunehmen ... "[230]

---

[227] Gallenkämper, S. 208.
[228] Vgl. ebd., S. 56.
[229] Huber, Huber, Staat und Kirche 1, S. 455.
[230] Ebd.

Wollte nun ein Angehöriger einer nicht oder noch nicht anerkannten Religionsgemeinschaft heiraten, so konnte der § 136 II 1 des ALR, der besagt:
„Eine vollgültige Ehe wird durch die priesterliche Trauung vollzogen ...,"[231]
nicht erfüllt werden, da in einer solchen Religionsgemeinschaft eine überprüfbare Erfassung von Amtshandlungen nicht erwartet werden konnte.[232] Die Folge war, dass in der Verordnung von 1847 mit § 16 Abs. 2 eine Ausnahmeregelung für Mitglieder dieser Religionsgemeinschaften geschaffen wurde. Mit dieser Ausnahmeregelung war die Zivilehe eingeführt worden. Da hieß es:
„Bei den Heirathen solcher Personen sollen jedoch die Bestimmungen der §§ 6,7 u. 11 Nr. 2 ausgeschlossen bleiben. Zur Eintragung der Ehe in das Register genügt in diesen Fällen der Nachweis des Aufgebots (§ 5) und die persönliche Erklärung der Brautleute vor dem Richter, daß sie fortan als ehelich mit einander verbunden sich betrachten wollen."[233]

Damit staatlicherseits ohne Zweifel kontrolliert werden konnte, ob die Ausnahmeregelung des § 16 Abs. 2 der Verordnung von Eheschließenden nicht zu einer Umgehung des § 136 II 1 ALR führte, wurde in § 17 der Richter des Ortes an dem die Brautleute bzw. einer von beiden wohnt, als zuständiger Adressat für die Austrittserklärung durch den Gesetzgeber eingesetzt, da wie oben bereits erwähnt, eine überprüfbare Erfassung von Amtshandlungen in nicht allen Religionsgemeinschaften zu gewährleisten war.[234]

Wichtig ist festzuhalten, dass das Religionspatent von 1847 und die gleichzeitig erlassene Verordnung, betreffend die Geburten, Heirathen und Sterbefälle, von der Terminologie her erstmals den Kirchenaustritt *expressis verbis* erwähnten. Damit wurde, gewollt oder ungewollt, die Grundlage für die erste Kirchenaustrittsgesetzgebung geschaffen, die am 14. Mai 1873 in Preußen erlassen wurde.

---

[231] Hattenhauer, Bernert, ALR, S. 349.
[232] Vgl. Gallenkämper, S. 53.
[233] Ebd., S. 208.
[234] Vgl. ebd., S. 56 f. - Das Nordelbische Kirchenamt argumentiert in einem Papier zur Adressatenfrage vom 5. Juni 1979 nicht korrekt. Da heißt es: „Im Hinblick auf die vielfältigen Auswirkungen der Zugehörigkeit zu einer Religionsgemeinschaft im Bereich der staatlichen Rechtsordnung sah sich der Staat veranlaßt, den Kirchenaustritt ‚mit bürgerlicher Wirkung' durch Gesetz zu ordnen."

2.4. Das preußische Gesetz, betreffend den Austritt aus der Kirche vom 14. Mai 1873[235]

Wie in vielen Staaten des europäischen Kontinents bestimmte auch in Preußen im ausgehenden 19. Jahrhundert der sog. Kulturkampf die kirchenpolitische Bühne. „Er entstand dort, wo in der zweiten Hälfte des 19. Jahrhunderts der machtvoll vordringende, zentralisierende Einheitsstaat sich im Geist des Fortschritts mit teils säkularistisch wirkenden, teils der Religion direkt feindlichen Zeitströmungen verband und den bis dahin staatskirchlich, konkordatär oder verfassungsrechtlich garantierten Status der Kirche und ihren Einfluß auf die Gesellschaft zurückdrängen wollte."[236]

Die zerstrittenen Parteien in Preußen waren der ultramontane Katholizismus in Gestalt der Zentrumspartei einerseits und der preußische Staat andererseits.[237] „Das Papsttum und die ultramontane Bewegung vollzogen entgegen anderweitigen Erwartungen eine Kehre gegen den Liberalismus ..."[238] Dabei benutzte der ultramontane Katholizismus erfolgreicher als der Protestantismus moderne Instrumente. „Ausdruck dieser instrumentellen Modernität waren die katholischen Vereine, vor allem diejenigen, die sozialpolitische Ziele verfolgten, ferner die reiche und geschickt redigierte katholische Publizistik sowie die Arbeit des Katholizismus in der Politik ..."[239]

In dieser Auseinandersetzung spielte Fürst Otto von Bismarck eine entscheidende Rolle. Er betrachtete die Zentrumspartei, die aus dem deutsch-französischen Krieg von 1870/71 als zahlenmäßig gefestigte Partei hervorging, als ernsthafte Bedrohung für das neue entstehende Deutsche Reich. „Das veranlaßte ihn zum Angriff; auf dem Wege der Gesetzgebung sollte die Machtstellung der katholischen Kirche in Deutschland gebrochen werden."[240]

---

235 Gesetz betreffend den Austritt aus der Kirche vom 14. Mai 1873. Preußische Gesetz-Sammlung (1873), S. 207 f. In: Huber, Huber, Staat und Kirche 2, S. 610 f. Siehe Anhang, S. 269, 2.5. - Die gesetzlichen Bestimmungen der übrigen Reichsteile zu diesem Thema finden sich in der Quellensammlung von Schmidt, Austritt 1893, S. 313 ff.

236 Winfried Becker, Der Kulturkampf als europäisches und als deutsches Phänomen, HJ 101 (1981), 444.

237 „Gestützt auf die katholischen Wähler erlebten die Zentrumsfraktionen in Preußen und im Reich zwischen 1873 und 1878 ein regelrechtes Emporschnellen ihrer Prozentanteile und Abgeordnetenmandate." Nowak, S. 156.

238 Ebd., S. 132.

239 Ebd., S. 134.

240 Karl Heussi, Kompendium der Kirchengeschichte (Tübingen [17]1988), S. 447.

So kam es neben dem Kirchenaustrittsgesetz von 1873 zum Erlass von drei weiteren Gesetzen, die diesem unmittelbar vorausgehend vom 11.5.–13.5. desselben Jahres erlassen wurden. Es waren im Einzelnen folgende Gesetze: ‚*Das Gesetz über die Vorbildung und Anstellung der Geistlichen'* *(11.5.1873)*, ‚*das Gesetz über die kirchliche Disziplinargewalt und die Errichtung des königlichen Gerichtshofs für kirchliche Angelegenheiten' (12.5.1873)* und ‚*das Gesetz über die Grenzen des Rechts zum Gebrauch kirchlicher Straf- und Zuchtmittel' (13.5.1873)*.[241]

Dieses Gesetzespaket musste kirchenpolitischen Streit heraufbeschwören, „... weil ihm eigens eine die Rechte der Kirchen einschränkende Verfassungsänderung vorausging ..."[242]

Während die Maigesetze vom 11.–13.5.1873 hauptsächlich die römisch-katholische Kirche in ihrer Autonomie einengten, betrafen die Verfassungsänderung vom 5.4.1873 mit dem „... an Art. 15 angefügten Zusatz, daß jede Kirche und Religionsgesellschaft ‚den Staatsgesetzen und der gesetzlich geordneten Aufsicht des Staates unterworfen' bleibe"[243] und das im Folgenden dargestellte Kirchenaustrittsgesetz vom 14.5.1873 Katholiken, Protestanten und andere anerkannte Religionsgemeinschaften gleichermaßen.

Hier hat die evangelische Kirche Preußens wohl auf Grund ihrer dem König ergebenen, staatstreuen Haltung der teilweisen Beschneidung kirchlicher Rechte durch den Staat zugesehen und die eigene Betroffenheit durch diese Gesetzgebung nicht in aller Deutlichkeit erkannt bzw. wahrhaben wollen. Dagegen entschlossen sich die katholischen Bischöfe zum Widerstand gegen die Maigesetze und erklärten gegenüber dem Staatsministerium am 26.5.1873: „... sie sähen sich außerstande, am Vollzug der vier Gesetze in irgendeiner Form mitzuwirken. Die staatlichen Gesetze stellten eine Verletzung der Rechte und Freiheiten der Kirche dar."[244]

Sicher war die Kirchenaustrittsgesetzgebung von 1873 für die römisch-katholische Kirche ein größerer Affront als für die evangelische Kirche, jedoch betraf die Umsetzung der Bestimmungen im Austrittsfalle alle Religionsgemeinschaften gleichermaßen.

---

[241] Vgl. Gallenkämper, S. 115, Anm. 1.
[242] Ebd., S. 115 f.
[243] Ebd., S. 116, Anm. 1.
[244] Ernst Rudolf Huber, Deutsche Verfassungsgeschichte seit 1789, 4, Struktur und Krisen des Kaiserreichs (Stuttgart/Berlin/Köln/Mainz 1969), S. 715. Zitiert: Verfassungsgeschichte 4.

Bleibt festzustellen, dass vor dem Hintergrund der historischen Betrachtungen das Kirchenaustrittsgesetz von 1873 ein Produkt des Kulturkampfes gewesen ist, wenn auch, wie Gallenkämper sehr ausführlich dargestellt hat, der Gesetzgeber nach dem Religionspatent von 1847 in den Zugzwang geraten war, ein Gesetz zu erlassen, das einen Ausgetretenen von den Pflichtbeiträgen seiner bisherigen Religionsgemeinschaft befreite, was bis zu diesem Zeitpunkt nicht der Fall war.[245]

Es ist sicher, dass alle diese oben genannten Beweggründe mehr oder weniger zum Erlass des Gesetzes, betreffend den Austritt aus der Kirche vom 14.5.1873, beigetragen haben.[246] Die Überschrift des Gesetzestextes und der erste Paragraph machen deutlich, dass wir es hier mit dem ersten Kirchenaustrittsgesetz überhaupt zu tun haben. Da heißt es:

„*§ 1. Der Austritt aus einer Kirche mit bürgerlicher Wirkung erfolgt durch Erklärung des Austretenden in Person vor dem Richter seines Wohnortes.*"[247]

Obwohl der folgende Satz des Textes den Übertritt zu einer anderen Kirche beinhaltete, ist festzuhalten, dass an dieser Stelle erstmals der negative Religionsaustritt juristisch fixiert wurde. Da nach katholischem Rechtsverständnis ein Austritt aus der Kirche nicht möglich war, musste die römisch-katholische Kirche folglich auf einen solchen Gesetzestext mit strikter Ablehnung reagieren.

Das Prozedere des Kirchenaustritts legte § 2 wie folgt fest: 4–6 Wochen nach dem Antrag auf Kirchenaustritt vor dem Richter des Wohnortes war die Austrittserklärung an derselben Stelle zu Protokoll zu geben. Von dem Antrag wurde der Vorstand der zuständigen Kirchengemeinde unverzüglich informiert. Damit wurde de facto der Religionsgemeinschaft die Möglichkeit gegeben, den Austrittswilligen durch Gespräche vom Austritt abzubringen. Denn der Antrag auf Kirchenaustritt wurde hinfällig, falls im Anschluss daran nicht binnen 4–6 Wochen eine Austrittserklärung folgte. Kam es dennoch zum Austritt, so war dieser ebenfalls der Gemeinde mitzuteilen und dem Ausgetretenen auf sein Verlangen hin eine Bescheinigung auszustellen.[248]

---

[245] Vgl. Gallenkämper, S. 115–125.
[246] Die Regelung des Kirchenaustritts im hessischen Kulturkampf findet im Gesetz vom 10.9.1878 analog zum preußischen Gesetz von 1873 statt. Vgl. Huber, Huber, Staat und Kirche 2, S. 762 f.
[247] Ebd., S. 610.
[248] Vgl. ebd.

Die Adressatenfrage wurde bei den Beratungen des Gesetzes lediglich von einem Abgeordneten kritisch hinterfragt, der meinte, ob nicht der Geistliche der betreffenden Religionsgemeinschaft die Austrittserklärung entgegennehmen sollte. Dass diese Anfrage nicht weiter diskutiert wurde, liegt sicherlich daran, dass sich für die Kirchen und gerade auch für die evangelische Kirche nach „... wie vor ... Kirchenregiment und Staatsoberhaupt in der Person des Monarchen ..." vereinigten.[249]

Gemäß § 3 wurde die Befreiung von finanziellen Leistungen für die verlassene Religionsgemeinschaft festgeschrieben. Damit wurde rechtlich erstmals der negative Religionsaustritt möglich gemacht. Da hieß es:

„*§ 3. Die Austrittserklärung bewirkt, daß der Ausgetretene zu Leistungen, welche auf der persönlichen Kirchen- oder Kirchengemeinde-Angehörigkeit beruhen, nicht mehr verpflichtet wird. Diese Wirkung tritt mit dem Schlusse des auf die Austrittserklärung folgenden Kalenderjahres ein.*"[250]

Ebenfalls erstmalig wurde an dieser Stelle die Frage der Leistungspflicht des Austretenden gegenüber der Religionsgesellschaft, die er verließ, gesetzlich geregelt. Zu diesem Eingriff in die kirchlichen Belange war der Staat, der positive wie negative Religionsausübung ermöglichte, verpflichtet. Erst damit wurde die im ALR § 2 festgeschriebene vollkommene Glaubens- und Gewissensfreiheit umfassend geregelt.

Allerdings war die Regelung der finanziellen Verpflichtungen für einen Austrittswilligen seiner ehemaligen Religionsgemeinschaft gegenüber im Gesetz von 1873 sehr nachteilig. Der Ausgetretene konnte – zusätzlich zu den Bearbeitungskosten für den Austritt – bis zum Ablauf des auf die Austrittserklärung folgenden Kalenderjahres zu Zahlungen an die verlassene Kirche herangezogen werden. Ungünstigstenfalls musste er laut Gesetz noch bis zu zwei Jahren Kirchensteuern zahlen. Mit dieser verzögerten finanziellen Wirksamkeit des Kirchenaustritts sollten Austrittswillige von ihrem Schritt abgehalten werden.[251]

---

[249] Gallenkämper, S. 107, Anm. 1.
[250] Huber, Huber, Staat und Kirche 2, S. 610.
[251] Finanziell noch nachteiliger war die gesetzliche Bestimmung im Großherzogtum Baden. Nach dem „Gesetz, die Besteuerung für örtliche kirchliche Bedürfnisse betreffend vom 26. Juli 1888", wurde gemäß Art. 17 der Ausgetretene erst mit Ablauf des zweiten auf das Jahr des Austritts folgenden Kalenderjahres von der Kirchensteuerpflicht befreit. Vgl. Huber, Huber, Staat und Kirche 2, S. 1025.

Nicht überall im Deutschen Reich wurde das Gesetz vom 14. Mai 1873 ohne besondere Bestimmungen angewandt. Lediglich in Schwarzburg-Rudolstadt, Lübeck, Bremen und Elsaß-Lothringen kam es ohne nennenswerte Anmerkungen zur Anwendung. Dagegen beschäftigten sich die Landesgesetze von Bayern, Oldenburg, Sachsen-Altenburg, Sachsen-Koburg ..., Anhalt, Waldeck, Schaumburg-Lippe, Lippe „... ausschliesslich mit dem Austritt aus der Kirche im Sinne des blossen Konfessionswechsels ... Dagegen betonen die Möglichkeit eines Austritts aus der Kirche mit voller Religionslosigkeit Sondergesetze von Preussen ..., Sachsen, Württemberg, Baden, Hessen, Sachsen-Weimar, Mecklenburg-Strelitz, Braunschweig, Sachsen-Meiningen, Sachsen-Gotha, Schwarzburg-Sondershausen, Reuss ä.L., Reuss j.L. und Hamburg."[252]

„Auch andere Bundesstaaten folgten allmählich, erließen aber im Vergleich zu den preußischen z.T. außerordentlich enge Durchführungsbestimmungen, die die Diskrepanz zwischen Verfassungsrecht und Verfassungswirklichkeit unübersehbar werden ließen ..."[253] Anders in der Frage des Religionsunterrichts. Während in Preußen die Kinder Ausgetretener weiterhin am schulischen Religionsunterricht teilnehmen mussten, war dies in den anderen großen deutschen Staaten liberaler geregelt.[254]

Grundsätzlich bleibt festzuhalten: Dass es zu dieser Kirchenaustrittsgesetzgebung hat kommen können, liegt zum einen sicherlich an der gesellschaftlichen Umbruchsituation, der sich auch die kirchliche Wirklichkeit nicht entgegenstellen konnte.[255] Gleichzeitig aber ist zu fragen, ob der Wunsch der Religionsgemeinschaften, die anders Gläubigen mit Hilfe einer Austrittsgesetzgebung aus der jeweiligen Kirche herauszubekommen, nicht einen ungleich höheren Preis zur Folge hatte, als die Auseinandersetzung mit diesen kritischen Fragestellern gehabt hätte.

Noch längere Zeit bestimmte der Kulturkampf die kirchenpolitische Bühne in Preußen. Erst durch den Tod von Papst Pius IX. 1878 kamen die festgefahrenen Positionen durch das beharrliche Drängen des Nachfolgepapstes Leo XIII. auf Verhandlungen wieder in Bewegung. Zunächst taten sich der Kaiser und die Regierung unter Bismarck schwer, auf die Gesprächsangebote

---

252 Schmidt, Austritt 1893, S. 9 f. - Eine detaillierte Schilderung der Gesetzgebung der deutschen Einzelstaaten findet sich ebd., S. 22 ff.
253 Feige, Kirchenmitgliedschaft, S. 128.
254 Vgl. Georg Hildebrand, Der Religionsunterricht an den öffentlichen Schulen im bisherigen und neuen Recht (Berlin 1922), S. 16 ff.
255 „Am Ende des 19. Jahrhunderts löste sich die traditionale in eine pluralistische Gesellschaft." Nowak, S. 181.

von Leo XIII. einzugehen. Aber diplomatisches Geschick und Ausdauer von Seiten der Kurie machten Gespräche möglich. Die preußischen Friedensgesetze vom Mai 1886 und Mai 1887 und die päpstliche Akollution vom 23.5.1887 zogen einen offiziellen Schlussstrich unter den Kulturkampf, eine Auseinandersetzung, in der es schwer ist, einen Sieger zu bestimmen, da beide Seiten Zugeständnisse machen mussten.[256] So wurden von den insgesamt 22 erlassenen Kulturkampfgesetzen sieben zurückgenommen bzw. entschärft.

Zu den 13 Gesetzen, die in Kraft blieben, zählte auch das Kirchenaustrittsgesetz vom 14.5.1873.[257] Seine Gültigkeit blieb nicht unangefochten. Mit dem Toleranzantrag vom 23.11.1900 versuchten Abgeordnete der Zentrumspartei, eine grundlegende Änderungen des Kirchenaustrittsgesetzes vom Mai 1873 zu erreichen.

2.5. Der Entwurf eines Reichsgesetzes, betreffend die Freiheit der Religionsausübung vom 23. November 1900[258]

von der Zentrumspartei

Im Volksmund wurde der Entwurf eines Reichsgesetzes, betreffend die Freiheit der Religionsausübung ‚Toleranzantrag' genannt. Dieser Antrag hat nie den Status eines Gesetzes erlangt, da der Bundesrat mit dem Hinweis auf Einmischung in die Länderautonomie ihm seine Zustimmung versagte.[259] Dennoch verdient dieser Entwurf unsere Aufmerksamkeit, da einige seiner Inhalte und Überlegungen bei der preußischen Kirchenaustrittsgesetzgebung von 1920 bedeutsam wurden. In § 3 des Antrages hieß es:

„Der Austritt aus einer Religionsgemeinschaft mit bürgerlicher Wirkung erfolgt durch ausdrückliche Erklärung des Austretenden gegenüber der Religionsgemeinschaft. Die Erklärung ist an das Amtsgericht des Wohnortes abzugeben ..."[260]

Während das Gesetz von 1873 in § 1 die Austrittserklärung vor dem Richter des Wohnortes forderte, war im Toleranzantrag die Religionsgemeinschaft als Gegenüber vorgesehen, erst dann sollte die Erklärung an das Amts-

---

[256] Vgl. Gerhard Besier, Artikel: Kulturkampf, TRE XX (Berlin/New York 1990), 219–223.
[257] Vgl. Huber, Verfassungsgeschichte 4, S. 823 f.
[258] Gesetzentwurf über die Freiheit der Religionsausübung im deutschen Reiche. In: Franz Heiner (Hg.), AKathKR 82 (1902), 1–487. Siehe Anhang, S. 270, 2.6.
[259] Vgl. Ernst Rudolf Huber, Wolfgang Huber, Staat und Kirche im 19. und 20. Jahrhundert, 3 (Berlin 1983), S. 7.
[260] Heiner, S. 1.

gericht abgegeben werden. Die Vorschaltung einer vier- bis sechswöchigen Antragsfrist entfiel in diesem Gesetzentwurf. Die Religionsmündigkeit sollte, anders als im ALR, laut § 2 Toleranzantrag bereits mit 12 Jahren eintreten.

Erneut taucht hier die Frage auf: Wem gegenüber war der Kirchenaustritt zu erklären, der Religionsgemeinschaft oder dem Staat? Berührte die Austrittserklärung Kirchenrecht oder Staatsrecht? Aus Sicht der Antragsteller begründete der Abgeordnete Gröber die Änderung des Adressaten folgendermaßen: „... in den deutschen Staaten beständen jetzt verschiedentlich Vorschriften, welche dahin zielen, von Staatswegen gewisse erschwerende Formen für den Austritt aus der Kirche anzuordnen, insbesondere auch eine Art von amtlicher Gewissensprüfung vorzuschreiben, welcher der Austretende sich noch unterziehen müsse."[261] Interessanterweise bezweckten also die Antragsteller mit der Übernahme der Adressatenrolle für die Austrittserklärung durch die betreffende Religionsgemeinschaft eine Erleichterung des Kirchenaustritts.

17 Jahre später griff der Berliner Pfarrer Ungnad in einer Petition an das Abgeordnetenhaus die Frage des Adressaten der Kirchenaustrittserklärung erneut auf. Er bezeichnete in seiner Begründung die Tatsache, dass das Amtsgericht der Adressat der Austrittserklärung sei „... als ‚ein der Kirche nicht würdiges Verfahren' ... bei der ‚in erster Linie kirchlichen Angelegenheit' des Austritts ..."[262]

Die zweite einschneidende Änderungsforderung des Toleranzantrages bezog sich auf die Fortdauer der finanziellen Leistungspflicht des Ausgetretenen. Während im Gesetz von 1873 der Ausgetretene erst zum Ende des Kalenderjahres, in dem er austrat, von den finanziellen Leistungen an die ehemalige Kirche befreit wurde, hieß es in § 4:

---

[261] Ebd., S. 185. Da heißt es weiter: „Man könne zum Beispiel noch hinweisen auf eine Verordnung von Reuss älterer Linie vom 13. Februar 1887, welche vorschreibe, dass im Staate Reuss der Uebertritt für einen Ausländer nur dann gestattet sei, wenn derselbe in seinem Heimathsstaate kein Domizil mehr besitze und ein schriftliches Zeugniss vom Pfarrer der bisherigen Konfession beibringe, dass er Willensmeinung vor diesem erklärt und trotz erfolgten Belehrung nach Ablauf der vierwöchentlichen Bedenkfrist an seinem Entschlusse festgehalten habe, und dass er aus der bisherigen Religionsgemeinschaft entlassen sei."

[262] Gallenkämper, S. 129 f.

„Die Abgabe der Austrittserklärung bewirkt, dass der Ausgetretene zu Leistungen, welche auf der persönlichen Zugehörigkeit zur Religionsgemeinschaft beruhen, nicht mehr verpflichtet wird."[263]

Der Gesetzentwurf ‚betreffend die Freiheit der Religionsausübung' wurde am 23.11.1900 von der Zentrumsfraktion „... unter den Namen der Abgg. Dr. Lieber (Montabaur), Gröber, Dr. Pichler, Dr. Spahn, Dr. Bachem ... eingebracht ..."[264] Er scheiterte zwar am Widerstand im Bundesrat, bestimmte aber trotzdem die Debatte um die Freiheit der Religionsausübung Anfang des 20. Jahrhunderts, da seine Forderungen im Reichstag durchaus Zustimmung fanden. So kam den Änderungsvorschlägen des Toleranzantrages „... auch bei den Beratungen zum KAG v. 1920 zentrale Bedeutung zu ..."[265]

2.6. Preußisches Gesetz, betreffend die Erleichterung des Austritts aus der Kirche und aus den jüdischen Synagogengemeinden vom 13. Dezember 1918[266]

Mit der Ablehnung des Toleranzantrages aus dem Jahr 1900 war die umstrittene Frage der Kirchenaustrittsgesetzgebung nicht beigelegt. So festigte sich in den ersten Jahren des 20. Jahrhunderts die Stellung der Freidenkerbewegung. Sie erhielt neue Anstöße aus naturwissenschaftlichen Erkenntnissen, wie z.B. dem mechanistischen Weltbild, das von Ludwig Büchner (1824–1899) und Ernst Haeckel (1834–1919) vertreten wurde.[267] Gleichzeitig griffen prominente Mitglieder der Sozialdemokratischen Partei die enge Verbindung zwischen Kirche und Staat an.[268]

---

[263] Heiner, S. 2.
[264] Ebd., S. 1.
[265] Gallenkämper, S. 128 f.
[266] Preußisches Gesetz, betreffend die Erleichterung des Austritts aus der Kirche und aus den jüdischen Synagogengemeinden ... vom 13. Dezember 1918. Preußische Gesetz-Sammlung (1918), S. 199. In: Huber, Huber, Staat und Kirche 4, S. 57 f. Siehe Anhang, S. 272, 2.7.
[267] Vgl. Mehlhausen, Freidenker, S. 491. - Vgl. auch Göhre, S. 22.
[268] „Es ist nie und nirgends die Partei, die hinter dieser Bewegung steht, sondern einzelne Parteigenossen, die für diese Fragen und Angelegenheiten besonders interessiert sind. Und die das Recht für ihr Vorgehen und Verhalten gerade aus dem bekannten Programmpunkt der Partei folgern, der die Erklärung der Religion zur Privatsache fordert. Denn dieser Satz ist die praktische Formulierung des Grundsatzes absolutester und allseitiger Toleranz." Göhre, S. 19. - So auch Kaiser, S. 35 f.

Diese Strömungen bildeten den Nährboden für eine erste Austrittswelle, der die Kirchen sich stellen mussten. Es kam zu einer kirchenfeindlichen Stimmung, die sich in der ersten großen Austrittswelle, die die evangelische Kirche nach dem Ersten Weltkrieg traf, entlud und die maßgeblich die Neugestaltung der Stellung der Kirchen nach dem Staatsumsturz 1918 mitbestimmte.

Zwar fiel der eilig erlassene Aufruf des Rates der Volksbeauftragten an das deutsche Volk vom 12.11.1918 zunächst für die Kirchen recht moderat aus, da es unter Punkt fünf lediglich hieß:

„Die Freiheit der Religionsausübung wird gewährleistet. Niemand darf zu einer religiösen Handlung gezwungen werden."[269]

Doch schon das folgende preußische Gesetz vom 13.12.1918, betreffend die Erleichterung des Austritts aus der Kirche und aus den jüdischen Synagogengemeinden zeigte, dass die von den Regierungen vieler deutscher Einzelstaaten verfolgte Trennung von Kirche und Staat jetzt umgesetzt werden sollte.

Gallenkämper beschreibt die das Erleichterungsgesetz erlassende Regierung wie folgt: „... in Preußen ... etablierte sich am 12.11.1918 zunächst eine Regierung ‚im Auftrag des Vollzugsrats des Arbeiter- und Soldatenrats'. Und eben diese Regierung ist es gewesen, die das Erleichterungsgesetz v. 13.12.1918 ... eigenmächtig erlassen hat."[270]

Grundsätzlich ist festzustellen, dass dieses Gesetz der Erleichterung des Kirchenaustritts galt und damit eine antikirchliche Haltung des neuen Gesetzgebers deutlich zum Ausdruck brachte. Denn obwohl es am 12.11.1918 keine geordnete Legislative gab, wurde das Gesetz ohne lange Vorbereitung in einer Zeit erlassen, als es von außen betrachtet sicherlich Wichtigeres zu ordnen gab als das Verhältnis zwischen Kirche und Staat.[271]

Im Einzelnen wurden durch das Erleichterungsgesetz zum Teil in Anlehnung an den Toleranzantrag vom 23.11.1900 folgende Bestimmungen des Kirchenaustrittsgesetzes vom 14.5.1873 geändert:

- Die Antragsfrist vor der Austrittserklärung entfiel.
- Es genügte lt. § 1 der Eingang einer öffentlich beglaubigten Austrittserklärung beim Amtsgericht des Wohnorts.
- Die Leistungsbefreiung des Ausgetretenen wurde bereits zum Schluss des laufenden Kalendervierteljahres wirksam (§ 3 Abs. 1 u. 2).
- Verwaltungsgebühren wurden gemäß § 6 nicht mehr erhoben.

---

[269] Huber, Huber, Staat und Kirche 4, S. 2.
[270] Gallenkämper, S. 137.
[271] Vgl. ebd., S. 135.

Mit dieser Regelung wurde der Kirchenaustritt erheblich vereinfacht. Bis dato hinderten „... Antragsfristen, Verzögerung der steuerlichen Entlastungswirkung (maximal fast zwei Jahre) sowie Gebühren ... viele am tatsächlichen Austrittsvollzug ..."[272]

Mit dem Erleichterungsgesetz von 1918 wollten die kirchenfeindlichen Tendenzen in der neuen Regierung bereits vor einer langwierigeren Neuverhandlung des Staatskirchenrechts die Kirchen in ihrer Stellung erheblich schwächen. Dass diese Einschätzung richtig war, zeigte der deutliche Anstieg der Kirchenaustrittszahlen in den Jahren 1919/20.

Die schwerwiegenden Folgen, die das Preußische Erleichterungsgesetz für die Religionsgemeinschaften mit sich brachte, fanden eine leichte Abmilderung in dem am 30. November 1920 erlassenen Kirchenaustrittsgesetz. Diesem Gesetz kommt im Rahmen unserer Betrachtungen eine besondere Bedeutung zu, da es bis heute im Saarland, in den ehemals preußischen Teilen des Landes Hessen, in Bremerhaven, sowie in Rheinland-Pfalz in Kraft ist und zugleich als Vorlage für die Gesetzgebung in anderen Bundesländern gedient hat.[273]

2.7. Gesetz, betreffend den Austritt aus den Religionsgesellschaften öffentlichen Rechts vom 30. November 1920[274]

Am 5.11.1919 fasste die verfassunggebende preußische Landesversammlung den Beschluss, die Frage des Kirchenaustritts umfassend neu zu regeln. Neben den Gesetzentwürfen der Sozialdemokraten, der Zentrumspartei und den Deutschdemokraten kamen auch die Kirchen zu Wort. Das letztendlich verabschiedete Gesetz beinhaltete Anregungen des bis dahin gültigen Gesetzes von 1873 und Inhalte der drei Gesetzentwürfe, die die oben genannten Parteien eingereicht hatten.[275] Am so entstandenen Gesetzestext, der am 30.11.1920 erlassen wurde, sind folgende interessante Beobachtungen zu machen:

In § 1 Abs. 1 wurde u.a. festgelegt, dass der Austritt beim Amtsgericht des Wohnorts zu erfolgen hat. Diese Entscheidung hatte folgende Gründe:

---

[272] Feige, Kirchenaustritt 1989, S. 531.
[273] Vgl. Campenhausen, Austritt, S. 783 ff.
[274] Gesetz, betreffend den Austritt aus den Religionsgesellschaften öffentlichen Rechts vom 30. November 1920. Preußische Gesetz-Sammlung (1921), S. 119 f. In: Huber, Huber, Staat und Kirche 4, S. 152 f. Siehe Anhang, S. 274, 2.9.
[275] Vgl. Gallenkämper, S. 142–147.

Es wurde im Rechtsausschuss, in dem es eine durchaus kirchenfreundliche Stimmung gab, lange darüber diskutiert, wer der Adressat für die Austrittserklärung sei, eine staatliche oder eine kirchliche Stelle.276 Sicherlich vor dem Hintergrund der gravierenden Austrittszahlen, die das Erleichterungsgesetz von 1918 hervorgerufen hatte, befürchteten die kirchlichen Vertreter eine weitere große Zahl von zu bearbeitenden Austrittserklärungen. „So räumte das Landeskonsistorium zu Hannover ... in seinem Gutachten ein, daß es ‚vielleicht in den großen Städten und ihren Massengemeinden' im Falle einer ‚Austrittsbewegung in großem Maße' besonderer organisatorischer Vorkehrungen bedürfe. Hier werde der Geistliche ‚freilich kaum imstande sein, den Massenandrang allein zu bewältigen'."277 Ergo spielte zum einen die Personalfrage bei der Bearbeitung der Kirchenaustritte und die Frage der Räumlichkeiten, in denen der Austritt entgegenzunehmen sei, eine wichtige Rolle.

Zum anderen ist hier die Position der römisch-katholischen Kirche besonders hervorzuheben, die die Bearbeitung des Kirchenaustritts entschieden ablehnte. Die Vorstellung, mit dem faktischen Kirchenaustritt auf katholischer Seite persönlich in Berührung zu kommen, war für die katholischen Vertreter unvorstellbar.278

Die negative Adressatenentscheidung der Kirchen 1920 zeigt, wie die Religionsgesellschaften mit der sich entwickelnden Kirchenaustrittsgesetzgebung einer Gesetzesentwicklung Vorschub leisteten, die bedingt durch zeitgeschichtliche Strömungen bis heute mehr und mehr den Kirchen zum Nachteil wurde.

§ 1 Abs. 2 unterstreicht die oben erwähnte, kirchenfreundliche Haltung des Gesetzgebers, da gegenüber dem Erleichterungsgesetz von 1918 die Überlegensfrist wieder eingeführt wurde:

„Die rechtlichen Wirkungen der Austrittserklärung treten einen Monat nach dem Eingange der Erklärung bei dem Amtsgericht ein; bis

---

276 Dazu schreibt Gallenkämper, S. 162: „Wie groß für die Kirchen bei einem entsprechenden Engagement die Chancen gewesen wären, sich 1920 selbst als Adressat der Austrittserklärung einführen zu lassen, zeigt auch die Wiederherstellung ihrer mit dem Erleichterungsgesetz von 1918 beseitigten seelsorgerischen Einwirkungsmöglichkeit auf den Austrittswilligen. Das Maß an Entgegenkommen und Rücksichtnahme gegenüber den Kirchen spiegelt sich insbesondere in den dazu stattgehabten Beratungen wieder."
277 Ebd., S. 157.
278 Vgl. ebd., 158 f.

dahin kann die Erklärung in der im Abs. 1 vorgeschriebenen Form zurückgenommen werden."[279]

Ebenso kirchenfreundlich war § 2 Abs. 1 des Gesetzes von 1920, da mit diesem Passus die Leistungspflicht des Austretenden gegenüber der Religionsgemeinschaft im Vergleich zu 1918 wieder verlängert wurde. Da hieß es:

"Die Austrittserklärung bewirkt die dauernde Befreiung des Ausgetretenen von allen Leistungen, die auf der persönlichen Zugehörigkeit zu der Religionsgesellschaft beruhen. Die Befreiung tritt ein mit dem Ende des laufenden Steuerjahres, jedoch nicht vor Ablauf von drei Monaten nach Abgabe der Erklärung."[280]

§ 3 bestimmte, dass das Verfahren mit Bescheinigung kostenfrei bleibt.

Eine notwendige Ergänzung erfuhr das Gesetz, betreffend den Austritt aus den Religionsgesellschaften öffentlichen Rechts vom 30. November 1920 durch das Reichsgesetz über die religiöse Kindererziehung vom 15. Juli 1921, da hierin die Frage der Religionsmündigkeit gesetzlich geregelt wurde.[281]

Ein Gesetz zur Regelung der religiösen Kindererziehung wurde notwendig, da es nach dem Ersten Weltkrieg eine große Zahl von Kriegerwitwen gab, die wieder heirateten. Dadurch entstand das Problem der religiösen Erziehung der mit in die Ehe gebrachten Kinder. Mit dem Reichsgesetz über die religiöse Kindererziehung wurde diese aktuelle Nachkriegsproblematik aufgegriffen. Dies nahm der Gesetzgeber zum Anlass, alle Fragen, die die religiöse Kindererziehung betreffen, umfassend zu regeln. Für unsere Überlegungen entscheidend ist der § 5 des Gesetzes, in dem die Frage der Religionsmündigkeit behandelt wurde:

"Nach der Vollendung des vierzehnten Lebensjahres steht dem Kinde die Entscheidung darüber zu, zu welchem religiösen Bekenntnis es sich halten will. Hat das Kind das zwölfte Lebensjahr vollendet, so kann es nicht gegen seinen Willen in einem anderen Bekenntnis als bisher erzogen werden."[282]

Der Gesetzgeber folgte damit der bereits 1794 erfolgten Festlegung des ‚annus discretionis' auf das vollendete 14. Lebensjahr im ALR § 84 II 4. So

---

[279] Huber, Huber, Staat und Kirche 4, S. 152.
[280] Ebd.
[281] Reichsgesetz über die religiöse Kindererziehung vom 15. Juli 1921. ReichsGesetzblatt (1921), S. 939. In: Huber, Huber, Staat und Kirche 4, S. 218 f. Siehe Anhang, S. 275, 2.10.
[282] Huber, Huber, Staat und Kirche 4, S. 219.

entstanden 1920/21 grundlegende Eckpfeiler für das derzeitige Kirchenaustrittsgesetz.

2.8. Von der Weimarer Verfassung bis zum Grundgesetz – 1919 bis 1949

Parallel zu der jeweiligen landesrechtlichen Gesetzgebung, die den Kirchenaustritt in dem betreffenden Bundesland regelt, gilt es, seit Anfang des 20. Jahrhunderts ein besonderes Augenmerk auf die sich entwickelnden staatlichen Gesetze zu haben, sofern sich diese mit den Fragen der Religion beschäftigen. Es ist zu erkennen, dass im Grundsatz die Austrittsmöglichkeit aus einer Religionsgesellschaft erst durch das auf Landesebene entworfene Recht auf Religionsfreiheit Ende des 18. Jahrhunderts geschaffen wurde. Aber nun bekommt dieses Recht seine feste Verankerung auf staatlicher Ebene in den Verfassungen des 19. und 20. Jahrhunderts. Auf diese Entwicklung sei im Folgenden kurz hingewiesen.

Als am 11.8.1919 die Weimarer Verfassung (WA) in Kraft tritt, sind in ihrem zweiten Hauptteil im 3. Abschnitt Religion und Religionsgesellschaften (Art. 135–141) Gegenstand.[283] In Art. 135 WA heißt es:

„Alle Bewohner des Reiches genießen volle Glaubens- und Gewissensfreiheit. Die ungestörte Religionsausübung wird durch die Verfassung gewährleistet und steht unter staatlichem Schutze. Die allgemeinen Staatsgesetze bleiben hiervon unberührt."[284]

An dieser Stelle findet die, erstmals im ALR (Teil II. Titel 11. § 2) festgeschriebene Glaubens- und Gewissensfreiheit Einlass in die Verfassung des gesamtdeutschen Staatenverbundes. Sie ist, wie beschrieben, wichtige gesetzliche Voraussetzung für die Entwicklung der Kirchenaustrittsgesetzgebung.[285]

In Art. 137 WA wird festgelegt, dass keine Staatskirche besteht. Darin wird ferner die Freiheit, sich zu Religionsgesellschaften zusammenzuschließen, gewährleistet. Sofern diese eine öffentlich rechtliche Anerkennung haben wol-

---

283 Die Verfassung des Deutschen Reiches (Weimarer Verfassung) vom 11. August 1919. In: Hildebrandt, S. 101–103. Siehe Anhang S. 272, 2.8.
284 Ebd., S. 101.
285 Es ist sehr anschaulich zu erkennen, dass eine 1794 getroffene Regelung in einer staatskirchlich geprägten Gesellschaft ohne Kirchenaustritte eine Gesetzgebung zur Folge hatte, die über 120 Jahre später zur Grundlage einer umfassenden Kirchenaustrittsgesetzgebung gemacht wird.

len, müssen sie „... *durch ihre Verfassung und die Zahl der Mitglieder die Gewähr der Dauer bieten.*"[286] Die so als öffentlich rechtlich anerkannten Religionsgesellschaften erhalten das Recht zur Erhebung von Kirchensteuern.

Der Wortlaut des Art. 137 WA, in dem es heißt: *„Jede Religionsgesellschaft ordnet und verwaltet ihre Angelegenheiten selbständig innerhalb der Schranken des für alle geltenden Gesetzes ...,"* ist besonders zu betonen.[287] Nicht der Staat, sondern jede Kirche selbst regelt ihre ‚Angelegenheiten'. Dies ist eine generelle Regelung, die der Ausfüllung von innen heraus, von Seiten der Religionsgesellschaft, bedarf.

Es ist ausdrücklich zu betonen, dass unter ‚Angelegenheit' einer Religionsgesellschaft neben der Regelung des Eintritts auch die Regelung des Austritts zu fassen ist. D.h., lt. Art. 137 WA wird der Kirche als Körperschaft des öffentlichen Rechts die gesetzliche Möglichkeit gegeben, nicht nur wie es gegenwärtige Praxis ist, einer staatlichen Stelle die Rolle des Adressaten der Austrittserklärung zu übertragen, sondern auch selbst diese Aufgabe zu übernehmen.[288]

Es ist wichtig festzustellen, dass die Forderung des Art. 4 GG nach Glaubens- und Gewissensfreiheit bei einer Übernahme der Adressatenrolle durch die Religionsgesellschaft nicht verletzt wird, „... denn hier spielt der fortgeltende Art. 137 III WV gleichwertig herein ... Das bedeutet, daß nicht der Staat, sondern die einzelne Kirche (je nach ihrem eigenen inneren Selbstverständnis) darüber entscheidet, wie ihre innere Verfassung und ihre innere Meinungs- und Willensbildung geregelt sein soll ..."[289] Der Zusatz *‚innerhalb der Schranken des für alle geltenden Rechts'* gewährleistet, dass auf Mitglieder und deren Gewissensentscheidungen kein Zwang ausgeübt werden darf.[290]

---

[286] Hildebrandt, S. 102.
[287] Ebd. - Die Vorform dieses Artikels ist der § 147 Abs. 1 der Verfassung des Deutschen Reiches vom 28. März 1849. Er lautet: „Jede Religionsgesellschaft ordnet und verwaltet ihre Angelegenheiten selbständig, bleibt aber den allgemeinen Staatsgesetzen unterworfen." Ebd., S. 22.
[288] Der Ursprung der Entscheidung der Kirchen, eine staatliche Stelle als Adressaten des Kirchenaustritts zu bestimmen, liegt, wie die vorausgehenden Untersuchungen gezeigt haben, in seinen wesentlichen Punkten vor der Weimarer Verfassung.
[289] Herzog, Sp 1169.
[290] „Wirklich unannehmbare Formen des Gewissenszwangs, insbes. gegenüber Mitgliedern, die aus der Kirche austreten wollen, können auf diesem Wege ausgeschaltet werden und wären übrigens auch schon mit Art. 1 GG (Menschenwürde) unvereinbar, an den die Kirchen selbstverständl. gebunden sind." Ebd.

Bleibt noch zu bemerken: „Die Gewährleistungen der Art. 135–137 WA waren in erster Linie eine Garantie individueller Freiheitsrechte; sie sicherten die persönliche Selbstbestimmung im religiösen Bereich, die nach alter Überlieferung als der Ursprung und Kern der Grundrechtsidee überhaupt galt."[291] So wird verständlich, dass diese Garantie individueller Freiheitsrechte im Bonner Grundgesetz vom 23. Mai 1949 im Rahmen der Grundrechte der Bürger/innen verankert wird.[292] Jetzt lautet der Gesetzestext wie folgt:

„Artikel 4
(1) Die Freiheit des Glaubens, des Gewissens und die Freiheit des religiösen und weltanschaulichen Bekenntnisses sind unverletzlich.
(2) Die ungestörte Religionsausübung wird gewährleistet."[293]

Wie die Begriffe ‚religiös' und ‚weltanschaulich' noch einmal ganz deutlich hervorheben sollen, geht es in diesem Grundrecht um die Glaubensfreiheit des Einzelnen in jeder Beziehung „... in dem er sich die Lebensform zu geben vermag, die seiner **Überzeugung entspricht**, mag es sich dabei um ein religiöses Bekenntnis oder eine irreligiöse – religionsfeindliche oder religionsfreie – Weltanschauung handeln ..."[294]

Die Art. 136–139/141 der Weimarer Verfassung werden unverändert Bestandteil des Grundgesetzes. Dies wird in Art. 140 GG festgeschrieben. Damit erhalten die oben beschriebenen Rechte und Pflichten der Weimarer Verfassung ihre grundgesetzliche Verankerung und ihre heutige Gültigkeit. So wird die Religionsfreiheit im Grundgesetz vom 23.5.1949 von staatlicher Seite verankert, was das Recht auf Kirchenaustritt im Deutschland des 20. und 21. Jahrhunderts ermöglicht.

---

[291] Ernst Rudolf Huber, Deutsche Verfassungsgeschichte seit 1789, 6, Die Weimarer Reichsverfassung (Stuttgart/Berlin/Köln/Mainz 1981), S. 865.
[292] Das Bonner Grundgesetz vom 23. Mai 1949. In: Hildebrandt, S. 117/191. In Auszügen im Anhang, S. 276, 2.11.
[293] Hildebrandt, S. 117.
[294] Bruno Schmidt-Bleibtreu, Kommentar zum Grundgesetz (Neuwied/Kriftel/Berlin [8]1995), S. 210. - So auch Herzog, Sp. 1162.

2.9. Die Religionsgemeinschaften in der Verfassung der DDR vom 7. Oktober 1949[295] in Verbindung mit der Verordnung über den Austritt aus Religionsgemeinschaften öffentlichen Rechts. Vom 13. Juli 1950[296]

Um die Handhabung des Kirchenaustritts in der DDR zu verstehen, genügt nicht die vordergründige Auseinandersetzung mit den entsprechenden Artikeln der Verfassung der DDR und der dazugehörigen Kirchenaustrittsverordnung. Erst bei näherem Hinsehen zeigt sich, dass die gesamte Problemlage nur zu erfassen ist, wenn man sie vor dem Hintergrund der Beziehung zwischen der Kirche und dem sozialistischen Staat betrachtet. Die 1. Verfassung der DDR wurde am 7. Oktober 1949 erlassen. Im Rahmen dieser Verfassung beschäftigten sich folgende Artikel mit religiösen Fragen:

Neben Art. 40 des Abschnittes IV. Erziehung und Bildung, der das Recht der Religionsgemeinschaften Religionsunterricht zu erteilen gewährte, beschrieben die Art. 41–48 des Abschnitts V. die Rahmenbedingungen für die Arbeitsmöglichkeiten der Kirchen.

Art. 41 sollte die Glaubens- und Gewissensfreiheit sowie eine staatlich geschützte ungestörte Religionsausübung gewährleisten. Art. 42 sicherte die Zulassung zum öffentlichen Dienst unabhängig vom religiösen Bekenntnis zu. Art. 43 gewährleistete den Religionsgemeinschaften die Selbstverwaltung, die Stellung einer Körperschaft des öffentlichen Rechts und die Erlaubnis der Steuererhebung auf Grund staatlicher Steuerlisten. Art. 44 erlaubte die Erteilung von Religionsunterricht in den Räumen der Schulen und Art. 45 sicherte den Religionsgemeinschaften ihr Eigentum und sonstige Vermögen zu. Gottesdienst und Seelsorge in Krankenhäusern, Strafanstalten oder anderen öffentlichen Anstalten ermöglichte Art. 46.

---

[295] Die Verfassung der DDR vom 7. Oktober 1949. In: Hildebrandt, S. 208–210. In Auszügen im Anhang, S. 276, 2.12.

[296] Kirchenaustritt: Verordnung über den Austritt aus Religionsgemeinschaften öffentlichen Rechts. Vom 13. Juli 1950. Ges.-Bl. der DDR (1950), 660/61. In: ABlEKD 11 (1950), 331. Siehe Anhang, S. 278, 2.13. Nach dieser Verordnung ist in einigen östlichen Landeskirchen bis heute der Kirchenaustritt geregelt. Unmittelbar nach der Wende traf dagegen die Ev.-Luth. Landeskirche Mecklenburgs eine eigene Austrittsregelung: Regelung des Verfahrens bei Austrittserklärungen aus Religionsgemeinschaften des öffentlichen Rechts - ABl Mecklenburg-Vorpommern (1991) GL. Nr. 200–1–8. Mit Wirkung vom 15. April 1998 beschloss der Landtag von Sachsen-Anhalt das Kirchenaustrittsgesetz - GVBl. LSA 14 (1998), ausgegeben am 21.4.1998.

Mit Art. 47 wurde in der Verfassung der DDR von 1949 die Möglichkeit zum Kirchenaustritt gegeben. Er lautete:
„Wer aus einer Religionsgesellschaft öffentlichen Rechtes mit bürgerlicher Wirkung austreten will, hat den Austritt bei Gericht zu erklären oder als Einzelerklärung in öffentlich beglaubigter Form einzureichen."[297]

Die Einzelheiten eines solchen Kirchenaustritts in der DDR regelte die neun Monate später erlassene Verordnung über den Austritt aus Religionsgemeinschaften öffentlichen Rechts vom 13. Juli 1950.[298] Die Betrachtung dieser Verordnung zeigt auf dem Hintergrund der bisherigen deutschen Rechtsgeschichte keinerlei besondere Auffälligkeiten bei dem Prozedere des Kirchenaustritts in der DDR.

Gemäß § 1 Abs. 1 wurde als Adressat der Austrittserklärung bei persönlicher Abgabe das Gericht des Wohnorts des Austretenden eingesetzt. Nach § 2 Abs. 2 konnten dies bis zum 1.8.1950 in einigen Ländern auch die Standesämter sein. Dagegen waren für eine Austrittserklärung als Einzelerklärung in öffentlich beglaubigter Form, was ebenfalls laut § 1 Abs. 1 möglich war, die staatlichen Notariate zuständig.[299]

Im Vorfeld dieser Verordnung war die Adressatenfrage durchaus kontrovers diskutiert worden. Neben mehreren Stellungnahmen einzelner Pfarrer und Pfarrgemeinden lag z.B. der Evangelisch-Lutherischen Landeskirche von Sachsen 1949 folgender Synodalantrag vor:

„Die Kirchenleitung möge bei der Staatsregierung dahinwirken, daß künftig Kirchenaustritte nicht mehr vor den Standesämtern, sondern bei den für den Wohnort zuständigen Pfarrämtern zu erklären sind."

Dazu lautete die Antwort des Landeskirchenamtes durch OLKR Kleemann vom 15. März 1949:

„Das Landeskirchenamt sieht sich nicht in der Lage, für den Bereich der sächsischen Landeskirche bei den zuständigen Regierungsstellen mit Aussicht auf Erfolg eine diesbezügliche Änderung des bestehenden gesetzlichen Zustandes zu erreichen und hält darüber hinaus eine

---

[297] Hildebrandt, S. 210.
[298] DDR, Kirchenaustritt, Verordnung über den Austritt aus Religionsgemeinschaften öffentlichen Rechts, Vom 13. Juli 1950, GBl der DDR (1950) 660/61, ABlEKD 11 (1950), 331.
[299] Gemäß § 3, Abs. 1, Nr. 13 der Verordnung über die Übertragung der Angelegenheiten der Freiwilligen Gerichtsbarkeit vom 15. Oktober 1952, GBl der DDR (1952), 1057.

generelle Regelung für die gesamte Ostzone für wünschenswert..."300

§ 3 Abs. 2 regelte die Gebührenfreiheit des Verfahrens.

Diese kurze Darstellung der rechtlichen Stellung der Religionsgemeinschaften in der 1. Verfassung der DDR von 1949 und die Kirchenaustrittsverordnung vom 13.7.1950 mag den Eindruck erwecken, dass der Status, der den Religionsgesellschaften lt. dieser Verfassung zukommt, durchaus Ähnlichkeiten mit dem Grundgesetz der Bundesrepublik Deutschland vom 23.5.1949 aufweist. Der Grund hierfür liegt in der Anlehnung beider Gesetzestexte an die Weimarer Verfassung, die in beiden Fällen als Vorlage diente. Allerdings erfährt die Ausformung der staatskirchenrechtlichen Bestimmungen im Verfassungstext der DDR eine deutlich negativere Auslegung für die Kirchen als im Grundgesetz der Bundesrepublik Deutschland, da sich im Gesetzestext der DDR auch folgende Aussagen finden:

„Artikel 43: Es besteht keine Staatskirche ... Den Religionsgemeinschaften werden Vereinigungen gleichgestellt, die sich die gemeinschaftliche Pflege einer Weltanschauung zur Aufgabe machen ...
*Artikel 45: Die auf Gesetz, Vertrag oder besonderen Rechtstiteln beruhenden öffentlichen Leistungen an die Religionsgemeinschaften werden durch Gesetz abgelöst."*301

„So zeigen die staatskirchenrechtlichen Bestimmungen der Verfassung der DDR ein ähnliches uneinheitliches Bild wie die der Weimarer Verfassung. Einerseits finden sich Grundsätze, die von Neutralität des Staates gegenüber allen Religionen und Weltanschauungen ausgehen und sich deshalb in der Richtung auf Trennung von Staat und Kirche bewegen; ihnen steht die Anerkennung der Kirchen als Körperschaften des öffentlichen Rechts unter Verleihung entsprechender Vorrechte gegenüber."302

---

300 Der vollständige Brief ist im Anhang, S. 294, 5.2. abgedruckt. - Am 5. November 1949 formuliert OLKR Kandler von der Sächsischen Landeskirche in diesem Zusammenhang folgenden Briefentwurf an die Kanzlei der EKD: „Wir bitten, bei Verhandlungen über solche Änderungen der Staatsverfassung rechtzeitig namentlich die unerfüllt gebliebenen kirchlichen Anliegen anzumelden. Dabei möchte auch in Betracht gezogen werden das Anliegen, dass die Entgegennahme von Kirchenaustrittserklärungen den kirchlichen Stellen überlassen wird. Eine solche Regelung entspräche den allgemein auch verfassungsmässig festgelegten Grundsätzen der Trennung von Staat und Kirche ..." Das ganze Schreiben ist im Anhang, S. 295, 5.3. abgedruckt.
301 Hildebrandt, S. 209.
302 Erwin Jacobi, Staat und Kirche nach der Verfassung der Deutschen Demokratischen Republik, ZEvKR 1 (1950), 134 f.

Bleibt festzuhalten, dass bereits in der 1. Verfassung der DDR von 1949 die kirchenfeindliche Gesinnung des sozialistischen Staates anklingt. Die Kirchengeschichte hat gezeigt, dass trotz anders lautender Verfassungsbestimmungen konsequent damit begonnen wurde, die Rechte der Kirchen in der DDR einzuschränken, deren Arbeit zu behindern und zu verhindern, wo es nur ging. Dies geschah im Bereich der kirchlichen Finanzen ebenso wie auf der persönlichen Ebene im gemeindlichen Alltag durch die Unterdrückung und Benachteiligung der kirchlichen Mitglieder. Von all diesen Repressionen ließen sich die evangelischen Landeskirchen in der DDR nicht beirren. „Hartnäckig und mit Unermüdlichkeit ... [rügte] ... die Kirche die Verletzung der von der geschriebenen Verfassung gewährleisteten Grundrechte durch die staatlichen Organe."[303]

2.10. Die Verfassung der DDR vom 7. Oktober 1974[304]

Dass die evangelische Kirche in der DDR in eine Nische abgedrängt wurde, wurde besonders deutlich in der Neuauflage der Verfassung der DDR nach 25 Jahren sozialistischer Herrschaft. Hatte man sich 1949 in Ostdeutschland noch verfassungsrechtlich wie auch im Westen an die Weimarer Verfassung angelehnt, so hat die „... Verfassung von 1968/74 ... – schon äußerlich erkennbar – mit der deutschen staatskirchlichen Tradition gebrochen."[305] Offensichtlich versuchte man in der neuen Verfassung den Religionsgemeinschaften und deren Belangen so wenig Aufmerksamkeit wie möglich zu widmen und befasste sich lediglich noch in drei Artikeln mit Fragen der Religion.

In Abschnitt I. 1, den politischen Grundlagen, wurde in Art. 6 angekündigt, dass Glaubenshass als Verbrechen geahndet werde. In Abschnitt II. 1. Art. 20 wurde die Gewährleistung der Glaubensfreiheit zugesichert. Zuletzt versicherte im gleichen Kapitel Art. 39, 1 das Recht zum religiösen Glaubensbekenntnis und zur Ausübung religiöser Handlungen. Er lautete:

---

303 Campenhausen, DDR, S. 390.
304 Die Verfassung der DDR vom 7. Oktober 1974. In: Hildebrandt, S. 245f./252. In Auszügen im Anhang, S. 279, 2.14.
305 Hollerbach, Kirche und Staat, S. 1076.

„*(1) Jeder Bürger der Deutschen Demokratischen Republik hat das Recht, sich zu einem religiösen Glauben zu bekennen und religiöse Handlungen auszuüben.*"[306]

Das problematische Verhältnis von Kirche und Staat in der DDR wurde aber nicht nur in dieser knappen Regelung der rechtlichen Stellung einer Religionsgemeinschaft im sozialistischen Staat deutlich, sondern in der eindeutigen Einschränkung kirchlicher Freiheit durch den Art. 39, 2, in dem es hieß:

„*Die Kirchen und anderen Religionsgemeinschaften ordnen ihre Angelegenheiten und üben ihre Tätigkeit aus in Übereinstimmung mit der Verfassung und den gesetzlichen Bestimmungen der Deutschen Demokratischen Republik. Näheres kann durch Vereinbarungen geregelt werden.*"[307]

An dieser Stelle war keine Rede mehr von Selbstbestimmung. Auch Vereinbarungen können Näheres regeln, müssen es aber nicht. „Damit sind die Kirchen einem prinzipiell unbegrenzten Gesetzesvorbehalt unterworfen."[308]

Bleibt festzuhalten, dass der sozialistische Staat nach 25-jähriger Unterdrückung der Kirchen auch in der Verfassung von 1974 seine Religionsfeindlichkeit deutlich zu erkennen gab. Dagegen wies die seit 1950 gesetzlich vorgeschriebene Kirchenaustrittspraxis keine besonders austrittsfördernden Ausführungen auf. Diese verbargen sich vielmehr in den alltäglichen, offenen und verdeckten Repressalien, Unterdrückungen und Benachteiligungen derjenigen Menschen, die sich zu ihrem Glauben und ihrer Kirche zu bekennen wagten. Wie die Kirchengeschichte gezeigt hat, hat selbst die staatlich organisierte Unterdrückung der Kirchen in der DDR (und in anderen sozialistischen Staaten) keine Ausrottung des christlichen Gedankens erreicht. Allerdings wurden den Kirchen in dieser Zeit große Opfer abverlangt.

Zusammenfassend kann gesagt werden, dass in den Verfassungen der DDR von 1949 und 1974 die Faktoren, die die Religionsgemeinschaften aus der Öffentlichkeit verdrängen sollten, nur teilweise zu erkennen sind. Der tatsächliche Versuch der Kirchenunterdrückung und Ausrottung jeglichen religiösen Denkens bei den Menschen fand in der Auslegung und Nichtanwendung der verfassungsmäßig zugesicherten Rechte der Menschen im Alltag der DDR

---

[306] Hildebrandt, S. 252. - „Gemäß der sozialistisch-kommunistischen Rechtsauffassung ist das Grundrecht der Bekenntnis- und Kultusfreiheit in Art. 39 Abs. 1 nicht als Menschenrecht, sondern nur als Bürgerrecht gewährleistet." Hollerbach, Kirche und Staat, S. 1077.
[307] Hildebrandt, S. 252.
[308] Hollerbach, Kirche und Staat, S. 1078.

statt. Wirkliche Religionsfreiheit wurde nur insofern eingeräumt, „... als sie die Entwicklung auf weltanschauliche Homogenität hin nicht ... [störte] ... bzw. als sie für den Ausbau des Sozialismus in Dienst genommen werden ..." konnte.[309]

Anders als in Westdeutschland war im Osten der Kirchenaustritt eine wichtige Voraussetzung dafür, das Ziel der Errichtung eines atheistischen Staates frei von religiösen Vereinigungen jeder Art zu erreichen. Aus diesem Grund wurde der Austritt aus der Kirche von der sozialistischen Regierung mit allen Mitteln unterstützt, um so die Religionsgemeinschaften grundlegend zu schwächen. Dabei trat die sozialistische Überzeugung an die Stelle der religiösen und wurde somit faktisch zu einer Ersatzreligion hochstilisiert. Allerdings waren „... sich die Ausgetretenen des *religiösen Charakters ihrer sozialistischen Überzeugungen* nicht bewußt."[310]

2.11. Die gegenwärtig gültige Kirchenaustrittsgesetzgebung in den evangelischen Landeskirchen in Deutschland

Die gegenwärtige Kirchenaustrittsgesetzgebung in Deutschland ist, wie die bisherigen Untersuchungen gezeigt haben, stark durch die Historie geprägt. Im Bereich der Landeskirchen der EKD gibt es derzeit keine einheitliche Kirchenaustrittsgesetzgebung, da die Gesetze zum Kirchenaustritt von den Landtagen der einzelnen Bundesländer zu erlassen sind. Trotzdem ist in den grundlegenden Rahmenbedingungen ein Konsens zu erkennen:
- So wird der Austritt aus der evangelischen Kirche in allen Landeskirchen in mündlich oder schriftlich beglaubigter Form erklärt. Dieser Austritt wird seit dem Urteil des BVerfGE vom 8. Februar 1977 sofort rechtsgültig.[311]

---

[309] Ebd., S. 1077.
[310] Roosen, S. 424.
[311] Vgl. BVerfGE 44, 37: „Eine gesetzliche Frist (‚Überlegensfrist'), auf Grund deren ein Kirchenaustritt erst einen Monat nach Eingang der Austrittserklärung bei der zuständigen Behörde rechtlich wirksam wird, ist mit dem Gesetz unvereinbar." - Vgl. auch Mitglieder des BVerfGE (Hg.), Entscheidungen des Bundesverfassungsgerichts, 55. Bd. (Tübingen 1981), S. 32–37. Diese staatskirchenrechtliche Entwicklung, mit der das Gesetz, betreffend den Austritt aus den Religionsgesellschaften öffentlichen Rechts vom 30. November 1920 an dieser für die Kirchen wichtigen Stelle abgeändert wurde, war aus Sicht der 1920 am Gesetzentwurf beteiligten Kirchen nicht in Erwägung gezogen worden.

- Gleichzeitig regelt das Urteil des BVerfGE vom 8. Februar 1977 den Zeitpunkt der Befreiung von der Kirchensteuer. Der Rechtsspruch lautet: *„Die Heranziehung eines aus der Kirche Ausgetretenen zur Kirchensteuer bis zum Ablauf des auf die Austrittserklärung folgenden Kalendermonats ist mit dem Grundgesetz noch vereinbar ..."*[312]
- In der Frage der Religionsmündigkeit übernimmt die derzeitige Rechtsprechung § 2 und § 5 des Reichsgesetzes über die religiöse Kindererziehung vom 15. Juli 1921. Danach tritt (gemäß § 5 des Reichsgesetzes) die Religionsmündigkeit mit 14 Jahren ein. Mit Erreichen des 12. Lebensjahres muss das betreffende Kind dem Konfessionswechsel zustimmen. Das Kind ist (gemäß § 2 des Reichsgesetzes) mit zehn Jahren zu dem Sachverhalt zu hören.[313] Lediglich in Bayern und im Saarland tritt die Religionsmündigkeit mit der Volljährigkeit ein.[314]
- Der Adressat der Austrittserklärung ist das für den Wohnort des Austretenden zuständige Amtsgericht im ehemaligen Preußen und Hessen bzw. sind in Baden-Württemberg, Bayern, Hamburg und Niedersachsen die Standesämter, deren Beamten verschiedentlich bereits auf Grund des Personenstandgesetzes mit der Eintragung der Zugehörigkeit bzw. Nichtzugehörigkeit zu Religionsgemeinschaften befasst sind.[315] Nur in Bremen ist laut § 3 Abs. 2 der Adressat der Kirchenausschuss der Bremischen Landeskirche.[316]
- Die meisten Kirchenaustrittsgesetze der einzelnen Bundesländer sehen eine Gebührenfreiheit vor. Die Ausnahme bilden der Freistaat Bayern (bis zu 70,- DM/je nach Bruttoeinkommen), Sachsen (40,- DM) und Baden-Württemberg (25,- DM).[317]
- Die Erteilung einer Austrittsbescheinigung und die Benachrichtigung der betreffenden Religionsgemeinschaft erfolgt dagegen in allen Bundesländern.[318]

---

[312] BVerfGE 44, 59.
[313] Vgl. Huber, Huber, Staat und Kirche 4, S. 218 f.
[314] Vgl. Campenhausen, Austritt, S. 779, Anm. 7.
[315] Vgl. ebd., S. 780, Anm. 11 f.
[316] Bremische Evangelische Kirche: Kirchengesetz über den Austritt aus der Evangelischen Kirche (Kirchenaustrittsgesetz), Vom 21. März 1978, ABlEKD 10 (1978), 439.
[317] Vgl. Jan Bollwerk, Pro und Contra Kirchenaustritt (Niedernhausen/Ts. 1995), S. 23.
[318] Vgl. Campenhausen, Austritt, S. 780.

2.12. Der zusammenfassende Überblick

Der zusammenfassende Überblick über die Entwicklung der Kirchenaustrittsgesetzgebung lässt noch einmal deutlich erkennen, dass wir zu Beginn der Kirchenaustrittsgesetzgebung im 18. Jahrhundert der fest verwurzelten, trotz anders denkender geistiger Strömungen in ihrer Position unangefochtenen Kirche begegnen. Diese Kirche ordnet sich in vollem Bewusstsein dem jeweiligen Herrscher als dem ihr von Gott gegebenen Herrn unter.

Abb. 3: Entwicklung der Kirchenaustrittsgesetzgebung

Inhalt des Austrittsgesetzes:	1788	1794	1847	1873	1900	1918	1919	1920	1949	1977	1998	Inhalt des Austrittsgesetzes:
Religionsfreiheit		X	X	X	X	X	X	X	X		X	Religionsfreiheit
Übertritt	X	X	X	X	X	X	X	X	X		X	Übertritt
Austritt			X	X	X	X	X	X	X		X	Austritt
Adressat Kirche		X			X							Adressat Kirche
Adressat Staat	X		X	X		X		X			X	Adressat Staat
Antragsfrist			X	X								Antragsfrist
Abgabebefreiung zum Ende des Kalenderjahres				X				X				Abgabebefreiung zum Ende des Kalenderjahres
Abgabebefreiung nach drei Monaten						X						Abgabebefreiung nach drei Monaten
Abgabebefreiung sofort					X					X	X	Abgabebefreiung sofort
Austrittswirksamkeit sofort						X				X	X	Austrittswirksamkeit sofort
Austrittswirksamkeit nach einem Monat									X			Austrittswirksamkeit nach einem Monat
Verfahrenskosten			X								z.T.	Verfahrenskosten
Benachrichtigung der Religionsgesellschaft			X	X	X	X					X	Benachrichtigung der Religionsgesellschaft
Bescheinigung			X								X	Bescheinigung
Religionsmündigkeit mit 14 Jahren		X					X 19 21				X	Religionsmündigkeit mit 14 Jahren

Quelle: Eigener Entwurf

In Preußen wurde mit der sich daraus entwickelnden Kirchenaustrittsgesetzgebung lediglich versucht, die Vormachtstellung der evangelischen Kirche vor den anderen staatlich anerkannten Religionsgesellschaften zu verteidigen und zu stärken.

Diese Entwicklung verlief für die Kirchen jedoch nur solange zufrieden stellend, wie die gesellschaftlichen Rahmenbedingungen eine kirchenfreundliche Gesetzesauslegung ermöglichten. Mitte des 19. Jahrhunderts zeigte sich deutlich, wie damit begonnen wurde, die erlassenen Gesetze auf eine Weise zu erweitern, die nicht im Interesse der Kirchen war. So erfuhr neben der freien Wahl der Religionsgesellschaft plötzlich auch die Möglichkeit der Religionslosigkeit ihre gesetzliche Verankerung.

Im Sog der Ereignisse gerieten die Kirchen mehr und mehr unter Druck. Dabei beunruhigte besonders die Tatsache, dass die Kirchenaustrittsgesetzgebung gleichsam in Wellenbewegungen von tatsächlich vollzogenen Austritten aus den Religionsgesellschaften begleitet wurde.[319]

---

[319] Vgl. Heribert Heinemann, Norbert Greinacher, Artikel: Kirchenaustritt, LThK 6 (Freiburg ²1961), Sp. 194.

3. Kirchengeschichtliche Beispiele zum Umgang mit Ausgetretenen

3.1. Die Aufgabe der evangelischen Kirche, die ihr entfremdeten Angehörigen wiederzugewinnen. Das Beispiel Johann Hinrich Wichern

In dem Vortrag, den *Johann Hinrich Wichern* unter dem Titel *‚Die Aufgabe der evangelischen Kirche, die ihr entfremdeten Angehörigen wiederzugewinnen'* auf dem Kongress der inneren Mission der Deutschen evangelischen Kirche im Jahre 1869 hielt, beschrieb er Zusammenhänge und stellte einige interessante Überlegungen an, wie kirchlicherseits Menschen, die sich von der evangelischen Kirche entfremdet haben, zu begegnen ist.

Ausgehend von dem Begriff *Volkskirche* fordert Wichern, dass jeder christliche Mensch im Volk die Möglichkeit bekommt, die ‚Frohe Botschaft' zu hören. Diese Forderung beinhaltet seiner Meinung nach für die Kirche die Aufgabe, „... daß, wenn er nicht zur Kirche kommt, die *Kirche* zu ihm kommt, wozu Christus selbst mit seinen Aposteln in ihrem Verkehr mit dem Volke das unumstößliche Vorbild gegeben ..." hat.[320] Zu diesem Zweck sollte sich die Kirche von der Vorstellung lösen, dass Predigt nur in einem Kirchengebäude möglich sei. Wichern verweist dabei auf Jesus und die Apostel, die zwar auch in den Synagogen gepredigt haben, doch noch häufiger an anderen Orten.[321] Es folgt eine Fülle möglicher Beispiele, wo zu Wicherns Zeit neuerdings gepredigt wurde. Er nennt z.B. die Märkte in St. Franzisco, die Straßenpredigten in England und die Wirtslokale in Westfalen. Wichern kommt zu dem Ergebnis: „... wie wichtig die *Neuheit des Ortes* für die Predigt in unsern Tagen ist, wenn es sich darum handelt, die Frage zu beantworten, wie den am weitest Entfremdeten das Wort des Lebens nahegebracht werden sollte."[322]

Noch wichtiger als die Frage des Ortes, an dem die ‚Frohe Botschaft' gepredigt werden soll, ist für Wichern die Befähigung dessen, der sie verkündet. Als Beispiel führt er ein auch in unseren Tagen durchaus zu findendes Phänomen beim sonntäglichen Gottesdienstbesuch an. Während die meisten Kirchen am Sonntag nur spärlich gefüllt sind, gibt es einige wenige, in denen sich die Gottesdienstbesucher bei einem ganz bestimmten Prediger drängen.

---

[320] Johann Hinrich Wichern, Sämtliche Werke III/2, hg. v. Peter Meinhold (Berlin/Hamburg 1969), S. 155.
[321] Vgl. ebd.
[322] Ebd., S. 156.

Wichern stellt daraufhin in Bezug auf die spärlich besuchten Kirchen die Frage: „Liegt die Schuld an den Nichthörern, die fehlen, oder auch wenigstens zuzeiten an den Prädikanten?"[323]

Zur Beantwortung dieser Frage lenkt er den Blick zum einen auf die wissenschaftliche Bildung des Predigerstandes, aber gleichzeitig auch auf dessen Charakterbildung und soziale Kompetenz. Darunter versteht er, dass ein Prädikant sich nicht nur berufen fühlt, die ‚Frohe Botschaft' weiterzusagen, sondern „... selbst *Lebenserfahrung* von der Kraft des Wortes Gottes an sich gemacht habe, daß er mit Geist und Feuer getauft sei, wo dann der *Geist Feuer* und das *Feuer Geist* ist! Ob und wieweit solch ein Geist und Leben sich anerziehen und anlehren läßt, ist freilich eine andere Frage: es gehört dazu jedenfalls die ganze Energie des Willens, das Gebet und der stille Umgang mit dem Herrn und seinen Kindern und der Missionsgeist, der das Verlorene sucht, bis er's findet!"[324]

So stellt Wichern eine auch in unsere derzeitige volkskirchliche Situation übertragbare Forderung zur Wiedergewinnung von Menschen, die sich von der evangelischen Kirche entfremdet haben, auf, indem er fordert, dass Kirche zu dem kommen muss, der nicht zu ihr kommt.[325] Die dafür geeigneten Prediger/innen sollen nach seiner Meinung neben der wissenschaftlichen Ausbildung persönliche Lebenserfahrung mit der ‚Frohen Botschaft' gemacht haben und bereit sein, neue Wege der Begegnung und Verkündigung zu suchen und zu beschreiten.

---

[323] Ebd., S. 157.
[324] Ebd.
[325] In einem Vortrag vor dem Arbeitskreis evangelischer Unternehmer im August 1998 sagte Landesbischof Ulrich Fischer (Karlsruhe): „‚... gehet hin ...' (Mt. 28,19), mit diesen Worten Jesu endet das Matthäusevangelium. Wie viele Impulse zu missionarischem Handeln wurden aus diesem sogenannten Missionsbefehl Jesu gezogen! Aber dennoch haben uns diese Worte Jesu nicht davor bewahrt, uns als Kirche weithin einzurichten und auf das Kommen der Menschen zu warten." Ulrich Fischer, Die Vision von Kirche, in: Vom Nutzen des Marketing für die Kirche, epd-Dokumentation 7/99 (Frankfurt am Main 1999), 3.

3.2. Erlaß des Evangelischen Oberkirchenrats über das Verhalten der Kirche zu den Ausgetretenen vom 20. Dezember 1920[326]

Die preußische evangelische Kirche kam durch die Kirchenaustrittsgesetzgebung von 1920 und den großen Austrittszahlen dieser Jahre so sehr in Bedrängnis, dass sich der Evangelische Oberkirchenrat veranlasst sah, mit einem Erlass über das Verhalten der Kirche zu den Ausgetretenen zu reagieren. Daher meldete sich knapp drei Wochen nach der Veröffentlichung des Kirchenaustrittsgesetzes vom November 1920 die evangelische Kirche am 20. Dezember 1920 in der Kirchenaustrittsdiskussion mit einem offiziellen Erlass zu Wort.

Die zeitliche Nähe dieser Verlautbarung zum neuen Austrittsgesetz macht den großen Druck deutlich, unter dem die Kirche die letzten zwei Jahre nach Beendigung des Ersten Weltkrieges gestanden hatte. So schnellten die Austrittszahlen von 8.724 Kirchenaustritten im Jahre 1918 auf 313.995 Austritte im Jahr 1920 hoch.[327]

Da die Religionsgemeinschaften mit dem neuen Austrittsgesetz nun eine verbindliche Regelung des Kirchenaustritts für viele Jahre vorliegen hatten, die dem Inhalt nach das bisherige Austrittsverfahren nicht wesentlich erschwerte, vermutete man zu Recht keinen Rückgang der Austritte, sondern mindestens gleichbleibende, wenn nicht sogar steigende Zahlen. Gleichzeitig hatten die hohen Kirchenaustrittszahlen zur Folge, dass die Berührungen mit aus der Kirche Ausgetretenen bei den Amtshandlungen mehr und mehr zunahmen. Außerdem war der Evangelische Oberkirchenrat nicht bereit, den Kirchenaustritt ohne Konsequenzen zuzulassen. Daher heißt es im Vorspruch des Erlasses:

„Die Austrittsbewegung hat in einigen Gebieten unserer Landeskirche neuerdings wieder eingesetzt und uns veranlaßt, die Frage des Verhaltens der Kirche zu den Ausgetretenen erneut einer ernsten Prüfung zu unterziehen."[328]

---

[326] Erlaß des Evangelischen Oberkirchenrats über das Verhalten der Kirche zu den Ausgetretenen vom 20. Dezember 1920. Allgemeines Kirchenblatt für das evangelische Deutschland 70 (1921), 72ff. In: Huber, Huber, Staat und Kirche 4, S. 153–155. Siehe Anhang, S. 281, 3.1.
[327] Vgl. SB 4 (1952), 5.
[328] Huber, Huber, Staat und Kirche 4, S. 153.

So kam es zu dem Erlaß des Evangelischen Oberkirchenrats über das Verhalten der Kirche zu den Ausgetretenen vom 20. Dezember 1920.

Das für uns Wichtige und Aufschlussreiche an diesem Dokument ist die Tatsache, dass bis heute einige Teile die Stellung evangelischer Landeskirchen zum Kirchenaustritt wiedergeben und gewisse Inhalte sogar Einlass in die Kirchenordnungen einzelner Landeskirchen gefunden haben. Der Anfang der Erklärung ist von Entschlossenheit geprägt, wenn festgestellt wird:

Wir wiederholen, „... daß, wer ... aus der Kirche austritt, damit zugleich aus ihrer Gemeinschaft ausscheidet und aller Rechte verlustig geht, die ihren Mitgliedern zustehen ... so besteht für den Geistlichen die entsprechend grundsätzliche Pflicht, ihm kirchliche Amtshandlungen zu versagen."[329]

Diese Vorgabe des Oberkirchenrates lässt eine klare Abgrenzung gegenüber den Ausgetretenen vermuten. Es scheint kein Zweifel, dass die Kirche Ausgetretene von allen Leistungen ausschließt. Jedoch erfährt diese konsequente Haltung im Folgenden viele Ausnahmen. Da heißt es:

„Dieser der Sachlage und auch der Würde der Kirche Rechnung tragende Grundsatz muß aber eine Einschränkung da erleiden, wo im Verhältnis von Braut- und Eheleuten sowie von Eltern und Kindern ungeachtet des weggefallenen Rechtes des einen aus der Kirche ausgeschiedenen Teils der Anspruch des anderen, der Kirche noch angehörigen Teils auf Gewährung kirchlicher Amtshandlungen noch fortbesteht."[330]

Zu der Bestattung eines Ausgetretenen wird gesondert Stellung genommen. Die Mitwirkung bei der Beerdigung, darunter ist auch das Glockengeläut zu verstehen, wird untersagt.[331]

„Doch bleibt es Recht und Pflicht des Geistlichen, den der Kirche angehörenden Hinterbliebenen christlichen Trost zu spenden. Diese Trostspendung im Hause darf nur im Kreise der Angehörigen stattfinden und nicht im zeitlichen Zusammenhang mit der Beerdigung stehen."[332]

---

[329] Ebd.
[330] Ebd.
[331] Ein Ausnahmefall ist dann gegeben, wenn dem Pfarrer nach einem persönlichen seelsorgerlichen Gespräch bekannt ist, dass der Ausgetretene nur durch den Tod am Wiedereintritt gehindert wurde. Ebd., S. 155.
[332] Ebd., S. 154.

Wie die Kirchengeschichte bis in die heutige Zeit hinein zeigt, hat sich vor diesem Hintergrund kirchlicher Verhaltensvorschriften für viele Amtshandlungen trotz der Beteiligung eines aus der Kirche Ausgetretenen eine Ausnahme finden lassen, so dass in vielen Fällen die Amtshandlung ohne Mitgliedschaft vollzogen wurde und auch heute noch vollzogen wird.

Diese Praxis wird durch die Aussagen des zweiten Teils des Erlasses gefördert. Darin wird detailliert zum Verhalten eines Geistlichen Stellung genommen, falls ein aus der Kirche Ausgetretener um Amtshandlungen und Sakramente nachsucht. Demnach führt lediglich bei der Abendmahlsteilnahme und der Ausübung des Patenamtes der Kirchenaustritt zu einem klaren Ausschluss des Betreffenden. Bei den anderen kirchlichen Handlungen sind überall Ausnahmen im Falle der Beteiligung eines aus der Kirche Ausgetretenen möglich.[333]

Die Schwierigkeit der Kirche an dieser Stelle könnte man einen protestantischen Konflikt nennen, der in dem christlich motivierten Anspruch für alle Menschen ansprechbar zu sein, ob Mitglied oder nicht, zu finden ist. Dieser Anspruch wird in der Verlautbarung wie folgt schriftlich formuliert:

„... denn immer bleibt es das oberste Ziel, die Ausgetretenen durch den Dienst der Kirche in das rechte Verhältnis zu Gott zu führen - ein Ziel, das mit seelsorgerlicher Treue und Weisheit, mit vieler suchender, aber erforderlichenfalls auch mit versagender Liebe zu erstreben ist."[334]

So gibt der Erlaß des Oberkirchenrates über das Verhalten der Kirche zu den Ausgetretenen vom 20. Dezember 1920 einen tiefen Einblick in die schwierige Position der evangelischen Kirche. Da ist auf der einen Seite die große Zahl von Kirchenaustritten, die die Kirche zunehmend schwächen, und auf der anderen Seite der kirchliche Anspruch, den evangelischen Partner bei der Trauung, das Kind bei der Taufe und die evangelischen Angehörigen bei der Bestattung nicht auszugrenzen.

Bleibt anzumerken, dass die evangelische Kirche im Jahre 1920 den Gedanken des Wiedereintritts eines Ausgetretenen fast schüchtern in den Hintergrund ihrer Überlegungen stellt. Diesen Überlegungen werden lediglich drei Zeilen gewidmet:

---

[333] Vgl. ebd., S. 154 f.
[334] Ebd., S. 153.

„Wiederaufnahme. Die Entscheidung über die Wiederaufnahme in die Kirchengemeinschaft steht dem Pfarrer der Wohnsitzgemeinde nach Benehmen mit dem Gemeindekirchenrat zu."[335]

Das legt die Vermutung nahe, dass damals das Phänomen des Wiedereintritts, vor allem die damit verbundenen Möglichkeiten für die evangelische Kirche, noch nicht gesehen wurden.

3.3. Gegenwärtige Erlasse der evangelischen Landeskirchen zum Umgang mit Ausgetretenen[336]

Die Erlasse der evangelischen Landeskirchen, die zum Umgang mit aus der Kirche Ausgetretenen Stellung nehmen, sollen vor allem im pfarramtlichen Alltag den Pfarrern/innen als Leitlinie dienen für die sich im Rahmen der Gemeindearbeit ergebenden Begegnungen mit ausgetretenen Menschen. Im Vordergrund steht hierbei die Ausübung von Amtshandlungen, an denen aus der Kirche Ausgetretene beteiligt werden möchten. Die Schwierigkeiten, die sich an dieser Stelle für evangelische Kirchenleitungen ergeben, entstehen durch die Tatsache, dass diese einerseits Amtskirche auf einem rechtlichen Hintergrund sind und in dieser Rolle zu einer klaren Position in der Kirchenaustrittsfrage aufgerufen sind. Andererseits wissen die Kirchenleitungen um den Auftrag, zugleich einladende, offene, nicht ausschließende Kirche für alle Menschen zu sein. In diesem Spannungsverhältnis sind sämtliche Äußerungen evangelischer Landeskirchen zum Kirchenaustritt zu sehen.

Die evangelischen Landeskirchen nehmen folgende grundsätzlichen Haltungen ein:
- Der mit der Taufe erfolgte gnädige Zuspruch und Anspruch Jesu Christi auf das ganze Leben des Getauften bleibt dem Ausgetretenen trotz seines Kirchenaustritts erhalten.
- Der Ausgetretene kann nicht mehr ein Patenamt in der evangelischen Kirche übernehmen.
- Der Ausgetretene verliert das Wahlrecht in der evangelischen Kirche.
- Die Taufe eines Kindes, von dem ein Elternteil ausgetreten ist, ist zu vollziehen. In einem solchen Fall ist allerdings kirchlicherseits besonderes Ge-

---

[335] Ebd., S. 155.
[336] Siehe hierzu auch Kirchenamt der EKD (Hg.), Taufe und Kirchenaustritt, TEXTE 66 (Hannover 2000), 19–25. Zitiert: TEXTE 66.

wicht auf die Wahl der Paten zu legen und eine Erklärung des nicht der evangelischen Kirche angehörenden Elternteils zu fordern, die evangelische Erziehung des Kindes nicht zu behindern.[337]

Dagegen zeigt sich in der Frage nach der Durchführung einer Trauung unter Beteiligung eines aus der Kirche ausgetretenen Ehepartners und im Zusammenhang mit der Möglichkeit einer kirchlichen Bestattung eines ausgetretenen Menschen deutlich die oben erwähnte Spannung, in der die Kirchenleitungen stehen. Viele Landeskirchen äußern sich in diesen Fragen nicht ausschließlich. So formuliert man z.B. im Jahr 1995 in der Lebensordnung der evangelischen Kirche in Hessen und Nassau:

Es „... besteht kein Anspruch mehr, kirchlich getraut und bestattet zu werden."[338]

Die Kirchenordnung der evangelischen Kirche von Westfalen hat an dieser Stelle die Form einer Soll-Bestimmung. Hier heißt es in Bezug auf die kirchliche Trauung in Artikel 202 Abs. 2a:

„Die Trauung soll nicht gewährt werden, wenn einer der Eheschließenden nicht Glied einer christlichen Kirche oder Gemeinschaft ist ..."[339]

In der Frage der kirchlichen Bestattung eines ausgetretenen Menschen heißt es in der westfälischen Kirchenordnung gemäß Artikel 211 Abs. 1:

„War der Verstorbene aus der Kirche ausgetreten ..., soll die kirchliche Beerdigung nur gewährt werden, wenn der Verstorbene vor einem Pfarrer, einem Presbyter oder einem anderen kirchlichen Mitarbeiter erklärt hat, daß er wieder zur Kirche gehören will."[340]

---

[337] Vgl. Evangelische Kirche von Westfalen - Landeskirchenamt (Hg.), Das Recht in der Evangelischen Kirche von Westfalen (Bielefeld Mai 1998), hier: Kirchengesetz über die Verwaltung des Sakraments der heiligen Taufe in der Evangelischen Kirche von Westfalen, Vom 27. Oktober 1950, KABl. (1950) 67, S. 5.

[338] Evangelische Kirche in Hessen und Nassau (Hg.): Ordnung des kirchlichen Lebens der Evangelischen Kirche in Hessen und Nassau (Lebensordnung) (Darmstadt o.J.), S. 42. Siehe Anhang, S. 286, 3.5. Zitiert: Lebensordnung.

[339] Evangelische Kirche von Westfalen - Landeskirchenamt (Hg.): Das Recht in der Evangelischen Kirche von Westfalen, hier: Kirchenordnung der Evangelischen Kirche von Westfalen. Vom 1. Dezember 1953, S. 69. Allerdings wird im Kirchengesetz über die Ordnung der Trauung in der Evangelische Kirche von Westfalen. Vom 4. November 1993 (KABl. 1993 S. 230), ebd. S. 3, II. 7. ergänzt: „Wird die Trauung aus einem der hier genannten Gründe versagt, so darf eine kirchliche Handlung im Zusammenhang mit der standesamtlichen Eheschließung oder der Hochzeitsfeier nicht vollzogen werden."

[340] Ebd., S. 71.

Eindeutig dagegen äußert sich die Bremische Evangelische Kirche in der Verordnung betreffend das Verfahren gegenüber aus der evangelischen Kirche Ausgetretenen in § 1:

> *„Kirchliche Amtshandlungen dürfen von den Pastoren an aus der Evangelischen Kirche Ausgetretenen grundsätzlich nicht vollzogen werden ..."*[341]

Immer wieder wird in den landeskirchlichen Erlassen der Anspruch betont, die Verbindung zu Menschen, die ihren Kirchenaustritt erklärt haben, nicht abreißen zu lassen und ihnen eine mögliche Rückkehr offen zu halten und zu erleichtern. So heißt es z.B. im Vorspruch der Richtlinien über das Verhalten der Kirche gegenüber Ausgetretenen der evangelischen Kirche der Pfalz:

> *„Stärker als im Jahre 1921 wird die Notwendigkeit einer einladenden und offenen Kirche gesehen. Stärker auch als in der Vergangenheit tritt die Frage nach dem seelsorgerlichen Handeln des Pfarrers in den Vordergrund."*[342]

Und in der Lebensordnung der evangelischen Kirche in Hessen und Nassau:

> *„Weil Gottes Liebe und Treue unverbrüchlich gilt, können der Gemeinde Ausgetretene nicht gleichgültig sein. Ihnen steht die Teilnahme am Gottesdienst und an sonstigen Gemeindeveranstaltungen offen. Freundliche Kontakte und offene Gespräche können eine mögliche Rückkehr in die Gemeinde fördern."*[343]

Diese Forderung wird auch im Entwurf der Lebensordnung der evangelischen Kirche der Union 1997 aufgestellt. Da heißt es in Artikel 10:

> ***„Dienst an Ausgetretenen***
> *Weil der Kirchenaustritt die Verheißung des Evangeliums nicht aufheben kann, die in der Taufe sichtbaren Ausdruck gefunden hat, besteht für die Gemeinde die Pflicht, Ausgetretenen nachzugehen, sie*

---

[341] Bremische Evangelische Kirche: Verordnung betreffend das Verfahren gegenüber aus der Evangelischen Kirche Ausgetretenen vom 28. März 1961 (GVM 1961 Nr. 1 Z. 4), in der Fassung vom 21. Oktober 1976, Vom 2. November 1976, ABlEKD 10 (1977), 410–411. Siehe Anhang, S. 282, 3.2.

[342] Evangelische Kirche der Pfalz: Richtlinien über das Verhalten der Kirche gegenüber den Ausgetretenen. Vom 22. Februar 1991. (ABl. S. 56), ABlEKD 5 (1991), 200. Siehe Anhang, S. 285, 3.4.

[343] Evangelischen Kirche in Hessen und Nassau, Lebensordnung, S. 42.

zu informieren, für sie zu beten und sie immer wieder auch zur Rückkehr in die Kirche einzuladen."³⁴⁴

Die Badische und die Württembergische Landeskirche formulieren übereinstimmend:

„*Der missionarische Auftrag sendet die Kirche zu allen Menschen und schließt auch jene ein, die sich von ihr getrennt haben. Darum sollte alles vermieden werden, was geeignet ist, Ausgetretene bloßzustellen, auszugrenzen oder dem Austritt den Charakter des Endgültigen zu geben.*"³⁴⁵

Besonders wird der Gedanke an eine mögliche Rückkehr von Ausgetretenen in den Richtlinien der Badischen Landeskirche aufgegriffen, und in Verbindung damit werden zwei ganz konkrete Forderungen an die kirchliche Arbeit gestellt: Zum einen wird die Einrichtung von zentralen Kontakt- und Ansprechstellen für Ausgetretene in größeren Städten empfohlen.³⁴⁶ Zum anderen wird die Notwendigkeit von Gesprächsangeboten kirchlicherseits betont:

„*Briefe an Ausgetretene sollen diesen Gespräche anbieten, die Möglichkeit dazu geben, ihre Vorbehalte, negative Erfahrungen und Enttäuschungen mit der Kirche auszusprechen und deutlich machen, daß der Kirchenaustritt von der Gemeinde als Verlust und Anfrage empfunden wird.*"³⁴⁷

In der Frage der zu führenden Wiedereintrittsgespräche sieht der Erlass der Württembergischen Landeskirche folgende Möglichkeit vor:

---

344 Evangelische Kirche der Union (Hg.), Ordnung des kirchlichen Lebens der Evangelischen Kirche der Union - Entwurf - (Berlin 1997), S. 30. Zitiert: EKU Lebensordnung. In Auszügen im Anhang, S. 289, 3.7.

345 Evangelische Landeskirche in Baden, Richtlinien über das Verhalten und Verfahren bei Kirchenaustritten und bei der Wiederaufnahme Ausgetretener, Vom 9. Februar 1988, GVBl. S. 163, AB1EKD 2 (1989), 53. Zitiert: Evangelische Landeskirche in Baden, Kirchenaustritt. Siehe Anhang, S. 283, 3.3. - Und Evangelische Landeskirche in Württemberg - Oberkirchenrat, Verfahren bei der Aufnahme und Wiederaufnahme in die Evangelische Landeskirche in Württemberg, Erlaß des Oberkirchenrats vom 19. Dezember 1995, Abl. 57, 15, Zitiert: Erlaß des Oberkirchenrats Württemberg. Siehe Anhang, S. 287, 3.6.

346 Vgl. Evangelische Landeskirche in Baden, Kirchenaustritt, S. 53. Da heißt es unter 2.2.d: „Insbesondere in größeren Städten wird empfohlen, bei einer vorhandenen kirchlichen Dienststelle eine (zentrale) Kontakt- und Ansprechstelle für Ausgetretene einzurichten und in der Öffentlichkeit bekanntzumachen. Hier erfolgt eine erste Beratung von Antragstellern und ihre Weitervermittlung an das zuständige Pfarramt."

347 Ebd. - Diese Formulierung wird wörtlich im Erlaß des Oberkirchenrats Württemberg, Abschnitt II. 1.2, übernommen.

„Ebenso können in Absprache mit dem Dekanatamt für mehrere Kirchengemeinden oder Pfarrbezirke besonders auf solche Gespräche vorbereitete Pfarrer oder Pfarrerinnen mit der Führung solcher Gespräche betraut werden."[348]

Entschließt sich ein aus der Kirche ausgetretener Mensch zum Wiedereintritt, so gilt er nur in der Württembergischen Landeskirche bereits ab dem Zeitpunkt dieser Willenserklärung wieder als Mitglied der Kirche. Da heißt es:

„Da sich die Kirche aber einem ernsthaften Begehren auf Wiederaufnahme nicht verschließen darf, muß die Mitgliedschaft ab dem Zeitpunkt als wieder bestehend angesehen werden, in dem der oder die Ausgetretene zum Ausdruck bringt, wieder zur Kirche gehören zu wollen, soweit bei ihm oder ihr die vorstehenden Voraussetzungen erfüllt sind."[349]

Die Betrachtung gegenwärtig vorliegender kirchlicher Erlasse zum Kirchenaustritt zeigt, dass eine einheitliche und umfassende Problemsicht der Landeskirchen der EKD nicht erkennbar ist. So gibt es unter den evangelischen Landeskirchen zum Umgang mit aus der Kirche ausgetretenen Menschen neben grundsätzlichen Übereinstimmungen ebenso ganz unterschiedliche Einstellungen.

---

[348] Evangelische Landeskirche in Württemberg - Oberkirchenrat: Erlaß des Oberkirchenrats Württemberg, Abschnitt II. 3.
[349] Ebd., Abschnitt II. 1.6.

4. Der statistische Überblick

In diesem Kapitel bilden die nach den Jahren zugeordneten ermittelten Daten, die für kirchliche Mitgliedschaft, besonders aber für den Kirchenaus- und Wiedereintritt Bedeutung haben, die Grundlage der Überlegungen. Nach ihrer Darstellung werden die Daten in einem zweiten Schritt in sprachlicher Form unter Zuhilfenahme von Schaubildern erläutert und gedeutet.

Klassifizierung der Daten			
Grundlagenmaterial		Meinungsbilder	
staatlich	kirchlich	kirchlicher Auftraggeber	außerkirchlich initiiert
• Statistisches Bundesamt • Statistisches Jahrbuch für das Deutsche Reich (SJ)	• Kirchenamt der EKD - Referat Statistik • Statistische Beilage zum ABlEKD (SB) • Kirchliches Jahrbuch (KJ) • Deutsche Bischofskonferenz - Referat Statistik • Kirchliches Handbuch (KH)	• Institut für Demoskopie Allensbach. Im Auftrag: Sekretariat Deutsche Bischofskonferenz. Befragte: 2086. • ENIGMA-Institut für Markt- und Sozialforschung. GFM-GETAS Gesellschaft für Marketing Kommunikations- und Sozialforschung. Im Auftrag: EKD. Befragte: Evangelische: 1584 West -385 Ost. Konfessionslose: 295 West -550 Ost.	• Deutsche Marketing-Vereinigung und Deutsche Bundespost POSTDIENST. Ohne Auftrag. Befragte: 1000. 790 West -210 Ost. • Psydata Frankfurt Im Auftrag: Jugendwerk der Deutschen Shell Befragte: 2102. 1665 West -437 Ost.

Zum Teil war eine lückenlose Ermittlung von Daten nicht möglich, da der statistische Überblick in eine Zeit zurückreicht, in der sich kirchliche Statistik noch in der Aufbauphase befand bzw. andere Daten ermittelt wurden als für diese Erhebung von Interesse sind oder die Erhebung von Daten nicht möglich war. Besonders in Bezug auf die Kirchenstatistik der DDR liegt nur sehr wenig verwertbares Material vor, da die Zurückhaltung bzw. mangelnde Erhebung von Daten Teil der staatlich betriebenen Unterdrückung der Kirchen war. Die Erhebung von Statistiken war gesetzlich verboten.

So findet die Auslegung der Daten zum einen eine Grenze an dem Punkt, an dem kein Zahlenmaterial ermittelt werden konnte. Zum anderen beschränkt die Auswahl von Erhebungskriterien mögliche Auswertungsergebnisse.

Eine weitere Schwierigkeit ergibt sich aus den im Laufe von über hundert Jahren mehrmals wechselnden Erhebungsgebieten. Daraus folgt, dass z.B. die Kirchenaustrittszahlen des Deutschen Reiches einen größeren Abbildungshintergrund haben als diejenigen zur Zeit der alten oder der jetzigen Bundesrepublik.

Mit der statistischen Erhebung von Daten werden in dieser Arbeit folgende Ziele verfolgt:
- Einerseits geht es darum, anhand des vorliegenden Zahlenmaterials und der zielgerichteten Auswertung Tendenzen im Austrittsverhalten der Kirchenmitglieder herauszuarbeiten.
- Andererseits sollen die statistischen Erkenntnisse Informationen zur Unterstützung der Erstellung von Zielgruppenprofilen für aus der Kirche Austretende und Austrittsgefährdete liefern.
- Des Weiteren sollen sich abzeichnende konzeptionelle Arbeits- und Kontaktmöglichkeiten der Kirche mit diesen Zielgruppen herausgearbeitet werden.

4.1. Mitgliederbewegungen der evangelischen Kirche 1884–1999

Tab. 1: Mitgliederbewegungen der evangelischen Kirche in Deutschland 1884–1999

Jahr	Bevölkerung	evangelische Mitglieder	Bevölkerungsanteil in %	Austritte	Aufnahmen	Jahr
1884	46.336.000			2.090	3.398	1884
1885	46.707.000	29.369.847	62,9	1.836	3.432	1885
1886	47.134.000			2.297	3.532	1886
1887	47.630.000			2.617	3.644	1887
1888	48.168.000			2.643	4.044	1888
1889	48.717.000			2.450	4.325	1889
1890	49.241.000	31.026.810	63,0	3.726	4.417	1890
1891	49.762.000			4.430	4.410	1891
1892	50.266.000			3.724	4.544	1892
1893	50.757.000			3.243	4.880	1893
1894	51.339.000			3.650	5.218	1894
1895	52.001.000			3.737	5.368	1895
1896	52.753.000			6.328	5.789	1896
1897	53.569.000			3.845	5.933	1897
1898	54.406.000			3.581	6.560	1898
1899	55.248.000			3.434	7.080	1899
1900	56.046.000	35.231.104	62,9	3.793	7.678	1900

Jahr	Bevölkerung	evangelische Mitglieder	Bevölkerungsanteil in %	Austritte	Aufnahmen	Jahr
1901	56.874.000			3.749	8.295	1901
1902	57.767.000			4.749	8.670	1902
1903	58.629.000			4.869	9.134	1903
1904	59.475.000			5.589	9.442	1904
1905	60.314.000	37.646.852	62,4	6.049	9.798	1905
1906	61.153.000			17.492	9.245	1906
1907	62.013.000			14.350	9.553	1907
1908	62.863.000			27.150	9.585	1908
1909	63.717.000			23.998	9.488	1909
1910	64.568.000	38.117.295	59,0	17.788	9.921	1910
1911	65.359.000			17.809	10.376	1911
1912	66.146.000			21.805	10.159	1912
1913	66.978.000			29.255	10.320	1913
1914	67.790.000			25.672	9.294	1914
1915	67.883.000			3.658	7.421	1915
1916	67.715.000			5.506	6.933	1916
1917	67.368.000			5.685	6.369	1917
1918	66.811.000			8.724	7.322	1918
1919	62.897.000			237.687	11.172	1919
1920	61.794.000			313.995	19.425	1920
1921	62.473.000			256.936	38.046	1921
1922	61.900.000			157.606	30.999	1922
1923	62.307.000			120.504	28.701	1923
1924	62.697.000			84.169	35.288	1924
1925	63.166.000	40.014.677	63,3	146.341	37.956	1925
1926	63.630.000			201.500	35.874	1926
1927	64.023.000			176.593	35.483	1927
1928	64.393.000			171.543	35.562	1928
1929	64.739.000			168.739	35.814	1929
1930	65.084.000			226.262	37.274	1930
1931	65.429.000			243.514	42.478	1931
1932	65.716.000			217.488	50.044	1932
1933	66.027.000	40.865.258	61,9	57.459	324.451	1933
1934	66.409.000			29.331	150.275	1934
1935	66.871.000			51.805	77.131	1935
1936	67.349.000			94.031	62.671	1936
1937	67.831.000			319.708	37.684	1937
1938	68.558.000			326.513	29.789	1938
1939	69.314.000	42.028.876	60,6	377.721	21.145	1939
1940	69.838.000			152.591	14.929	1940
1941	70.244.000			182.310	13.646	1941
1942	70.834.000			97.148	11.886	1942
1943	70.411.000			46.125	12.493	1943
1944	69.865.000			22.459	11.943	1944
1945				9.493	41.908	1945
1946	64.501.757	38.497.604	59,7	22.856	77.817	1946
1947	44.632.000			29.482	54.112	1947
1948	45.901.000			45.374	49.125	1948
1949	46.778.000			83.695	41.762	1949
1950	50.336.093	25.421.304	50,5	133.417	48.993	1950
1951	50.725.974			116.110	45.934	1951
1952	51.051.851			117.182	44.875	1952
1953	51.639.648	25.900.000	50,1	114.746	45.181	1953
1954	52.126.773	26.100.000	50,1	95.278	42.606	1954
1955	52.698.323	26.250.000	49,8	121.566	43.796	1955
1956	53.318.815	26.700.000	50,1	93.296	39.695	1956
1957	53.993.840	26.650.000	49,3	97.701	42.158	1957

Jahr	Bevölkerung	evangelische Mitglieder	Bevölkerungs- anteil in %	Austritte	Aufnahmen	Jahr
1958	54.605.995	26.650.000	48,8	203.153	43.177	1958
1959	55.123.371	26.650.000	48,3	127.460	41.389	1959
1960	55.784.799	26.650.000	47,8	105.685	40.521	1960
1961	56.589.148	28.529.000	50,4	35.354	36.517	1961
1962	57.247.246	28.656.000	50,1	35.757	35.744	1962
1963	57.864.509	28.796.000	49,7	37.843	36.128	1963
1964	58.587.451	28.946.000	49,4	42.665	36.684	1964
1965	59.296.591	29.079.000	49,0	39.611	34.735	1965
1966	59.792.934	29.201.000	48,8	40.272	33.749	1966
1967	59.948.474	29.305.000	48,9	44.456	30.928	1967
1968	60.463.033	29.342.000	48,5	60.807	28.840	1968
1969	61.194.591	29.277.000	47,8	111.576	23.217	1969
1970	61.001.164	28.378.000	46,5	202.823	20.990	1970
1971	61.502.503	28.210.000	45,9	159.980	17.922	1971
1972	61.809.378	28.025.000	45,3	141.256	17.394	1972
1973	62.101.369	27.751.000	44,7	182.444	16.151	1973
1974	61.991.475	27.426.000	44,2	216.217	17.317	1974
1975	61.644.624	27.184.000	44,1	168.641	18.080	1975
1976	61.441.996	26.942.000	43,8	128.443	20.442	1976
1977	61.352.745	26.719.000	43,6	127.774	24.282	1977
1978	61.321.663	26.507.000	43,2	109.797	27.128	1978
1979	61.439.342	26.309.000	42,8	99.653	28.023	1979
1980	61.657.945	26.104.000	42,3	119.814	30.148	1980
1981	61.712.689	25.898.000	42,0	116.022	31.548	1981
1982	61.546.101	25.701.000	41,8	113.375	33.885	1982
1983	61.306.669	25.501.000	41,6	113.006	37.415	1983
1984	61.049.256	25.316.000	41,5	127.002	38.242	1984
1985	61.020.474	25.106.000	41,1	140.553	38.414	1985
1986	61.140.461	24.910.000	40,7	138.981	38.709	1986
1987	61.238.079	25.413.000	41,5	140.638	40.401	1987
1988	61.715.103	25.176.000	40,8	138.700	40.365	1988
1989	62.679.035	25.132.000	40,1	147.753	41.488	1989
1990	63.725.653	25.156.000	39,5	144.143	42.456	1990
1991	80.274.564	29.202.000	36,4	320.635	67.645	1991
1992	80.974.632	28.875.180	35,7	361.151	58.894	1992
1993	81.338.093	28.460.000	35,0	284.699	55.838	1993
1994	81.538.603	28.197.000	34,6	290.302	55.541	1994
1995	81.817.499	27.922.000	34,1	296.782	57.502	1995
1996	82.012.162	27.659.000	33,7	225.602	58.779	1996
1997	82.057.379	27.398.000	33,4	196.620	61.522	1997
1998	82.037.011	27.098.613	33,0	182.730	61.528	1998
1999	82.163.475	26.848.000	32,7	191.072	60.477	1999

Die Statistiken, denen die Daten entnommen sind, sind in den Anmerkungen aufgelistet.[350]

---

[350] **Bevölkerungszahlen** - 1884–1946 Deutsches Reichsgebiet - ab 1947 früheres Bundesgebiet, - ab 1991 Deutschland West und Ost. Bevölkerungszahlen im Einzelnen: - 1884–1945/1947–1949 nach Statistisches Bundesamt (Hg.) - Abt. Bevölkerung - VIII B -173-: Bevölkerungsentwicklung 1871–1950. - 1946 nach KJ 76 (1950), 533. - Ab 1950 nach Statistisches Bundesamt (Hg.) - Abt. Bevölkerung - VIII B -173-: Bevölkerung im früheren Bundesgebiet, neue Länder und Deutschland ab 1950.
Mitglieder - 1885 nach SJ 11 (1895), 9. - 1890 nach SJ 16 (1899), 9. - 1900 nach SJ 25 (1904), 7. - 1905 nach SJ 29 (1908), 5. - 1910 nach SJ 44 (1925), 11. - 1925 nach

Im Jahre 1884, elf Jahre nach dem preußischen Kirchenaustrittsgesetz vom 14. Mai 1873, beginnt die Erfassung der Kirchenaustritts- und Aufnahmedaten in Deutschland.[351] Zu dieser Zeit, am Ende des 19. Jahrhunderts werden Kirchenaustrittszahlen zwischen 2.000 und 3.000 Menschen pro Jahr verzeichnet. Demgegenüber werden im gleichen Zeitraum bis zu 7.000 Aufnahmen, meist Übertritte aus der römisch-katholischen in die evangelische Kirche, registriert. Auf Grund solcher Zahlen bewegt sich die Kurve der Mitgliederbewegungen zu dieser Zeit auf niedrigstem Niveau.

Der Hauptgrund für diese Entwicklung ist in der zunehmenden Vermischung der Konfessionen in Deutschland zu suchen. Die „modernen Produktionsverhältnisse wirbeln die Menschen zu Hunderttausenden immerfort durcheinander ... Die Kinder aller Orte, aller Provinzen, aller Bundesstaaten wohnen heute durcheinander und beieinander. Also auch die Angehörigen aller Kirchengemeinschaften. Daher die nun freilich schon nicht mehr auffällige

---

SJ 46 (1927), 9. - 1933 nach SJ 53 (1934), 14. - 1939/1946 nach KJ 76 (1950), 533. - 1950 nach SB 1 (1952), 3. - 1953–1989/1991–1996/1999 nach Statistisches Bundesamt (Hg.) - Abt. Bevölkerung - VIII B -173-: Mitgliederzahl und -bewegung der Evangelischen Kirche und der Katholischen Kirche 1953–1999. - 1990 nach SB 88 (1993), 25. - 1997–1998 nach Kirchenamt der EKD - Referat Statistik.

Austritte, Aufnahmen - ab 1950 östliche evangelische Landeskirchen teilweise ohne Angaben - ab 1961 nur westliche evangelische Landeskirchen - ab 1991 westliche und östliche evangelische Landeskirchen. In den Austrittszahlen sind die religionsunmündigen Kinder, soweit gesondert aufgeführt, enthalten. - In den Aufnahmezahlen sind Übertritte, Wiederaufnahmen und Erwachsenentaufen enthalten: - 1884–1949 nach SB 4 (1952), 4–15. - 1950–1951 nach KJ 81 (1956), 331–334. - 1952–1953 nach KJ 82 (1956), 436–439. - 1954 nach KJ 83 (1957), 365 f. - 1955–1956 nach SB 19 (1958), 17 f. - 1957 nach SB 21 (1960), 13. - 1958 nach SB 22 (1961), 13. - 1959–1960 nach SB 23 (1962), 16. - 1961–1962 nach SB 27 (1966), 17. - 1963–1996 nach SB 92 (1998), 66–69. - 1997–1998 nach Kirchenamt der EKD - Referat Statistik. - 1999 nach Statistisches Bundesamt (Hg.) - Abt. Bevölkerung - VIII B -173-: Mitgliederzahl und -bewegung der Evangelischen Kirche und der Katholischen Kirche 1953–1999.

Die von Kuphal, S. 44 ff., bis 1972 vorgenommene sog. Bereinigung der Austrittszahlen durch Abzug der Übertritte zur römisch-katholischen Kirche hat sich bis heute bei einer recht gleichbleibenden Zahl von 4.500–7.000 Übertritten im Jahr eingependelt. Die Übertrittszahlen von 1990–1998 sind im Anhang, S. 291, 4.1. abgedruckt. Damit bleibt es bei der Feststellung Kuphals: „Für die ev. Kirche ergibt sich nach dieser differenzierten Betrachtung keine wesentliche Änderung, außer daß die neue Kurve der echten Austritte etwas tiefer, sonst aber weitgehend parallel mit der Kurve der gesamten Austritte verläuft." Kuphal, S. 46.

351 Vgl. Sternberg, S. 48 f. - „Erst 1910 richtet auch die öffentl.-amtliche Statistik eine Rubrik `bekenntnislos´ ein." Andreas Feige, Kirchenmitgliedschaft, S. 129.

Tatsache des Eindringens katholischen Kirchentums in bisher rein protestantische Gegenden und umgekehrt."352

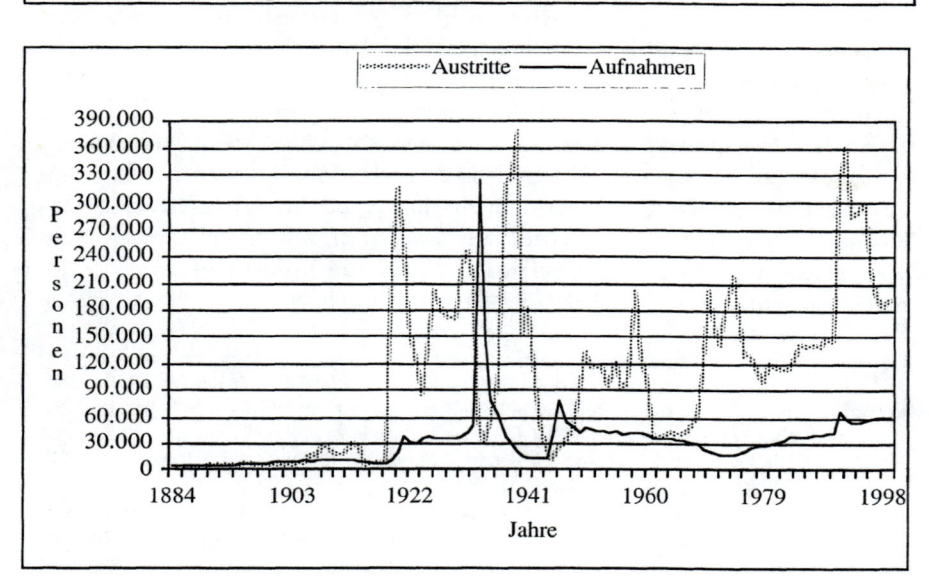

Abb. 4: Mitgliederbewegungen der evangelischen Kirche 1884–1999

Grundsätzlich ist festzustellen, dass es in diesem frühen Stadium der Kirchaustrittsstatistik den Kirchenaustritt in die tatsächliche Religionslosigkeit, also weder zum Zwecke des Übertritts in eine andere Religionsgesellschaft, noch um wenigstens in eine Sekte einzutreten, kaum gab.353 Die Begründung hierfür ist in der engen Verflechtung von Staat und Kirche zu suchen.

Wer dennoch den Schritt in die Religionslosigkeit wagte, begegnete einer Vielzahl von nicht unerheblichen Schwierigkeiten. „Geriet bisher ein sol-

---

352 Göhre, S. 12.
353 „Es sind fast nur Angehörige der arbeitenden Klassen, die das Menschenmaterial für diese Sekten stellen. Die letzteren sitzen durchschnittlich da, wo die Entwicklung der wirtschaftlichen Verhältnisse noch am weitesten zurück ist, namentlich in den Gegenden der Heimarbeit. Je mehr irgendwo Heimarbeit mit ihrer überlangen Arbeitszeit, ihrem Elend der Kinderarbeit und Kinderausbeutung, ihren erbärmlichen Löhnen, ihrer infolgedessen meist chronischen Unterernährung und erschütternden Hoffnungslosigkeit gegenüber dem Leben herrscht, desto dichter auch das Netz der Sekten." Ebd., S. 13 f.

cher Glaubens= oder Kirchenloser mit irgendeiner Behörde, namentlich einer Polizeibehörde, in Berührung, so brachte er fast regelmäßig den betreffenden Beamten wegen dieses ihm anhaftenden bedenklichen Mangels in nervöse Unruhe oder fassungslose Verlegenheit, mitunter gar zu ‚pflichtgemäßen', mehr oder weniger autoritativen Bekehrungsversuchen."[354] Erst nach dieser Zeit, also mit Beginn des 20. Jahrhunderts, erscheint es sinnvoll, von einer Kirchenaustrittsbewegung zu sprechen, die sich nach Ende des Ersten Weltkrieges bis zum gegenwärtigen Zeitpunkt dem Betrachtenden (s. Abb. 4) als tendenziell stetig ansteigende Linie darstellt. Diese wird von großen und kleineren Ausschlägen unterbrochen, von denen die Spitzen die Höhepunkte der jeweiligen so genannten Austrittswelle markieren.

Betrachtet man dagegen die Linie der Aufnahmen, so scheint sie vergleichsweise ruhig und im Ganzen zahlenmäßig niedriger zu verlaufen. Abgesehen von der großen Eintrittsbewegung der Jahre 1933 und 1934 kommt es lediglich 1946 zu einer gewissen Zunahme der Kircheneintritte. In den neunziger Jahren des 20. Jahrhunderts haben sich diese Zahlen auf einem Niveau von knapp 60.000 Aufnahmen in die evangelische Kirche im Jahr eingependelt.

Der Blick auf die Mitgliederentwicklung vor dem Hintergrund der Bevölkerungszahlen seit den sechziger Jahren (s. Abb. 5) liefert für die Erklärung der Mitgliederbewegungen in diesem Zeitraum kaum verwertbare Ergebnisse. Die einzigen bemerkenswerten Auffälligkeiten sind zum einen, dass sich die Bevölkerungszunahme in der Bundesrepublik Deutschland nach der ‚Wende' auf über 80 Millionen nur in einem leichten Mitgliederanstieg niederschlägt. Zum anderen reduziert sich der Mitgliederbestand der evangelischen Kirche jedes Jahr um 0,5–0,7%.

Zur näheren Klärung dieser Beobachtungen wird im Folgenden die Auswertung des statistischen Zahlenmaterials vor dem Hintergrund der kirchengeschichtlichen und gesellschaftspolitischen Zusammenhänge vorgenommen.

Fast die Hälfte aller Kirchenaustritte am Ende des 19. Jahrhunderts sind auf die werbende Tätigkeit freikirchlicher Gruppierungen und Sekten zurückzuführen, deren Werbemethoden an Aggressivität im ersten Jahrzehnt des 20. Jahrhunderts noch zunehmen.[355] Gleichzeitig lassen sich Kirchenaustritte zur tatsächlichen Religionslosigkeit fast nur in den Kreisen der sozialdemokrati-

---

[354] Ebd., S. 10.
[355] Vgl. KJ 78 (1952), 366.

schen Arbeiterschaft nachweisen.³⁵⁶ Beide Seiten ziehen „... ihre Kräfte aus dem politischen Raum, von der Sozialdemokratie, die diese Bewegung gefördert, versteckt wohl sogar organisiert hat, trotz – oder wegen? – ihres Grundsatzes, daß Religion Privatsache sei."³⁵⁷

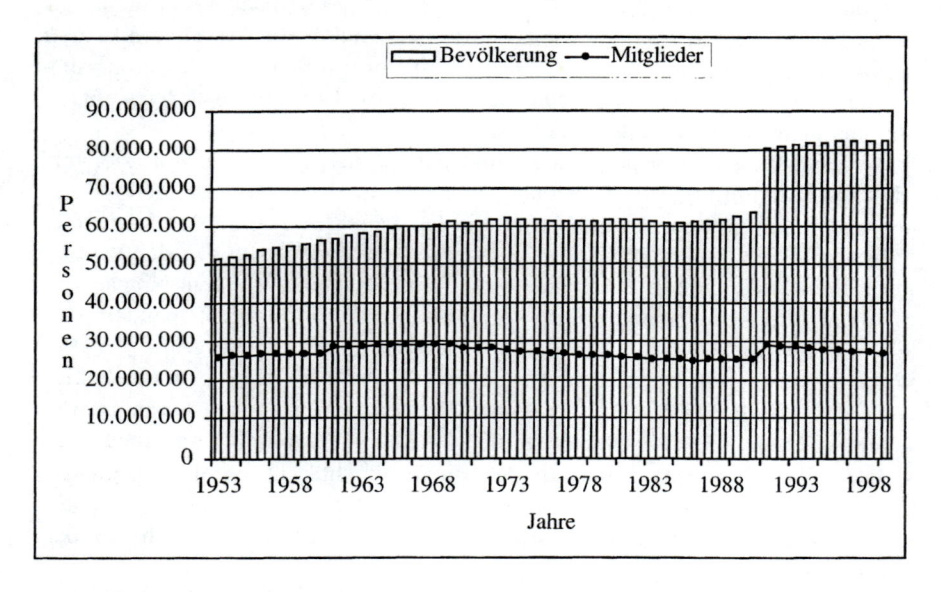

Abb. 5: Mitgliederentwicklung der evangelischen Kirche 1953–1999

In diesem Zusammenhang darf die Bedeutung des Freidenkertums als Nährboden für eine kirchenfeindliche Haltung nicht übersehen werden, da in diesen Kreisen zu Beginn des 20. Jahrhunderts eine unverblümte Kirchenaustrittspropaganda betrieben wurde.

Doch weder die Freidenkerbewegung noch die wenig kirchenfreundlichen Teile der Sozialdemokratie konnten zu diesem Zeitpunkt eine tatsäch-

---

356 Vgl. Göhre, S. 18. - Vgl. auch Ermel, S. 108.
357 KJ 78 (1952), 368. Dort heißt es weiter: „Ihre führende Zeitung, der Berliner ‚Vorwärts', brachte wochenlang ein Verzeichnis von Annahmestellen für Austrittserklärungen, führende Sozialdemokraten standen an der Spitze der Rednerlisten auf Agitationsversammlungen und betonten dort, daß ein zielbewußter Sozialdemokrat dem ‚Verdummungsinstitut der Kirche' den Abschied geben und seine Kinder vom kirchlichen Unterricht fernhalten müsse." - Vgl. auch Göhre, S. 19.

liche Kirchenaustrittsbewegung bewirken. So „... machte als der Anwalt des neuen Kulturkampfes seit 1909 der Berliner Schriftsteller Otto Lehmann-Rußbüldt die Schwächung der Kirche zu seiner Aufgabe."[358] Er gehörte zwei Jahre später zu den Gründungsmitgliedern des Komitees ‚Konfessionslos', in dem sich vor allem linksbürgerliche Gruppierungen sowie einige prominente Sozialdemokraten zusammenschlossen. „Das Komitee forderte vornehmlich aus weltanschaulichen Gründen zum Kirchenaustritt auf, während Sozialisten wie Karl Liebknecht und Walter Oehme im Umfeld der Massenstreikdebatte ‚politisch' argumentierten und mit dem Austritt die Kirchen als Stützen des Klassenstaates zu treffen suchten."[359]

Dennoch erreichte die atheistische Kirchenaustrittsagitation vor 1914 ihr Ziel nicht. Der Ausbruch des Ersten Weltkriegs ließ die Menschen zunächst für die Dauer des Krieges an Religion und Kirche festhalten, aber die Saat war ausgesät. „Im Deutschen Kaiserreich war die reale Situation des Christentums in der Gesellschaft durch das Staatskirchentum verdeckt. In der ersten deutschen Republik wurde dieser Schleier weggezogen und der Blick auf die tatsächliche Lage frei. Der Kirche den Rücken zu kehren, bedeutete keinen Verstoß mehr gegen den gesellschaftlichen Verhaltenskodex."[360] So brach im Jahr 1919 die erste überwältigende Kirchenaustrittswelle über die evangelische Kirche herein.

„Diese Entwicklung wurde sicherlich *begünstigt* durch die zunächst in Preußen (später auch in den anderen Ländern) vom vormaligen Austrittsagitator und seinerzeitigen Kultusminister Adolph Hoffmann ... durchgesetzten Verfahrenserleichterungen, vor allem durch das Gesetz von 1918."[361] Das Ende des Ersten Weltkrieges und der Zusammenbruch der Monarchie hatten dabei wie Dünger gewirkt. Im Kirchlichen Jahrbuch von 1951 heißt es dazu: „Das Ende des Kaiserreiches mußte auch das Ende des Christentums bedeuten. Hatte die Kirche nicht ‚*die Waffen gesegnet*'? Hatte Gott nicht versagt? Wäre es nicht Dummheit, nach den Erlebnissen des Krieges noch an den ‚*Gott der Liebe*' zu glauben?"[362]

---

[358] Ermel, S. 109.
[359] Kaiser, S. 31. - Vgl. auch Ermel, S. 111 f.
[360] Nowak, S. 230.
[361] Feige, Kirchenmitgliedschaft, S. 132 f.
[362] KJ 78 (1952), 376. - „Die Firma ‚Thron und Altar' ist pleite! skandierten Freireligiöse und Freidenker." Ebd., 378. - Auch in der SB 86 (1992), 5, wird die Austrittswelle in den 20er Jahren „... im Zusammenhang mit dem Ende des landesherrlichen Kirchenregiments und der Konstituierung der Weimarer Republik ..." gesehen.

Zu dieser Entwicklung trugen maßgeblich einerseits die Freidenker mit ihrer bereits vor dem Krieg vertretenen Argumentation bei und andererseits die früheren Mitglieder des Komitees ‚Konfessionslos', die sich zum großen Teil 1922 in Magdeburg in der Reichsarbeitsgemeinschaft der freigeistigen Verbände der deutschen Republik zusammenfanden.[363] Dagegen unterstützte die Mehrheit der Sozialdemokraten die Kirchenaustrittsagitation nicht mehr. „So fand die Kirchenaustrittsbewegung nur noch politischen Rückhalt bei den neu entstandenen Linksparteien KPD und USPD, wobei sich bis zur Vereinigung ihres linken Flügels mit der KPD die USPD besonders hervortat."[364]

Zwar steigen auch die Aufnahmezahlen in die Kirche bis auf 38.000 im Jahr 1921 an, aber es gelingt damit nicht, das deutliche Signal, das mit den Austritten gesetzt wird, zu kompensieren. So ist man nun in der Kirche, trotz der beschriebenen Überheblichkeit auf der einen Seite, auf Grund der erdrückenden Austrittszahlen andererseits, bereit, sich um die Ausgetretenen, die so genannten ‚Verhetzten', zu kümmern und zu fragen, auf welchem Weg der moderne Mensch zu erreichen sei. In diesen Tagen entwickelt die evangelische Kirche, „... was sie später ‚Volksmission' nennen wird: die Wortverkündigung *unter der Kanzel*, Diskussionsabende, Evangelisationen, Volkshochschularbeit, Vortragsdienst, Weltanschauungswochen, Laieneinsatz, Besuchsdienst."[365]

Über zehn Jahre, bis 1932, bleiben die Austrittszahlen auf einem sehr hohen Niveau, da es den kirchenfeindlichen Gruppierungen gelungen ist, sich mit ihrem Gedankengut fest zu etablieren. Allerdings kommt es in dieser Zeit nicht mehr zu Aufsehen erregenden Großveranstaltungen mit denen zum Kirchenaustritt aufgerufen wird, sondern zu einer Vielzahl von Einzelaktionen. Im Kirchlichen Jahrbuch von 1931 wird berichtet: „Die maßlose Hetze gegen jede Religion, die z.T. parteipolitischen Charakter angenommen hat, läßt es zu einem ruhigen Überlegen des furchtbaren Schrittes gar nicht kommen. Mancher trägt sich in die Kirchenaustrittslisten ein, ohne sich über die Folgen seines Tuns klar zu sein."[366] Dazu kommt die steigende Massenarbeitslosigkeit

---

[363] Vgl. Kaiser, S. 39.
[364] Ebd., S. 40.
[365] KJ 78 (1952), 380.
[366] KJ 58 (1932), 180. - Im KJ 61 (1935), 113, heißt es dazu: „Eine Drohung, eine Verärgerung, eine Steuerforderung – und schon schneidet ein Mann das jahrhundertelang seine Familie mit der Kirche verknüpfende Band durch, seine Frau folgt wie selbstverständlich, die Kinder werden mitgenommen, ein ganzes Haus hat sich vom Kreuz getrennt."

als Folge der zunehmenden Weltwirtschaftskrise.³⁶⁷ Dabei ist es wichtig festzuhalten, dass erst die Summe aller dieser Faktoren zu der ersten Kirchenaustrittswelle beigetragen hat.³⁶⁸

Die scheinbare Wende bringt die nationalsozialistische Machtergreifung 1933. „Mit dem Jahr 1933 kam das vorläufige Ende jeder politisch unterstützten Austrittsaktion ... die *Kreuzzeitung* brachte die Sachlage auf einen einfachen Nenner: ‚Die Freidenkerorganisationen sind zerschlagen, die öffentliche Agitation ist unterbunden, politische Geschäfte kann man mit dem Kirchenaustritt nicht mehr machen ...'"³⁶⁹ Die neuen Machthaber geben sich zunächst kirchenfreundlich und offenbaren nicht ihr wahres Vorhaben, das die Entkirchlichung und Entchristlichung des Staates zum Ziel hat. Im Gegenteil ist die erste Zeit nationalsozialistischer Kirchenpolitik von dem Schlagwort des sog. ‚positiven Christentums' geprägt.³⁷⁰ Aus diesem Grund erlebt die evangelische Kirche in den Jahren 1933 und 1934 die einzige Kircheneintrittswelle in der bislang über 100-jährigen Erhebung der Mitgliederbewegungen. In diesen beiden Jahren treten 475.000 Menschen in die Kirche ein. „Wie weit die unter dem Eindruck der nationalsozialistischen Machtergreifung erfreulicherweise wieder in die Kirche zurückgekehrten Glaubensgenossen nicht nur äußerlich, sondern auch innerlich zurückgefunden haben – diese Frage kann natürlich nicht die Statistik, sondern nur die Seelsorge beantworten."³⁷¹

Schon sehr bald zeigte sich, dass diese Eintrittswelle nur auf die ideologische Steuerung von nationalsozialistischer Seite zurückzuführen war, um eine kirchenfreundliche Haltung vorzutäuschen. Spätestens ab dem Jahr 1937 belegen die Austrittszahlen die wahren Absichten nationalsozialistischer Kirchenpolitik. „Sie sind ein Spiegelbild für das Trommelfeuer der nationalsozialistischen Propaganda, für die ‚weltanschauliche Ausrichtung' der Jugend, für die unablässige ‚Schulung' in sämtlichen Organisationen, für die offene und getarnte Förderung der sog. Gottgläubigkeit, für den äußeren und inneren Druck der hohen und niedrigen Parteistellen, und nicht selten auch für den Einsatz staatlicher Machtmittel – das alles immer offensichtlicher mit dem Ziel, den Einfluß der Kirche so weit wie möglich zurückzudrängen."³⁷² So

---

367 Vgl. KJ 100 (1975), 522.
368 Vgl. Kaiser, S. 42.
369 Ebd., S. 52. - Vgl. auch ebd., S. 323 ff.
370 Vgl. Feige, Kirchenmitgliedschaft, S. 134.
371 KJ 77 (1951), 461.
372 Ebd., 466 f.

treten von 1937–1939 über eine Million Menschen aus der Kirche aus. D.h., unmittelbar vor dem Zweiten Weltkrieg kommt es zu einer zweiten großen Kirchenaustrittswelle.

Der Zweite Weltkrieg bricht aus und wie zur Zeit des Ersten Weltkrieges, so lässt sich auch während des Zweiten Weltkrieges nur ein undeutliches statistisches Bild der kirchlichen Situation zeichnen. Allerdings ging im Unterschied zum Ersten Weltkrieg die Kirche am Kriegsende 1945 „... als eine der wenigen ‚intakten' Größen hervor, umgeben von dem Nimbus der verfolgten Organisation ..."[373] Die Menschen in Deutschland erlebten eine authentische Kirche, die ihnen in ihrer Not begegnete und sie bei ihren Sorgen begleitete. Die Folge einer so aktuell ansprechenden Kirchenpolitik war ein Rückgang der Austrittszahlen im Jahr 1945 – letztmalig im 20. Jahrhundert – unter 10.000 erklärte Kirchenaustritte. Gleichzeitig stieg aus diesem Grund unmittelbar nach Kriegsende die Zahl der Wiedereintritte in die evangelische Kirche auf das 4–7fache an.

In der Nachkriegszeit setzt in Westdeutschland eine gewisse Beruhigung bei den Kirchenaustritten ein. Die Position der Kirchen erfährt in der Bundesrepublik eine deutliche Stärkung. Dazu trägt besonders der staatliche Einzug der Kirchensteuer und die Wiedereinführung des Religionsunterrichts als ordentliches Lehrfach an den Schulen bei. „Langewährende Mehrheiten christlicher Parteien in den Parlamenten sorgten zudem für die nötige Kontinuität und die institutionelle Verfestigung des staatlich-kirchlichen Einvernehmens ..."[374]

Im Osten Deutschlands dagegen steigen die Austrittszahlen aus der evangelische Kirche von 1949–1960 auf ca. 60.000–90.000 erfasste jährliche Kirchenaustritte.[375] Im Jahr 1958 sind es sogar 168.046 Menschen, die der Kir-

---

[373] KJ 78 (1952), 381. - „Nicht die sich erst allmählich restituierenden und neu zugelassenen Parteien und Gewerkschaften, sondern die Kirchenführer waren die ersten Ansprechpartner der Besatzungsmächte." Nowak, S. 300.

[374] Kuphal, S. 21. - Zusätzlich ist zu beachten, dass die 83.695 Kirchenaustritte des Jahres 1949 bei den Statistikern als überhöht gelten. „Als nämlich 1949, bei Einführung des Lohnabzugsverfahrens für die Einziehung der Kirchensteuer zahlreiche Personen, um nicht steuerpflichtig zu werden, den Nachweis erbrachten, daß sie der Kirche nicht angehörten, wurde vermutlich ein erheblicher Teil dieser Personen nochmals als Austreter gezählt ..." Ebd., S. 33.

[375] Soweit statistisch erfasst, erklärten aus den ostdeutschen evangelischen Landeskirchen die folgende Anzahl von Mitgliedern 1949–1960 den Austritt:

| 1949:63.809 | 1950:80.359 | 1951:66.823 | 1952:71.439 | 1953:76.843 | 1954:58.725 |
| 1955:82.105 | 1956:69.197 | 1957:65.856 | 1958:168.046 | 1959:92.469 | 1960:71.090 |

che den Rücken kehren. Die Gründe für die dritte Austrittswelle des 20. Jahrhunderts sind in der ideologischen Ausrichtung der Staatsführung der DDR zu finden, die in der DDR, begleitet von massiver antiklerikaler und atheistischer Propaganda, einen sozialistischen Staat errichtet.[376]

Am Ende der sechziger Jahre findet im Denken der Gesellschaft in Westdeutschland ein grundlegender Wertewandel statt. Insgesamt müssen die 60er Jahre „... als eine Zeit gekennzeichnet werden, in der sich ‚eine Gesellschaft im Aufbruch' befand."[377] In Zusammenhang mit diesem Prozess wird auch die Mitgliedschaft in der Kirche nachhaltig in Frage gestellt. Hierdurch kommt es zu einer vierten Austrittswelle. „Die Austrittswelle signalisierte vordergründig einen zunehmenden ‚Abschied von der Volkskirche' ..."[378]

Im Einzelnen wird diese Zeit von innen- und außenpolitischen Themen bestimmt, die weite Teile der Bevölkerung bewegen. In der Außenpolitik wird weltweit sehr kontrovers über den Vietnamkrieg diskutiert. Innenpolitisch bewegen eine ganze Reihe von Themen die Gesellschaft im Nachkriegsdeutschland:

- 1963 beginnt mit dem sich über mehrere Jahre hinziehenden Auschwitz-Prozess ein Stück deutscher Vergangenheitsbewältigung.
- Vier Jahre später, am 2. Juni 1967 kommt es, während der Schah von Persien in Berlin zu Gast ist, zu einer Demonstration, in deren Verlauf der Student Benno Ohnesorg von einem Polizisten erschossen wird. Das markiert den Beginn der Studentenunruhen in Deutschland, da dieses Ereignis eine Welle der Entrüstung, besonders in der Studentenschaft, in der Bundesrepublik auslöste.[379]
- Die Studentenbewegung von 1968 war zugleich Auslöser einer neuen Frauenbewegung in Deutschland. Studentinnen kritisierten die innerhalb dieser Bewegung ihrer Meinung nach vorherrschenden patriarchalischen Verhaltensweisen und sagten sich los. Sie bildeten „... an den Universitäten Wei-

---

Die erfassten Daten sind folgenden Statistiken entnommen: - 1949–1951 nach KJ 81 (1956), 331. - 1952–1953 nach KJ 82 (1956), 438 f. - 1954 nach KJ 83 (1957), 366. - 1955 nach SB 19 (1958), 17. - 1956 nach KJ 85 (1959), 405. - 1957 nach SB 21 (1960), 13. - 1958 nach SB 22 (1961), 13. - 1959–1960 nach SB 23 (1962), 16.

376 Eine ausführliche Darstellung der Situation in der DDR findet sich in Kapitel I. 4.4.
377 Feige, Kirchenmitgliedschaft, S. 113.
378 Roosen, S. 131.
379 „Jener Anfangsimpuls, den wir suchen, muß zeitlich mit dem ersten Anstieg der Austritte zusammenfallen oder muß ihnen kurz vorausgehen. Die studentischen Proteste und Unruhen erfüllen diese Bedingung." Kuphal, S. 249.

berräte und in vielen Städten des deutschsprachigen Raumes, mit Ausnahme der DDR, autonome Frauengruppen ..."380
- Im Zusammenhang hiermit ist die Entstehung der Feministischen Theologie im kirchlichen Raum zu sehen. Hierdurch wurde die Randstellung der Frauen in Kirche und Theologie bewusst gemacht und die theologische Auseinandersetzung innerhalb der Kirche gesucht.381
- Ein weiteres Ereignis, das auf einen gesellschaftlichen Wandel hinweist, ist 1969 die Wahl Willy Brandts zum Bundeskanzler. Damit stellt erstmalig nach dem Krieg die Sozialdemokratische Partei den Kanzler der Bundesrepublik Deutschland.382
- Auch die 1974 vom Bundesparteitag der F.D.P. verabschiedeten Thesen über ‚Freie Kirche im freien Staat' sind in diesem Zusammenhang zu nennen. In deren Einbringungsrede durch Liselotte Funke heißt es: „Statt der Verbindung von Thron und Altar sollte ‚Trennung', und das heißt organisatorische und finanzielle Selbständigkeit von Kirche und Staat das Ziel sein. Der Staat darf sich nicht mit einer Kirche oder Weltanschauungsgemeinschaft identifizieren, er darf keine von ihnen besonders privilegieren oder benachteiligen und muß seine Bürger unabhängig von ihrer Zugehörigkeit oder Nichtzugehörigkeit zu einer Kirche gleichmäßig behandeln."383 Mit diesen Thesen gelingt es den Freien Demokraten zwar nicht, die geforderte Trennung von Kirche und Staat zu erreichen, aber sie ent-

---

380 Anneliese Lissner, Rita Süssmuth, Karin Walter (Hgg.), Frauenlexikon (Freiburg/Basel/Wien 1988), Sp. 328.
381 Vgl. ebd., Sp. 1101 ff.
382 „Ist es Zufall, daß der Übergang zu dieser Diffusionsstufe, in der die Nonkonformität allmählich zur neuen Konformität überging, zusammenfiel mit einem Ereignis, das nun auch bei bürgerlicher Zurückhaltung einen kleinen Ruck nach ‚Links' ermöglichte? Gemeint ist der ‚Machtwechsel' in Bonn im Herbst 1969 ..." Kuphal, S. 274.
383 Liberal-Verlag (Hg.), Thesen der F.D.P. – Freie Kirche im freien Staat (Sankt Augustin o.J.), S. 4. - Dort heißt es unter anderem in den Thesen S. 14 f.: „2. Der Status einer Körperschaft des öffentlichen Rechts ist für religiös und weltanschaulich gebundene Gruppen wie die Kirchen nicht geeignet ... 5. Die bisherige Kirchensteuer ist durch ein kircheneigenes Beitragssystem zu ersetzen. 7. Die bestehenden Staatsverträge mit den Kirchen (Kirchenverträge und Konkordate) sind wegen ihres Sonderrechtscharakters kein geeignetes Mittel, die Beziehungen zwischen Kirche und Staat zu regeln. 8. ... Soweit Kirchen und Religionsgemeinschaften gegenüber anderen gemeinnützigen Institutionen steuer- und gebührenrechtliche Sondervorteile besitzen, sind diese aufzuheben." - Zu diesen Thesen heißt es im Wahlprogramm der F.D.P. zur Bundestagswahl 1998 auf S. 61: „Viele der dort erhobenen Forderungen haben nach wie vor ein hohes Maß an Aktualität."

fachen damit auf politischer Ebene eine Diskussion über deren Verhältnis zueinander, die durch die ansteigenden Kirchenaustritte gestärkt wird.[384]
- Als weitere Begründung für den Anstieg der Kirchenaustritte wurde kirchlicherseits die Einführung des Konjunkturzuschlages zur Lohn- und Einkommensteuer im August 1970 angeführt.[385] Allerdings zeigt dieser nicht ausreichend überzeugende Erklärungsversuch von kirchlicher Seite, wie sehr diese von der neuen Austrittswelle überrascht wurde. Fakt dagegen war, „... daß unter dem Eindruck dieser völlig *unerwarteten* Mitgliedschaftsentwicklung unmittelbar keine systematisch operierenden Verstehensmodelle zur Verfügung standen, die den gesamten Problemkontext in abgesicherter Weise einbeziehen konnten ..."[386]
- Neben diesen innen- und außenpolitischen Themen gilt es bei der Frage nach den Gründen für eine vierte Austrittswelle den Fokus noch weiter aufzuziehen und den Lebensalltag der Menschen in Westdeutschland in die Betrachtungen mit einzubeziehen. Die Veränderungen, die man dabei in deren Lebensgefühl und Alltag beobachten kann, sind sehr aufschlussreich. Die Entwicklung ist mit Stichworten wie Individualität, Befreiung und Liberalisierung zu umschreiben. Zum einen ist an dieser Stelle besonders die Bildungsreform zu nennen. „Man plädierte für Systeme von Kursen und Leistungsgruppen, von denen sich ihre Verfechter mehr Entfaltungsmöglichkeiten für die individuellen Fähigkeiten wie auch für Individualität als solche versprachen."[387] Andererseits fand eine Liberalisierung in der Sexualität statt. Die individuelle Sexualität des Menschen rückte deutlich in den gesellschaftlichen Mittelpunkt.[388]

Betrachtet man diese ganzen Zusammenhänge vor dem Hintergrund „... eines noch in der Selbstverständlichkeit seiner gesellschaftlichen Existenz versunkenen Selbstbildes der Kirche ...," mag transparenter werden, wie es in

---

384 Vgl. Kuphal, S. 7 f.
385 Vgl. KJ 100 (1975), 525.
386 Feige, Kirchenmitgliedschaft, S. 112. Kuphal folgert weiter: „Wir nehmen also an, daß der Steuerzuschlag nur im Bewußtseinskontext der vorausgegangenen Austrittswelle als Störung für die traditionale Bindung gewirkt hat." Kuphal, S. 332.
387 Feige, Kirchenmitgliedschaft, S. 123.
388 „Allerhöchste Aufmerksamkeit darf man voraussetzen für neu kursierende Ideen über die Befreiung der Sexmoral; ‚Pille' war das neue und Abtreibung das ganz neue Stichwort für liberale Erwartungen." Kuphal, S. 272.

den 60er Jahren zu der vierten Kirchenaustrittswelle im 20. Jahrhundert hat kommen können.[389]

Zusätzlich angeheizt wurde diese Welle durch zwei Pressekonferenzen, die zum einen Bischof Scharf (Berlin-Brandenburg) und zum anderen Präses Beckmann (Rheinland) im Dezember 1969 zu dem Thema Kirchenaustritte einberufen hatten. „Nun plötzlich stehen die Kirchenaustritte in den Schlagzeilen mehrspaltiger Artikel – ja sogar in der Aufmacherzeile auf dem Titelblatt. Aber die Medien haben das Thema in keinem Fall ‚hochgejubelt', sondern sie sind ausdrücklich darauf hingewiesen worden."[390]

Auf dem Höhepunkt dieser vierten Welle verzeichnete die Statistik für das Jahr 1974 216.217 Kirchenaustritte. Trotz deutlichen Absinkens der Austrittszahlen gegen Ende der 70er Jahre bleiben die Kirchenaustritte mit über 100.000 jährlich auf einem deutlich höheren Niveau als in den 60er Jahren. Studien der 70er Jahre fanden heraus, dass in dieser Zeit junge, unverheiratete Menschen im Alter von 18–35 Jahren, die einen Beruf ausübten, besonders austrittsgefährdet waren.[391]

Ende der 70er bzw. Anfang der 80er Jahre erhielten die Kirchentage der evangelischen und der römisch-katholischen Kirche großen Zulauf. „Innerhalb kürzester Zeit, vor allem auf den Ev. Kirchentagen Hamburg 1981 und Hannover 1983, bekommen diese Veranstaltungen auch die Funktion eines Resonanzbodens für die Artikulation von Problemen, die in der Gesellschaft als besonders dringlich empfunden werden."[392] Ein Grund hierfür mag darin zu suchen sein, dass die Aufbruchstimmung der frühen 70er Jahre vorüber war und stattdessen Themen wie Arbeitslosigkeit, Rüstungswettlauf (bes. die Frage der Nachrüstung der Nato mit atomaren Mittelstreckenwaffen) und ökologische Katastrophen die öffentliche Diskussion bestimmten. „Mit der Wirtschaftskrise wurden viele Veränderungsversuche begraben. Enttäuschung machte sich breit, wo zuvor Fortschritts-Euphorie geherrscht hatte."[393] Im Sog dieser Ereignisse sinkt die Zahl der Kirchenaustritte zwar bis zum Jahr

---

[389] Feige, Kirchenmitgliedschaft, S. 125.
[390] Kuphal, S. 311. - „Bis zu diesem Zeitpunkt am Ende des Jahres 1969 waren die Austritte bereits zwei ganze Jahre im Steigen begriffen, ohne daß die Medien in dieser Art darauf aufmerksam geworden waren!" Ebd., S. 312. - Kuphal kommt zu dem Ergebnis: „Indem die Massenmedien auffallende Veränderungen reflektieren, sind sie zugleich in der Lage, diese zu beschleunigen." Ebd., S. 348.
[391] Vgl. Feige, Kirchenmitgliedschaft, S. 226.
[392] Ebd., S. 239.
[393] Kuphal, S. 383.

1979 und erreicht dort mit 99.653 Austritten ihren bis zur Jahrtausendwende tiefsten Stand. Trotzdem verzeichnet die Kirchenaustrittsstatistik in den 80er Jahren zwischen 70.000 und 100.000 Kirchenaustritte mehr im Jahr als Anfang der 60er Jahre.

Die Gesellschaft der 80er Jahre befindet sich im Wandel. Der Glaube an die Möglichkeiten der Wissenschaft wird von immer neuen Umweltkrisen erschüttert. Die sozialen Unterschiede in der Gesellschaft nehmen ebenso zu wie die Profanisierung in allen Lebensbereichen und die Möglichkeiten der individuellen Lebensgestaltung des Einzelnen. Die Gesellschaft durchläuft einen Prozess zunehmender Individualisierung. „Viele Menschen kehren dabei der Kirche den Rücken. Aber das hebt das Verlangen nach ganzheitlicher Lebensdeutung nicht auf. Sinn- und Orientierungskrisen lassen nach neuen leitenden Lebensmustern suchen. Sekten, meditative Gruppen, Jugendreligionen, fernöstliche Mystik bis hin zum Okkultismus üben große Anziehung aus."[394] Von dieser Entwicklung bleibt die Kirchenaustrittsstatistik nicht unberührt. Die Folge ist eine deutliche Zunahme der Austrittszahlen auf 120.000–140.000 jährliche Kirchenaustritte in den 80er Jahren.

Anfang der 90er Jahre kommt es in Deutschland zu einem neuerlichen gesellschaftspolitischen Umbruch. Das Ende des kalten Krieges und die damit verbundene Wiedervereinigung Deutschlands bescheren der evangelischen Kirche einerseits einen Mitgliederzuwachs von gut vier Millionen. Andererseits stellen im Zusammenhang mit diesem Umbruch die Kirchenmitglieder die traditionelle Bindung an ihre Religionsgemeinschaft in Frage.[395] So steigt die Zahl der Mitglieder in der evangelischen Kirche zunächst auf über 29 Millionen. Gleichzeitig allerdings sinkt der Bevölkerungsanteil auf 36,4% und die Zahl der Kirchenaustritte durchbricht zum dritten Mal im 20. Jahrhundert die Schwelle von 300.000. Es treten 320.635 Menschen im Jahr 1991 aus der Kirche aus. Im Jahr 1992 sind es sogar 361.151.

Diese statistischen Daten erlauben, die Entwicklung des Kirchenaustritts in den 90er Jahren mit Fug und Recht als fünfte Austrittswelle zu bezeichnen. Die Gründe für diese fünfte Austrittswelle liegen zum einen in dem staatlichen

---

[394] Evangelische Kirche in Hessen und Nassau (Hg.), Person und Institution (Frankfurt am Main 1993), S. 16. Zitiert: EKHN-Person und Institution. - 28% der befragten Evangelischen Westdeutschlands gaben an, in mindestens einem Bereich Erfahrungen mit neuer Religiosität gemacht zu haben. Vgl. Engelhardt, Fremde Heimat Kirche, S. 141.

[395] „Das Ereignis, welches eine traditionale Beziehung zu stören vermag, muß dergestalt sein, daß es die herkömmlichen Deutungsschemata übersteigt, die gewohnten Wahrnehmungsmuster durchbricht und eine Neuorientierung erzwingt." Kuphal, S. 233.

Solidaritätszuschlag zugunsten der östlichen Bundesländer. „Wie bereits bei vorangegangenen staatlichen Steuererhöhungen wird auch 1991 deutlich, daß finanzielle Mehrbelastungen durch Einsparungen an anderer Stelle z.B. bei der Kirchensteuer, kompensiert werden. Angesichts derzeitiger gesellschaftlicher Veränderungsprozesse, die u.a. durch fortschreitende Individualisierung und Institutionsverdrossenheit gekennzeichnet sind, wird die bislang als selbstverständlich geltende Zugehörigkeit zu einer Kirche in Frage gestellt."[396]

Zum anderen wird der dramatische Anstieg der Austrittszahlen zu einem erheblichen Maß durch eine Kirchenaustrittsbewegung in den östlichen Landeskirchen ausgelöst. Hier treten in den Jahren 1991–1992 189.611 Menschen aus der Kirche aus. Zu einem nicht unerheblichen Teil werden in dieser Zeit vor dem Hintergrund des neu eingeführten staatlichen Kirchensteuereinzugs „... Kirchenaustritte offiziell erklärt, die im sozialistischen Einheitsstaat informell längst vollzogen waren. Selbst Menschen, die nie getauft worden sind, erklären vorsichtshalber ihren Austritt, z.T. aus beiden Kirchen gleichzeitig, um nicht versehentlich zur Kirchensteuerzahlung herangezogen zu werden."[397]

Exkurs: Die Sogwirkung eines Kirchenaustritts[398]

Die Sogwirkung eines Kirchenaustritts kann im gesellschaftlichen und/ oder privaten Umfeld eines Menschen entstehen. So erlebte die EKD z.B. eine öffentliche Sogwirkung zum Kirchenaustritt jeweils in Zusammenhang mit den großen Austrittswellen des 20. Jahrhunderts, d.h. nach den Weltkriegen, den Studentenunruhen in den siebziger Jahren und nach der ‚Wende' 1989.

Im privaten Bereich kann vor allem in dem ganz persönlichen Umfeld eines ausgetretenen Menschen eine Sogwirkung entstehen. Hier haben die Familienmitglieder häufig den Entscheidungsprozess vor dem eigentlichen Kirchenaustritt mitbekommen. „Der geplante oder vollzogene Kirchenaustritt wird in der Regel im privaten Kreis nicht nur mitgeteilt, sondern auch ausführlicher begründet. Knapp zwei Drittel derjenigen, die

---

[396] SB 88 (1993), 7.
[397] SB 89 (1994), 11.
[398] Vgl. Meffert, S. 122 ff., Kap. 2.228 Soziale Bestimmungsfaktoren.

einen Fall in ihrem privaten Kreis kennen, berichten, daß auch über die Gründe für diesen Schritt gesprochen wurde."[399]

In vielen Fällen werden so Familienmitglieder, Freunde und Bekannte über lange Zeit mit hineingenommen in die Austrittsüberlegungen eines Menschen. Nun, nachdem dieser den Kirchenaustritt vollzogen hat, können sie sich dem Druck innerhalb des privaten Umfeldes, der durch die Überzeugung des Ausgetretenen erzeugt wird, nicht entziehen.[400] Für die Betreffenden ist eine kirchlich aktive Religionsausübung außerordentlich problematisch, wenn nicht sogar unmöglich geworden, da die Toleranz und Unterstützung für solche Tätigkeiten gering ist. Gleichzeitig kann es sein, dass die Argumentation des Ausgetretenen von diesen Menschen für die eigene Person übernommen wird, so dass auch in diesem Fall ein Kirchenaustritt möglich wird.

So gaben 17% der westdeutschen und 24% der ostdeutschen Ausgetretenen an, aus der Kirche ausgetreten zu sein, weil auch ihre Freunde und Bekannte nicht in der Kirche sind.[401] In diesem Zusammenhang spielt besonders bei jungen Erwachsenen hinsichtlich „... einer akuten Austrittsneigung ... der negative Einfluß von Freunden eine (relativ!) bedeutende Rolle."[402]

Zugleich machte sich im Denken der Gesellschaft im Westen Deutschlands ein Wertewandel breit, der die Suche der Menschen nach religiöser Unterstützung förderte, allerdings nicht ausschließlich durch die etablierten Religionsgesellschaften.[403] Auslöser war unter anderem das zunehmende Erkennen von technischen Gefahren sowie das Erreichen von sozialen Belastungsgrenzen. „Der wissenschaftlich-technische Fortschrittsglaube ... büßte offensichtlich – angesichts drohender Katastrophen sowie zunehmender sozialer

---

399 Institut für Demoskopie Allensbach, Kirchenaustritt 1, S. 10.
400 „Im Rahmen der Gruppenzugehörigkeit ... ist das Konzept des **Meinungsführers** von Bedeutung. Als Meinungsführer werden jene Mitglieder einer Gruppe bezeichnet, die im Rahmen des Kommunikationsprozesses einen stärkeren persönlichen Einfluß als andere ausüben und daher die Meinung anderer beeinflussen ..." Meffert, S. 124.
401 Vgl. Engelhardt, Fremde Heimat Kirche, S. 327. - Vgl. auch Institut für Demoskopie Allensbach, Kirchenaustritt 1, S. 10.
402 Andreas Feige, Erfahrungen mit Kirche (Hannover [2]1982), S. 129.
403 So geben 28% der befragten Westdeutschen an, außerhalb der christlichen Tradition mindestens eine Erfahrung im religiös-übersinnlichen Bereich gemacht zu haben. Vgl. Engelhardt, Fremde Heimat Kirche, S. 140.

Dissoziation – einiges an Überzeugungskraft ein. Eine tiefe Sehnsucht nach Selbst- und Weltdeutung, die über die Grenzen positivistischer Erklärungsmuster hinausreichen, hatte eine Renaissance religiöser Sinnsuche ausgelöst."[404] Es kommt zu einem grundlegenden Wandel menschlicher Identität in den 90er Jahren. Es bildet sich „... die vielfach noch unbekannte und unerkannte Normalform menschlicher Identität, die ‚Patchwork-Identität' des tagtäglich hin- und hergerissenen Menschen."[405]

So ist der ‚Primär-Impuls' für die fünfte Kirchenaustrittswelle in Deutschland vordergründig betrachtet im Solidaritätszuschlag zugunsten der östlichen Bundesländer und der Einführung des staatlichen Kirchensteuereinzugs im Osten Deutschlands zu finden. Den Hintergrund dabei bildet jedoch eine Renaissance religiöser Sinnsuche des Individuums in der Gesellschaft der Bundesrepublik Deutschland. Dabei begünstigt die Individualisierung „... die Entkirchlichung der Religiosität."[406] Die Austrittszahlen der 90er Jahre von bislang 2.493.736 Austritten belegen, dass sich damit gleichzeitig in der Frage des Kirchenaustritts in der Gesellschaft eine Eigendynamik entwickelt hat.[407]

Exkurs: Die Alleinlebenden

Im Zusammenhang mit der zunehmenden Individualisierung der Menschen in Deutschland wird im Folgenden die Gruppe der Alleinlebenden genauer analysiert. Die Menschen dieser Gruppe werden auch Singles genannt. Statistisch gesehen sind die meisten Alleinlebenden Witwen. Zu dieser Gruppe gehören aber auch Menschen, die entweder schlechte Erfahrungen in der Partnerschaft gemacht haben, sich zu einer festen Bindung nicht in der Lage sehen oder einfach keinen geeigneten Partner finden, der ihren Ansprüchen entspricht.

---

[404] Ebd., S. 32.
[405] Roosen, S. 475. - „Der zeitgenössische Mensch kann nicht nur wählen, er muß wählen. Der ‚Markt der tausend Möglichkeiten' überhäuft ihn mit einer Flut von konkurrierenden Angeboten an Gütern und Genüssen, Sinnentwürfen und Selbstverwirklichungsvorschlägen. Unter dem Leitbild der persönlichen Freiheit und der Wählbarkeit der Verhältnisse und des Seins hat sich ein knallharter Verdrängungswettbewerb mit ständig wechselnden Trends, Moden und immensen Umsätzen etabliert." Ebd., S. 477.
[406] Ebd., S. 480.
[407] „Ist der Prozeß des Traditionsabbruchs erst einmal in diese Phase getreten, dann entwickelt er eine gewisse Eigendynamik – unabhängig wiederum vom ‚Take-Off' und der Massenkommunikation, weil nunmehr direkte interpersonale Beeinflussungen möglich werden." Kuphal, S. 227.

Besonders der letztgenannte Teil der Alleinlebenden steht „... vor der Aufgabe, nicht nur die Splitter [der] eigenen Patchwork-Biographie zu einem Konstrukt persönlicher Identität zu verbinden, er hat auch die Versatzstücke seines Verstehens und die Flicken seiner kulturellen Einbindung zu integrieren ..."[408]

Die Zahl der Alleinlebenden in Deutschland ist auf Grund der höheren Lebenserwartung zunehmend. Das zeigt der Anstieg der Einzelhaushalte im Verhältnis zu den gesamten Haushalten in der Bundesrepublik seit Anfang der sechziger Jahren von 20,6% auf 36,1% im Jahre 2000.[409] Eindrücklich unterstreichen diese Zahlen den Anfang der 70er Jahre festgestellten zunehmenden Individualisierungsprozess in der bundesdeutschen Gesellschaft.

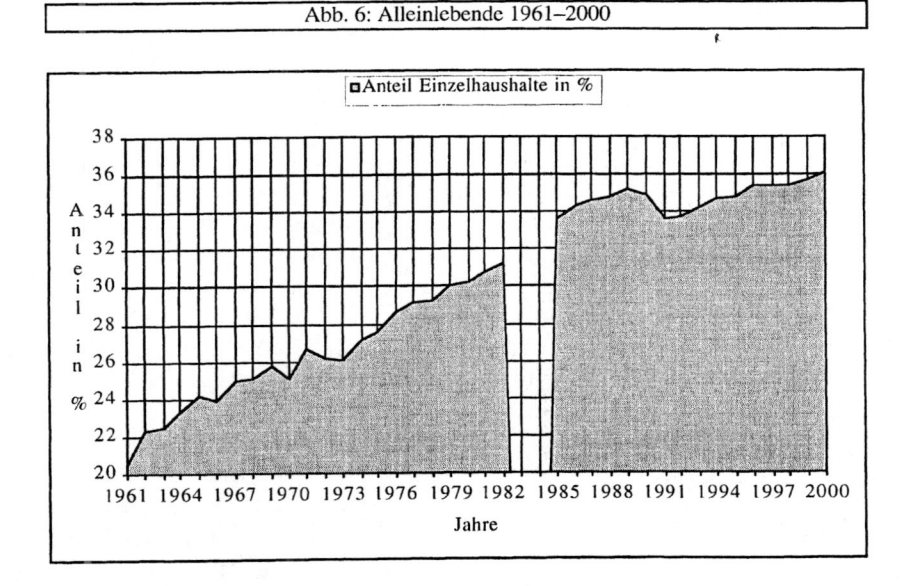

Abb. 6: Alleinlebende 1961–2000

---

[408] Roosen, S. 502.
[409] Die erfassten Daten gelten bis 1990 für das frühere Bundesgebiet und ab 1991 für Ost- und Westdeutschland. Sie sind folgender Statistik entnommen, Statistisches Bundesamt - Gruppe IX B, Fachserie 1, Reihe 3, 2000, Private Haushalte nach Haushaltsgröße. Siehe Anhang, S. 292, 4.2.

Für die Austrittsgefährdeten unter den Alleinlebenden gilt, dass sie weder an den Amtshandlungen der Kirche interessiert sind noch an Angeboten für Kinder, Familien und ältere Gemeindeglieder. Zudem ist festzustellen, dass es kein spezielles kirchliches Angebot für die 40–50-Jährigen unter den Alleinlebenden gibt.

Untersuchungen haben ergeben, dass in der Gruppe der Alleinlebenden vor allem die 25–45-Jährigen, die häufig einen qualifizierten Beruf ausüben, als besonders austrittsgefährdet gelten. Ihre Bereitschaft zum Kirchenaustritt wird zusätzlich durch die Tatsache gefördert, dass diese Menschen auf Grund der ungünstigen Steuerklasse hohe Steuerabzüge von ihrem Einkommen haben und darum hohe Kirchensteuern zahlen.

Statistisch wird die Zahl der Alleinlebenden unter den Austretenden nicht erfasst, lediglich in dem Bericht der Informationsstelle für Kirchenmitgliedschaft des Dekanats München für das Jahr 1997 heißt es, dass von 3.982 Kirchenaustritten des Jahres 62% der Ausgetretenen alleinlebend waren.[410]

Zusammenfassend ist festzuhalten:
- Die statistischen Zahlen zeigen, dass seit dem Beginn der Darstellung der Kirchenaustritts- und Aufnahmedaten im Jahre 1884 bis zum Ende des 20. Jahrhunderts die evangelische Kirche fünf Kirchenaustrittswellen erlebt hat.
- Die Austrittswellen folgten im Abstand von 5–14 Jahren und hatten jeweils eine Umbruch- bzw. Aufbruchstimmung in der Gesellschaft als Auslöser. Daher ist bei großen gesellschaftspolitischen Umbrüchen die Gefahr einer Kirchenaustrittswelle besonders groß.
- Während nach der ersten bis dritten Austrittswelle die Zahlen der Kirchenaustritte wieder auf jeweils unter 40.000 Kirchenaustritte im Jahr zurückgingen, sanken die Austrittszahlen nach der vierten Welle vor dem Wiederanstieg nur auf knapp 100.000. Dies lässt den Schluss zu, dass die Zahl der jährlichen Kirchenaustritte im letzten Drittel des 20. Jahrhunderts sich auf einem 2–3 mal so hohen Niveau eingependelt hat.
- Im Laufe der über 100-jährigen Erfassung von Mitgliederbewegungen sank der Anteil der Mitglieder der evangelische Kirche an der Gesamtbevölkerung von 63% auf unter 33%.

---

[410] Vgl. Informationsstelle für Kirchenmitgliedschaft des Dekanats München, Karlfried Munzer, Bericht der Informationsstelle für das Jahr 1997 mit Schreiben vom 12.3.1998, S. 1.

- Im gleichen Zeitraum verlor die evangelische Kirche mehr als 12 Millionen Mitglieder durch Austritt. Etwa seit 1970 ist hierbei in den meisten Fällen von einem Austritt in die Konfessionslosigkeit auszugehen, da von den Austretenden nur wenige tausend Mitglieder im Jahr zu einer der anderen anerkannten Relionsgemeinschaften übertreten.[411]

Abb. 7: Kirchenaustrittswellen aus der evangelischen Kirche im 20. Jahrhundert

Erste Austrittswelle	1919–1932 **2,7 Mill. Kirchenaustritte**	Kriegsfolgen
Zweite Austrittswelle	1937–1942 **1,4 Mill. Kirchenaustritte**	Nationalsozialismus
Dritte Austrittswelle	1949–1960 **1,4 Mill. Kirchenaustritte**	Gründung der DDR
Vierte Austrittswelle	1969–1978 **1,5 Mill. Kirchenaustritte**	Gesellschaftlicher Umbruch ‚Die 68er'
Fünfte Austrittswelle	1991–1999 **2,5 Mill. Kirchenaustritte**	Fall der Mauer

Quelle: Eigener Entwurf

---

[411] In der Zeit von 1976–1997 vollziehen von 3.881.445 austretenden evangelischen Mitgliedern nur 79.583 den Übertritt in die römisch-katholische Kirche. Das entspricht einem Anteil von 2%.

4.2. Geschlechtsspezifische Analyse der Mitgliederbewegungen der evangelischen Kirche 1978–1998

Tab. 2: Aufnahmen und Austritte von Frauen in die bzw. aus den westlichen evangelischen Landeskirchen 1978–1998[412]

Jahr	Aufnahmen Frauen	Frauenanteil der Aufnahmen in %	Austritte Frauen	Frauenanteil der Austritte in %	Jahr
1978	15.686	57,8	44.596	40,6	1978
1979	16.022	57,2	41.600	41,7	1979
1980	17.244	57,2	49.831	41,6	1980
1981	18.082	57,3	48.674	42,0	1981
1982	19.683	58,1	47.841	42,2	1982
1983	21.917	58,6	47.421	42,0	1983
1984	22.424	58,6	53.130	41,8	1984
1985	22.154	57,7	57.614	41,0	1985
1986	22.718	58,7	57.235	41,2	1986
1987	23.659	58,6	59.228	42,1	1987
1988	23.690	58,7	58.293	42,0	1988
1989	24.441	58,9	62.180	42,1	1989
1990	25.492	60,0	60.448	41,9	1990
1991	26.503	60,7	98.160	41,3	1991
1992	26.538	60,8	104.115	40,9	1992
1993	27.108	61,4	76.920	41,4	1993
1994	27.987	61,3	89.598	41,9	1994
1995	30.293	62,3	93.801	41,9	1995
1996	31.263	62,4	82.977	44,3	1996
1997	27.943	54,0	69.089	43,7	1997
1998	30.496	59,6	65.383	43,9	1998

Die Aufschlüsselung der erfassten Austritts- und Aufnahmedaten nach den Geschlechtern über einen Zeitraum von 20 Jahren ist deshalb von großer Bedeutung, da diese Form der Darstellung wichtige Informationen über das Mitgliederverhalten liefert. Dabei ist anzumerken, dass für die östlichen Gliedkirchen erst ab dem Jahr 1996 solche Daten vorliegen.

Der Kurvenverlauf des Frauenanteils an den Aufnahmen in die evangelische Kirche zeigt für den Zeitraum seit 1978 bis heute für die westdeutschen Landeskirchen einen sehr konstanten, in den Jahren seit 1985 kontinuierlich ansteigenden Verlauf von 57,8% im Jahr 1978 bis über 62% im Jahre 1996. 1997 sinkt der Wert kurzzeitig um 8,4%, erreicht jedoch bereits 1998 wieder fast 60%. In manchem Jahr liegt die Steigerungsrate gegenüber dem Vorjahr

---

[412] 1978–1996 nach EKD - Referat Statistik (Hg.), Aufnahmen und Austritte in den Gliedkirchen der EKD 1963 bis 1996. - 1997–1998 nach Kirchenamt der EKD - Referat Statistik.

bei über 1%. In den östlichen Gliedkirchen wurde 1996 sogar ein Frauenanteil von 74,6% bei den Aufnahmen in die evangelische Kirche verzeichnet.

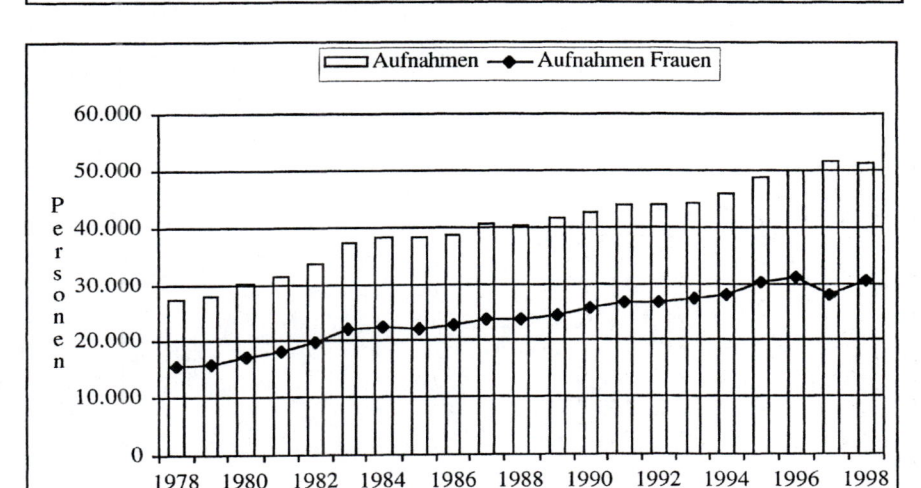

Abb. 8: Frauenanteil der Aufnahmen in die evangelische Kirche 1978–1998

Bei den Kirchenaustritten im gleichen Zeitraum ist dagegen der Anteil der austretenden Männer mit bis zu 59% deutlich höher. Hier liegt der Anteil der Frauen lediglich zwischen 40,6% im Jahr 1978 und 43,9% im Jahr 1998. Die Untersuchung des Instituts für Demoskopie Allensbach aus dem Jahre 1992 bestätigt dieses Ergebnis. Dort wird festgestellt: „Weit überdurchschnittlich tragen sich Männer, unter -30jährige und auch 30–44jährige mit dem Gedanken, die Konfessionsgemeinschaft zu verlassen. Dabei ist die Kluft zwischen Männern und Frauen bei Protestanten noch wesentlich größer als bei Katholiken: 34 Prozent aller protestantischen Männer ziehen für sich einen Kirchenaustritt in Erwägung, nur 14 Prozent der protestantischen Frauen ..."[413] Vergleicht man diese Werte allerdings mit den Daten am Anfang der 70er Jahre, so zeigt sich, dass der Anteil der Frauen bei den Kirchen-

---

[413] Institut für Demoskopie Allensbach, Kirchenaustritte 1, S. 8.

austritten von 1/3, Anfang der 70er Jahre, auf etwa 44% der Gesamtaustritte im Jahr 1998 zugenommen hat.[414]

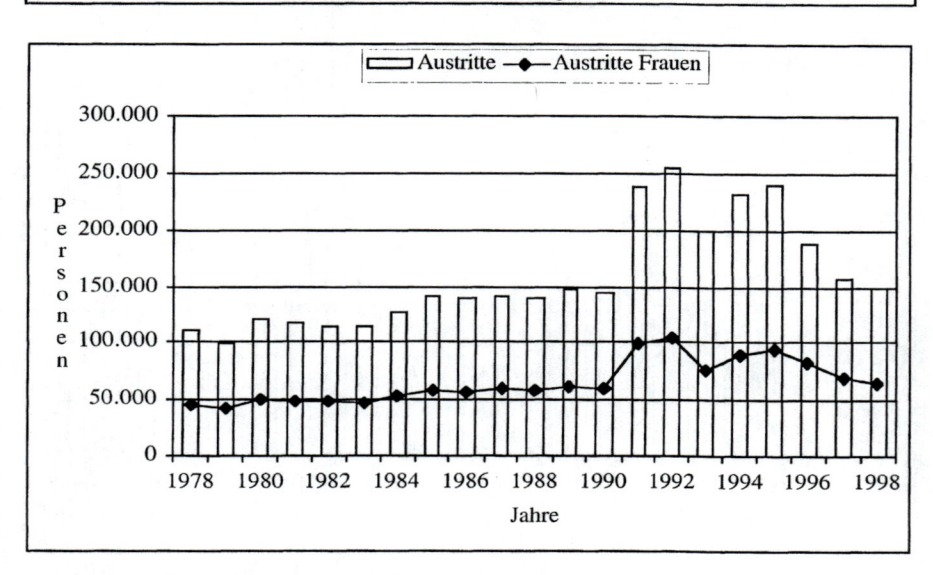

Abb. 9: Frauenanteil der Austritte aus der evangelischen Kirche 1978–1998

In der Regel haben Frauen eine engere Bindung zur Kirche, nehmen häufiger am kirchlichen Leben teil, stellen den größten Teil der ehrenamtlich Mitarbeitenden und bringen kirchlichen Inhalten größere Zustimmung entgegen als Männer.[415] Diese Erkenntnis findet in geschlechtsspezifischen Untersuchungen immer wieder Bestätigung.

Als Begründung für die relativ festere Bindung zur evangelischen Kirche seitens der weiblichen Mitglieder im Verhältnis zu den männlichen gilt es mehrere Faktoren zu berücksichtigen:

Zunächst ist die traditionelle Rollenzuweisung in der bundesdeutschen Gesellschaft zu nennen. Danach übt der Mann eine Erwerbstätigkeit aus und die Frau ist für Haus und Kinder, d.h. auch für die religiöse Kindererziehung, zuständig. Bis heute ist diese Beobachtung in der persönlichen Wahrnehmung von Kirchenmitgliedern zu erkennen. So wird in der dritten EKD-Erhebung

---

[414] Vgl. Kuphal, S. 71.
[415] Vgl. Engelhardt, Fremde Heimat Kirche, S. 208.

über Kirchenmitgliedschaft bei den Befragten die kirchliche Nähe der Mutter „... in allen Altersgruppen als erheblich enger wahrgenommen ..."[416] Die kirchliche Nähe des Vaters dagegen wird als deutlich geringer empfunden.

Auf Grund dieser traditionellen Rollenzuweisung kommt es zu einer engeren Beziehung zwischen der Kirche und der Frau, die den Haushalt versorgt, als zwischen der Kirche und dem erwerbstätigen Mann. Aus diesen Zusammenhängen entwickelte sich vor ca. 100 Jahren in Frankreich die Meinung, dass Religion und Kirche Sache der Frauen und Kinder sei. „Einmal gekoppelt mit der sozial deklassierten Rolle der Frau verfestigte sich dann Kirchlichkeit mehr und mehr zur ‚Weibersache'."[417]

Zu einem Umdenken in dieser die Frauen zurücksetzenden Einstellung kommt es erst gegen Ende der 60er Jahre des 20. Jahrhunderts im Zusammenhang mit der Emanzipationsbewegung. Diese leitet unter anderem auch einen Auflösungsprozess des klassischen Rollenverständnisses zwischen Mann und Frau ein, so dass seitdem immer mehr Frauen eine bessere Ausbildung in Anspruch nehmen können und in der Folge ebenfalls erwerbstätig sind.

In der DDR gab es eine solche Auseinandersetzung nicht. Hier war es selbstverständlich, dass sowohl der Mann als auch die Frau trotz eines oder mehrerer Kinder erwerbstätig sein konnten. „Ganztagskindergärten und Horte, sogar überwiegend als betriebliche Einrichtungen, ermöglichten den Frauen die volle Integration in das Erwerbsleben, ohne daß sie dabei Schuldgefühle ihren Kindern gegenüber hätten entwickeln müssen."[418]

Im Folgenden wird an Hand von vier Untersuchungen versucht, Besonderheiten in der Beziehung von Frauen und Männern zur Kirche in Westdeutschland aufzuzeigen:
- Erstens wird nach einem möglichen Zusammenhang von Kirchentreue und Bildung bei Frauen und Männern gefragt. Es zeigt sich, dass egal mit welchem Bildungsstand, Frauen zu einem deutlich höheren Prozentsatz einen Kirchenaustritt von sich weisen als Männer mit dem gleichen Bildungsstand. Aber es zeigt sich auch, dass bei Frauen mit einem höheren Bildungsstand diese Kirchentreue deutlich abnimmt. So kommt ein Kirchenaustritt für 92% der Hauptschülerinnen, für 86% der Schülerinnen auf weiterführenden Schulen, aber nur für 67% der Abiturientinnen nicht infrage.[419]

---

[416] Ebd., S. 92.
[417] Kuphal, S. 74.
[418] Engelhardt, Fremde Heimat Kirche, S. 298.
[419] Vgl. ebd., S. 216.

D.h., mit zunehmendem Bildungsstand nimmt die Bindung an die Kirche unabhängig vom Geschlecht ab.

- Zweitens wird nach einer möglichen Verbindung zwischen Erwerbstätigkeit und Kirchenaustrittsneigung gesucht. Im Jahr 1998 wurden in der Bundesrepublik Deutschland fast 36 Millionen Erwerbstätige registriert. Davon waren 20.509.000 Männer und 15.351.000 Frauen.[420] Das entspricht einem prozentualen Anteil von 57,2% männlichen Erwerbstätigen und 42,8% weiblichen Erwerbstätigen. Damit werden annähernd die bei den Kirchenaustritten des Jahres 1998 ermittelten prozentualen geschlechtsspezifischen Werte erreicht. Deshalb kann vermutet werden, dass die geringere Zahl der erwerbstätigen Frauen ein Faktor unter anderen ist, der mit dazu beiträgt, dass weniger Frauen im Jahr aus der Kirche austreten als Männer.

- Drittens wird die Verbundenheit mit der Kirche nach Geschlecht und Erwerbstätigkeit betrachtet. Diese Untersuchung, die im Rahmen der dritten Mitgliederbefragung der EKD durchgeführt wurde, überrascht mit dem Ergebnis, dass voll erwerbstätige Frauen sich wie die männlichen Erwerbstätigen nur etwas mit ihrer Kirche verbunden fühlen, im Gegensatz zu Hausfrauen, die eine größere Nähe zur Kirche empfinden.[421] Die Untersuchung zeigt, dass die Verbundenheit zur Kirche nicht geschlechtsspezifisch bestimmt ist, sondern in der traditionellen Rollenzuweisung ihre Begründung findet.

- Viertens zeigt sich, dass unabhängig davon, ob die Frau oder der Mann erwerbstätig sind, ein Kind in der Familie die Verbundenheit beider Elternteile mit der Kirche deutlich zunehmen lässt. So fühlten sich 37% der arbeitenden Frauen mit Kind und 35% der arbeitenden Männer mit Kind der Kirche sehr bzw. ziemlich verbunden. Ohne Kind sind es dagegen nur 26% der Frauen und 17% der Männer.[422]

Die für die westlichen Landeskirchen durchgeführte Untersuchung erfährt eine interessante Erweiterung, wenn man die ostdeutschen evangelischen Landeskirchen mit einbezieht, da in der DDR die Frauen von Anfang an besonders in der Bildungsfrage und der Berufsausübung gleichberechtigt waren. So fällt auf, dass in den östlichen Landeskirchen die geschlechtsspezifischen Unterschiede in der Kirchenbindung, aber auch in der Kirchenaustrittsneigung

---

[420] **Zahl der Erwerbstätigen** - 1998 nach Statistisches Bundesamt (Hg.), Abt. Microzensus.
[421] Vgl. Engelhardt, Fremde Heimat Kirche, S. 209.
[422] Vgl. ebd., S. 221.

zwischen den Geschlechtern nur sehr gering ausfallen. „So ordnen sich beispielsweise 36% der Frauen und 38% der Männer als sehr bzw. ziemlich mit der Kirche verbunden ein, gleichzeitig sind 10% der Frauen und 9% der Männer fest zum Kirchenaustritt entschlossen."[423] Diese Beobachtung bestätigt das Ergebnis der oben gemachten Untersuchung, dass über Abstand und Nähe zur Kirche nicht das Geschlecht entscheidet, sondern gesamtgesellschaftliche Verhaltens- und Orientierungsmuster.

Abschließend gilt es, das Angebot der Kirche auf mögliche geschlechtsspezifische Schwerpunkte hin zu betrachten. Untersucht man die Struktur von Angebot und Nachfrage innerhalb der Kirchengemeinden, stellt man fest, dass die kirchlichen Angebote im Wesentlichen von Frauen nachgefragt werden. So weist z.B. die kirchliche Statistik für das Jahr 1996 in den Gliedkirchen der EKD 29.135 Frauen- und Mütterkreise mit 415.940 Teilnehmerinnen aus. Demgegenüber gibt es nur 2.249 Männerkreise mit 27.295 Teilnehmern. Im selben Jahr sind 70% der ehrenamtlich Mitarbeitenden in den Kirchengemeinden Frauen.[424]

Die Vermutung liegt nahe, dass die Gruppe der Frauen von kirchlichen Angeboten eher erreicht wird als die der männlichen Kirchenmitglieder. Gleichzeitig ist zu vermuten, dass sich die kirchlichen Angebote generell mehr an den Wünschen der weiblichen Mitglieder orientieren und diesen entsprechen als an denen der männlichen Kirchenmitglieder. „Hausfrauen sowie Frauen und Männer im Rentenalter als die nicht (mehr) Erwerbstätigen dagegen finden in der Kirche anscheinend ein >>Angebot<<, das den eigenen, aus häuslicher Isolation und weitgehender Trennung von anderen Lebensbereichen erwachsenden Bedürfnissen, aber auch den damit verbundenen Teilnahmemöglichkeiten, am besten entspricht: ihnen bietet die Kirche Kontakte, Kommunikationsmöglichkeiten, einen – begrenzten – Anteil am öffentlichen Leben, im Alter auch Hilfe zur Bewältigung nunmehr verstärkt auftretender existentieller Fragen."[425]

Zusammenfassend ist festzuhalten, dass die geschlechtsspezifische Aufschlüsselung der Aufnahme- und Austrittsdaten der evangelischen Kirche in Westdeutschland zeigt, dass männliche Kirchenmitglieder in einem größeren Maß austrittsgefährdet sind als weibliche Kirchenmitglieder. Das liegt einer-

---

[423] Ebd., S. 301.
[424] Vgl. SB 92 (1998), 62 ff.
[425] Ingrid Lukatis, Frauen und Männer als Kirchenmitglieder, in: Joachim Matthes (Hg.), Kirchenmitgliedschaft im Wandel (Gütersloh 1990), S. 144.

seits sicher an der größeren Zahl erwerbstätiger Männer, andererseits aber scheint es auch so, als ob Männer deutlich schwerer von derzeitigen kirchlichen Angeboten erreicht werden und sich davon angesprochen fühlen, als dies für die weiblichen Mitglieder gilt. Es ist bemerkenswert, dass diese Erkenntnis nicht für die östlichen evangelischen Landeskirchen gilt. Hier sind es prozentual mehr Männer, die meinen, es gehöre unbedingt zum ‚Evangelisch-Sein‘, dass man zur Kirche geht (44% Männer/32% Frauen), die Bibel liest (34% Männer/19% Frauen) und mitbekommt, was in der Kirche und der Kirchengemeinde passiert (43% Männer/35% Frauen).[426]

So fällt der evangelischen Kirche die Aufgabe zu, dem in der Geschichte geprägten Bild, dass Kirche wie selbstverständlich ‚Sache der Frauen sei‘, entgegenzutreten.

- Um dies zu erreichen, könnte einerseits die Bedeutung und Aufgabe der Frauen für die kirchliche Arbeit deutlicher herausgestellt werden und an Wertschätzung gewinnen, da sie keineswegs als selbstverständlich angenommen werden darf.
- Andererseits empfiehlt es sich, die Interessen der männlichen und weiblichen Mitglieder ausgewogen bei der kirchlichen Angebotsgestaltung zu berücksichtigen.
- Des Weiteren zeigt die vorliegende Betrachtung, dass der Austausch zwischen den westlichen und den östlichen Landeskirchen gerade in geschlechtsspezifischen Fragen besonders hilfreich ist.
- Zusätzlich sollte kirchlicherseits jungen, in der Ausbildung befindlichen Frauen besondere Aufmerksamkeit gewidmet werden, da ihre heute kirchenferne Haltung die Inanspruchnahme und Unterstützung kirchlicher Arbeit in den kommenden Jahrzehnten deutlich schwächen könnte.[427]

---

[426] Vgl. Engelhardt, Fremde Heimat Kirche, S. 302.
[427] Vgl. ebd., S. 209.

4.3. Der Wiedereintritt in die evangelische Kirche 1933–1996

Tab. 3: Aufnahmen und Wiederaufnahmen in die evangelische Kirche 1933–1996 (i.A.)

Jahr	Aufnahmen	davon Wiederaufnahmen	Wiederaufnahmen in % der Aufnahmen	Wiederaufnahmen in % der Austritte	Jahr
1933	324.451	231.573	71,4	403,0	1933
1934	150.275	76.207	50,7	259,8	1934
1939	21.145	7.658	36,2	2,0	1939
1941	13.646	4.931	36,1	2,7	1941
1942	11.886	4.972	41,8	5,1	1942
1949	41.762	24.062	57,6	28,7	1949
1950	48.993	22.830	46,6	17,1	1950
1951	45.934	22.888	49,8	19,7	1951
1952	44.875	20.466	45,6	17,4	1952
1953	45.181	20.603	45,6	17,9	1953
1954	42.606	17.108	40,1	17,9	1954
1955	43.796	17.612	40,2	14,5	1955
1956	39.695	16.174	40,7	17,3	1956
1957	42.158	17.267	41,0	17,7	1957
1958	43.177	16.251	37,6	8,0	1958
1959	41.389	14.913	36,0	11,7	1959
1960	40.521	13.783	34,0	13,0	1960
1961	36.517	12.325	33,7	34,9	1961
1962	35.744	11.076	31,0	31,0	1962
1963	36.128	11.024	30,5	29,3	1963
1964	36.684	10.972	29,9	25,7	1964
1965	34.735	9.876	28,4	24,9	1965
1966	33.749	9.465	28,0	23,5	1966
1967	30.928	8.469	27,4	19,0	1967
1968	28.840	6.882	23,9	11,3	1968
1969	23.217	5.671	24,4	5,1	1969
1970	20.990	4.981	23,7	2,5	1970
1971	17.922	4.680	26,1	2,9	1971
1972	17.394	4.206	24,2	3,0	1972
1973	16.151	4.611	28,5	2,5	1973
1974	17.317	5.514	31,8	2,5	1974
1975	18.080	6.473	35,8	3,8	1975
1976	20.442	7.641	37,4	5,9	1976
1977	24.282	8.832	36,4	6,9	1977
1978	27.128	7.768	28,6	7,1	1978
1979	28.023	8.027	28,6	8,0	1979
1980	30.148	8.786	29,1	7,3	1980
1981	31.548	9.634	30,5	8,3	1981
1982	33.885	10.122	29,9	8,9	1982
1983	37.415	14.300	38,2	12,6	1983
1984	38.242	13.254	34,7	10,4	1984
1985	38.414	13.417	34,9	9,5	1985
1986	38.709	14.007	36,2	10,1	1986
1987	40.401	15.312	37,9	10,9	1987
1988	40.365	16.640	41,2	12,0	1988
1989	41.488	16.851	40,6	11,4	1989
1990	42.456	17.224	40,6	11,9	1990

Jahr	Aufnahmen	davon Wiederaufnahmen	Wiederaufnahmen in % der Aufnahmen	Wiederaufnahmen in % der Austritte	Jahr
1991	67.645	27.324	40,4	8,5	1991
1992	58.894	21.397	36,3	5,9	1992
1993	55.838	19.982	35,8	7,0	1993
1994	55.541	19.141	34,5	6,6	1994
1995	57.502	20.532	35,7	6,9	1995
1996	58.779	21.585	38,4	9,6	1996

Die Statistiken, denen die Daten entnommen sind, sind in den Anmerkungen aufgelistet.[428]

Dem Wiedereintritt in die evangelische Kirche gilt es besondere Aufmerksamkeit zu widmen, da die gewonnenen Erkenntnisse für die Kirchenaustrittsprävention zu nutzen sind.

Im Kirchlichen Jahrbuch von 1950 wird im Rahmen der Veröffentlichung kirchlicher Statistik damit begonnen die Rücktritte von aus der evangelischen Kirche Ausgetretenen, d.h. die Wiederaufnahmen, gesondert aufzuführen. Der Auslöser hierfür war sicherlich die Eintrittsbewegung in die evangelische Kirche der Jahre 1933/34, die von der nationalsozialistischen Kirchenpolitik gesteuert war. Im Jahr 1933 waren von den 324.451 Aufnahmen in die evangelische Kirche über 70% Wiederaufnahmen.

Verfolgt man die Entwicklung der Wiedereintritte von diesem Jahr an, so liegt deren prozentualer Anteil an den gesamten Aufnahmen in der Zeit von 1940–1960 fast immer zwischen 36% und fast 50%.[429] Seit 1960 sinkt der

---

[428] **Wiederaufnahmen** - ab 1950 östliche evangelische Landeskirchen teilweise ohne Angaben - ab 1961 nur westliche evangelische Landeskirchen - ab 1991 westliche und östliche evangelische Landeskirchen: - 1933–1934/1939 nach KJ 77 (1951), 462 f. - 1941–1942 nach SB 5 (1952), 2–6. - 1949–1951 nach KJ 81 (1956), 333 f. - 1952–1953 nach KJ 82 (1956), 436 f. - 1954 nach KJ 83 (1957), 365. - 1955–1956 nach SB 19 (1958), 19-22. - 1957 nach SB 21 (1960), 13. - 1958 nach SB 22 (1961), 13. - 1959–1960 nach SB 23 (1962), 16. - 1962/1965–1973 nach Kuphal, S. 51. - 1961/1963–1964/1974–1977 nach Kirchenamt der EKD - Referat Statistik. - 1978 nach KJ 106 (1983), 374. - 1979 nach KJ 107 (1984), 303. - 1980–1981 nach KJ 108/109 (1985), 399/415. - 1982 nach KJ 110 (1986), 99. - 1983 nach KJ 111 (1986), 78. - 1984 nach KJ 112 (1988), 78. - 1985 nach KJ 113 (1989), 125. - 1986 nach KJ 114 (1990), 452. - 1987 nach KJ 115 (1991), 358. - 1988–1990 nach Kirchenamt der EKD - Referat Statistik. - 1991–1996 nach EKD-Eintritte 1991–1996. - Seit 1997 werden, lt. Kirchenamt der EKD - Referat Statistik, die Wiederaufnahmen aus der evangelischen Kirche Ausgetretener in den ostdeutschen Landeskirchen nicht mehr erhoben. In sämtlichen Angaben sind die religionsunmündigen Kinder, für die die Wiederaufnahme erklärt wurde, nicht enthalten. D.h., die Zahl der Wiedereintritte ist faktisch höher anzusetzen.

[429] Dagegen betrachtet Kuphal in seiner Untersuchung der Wiedereintritte nur einen Zeitraum von knapp zehn Jahren und kommt deshalb zu dem verkürzten Ergebnis: „Seither nahm

prozentuale Anteil der Wiedereintritte vorübergehend ab und erreicht 1970 mit 23,7% seinen tiefsten Stand, bevor die Wiedereintrittszahlen gegen Ende der 70er Jahre wieder einen Anteil von 28,6% eines Jahres erreichen.

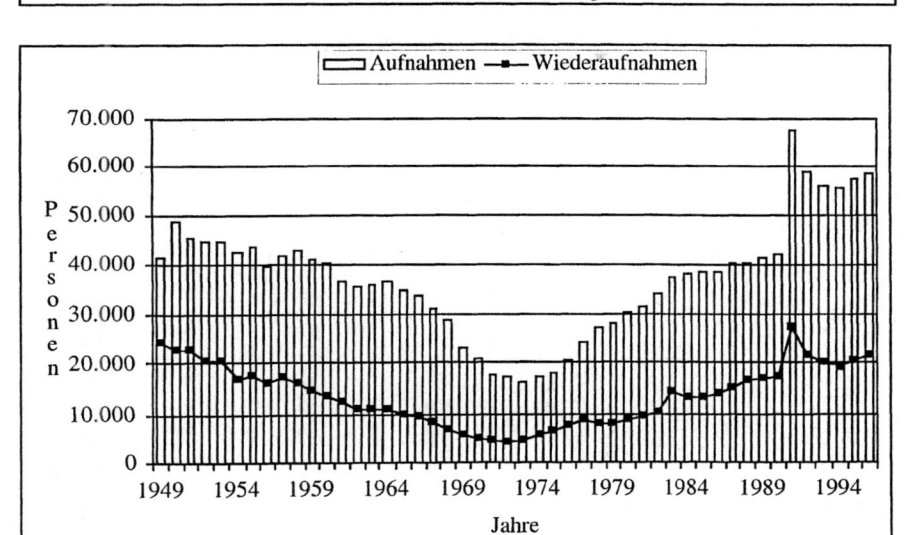

Abb. 10: Aufnahmen und Wiederaufnahmen in die evangelische Kirche 1949–1996

In den 80er Jahren steigt dieser Wert kontinuierlich bis auf über 40% an und liegt heute am Ende der 90er Jahre bei 38,4%.[430] Diese Prozentangabe deckt sich in etwa mit dem Ergebnis einer Studie in der evangelischen Gesamt-

---

von Jahr zu Jahr die Zahl der Rücktritte deutlich ab und ist nun zu einer fast vernachlässigenswerten Größe geworden." Kuphal, S. 52. Gleichzeitig übersieht er dabei die Tatsache, dass trotz der relativ gesehen niedrigen Zahl von Wiedereintritten, diese von 1962–1973 in jedem Jahr mehr als 25% der Aufnahmen eines Jahres ausmachen.

[430] Ein Hinweis, dass dieser Beobachtung im Rahmen der kirchlichen Statistik der neunziger Jahre kein besonderer Stellenwert beigemessen wird, ist die Tatsache, dass seit 1989 der Wiedereintritt von aus der evangelischen Kirche Ausgetretenen in den statistischen Veröffentlichungen der EKD nicht mehr aufgeführt wird. Lediglich im KJ 119/120 (1996), 486 wird auf die Wiederaufnahmen des Jahres 1992 hingewiesen. Außerdem werden, lt. Kirchenamt der EKD - Referat Statistik, seit 1997 die Wiederaufnahmen in die ostdeutschen Landeskirchen statistisch nicht mehr erfasst.

kirchengemeinde Stuttgart 1990/1991. Demnach hielten 39% der befragten Ausgetretenen einen Wiedereintritt für möglich.[431]

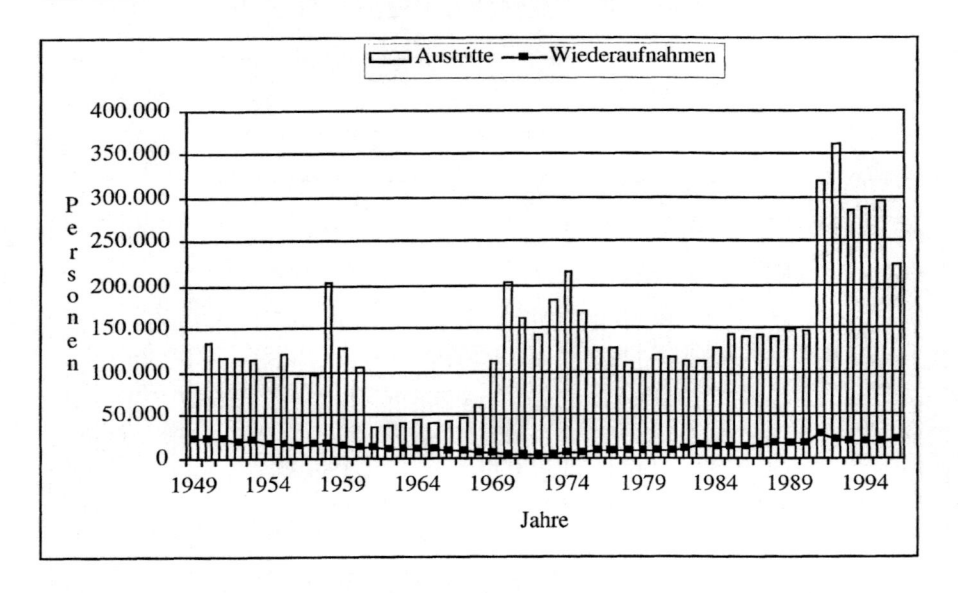

Abb. 11: Austritte und Wiederaufnahmen der evangelischen Kirche 1949–1996

Vergleicht man die Wiedereintritte in die Kirche mit den Austritten des jeweiligen Jahres, so ist zu erkennen, dass mit zunehmenden Kirchenaustritten die Zahl der Wiedereintritte abnimmt und bei abnehmenden Kirchenaustritten die Zahl der Wiedereintritte zunimmt.

Der prozentuale Anteil der Wiedereintritte im Vergleich zu den Kirchenaustritten bewegt sich seit den 80er Jahren des 20. Jahrhunderts zwischen 6% und über 12%. Der letzte erhobene Wert des Jahres 1996 erreicht mit 9,6% eine maßgebliche Größe.

Die Untersuchung der Wiedereintritte in die evangelische Kirche lässt folgende Schlussfolgerung zu:

---

[431] Vgl. Martin Klumpp, Wolfgang Tuffentsammer, Kirchenaustritte - Motive Ursachen Zusammenhänge - Studie in der Evang. Gesamtkirchengemeinde Stuttgart 1990/1991 (Stuttgart 1991), S. 14.

- Zunehmende Wiedereintritte signalisieren ein Abnehmen der Kirchenaustritte, d.h. das Ende einer Austrittswelle.
- Abnehmende Wiedereintritte signalisieren ein Zunehmen der Kirchenaustritte, d.h. den Beginn einer Austrittswelle.

D.h., sobald von jedem Pfarramt in Deutschland in einem zentralen Rechner für kirchliche Daten vollzogene Wiederaufnahmen umgehend erfasst werden, ist jederzeit eine zeitnahe Auswertung und eine Früherkennung eines sich ändernden Mitgliederverhaltens in Form einer trendmäßigen Aussage möglich.

- Die Statistik zeigt, dass seit mehr als 50 Jahren etwa jeder dritte neu Aufgenommene ein Rückkehrer zur evangelischen Kirche ist. Ein aus der evangelischen Kirche Ausgetretener darf daher von der Kirche nicht als verloren angesehen werden. Die Distanz, die das Kirchenmitglied mit der Austrittserklärung zur ehemaligen Religionsgemeinschaft schafft, scheint in vielen Fällen den notwendigen Abstand zur Klärung der Beziehung Kirche – Mitglied zu schaffen.
- Der hohe Prozentsatz der Wiedereintretenden lässt den Schluss zu, dass ein großer Teil der ausgetretenen Mitglieder für die Kirche ansprechbar bleibt.
- Der hohe Prozentsatz der Wiedereintretenden ist für kirchlich Mitarbeitende ein positives Signal, auch nach dem vollzogenen Kirchenaustritt den Kontakt zu dem ausgetretenen Mitglied zu suchen.

Grundsätzlich gilt, dass die Wiedereintretenden wichtige Ansprechpartner/innen bei der Suche der evangelischen Kirche nach den Beweggründen für den Kirchenaustritt sein können. Sie können im persönlichen Gespräch mit der/dem zuständigen Pfarrer/in intensiv sowohl nach ihren Beweggründen zum Verlassen der Religionsgemeinschaft als auch über die persönlichen Gründe des Wiedereintritts in die evangelische Kirche befragt werden.

4.4. Mitgliederbewegungen der ostdeutschen evangelischen Landeskirchen 1946–1998 (i.A.)

Tab. 4: Mitgliederentwicklung der ostdeutschen evangelischen Landeskirchen 1946–1998[432]

Jahr	Bevölkerung	evangelische Mitglieder	Anteil in % der Bevölkerung	Jahr
1946	18.057.000	17.473.469	96,8	1946
1950	18.388.172	15.161.649	82,5	1950
1964	17.003.631	12.235.078	72,0	1964
1970	17.068.318	8.831.972	51,7	1970
1978	16.751.375	7.583.100	45,3	1978
1986	16.639.877	5.072.681	30,5	1986
1991	15.789.777	4.151.000	26,3	1991
1998	15.288.747	3.919.389	25,6	1998

Die statistischen Daten, die den östlichen evangelischen Landeskirchen zur Zeit des DDR-Staates zur Verfügung standen, sind auf Grund ihrer großen Ungenauigkeit an der Grenze statistischer Verwertbarkeit. Obwohl es in V. Art. 43 der Verfassung der DDR von 1949 heißt:

„Die öffentlich-rechtlichen Religionsgemeinschaften sind berechtigt, von ihren Mitgliedern Steuern auf Grund der staatlichen Steuerlisten nach Maßgabe der allgemeinen Bestimmungen zu erheben ..."[433]
erhielten die ostdeutschen evangelischen Landeskirchen weder zu diesem Zweck noch in einem anderen Zusammenhang verwertbare Daten vom DDR-Staat. So konnten die Mitgliederzahlen der östlichen evangelischen Lan-

---

432 **Bevölkerungszahlen** - 1946 nach Detlef Pollack, Kirche in der Organisationsgesellschaft: zum Wandel der gesellschaftlichen Lage der evangelischen Kirchen in der DDR (Stuttgart/Berlin/Köln 1994), S. 507. - 1950–1998 nach Statistisches Bundesamt (Hg.) - Abt. Bevölkerung - VIII B -173-, Bevölkerung im früheren Bundesgebiet, neue Länder und Deutschland ab 1950.
Mitglieder - soweit verzeichnet nach Pollack, S. 507. Greifswald/Görlitz 1964 und Görlitz 1970 von mir geschätzt. - 1970 Kirchenprovinz Sachsen/Greifswald nach KJ 97 (1972), 342. - 1978 Berlin-Brandenburg/Greifswald nach Wolfgang Büscher, Unterwegs zur Minderheit – Eine Auswertung konfessionsstatistischer Daten, in: Reinhard Henkys (Hg.), Die evangelischen Kirchen in der DDR (München 1982), S. 424. - 1986 Berlin-Brandenburg nach Idea Spektrum, Die Mitgliedskirchen der Evangelischen Kirche in Deutschland (EKD) und ihre Entwicklung, 1/2 (1998), 13, abzüglich Berlin-West (883.000) lt. SB 80 (1987), 29 Tabelle 1. - 1991 nach SB 92 (1998), 68. - 1998 nach Kirchenamt der EKD - Referat Statistik.

433 Hildebrandt, S. 209.

deskirchen ebenso wie die Zahl der Austretenden oftmals nur geschätzt werden.[434]

Während in den ersten Jahren nach der Staatsgründung der DDR in den Kirchlichen Jahrbüchern noch weitgehend vollständige statistische Zahlen aus dem kirchlichen Leben der östlichen evangelischen Landeskirchen erfasst werden konnten, bricht diese Form kirchlicher Berichterstattung Ende der 50er Jahre ab. So stammt der größte Teil der hier dargestellten Zahlen aus den Angaben und Schätzungen der einzelnen Landeskirchen. Aufgrund des sehr lückenhaften Datenmaterials können bis 1989 nur Entwicklungstendenzen aufgezeigt werden.

Auch die Darstellung der Mitgliederentwicklung der östlichen Landeskirchen bis 1991 konnte lediglich am Beispiel von sieben Jahren der 40-jährigen DDR-Regierungszeit geschehen, da nur für diese Jahre vollständiges bzw. fast vollständiges Datenmaterial zur Verfügung stand.

Aus demselben Grund konnten keine Mitgliederbewegungen aller östlichen Landeskirchen zusammen dargestellt werden. Lediglich von der evangelischen Landeskirche von Sachsen lag lückenloses Zahlenmaterial vor, das als beispielhaft für die Entwicklung in allen östlichen Landeskirchen betrachtet wird.

Schon bald nach Gründung der DDR setzte eine „... antiklerikale und atheistische Propaganda ein, begleitet von Pressionen zum Kirchenaustritt und zahlreichen Maßnahmen, die darauf gerichtet waren, die kirchlichen Wirkungsmöglichkeiten in der Gesellschaft radikal zu beschneiden ..."[435] Den Erfolg dieser Maßnahmen veranschaulichte die dramatisch fallende Zahl der Kirchenmitglieder. Während die Bevölkerung im Osten Deutschlands von 1946–1991 lediglich um ca. 13% abnahm, sank die Mitgliederzahl der evangelischen Landeskirchen im gleichen Zeitraum um 70,5% von etwa 17,5 Millionen auf knapp über 4 Millionen Mitglieder. Ein Blick in die Austrittsstatistik der Sächsischen Landeskirche bestätigt diesen hohen Mitgliederverlust. Das Kirchenaustrittsniveau in Sachsen war 1950 bis 1962/63, mit 30.000–66.000 Kirchenaustritten sehr hoch, wobei das Jahr 1958 mit 101.515 Austritten die Spitze darstellte.

---

434 Dazu findet sich im KJ 103/104 (1981), 515, folgende bestätigende Bemerkung: „Statistische Angaben aus dem kirchlichen Leben in der DDR sind nach wie vor nur auf Grund von Schätzungen möglich und liegen so gut wie gar nicht vor." - Vgl. auch Pollack, S. 377–380.

435 Reinhard Henkys, Von der EKD zum DDR-Kirchenbund, in: Hans-Wolfgang Heßler (Hg.), Bund der Evangelischen Kirchen in der DDR (Berlin 1970), S. 12 f.

Tab. 5: Mitgliederbewegungen der Evangelisch-Lutherischen Landeskirche Sachsens 1950–1989[436]

Jahr	Mitglieder	Austritte	Aufnahmen	Jahr
1950	4.401.910	27.178	5.156	1950
1951		36.117	4.671	1951
1952		35.748	4.604	1952
1953		36.578	4.001	1953
1954	4.103.000	38.754	3.815	1954
1955	4.103.000	50.693	3.743	1955
1956	4.012.000	42.806	3.397	1956
1957	3.882.000	46.253	3.183	1957
1958	3.761.700	101.515	2.614	1958
1959	3.673.900	66.698	2.020	1959
1960	3.556.200	54.838	1.892	1960
1961	3.501.215	39.837	1.943	1961
1962	3.443.916	32.188	2.055	1962
1963	3.393.000	27.876	2.141	1963
1964	3.352.974	25.419	2.223	1964
1965	3.307.801	23.186	2.078	1965
1966	3.264.259	19.872	1.920	1966
1967	3.221.735	19.480	1.818	1967
1968	3.012.307	26.532	1.594	1968
1969	2.847.291	22.923	1.430	1969
1970	2.741.077	21.793	1.386	1970
1971	2.657.355	20.585	1.242	1971
1972	2.585.743	20.654	1.116	1972
1973	2.501.049	19.700	1.072	1973
1974	2.422.485	21.357	1.112	1974
1975	2.352.765	18.467	1.001	1975
1976	2.269.964	15.605	1.070	1976
1977	2.190.245	13.173	1.073	1977
1978	2.114.992	11.851	1.178	1978
1979	2.046.611	8.309	1.384	1979
1980	1.984.423	6.452	1.544	1980
1981	1.913.924	6.072	1.830	1981
1982	1.864.289	5.155	2.093	1982
1983	1.799.231	4.170	2.798	1983
1984	1.752.295	3.815	3.064	1984
1985	1.712.349	3.606	2.984	1985
1986	1.659.323	3.846	2.925	1986
1987	1.611.040	2.847	3.012	1987
1988	1.589.944	2.314	3.281	1988
1989	1.511.694	3.898	3.748	1989

Die Zahlen dokumentieren den ‚erfolgreichen Aufbau des Sozialismus' durch die Regierung der DDR. „Unzählige Familien waren in den fünfziger und auch noch in den sechziger Jahren einem unmenschlichen Druck ausgesetzt, ihre Kinder um des schulischen und beruflichen Fortkommens willen zur Jugendweihe zu schicken. Kirchenaustritte wurden organisiert und aufgenötigt.

---

[436] Nach Pollack, S. 507 f.

Christliche Kinder und Jugendliche wurden in den Schulen (bis 1989) benachteiligt, ausgegrenzt und psychisch mißhandelt."[437]

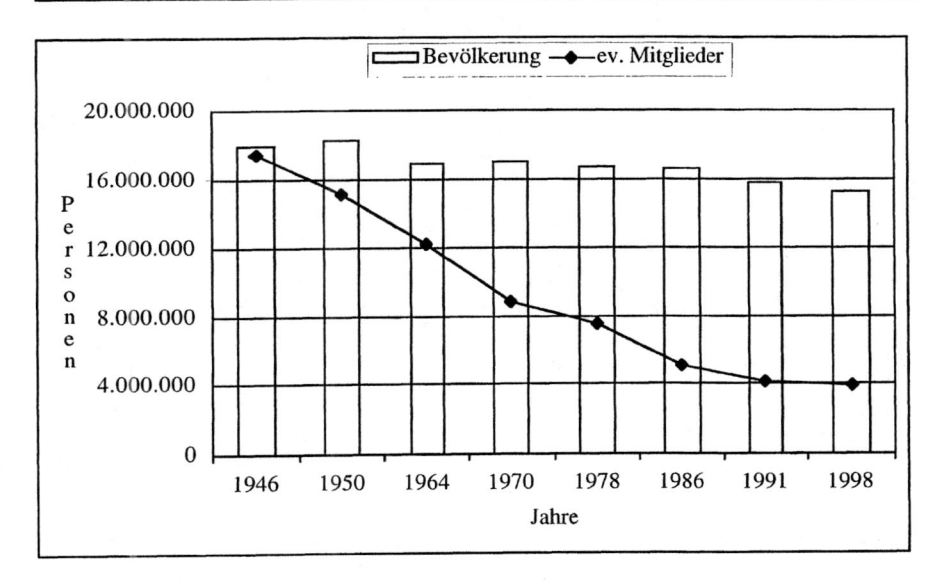

Abb. 12: Mitgliederentwicklung der östlichen evangelischen Landeskirchen zwischen 1946 und 1998

Dazu kam eine staatlich organisierte gezielte Unterhöhlung der kirchlichen Jugendarbeit Anfang der fünfziger Jahre. In diesem Zusammenhang ist auch die Einführung der Jugendweihe gegen Ende dieses Jahrzehnts zu sehen, die die atheistische Gegenveranstaltung zu Konfirmation und Firmung darstellte.[438]

---

437 Ehrhart Neubert, „gründlich ausgetrieben", in: EKD - Studien- und Begegnungsstätte Berlin (Hg.), begegnungen 13 (Berlin 1996), 27. Zitiert: ausgetrieben.
438 „Tatsächlich stellte die Jugendweihe seit ihrer Entstehung im 19. Jahrhundert ein Ersatz- und Gegenprogramm zu den kirchlichen Feiern – Konfirmation und Firmung – dar. Gegen Ende des Jahrhunderts wurde die Arbeiterbewegung zur Trägerin der neuen antikirchlichen Kultfeiern. [In] ... den oft religiös schwülstigen Feiern mit vielen heiligen Schwüren und muttererdiger Symbolik ... [wurde] ... das Diesseits mittels einer metaphysischen Geschichtsbetrachtung von den transzendenten Höhen einer erlösten und befreiten zukünftigen Welt beleuchtet ... Sie setzte also auch die Aufklärung fort. Aber andererseits war die Bewegung antiaufklärerisch, denn in den Weihen wurden die Individuen erneut überge-

An dieser Stelle sei nochmals an die bereits erwähnten kirchenfeindlichen Maßnahmen erinnert: Die „... Entkonfessionalisierung des öffentlichen Lebens, das staatliche Drängen zum Kirchenaustritt, die Unvereinbarkeit öffentlicher Ämter mit der Kirchenzugehörigkeit, die Störung religiöser Betätigung und Amtsausübung, die polizeiliche Verfolgung von Christen und die Beseitigung religiöser Symbole in der Öffentlichkeit ..."[439]

Durch diese Faktoren wurde in der DDR der Grundstein für eine nicht aufzuhaltende Entkirchlichung gelegt. Die Austrittszahlen der östlichen Landeskirchen in den kommenden Jahrzehnten belegen die andauernde Wirkung dieser die Menschen in ihrem religiösen Denken und Handeln beeinflussenden und unterdrückenden Maßnahmen.

Anfang der 60er Jahre trat eine leichte Abnahme bei den Kirchenaustritten ein, da Walter Ulbricht den politischen Versuch unternahm, die Kirche und ihre Mitglieder stärker in das Staatsgefüge einzubinden.[440] So lagen die Austrittszahlen bis Mitte der 60er Jahre in Sachsen bei ca. 20.000 Kirchenaustritten im Jahr.

Etwa 20 Jahre lang versuchte die atheistische Regierung den Einfluss der Kirche auf die Menschen im sozialistischen Staat zu unterdrücken.[441]

---

ordneten Prinzipien und ‚eschatologischen' Verheißungen unterworfen." Erhart Neubert, Die postkommunistische Jugendweihe – Herausforderung für kirchliches Handeln, in: Studien- und Begegnungsstätte Berlin (Hg.), Zur Konfessionslosigkeit in (Ost-) Deutschland, begegnungen 4/5 (Berlin 1994), 38 f.

[439] Axel Frhr. v. Campenhausen, Der heutige Verfassungsstaat und die Religion, HSKR 1 (Berlin 2 1994), 71. Zitiert: Verfassungsstaat. - So auch Pollack, S. 425 f. - Diese Überzeugung wird nicht von allen Seiten geteilt. „Andere interpretieren den Mitgliederschwund der Kirchen in der DDR als eine Folge des weltweiten Säkularisierungsprozesses, der – wenn auch an der Oberfläche nicht so sichtbar, in der Substanz aber nicht weniger dramatisch ... – auch in den westlichen Industrienationen ablaufe." Pollack, S. 374. - Reinhard Henkys vertritt im KJ 95 (1970), 271, die Auffassung: „Die Schrumpfung der Mitgliederzahlen der Kirchen in der DDR ist zum ersten darauf zurückzuführen, daß gesellschaftliche Verhältnisse geschaffen wurden, die die längst vorhandene, aber durch formale Kirchenzugehörigkeit früher verdeckte religiöse Gleichgültigkeit wirksam werden lassen. Als zweiter Faktor tritt hinzu, daß es den Kirchen sehr erschwert, ja weiterhin unmöglich gemacht wird, die Menge der religiös Indifferenten, die nicht von sich aus den Weg in ein Gotteshaus finden, überhaupt mit ihrer Botschaft zu konfrontieren, sie also vor eine Entscheidung zu stellen."

[440] Vgl. Pollack, S. 425.

[441] „Gegenüber den Kirchen bedeutete dieser Kurs der Dekrete und Kampagnen vor allem die Einführung der Jugendweihe als atheistischem Konkurrenzritus gegenüber Konfirmation bzw. Kommunion, die Herabstufung der Kirchensteuern zur kirchenintern zu behandelnden Privatsache, atheistische Volksaufklärung im Bildungswesen und durch die spätere

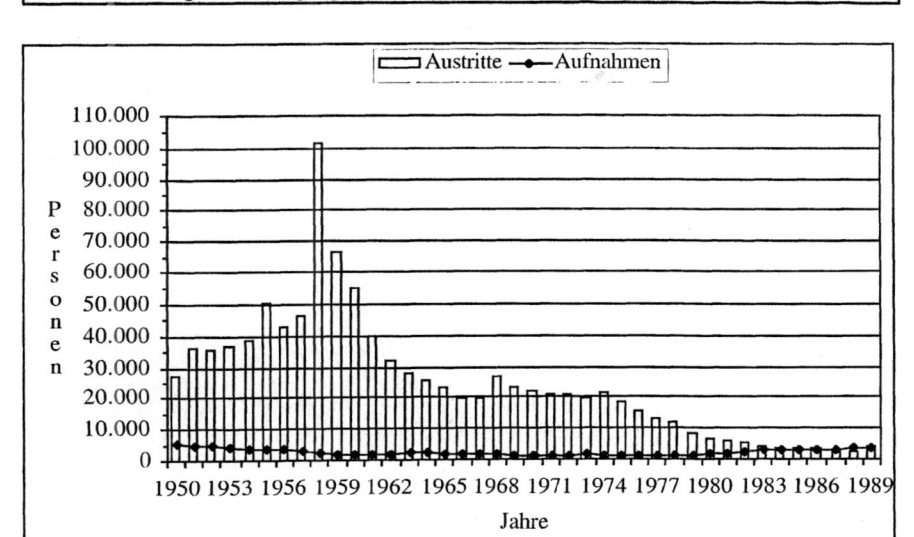

Abb. 13: Mitgliederbewegungen der Evangelischen Landeskirche Sachsens 1950–1989

"Die Staatsführer waren die alleinigen Interpreten und Vollstrecker des Volkswillens mit der Folge, daß jeder Einfluß der Kirche als eine prinzipiell unzulässige Einmischung in die staatliche Herrschaftsausübung und damit als eine Verletzung der gebotenen Trennung von Staat und Kirche galt."[442] Allerdings musste die Staatsführung erkennen, dass eine Ausmerzung von Kirche und Religion nicht möglich war. "Nach anfänglichen Versuchen, sie durch gezielte Konfrontation vollständig oder doch weitgehend auszuschalten, legte die herrschende Partei es darauf an, die Kirche an den Rand zu drängen, um sie dort in einer gesellschaftlichen Nische zu dulden."[443]

Urania, sowie politische und berufliche Hintansetzung, mitunter auch militante Unterdrükkung von Christen." Büscher, S. 422 f. - Vergleiche auch KJ 95 (1970), 270: "Viel gravierender als der aggressive Atheismus, der kaum ‚Bekehrungen' zu verzeichnen hat, wirkt sich die totale Entchristlichung aller Bereiche des öffentlichen und gesellschaftlichen Lebens aus ..."

442 Campenhausen, Verfassungsstaat, S. 70.

443 Arbeitskreis „Kirche von morgen", „Minderheit mit Zukunft", epd-Dokumentation 3a/95 (Frankfurt am Main 1995), 3.

Das *Nischendasein* wussten die evangelischen Landeskirchen jedoch geschickt zu nutzen und ermöglichten sich auf diesem Wege die Selbstbestimmungsmöglichkeit der innerkirchlichen Aufgaben ebenso wie eine gewisse Einflussmöglichkeit in staatliche Belange hinein. Diese Entwicklung zeigte sich in der kirchlichen Kommentierung eines Gesprächs zwischen Bischof Schönherr und Erich Honecker am 6.3.1978. Hierin hieß es: „Die Kirchen werden nicht mehr als Restbestand der früheren bürgerlichen Klassengesellschaft gewertet, dem im Sozialismus, der sich auf den Übergang zum Kommunismus vorbereitet, keine Zukunft beschieden ist. Sie gelten vielmehr nun als ein auch zum Sozialismus gehörendes Phänomen, das nicht zu bekämpfen, sondern gesellschaftlich nutzbar zu machen und einzuordnen ist."[444]

Erst Anfang der 80er Jahre sankt die Zahl der Kirchenaustritte deutlich unter die Marke von 10.000 jährlichen Austritten.

„Die Entwicklung des Verhältnisses der Aus- und Eintritte legt ... die Annahme zweier Wellen mit hohen Verlusten nahe. Die erste Welle lag in der zweiten Hälfte der fünfziger Jahre. Nach einer deutlich wahrnehmbaren Beruhigung der Mitgliedschaftsentwicklung Anfang der sechziger Jahre stieg der Überhang der Kirchenaustrittszahlen etwa zwischen 1967 und 1975 noch einmal energisch an und ging dann im Laufe der achtziger Jahre bis nahe gegen Null zurück."[445]

Die ‚Wende' im Jahr 1989 brachte für die östlichen evangelischen Landeskirchen eine neue Austrittswelle mit sich, auf deren Höhepunkt im Jahr 1992 106.850 Menschen die evangelische Kirche verließen. Die Gründe hierfür lagen einerseits in der Einführung des Kirchensteuereinzugs mit der zu entrichtenden Lohnsteuer für die neuen Bundesländer.

Um der Kirchensteuer zu entgehen, traten nun auch alle diejenigen aus der evangelischen Kirche aus, die sich schon zu DDR-Zeiten von der Kirche losgesagt hatten, dies aber nicht an offizieller Stelle erklärt hatten, sondern einfach keine Kirchensteuer mehr gezahlt hatten.

Wurde von einem Mitglied, ohne den Kirchenaustritt zu erklären, keine Kirchensteuer mehr gezahlt, verfuhr die Evangelisch-Lutherische Kirche in Thüringen vor der ‚Wende' im Jahre 1989 wie folgt: „Wenn ein Gemeindeglied ca. 2–3 Jahre keine Kirchensteuer entrichtete, wurde es von der Steuerstelle angeschrieben. Es wurde gebeten, die Zahlungen wieder aufzunehmen.

---

[444] Reinhard Henkys, Kirche-Staat-Gesellschaft, in: Ders. (Hg.): Die evangelischen Kirchen in der DDR (München 1982), S. 21.
[445] Pollack, S. 384.

Für die vergangenen Jahre wurde eine Minderung bzw. ein Erlass in Aussicht gestellt. Kam es nicht zu einer Wiederaufnahme der Zahlung, wurden nach fünf Jahren den sogenannten ‚Zahlungsverweigerern' die kirchlichen Rechte aberkannt. Den Betreffenden wurde dieser Beschluß des Gemeindekirchenrates schriftlich übergeben."[446] Dazu legte die Ordnung des kirchlichen Lebens für die Gemeinden der evangelischen Landeskirche Anhalts vom 11. März 1953 in der Fassung vom 1. Dezember 1959 fest:

„Bei einem Gemeindeglied, das ohne Not mit der Zahlung der kirchlichen Umlagen mehr als ein Jahr im Rückstand ist, ruhen das kirchliche Wahlrecht, die Berechtigung zum Patenamt, der Anspruch auf kirchliche Trauung und der Anspruch auf kirchliche Bestattung."[447]

Diese nicht ermittelbare, vermutlich sehr große Zahl von auf diese Weise Austretenden, Schulz nennt für die Thüringische Landeskirche im Jahr 1989 die Zahl von 171.000 ‚Rechte ruhen' - Gemeindegliedern,[448] relativiert etwas die erschreckend hohe Zahl von 274.787 Kirchenaustritten der Jahre 1991–1993 im Osten Deutschlands.

Andererseits schadeten nach der ‚Wende' Enthüllungen bzw. die öffentliche Diskussion über Kontakte von kirchlich Mitarbeitenden zur Staatssicherheit dem Image der östlichen Landeskirchen und fourcierten den Anstieg der Kirchenaustritte im Osten. Die Enthüllungen und Diskussionen zerstörten gleichzeitig die Hochachtung, die den Kirchen für ihre maßgebliche Rolle bei der ‚Wende' zuerkannt worden war. Diese Hochachtung hatte 1991 und 1992 zu einem kurzzeitigen Anstieg der Kircheneintritte auf 15.000 und 24.000 in den neuen Bundesländern geführt.[449]

---

446 Klaus Schulz, Referent für Meldewesen und Statistik der Evangelisch-Lutherischen Kirche in Thüringen in einem Schreiben an mich vom 23.11.1998. Das Formblatt ‚Beschluß über das Ruhen kirchlicher Rechte' der Evangelischen Landeskirche Anhalts ist im Anhang, S. 301, 5.8. abgedruckt.
447 Kirchengesetz über das Ruhen kirchlicher Rechte der Evangelischen Landeskirche Anhalts vom 5. Dezember 1977, § 2 Abs. 1. Das ganze Gesetz ist im Anhang, S. 279, 2.15. abgedruckt. Zum 1.1.1991 wurde das Kirchengesetz über das Ruhen der kirchlichen Rechte aufgehoben. ABl der Evangelischen Landeskirche Anhalts Nr. 1–19. November 1990.
448 Angabe von Schulz in dem oben erwähnten Schreiben an mich vom 23.11.1998.
449 Vgl. SB 89 (1994), 11: „Zunächst hatten die Aktivitäten der evangelischen Kirchen in der DDR im Zusammenhang mit der ‚Wende' die Hochachtung weiter Teile der Bevölkerung gefunden. Schon bald nach der Vereinigung machen Gerüchte über Stasikontakte führender kirchlicher Mitarbeiter und deren teilweise Bestätigung diesen Sympathiegewinn jedoch wieder zunichte."

Tab. 6: Mitgliederbewegungen der ostdeutschen evangelischen Landeskirchen 1991–1998[450]

Jahr	Bevölkerung	evangelische Mitglieder	Austritte	Aufnahmen	Wiederaufnahmen	Jahr
1991	15.789.777	4.151.000	82.761	23.980	10.617	1991
1992	15.685.398	3.971.000	106.850	15.237	5.438	1992
1993	15.598.428	3.681.000	85.176	11.680	3.481	1993
1994	15.531.390	3.582.000	58.148	9.866	2.127	1994
1995	15.475.549	3.454.000	56.218	8.848	1.978	1995
1996	15.428.743	3.360.000	38.294	8.678	1.962	1996
1997	15.789.777	4.151.000	38.546	9.826	–	1997
1998	15.288.747	3.919.389	33.744	10.374	–	1998

Abb. 14: Austritte und Aufnahmen der östlichen evangelischen Landeskirchen 1991–1998

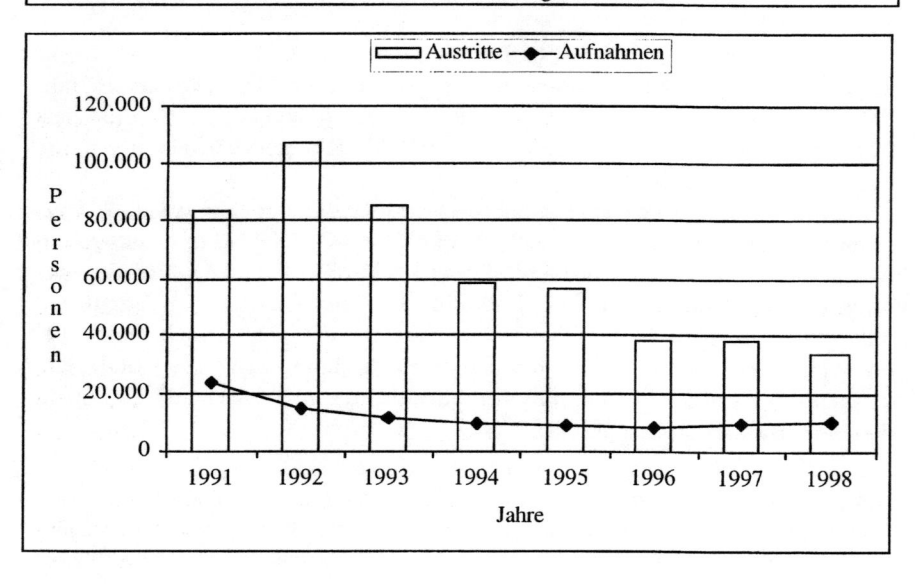

---

[450] **Bevölkerungszahlen** - 1991–1998 nach Statistisches Bundesamt (Hg.) - Abt. Bevölkerung - VIII B -173-, Bevölkerung im früheren Bundesgebiet, neue Länder und Deutschland ab 1950.
Austritte, Aufnahmen, Mitglieder - 1991–1996 nach SB 92 (1998), 68 f. - 1997–1998 nach Kirchenamt der EKD - Referat Statistik.
Wiederaufnahmen - 1991–1996 nach EKD-Eintritte. - Seit 1997 werden die Wiederaufnahmen aus der evangelischen Kirche Ausgetretener in den ostdeutschen Landeskirchen nicht mehr erhoben.

Wie im bundesdeutschen Gesamtbild so zeigt sich auch in den östlichen Landeskirchen seit 1992 eine deutliche Abnahme der Kirchenaustritte. Nach 106.850 Austritten 1992 verließen im Jahr 1998 nur noch 33.744 ostdeutsche Mitglieder die evangelische Kirche. Allerdings sank im gleichen Zeitraum auch die Zahl der Kircheneintritte. Während 1991 fast 24.000 Eintritte in den östlichen Landeskirchen zu verzeichnen waren, entschlossen sich 1998 nur noch 10.374 Menschen zu diesem Schritt. Allerdings ist bei den Aufnahmezahlen seit 1996 ein deutlicher Zuwachs zu verzeichnen.

Insgesamt lassen die Beobachtungen den Schluss zu, dass gegenwärtig in ganz Deutschland eine gewisse Beruhigung der Kirchenaustritte einsetzt, freilich in Ost- und Westdeutschland auf sehr unterschiedlichem Niveau.

Exkurs: Die Konfessionslosen

„Die ‚Konfessionslosen' sind eine inhomogene Gruppe von Menschen, die sich mit traditionell und institutionell verfaßter christlicher Konfession, d.h. mit ‚der Kirche', nicht (mehr) identifizieren können."[451]

Diese Gruppe verzeichnet in der Bundesrepublik Deutschland enorm hohe Zuwachsraten. Stellten die Konfessionslosen 1939 nur einen Anteil von 1,5% an der Gesamtbevölkerung, so lag dieser Wert bei der derzeit letzten Volkszählung im Jahre 1987 bereits bei 10,1% Anteil an der Gesamtbevölkerung.

Die Konfessionslosen sind hauptsächlich junge Menschen. Sie haben meist eine gehobene Ausbildung erfahren und leben mehrheitlich im städtischen Bereich.[452] Die Frage eines Eintritts in die evangelische Kirche beschäftigt nur einen sehr kleinen Teil von ihnen (10% in Westdeutschland/14% in Ostdeutschland).[453]

Die Gruppe der Konfessionslosen setzt sich zum einen aus den Menschen zusammen, die für ihr Christsein angeben, keine Kirche zu brauchen und zum anderen aus den Menschen, in deren Leben es keinen Gott gibt, die Atheisten.

---

451 Angelika Biskupski, Zum Projekt „Konfessionslosigkeit in (Ost-) Deutschland", in: Studien- und Begegnungsstätte Berlin (Hg.), Zur Konfessionslosigkeit in (Ost-) Deutschland, begegnungen 4/5 (Berlin 1994), 5.
452 Vgl. Engelhardt, Fremde Heimat Kirche, S. 314 ff.
453 Vgl. ebd., S. 325.

Tab. 7: Religionslose in Deutschland 1939–1987 (i.A.)[454]				
Jahr	Bevölkerung	Religionslose und ohne Angabe	Religionslose und ohne Angabe in %	Jahr
1939	69.314.000	1.068.485	1,5	1939
1950	50.336.093	1.689.600	3,4	1950
1961	56.589.148	2.293.400	4,0	1961
1970	61.001.164	2.391.600	3,9	1970
1987	61.238.079	6.157.674	10,1	1987

Der ersten Gruppe von Menschen, die ihren Glauben zu Gott bekennen, allerdings die Kirche dazu nicht brauchen, begegnet man im pfarramtlichen Alltag immer häufiger. So sagen 52% der Ausgetretenen in Westdeutschland und 31% der Ostdeutschen: „Ich bin aus der Kirche ausgetreten, weil ich auch ohne Kirche christlich sein kann."[455]

Diese Menschen suchen Gott häufig nicht in der kirchlichen Gemeinschaft von Christen/innen, sondern meinen, ihm genauso beim Spaziergang unter freiem Himmel zu begegnen wie in der alltäglichen Begegnung mit anderen Menschen. Natürliche Theologie mag hier ein umschreibendes Stichwort sein, nach deren Verständnis der Begriff ‚natürlich' zwei Bedeutungsbereiche umschließt: „Es bezieht sich einmal auf den *naturhaften Bereich innerhalb der konkreten Weltordnung* ... als den universalen Horizont, in dem Gott in Erscheinung tritt ... [zum anderen wird es] ... seit der Aufklärung als *Möglichkeit einer Theologie aus natürlichem Vermögen* behauptet."[456]

---

[454] **Bevölkerung** - 1939 Deutsches Reichsgebiet - ab 1950 früheres Bundesgebiet. Bevölkerungszahlen im Einzelnen nach Statistisches Bundesamt (Hg.) - Abt. Bevölkerung - VIII B -173-, Bevölkerungsentwicklung 1871–1950, - ab 1950 nach Statistisches Bundesamt (Hg.) - Abt. Bevölkerung - VIII B -173-, Bevölkerung im früheren Bundesgebiet, neue Länder und Deutschland ab 1950.
Religionslose und ohne Angabe - 1939 nach Kirchenstatistisches Amt der EKD (Hg.), Die Bevölkerung des Deutschen Reichs, der Reichsteile und der größeren Verwaltungsbezirke nach der Religionszugehörigkeit am 17. Mai 1939 (Hannover o.J.). - 1950 nach Statistisches Bundesamt (Hg.), Statistik der Bundesrepublik Deutschland 35, H. 9, S. 60. - 1961 nach Statistisches Bundesamt (Hg.), Bevölkerung und Kultur, Volks- und Berufszählung vom 6. Juni 1961, H. 2, S. 106. - 1970 nach Statistisches Bundesamt (Hg.), Bevölkerung und Kultur, Volkszählung vom 27. Mai 1970, H. 6, S. 28 f. - 1987 nach Statistisches Bundesamt (Hg.), Bevölkerung und Erwerbstätigkeit, Volkszählung vom 25. Mai 1987, Fachserie 1, H. 6, S. 72. Derzeit liegen keine neueren Daten des statistischen Bundesamtes vor.

[455] Engelhardt, Fremde Heimat Kirche, S. 327.

[456] Christian Link, Artikel: Natürliche Theologie, EKL 3 (Göttingen ³1992), Sp. 631.

Oft nimmt die Gruppe der Christen ohne Kirche nicht nur die ethischen Werte der Bibel für sich in gleicher Weise in Anspruch wie die Christen in der Kirche, sondern auch die kirchlichen Angebote. Dazu schreibt Denecke: „Ich konstatiere eine hohe Bereitschaft von ‚Nicht-Mitgliedern', wie selbstverständlich die religiösen/kulturellen/musikalischen Angebote der Kirche wahrzunehmen, sich damit gar innerlich in hohem Maße zu identifizieren, das Gemeindeleben nicht nur durch passive Teilnahme, sondern auch durch aktive Anteilnahme mitzugestalten. Gefragt, ob und wie sie sich denn der Kirche/dem christlichen Glauben verbunden fühlen, antworten sie sinngemäß: ‚Mit der Kirche als Institution kann ich nichts/wenig anfangen. Der christliche Glaube aber bedeutet viel für mich. Deswegen ist es mir wichtig, möglichst viele Sinn-Angebote der Kirche wahrzunehmen.'"[457]

Die Atheisten dagegen bestreiten die „... Existenz jeder Art göttlicher Wesen, persönlich oder unpersönlich vorgestellt ..."[458] Diese Menschen haben den Wert der in der Kirche verkündigten ‚Frohen Botschaft' für die Beziehung zwischen Gott und Mensch nicht vermittelt bekommen oder annehmen können. In ihrem Leben gibt es keinen Gott. Trotzdem gilt: „Dem Gott der Ostergeschichte ist ein im ‚religiösen Axiom' lebender und denkender Mensch nicht eo ipso näher als der im ‚atheistischen Axiom' Lebende und Denkende."[459] Laut EKD-Studie von 1993 sagen 35% der in West- und 54% der in Ostdeutschland Ausgetretenen, dass sie aus der Kirche ausgetreten seien, weil sie mit dem Glauben nichts mehr anfangen könnten.[460]

Diese Gruppe entstand in Deutschland teilweise vor dem Hintergrund einer marxistisch-leninistischen Staatsideologie, wie sie in der ehemaligen DDR zu finden war. Nach Marx ist Religion „... das ‚Opium des Volks', da sie der ‚Heiligenschein einer verkehrten Welt' ist, produziert von einer

---

[457] Axel Denecke, Begrenzte Gemeindegliedschaft, PTh 84 (1995), 650. - „Da ist mit dem Nicht-zur-Kirche-gehören der ‚Konfessionslosen' kein genereller Abbruch von Beziehungen zu verzeichnen, vielmehr redet man miteinander, läßt sich gelten in seinem Anderssein, zeigt vielleicht sogar Interesse aneinander bzw. findet sich gegenseitig frag-würdig in einem positiven Sinn und hat sogar – sachbezogen – Erwartungen aneinander und nimmt sich gegenseitig in seiner/ihrer Kompetenz in Anspruch." Angelika Biskupski, Lutz Motikat, Unter anderen(m) Kirche, begegnungen 12 (Berlin 1995), S. 6 f.
[458] Hinrich Knittermeyer, Artikel: Atheismus, RGG 1 (Tübingen ³1957), Sp. 670.
[459] Jan Milic Lochman, Artikel: Atheismus, EKL 1 (Göttingen ³1986), Sp. 304.
[460] Vgl. Engelhardt, Fremde Heimat Kirche, S. 327.

verkehrten Gesellschaft. Obgleich ‚Ausdruck wirklichen Elends', verführt sie dazu, das Glück im Jenseits zu suchen, statt es in der Wahrheit des Diesseits zu etablieren ... durch die proletarische Revolution der bürgerlichen Gesellschaft, die sie erübrigen wird."[461]

In mancher ostdeutschen Familie gibt es bereits in der dritten Generation atheistisch eingestellte Menschen. Sie haben zu DDR-Zeiten in Kirche und Religion eine staatsgefährdende Denkweise gesehen, sei es aus der eigenen Überzeugung heraus oder auf Grund eines massiven äußeren Drucks. Für diese Menschen, deren Einstellung sich über viele Jahrzehnte mehr und mehr geprägt hat, kommt eine „... mögliche Umorientierung, eine Wende in der Lebensplanung unter Einschluß einer Kirchenmitgliedschaft, der Inanspruchnahme von kirchlichen Diensten und der Beteiligung an kirchlichen rituellen oder kommunikativen Handlungen, ... nicht in den Blick, und der Gedanke daran wird oft als abwegig empfunden."[462]

In Westdeutschland dagegen bildet wachsende Entkirchlichung und fehlende religiöse Sozialisation in den Familien den Nährboden einer zunehmenden atheistischen Strömung. Die „... weitreichenden Traditionsabbrüche der religiösen Sozialisation und der daraus resultierende Verlust von Glaubenswissen ..." begünstigen dabei eine atheistische Lebenseinstellung.[463] Die Folge ist der Abbruch der traditionellen Vermittlung religiöser Werte von Generation zu Generation.

Grundsätzlich bleibt festzustellen, dass Religiosität und Kirchenmitgliedschaft in der bundesdeutschen Gesellschaft nicht mehr vorausgesetzt werden darf und somit Konfessionslosigkeit eine solche Grundkonvention nicht verletzen kann. „Sie scheint sich vielmehr als Wahlmöglichkeit in der – vielzitierten – pluralisierten Gesellschaft auf dem Weg in die Normalität zu befinden."[464]

---

[461] Knittermeyer, Sp. 676.
[462] Neubert, ausgetrieben, S. 27. - „Als Konfessionslose haben sie die Kirche vermutlich kaum vermißt. Wahrscheinlich haben sie jedoch auch nie zu spüren bekommen, daß die Kirche sie vermißt und daß ihr etwas fehlt, wenn sie keinen Zugang zu den Konfessionslosen findet." Ostdeutsche kirchliche Arbeitsgruppe, „Kirche mit Hoffnung", epd-Dokumentation 17/98 (Berlin 1998), 9.
[463] Dahm, S. 646.
[464] Engelhardt, Fremde Heimat Kirche, S. 320.

Exkurs:
Dokumente der Evangelisch-Lutherischen Landeskirche Sachsens zum Kirchenaustritt in den Anfängen der DDR

Die folgenden Beispiele stammen aus Dokumenten der Evangelisch-Lutherischen Landeskirche Sachsens. Am 31.1.1955 schrieb OLKR Kandler als Tagesordnungspunkt 19 für die Kollegialsitzung der Kirchenleitung am 8.2.1955:

„Neuerdings wird auch auf Hochschulprofessoren ein starker Druck ausgeübt, damit sie aus der Kirche austreten. Ein zu meiner Gemeinde gehörender Hochschulprofessor hat erklärt, dass er diesem Druck schlechterdings nicht mehr widerstehen könne. Er wolle deshalb die Kirchenaustrittserklärung in der staatsgesetzlichen Form vor dem Notar abgeben, damit aber seine Verbindung mit der Kirche nicht lösen. Namentlich sei er bereit, seine mehr als 600.– DM betragende Kirchensteuer weiterhin zu zahlen. (Der Antrag wurde abgelehnt)."[465]

Pfarrer Herbert Schwabe aus Grosserkmannsdorf berichtet im Schreiben vom 11.10.1955 dem Landeskirchenamt Sachsens:

„Von Gemeindegliedern, die im Sachsenwerk Radeberg arbeiten, das ca. 4500 Betriebsangehörige hat, ist mir mehrfach mit Empörung die Betriebszeitung ‚Der Motor' gezeigt und über die kirchenfeindliche Propaganda dort berichtet worden. In der Nummer v. 3. Oktober 1955 ist unter der Rubrik: ‚Aus unserm Parteileben' über die Parteiaktivkonferenz vom 21.9.d.J. berichtet, die über ‚Marxismus und Religion' beraten hat. Aus einer ‚Lektion' des Genossen Schönbörner wird dabei u.s. mitgeteilt unter der Überschrift ‚Atheistische Propaganda muss gut vorbereitet sein.'

Und weiter heißt es in dem Schreiben: *„... Wenn die Religion für jeden eine Privatsache ist, so sagen wir, dass es für einen Genossen der SED. keine Privatsache ist. - Religion ist eine bürgerliche Ideologie, und wir Marxisten lehnen die bürgerliche Ideologie vom wissenschaftlichen Standpunkt unsrer Weltanschauung ab. -- Wenn heute noch Mitglieder der SED. Mitglieder der Kirche sind, dann ist es an der Zeit, ihr Verhältnis zur Kirche zu überprüfen. - Religion ist bei vielen noch eine alte Überlieferung, mit der es zu brechen gilt. - Unsre Forderung muss sein, alle Kinder zur Jugendweihe zu gewinnen. - Es gilt, um jeden Menschen*

---

[465] Das vollständige Schreiben ist im Anhang S. 296, 5.4. abgedruckt.

zu ringen. Als erstes ist die Überzeugungsarbeit in den Familien durchzuführen. "466

Pfarrer Dr. Helmut Laue aus Dresden berichtet im Schreiben vom 27.10.1955 dem Landeskirchenamt Sachsens:

„*... Anfang dieser Woche hing im Sachsenwerk Niedersedlitz folgender Aushang am Brett: Am 25.10. findet im Sachsenwerk Niedersedlitz 14 Uhr ein Vortrag statt über: ‚Die Verfassung der DDR. und die Kirche.' Deine Austrittserklärung wird sofort von einem Kollegen des Staatsapparates entgegengenommen.*

Dies meldete mir ein Glied meiner Seelsorgegemeinde, das mir völlig zuverlässig bekannt ist. Er fügte noch hinzu, dass sonst solche Vorträge immer erst im Anschluss an die Arbeitszeit stattfänden, in diesem Falle aber eine Zeit während der Arbeitszeit gewählt wurde, damit alle gezwungen waren, daran teilzunehmen ... "467

Der Pfarrer der Gemeinde Bad Schandau berichtet im Schreiben vom 23.2.1960 dem Landeskirchenamt Sachsens Betr. Kirchenaustritte bei der Nationalen Volksarmee:

„*Der Transportarbeiter Rainer R. ... habe von 1957 bis 1959 bei der Nationalen Volksarmee gedient. Dort sei ihm und einigen 40 Soldaten vor versammelter Mannschaft bei Verlesung aus einer Liste mitgeteilt worden, daß sie aus der Kirche ausgetreten seien. Das habe er als gegebene Tatsache hingenommen und deshalb auch angenommen, daß er keine Kirchensteuer mehr zu zahlen habe. Auf Befragung erklärte er weiter, daß er keine Austrittserklärung persönlich unterschrieben habe ...*

Auch ist unserer Kirchensteuerstelle in mehreren anderen Fällen die Zahlung von Kirchensteuern von Angehörigen der Nationalen Volksarmee verweigert worden, da bei der Volksarmee verkündet worden sei, daß während dieses Ehrendienstes die Kirchensteuer ruhe.'468

---

466 Das vollständige Schreiben ist im Anhang S. 298, 5.5. abgedruckt.
467 Das vollständige Schreiben ist im Anhang S. 299, 5.6. abgedruckt.
468 Das vollständige Schreiben ist im Anhang S. 300, 5.7. abgedruckt.

4.5. Datenvergleich der ost- und westdeutschen evangelischen Landeskirchen

Betrachtet man die statistischen Daten der westlichen evangelischen Landeskirchen vor dem Hintergrund der östlichen und umgekehrt, so ist deutlich zu erkennen, dass ein direkter Vergleich dieser Daten nicht möglich ist.

Das liegt daran, dass die evangelischen Landeskirchen Deutschlands unmittelbar nach dem Zweiten Weltkrieg zwar von demselben Punkt aus die kirchliche Arbeit fortgesetzt haben, aber auf Grund der völlig anderen äußeren Gegebenheiten entwickelten sich daraus zwei recht unterschiedliche Erscheinungsformen der evangelischen Kirche in Deutschland.

Erst die ‚Wende' im Jahr 1989 ermöglichte, dass neben der staatlichen Zusammenführung nun auch die Einheit der östlichen und der westlichen Landeskirchen der EKD wieder hergestellt wurde. Gleichzeitig damit wurde ein Prozess des Zusammenwachsens der evangelischen Landeskirchen eingeleitet, der bis heute die schwierige Aufgabe der Entwicklung gemeinsamer Rahmenbedingungen mit sich bringt.

Folgende Erkenntnisse aus den statistischen Überlegungen können die Entwicklung dieser gemeinsamen Rahmenbedingungen unterstützen:

- Die östlichen Landeskirchen haben seit 1950 den Weg zu einer zahlenmäßigen Minderheitskirche gehen müssen. Die auf diesem Weg gemachten Erfahrungen im Umgang mit Mitgliedern und Nicht(mehr)mitgliedern, dazu die Umorganisation kirchlicher Aufgabenbereiche sowie die Umstrukturierung der kirchlichen Arbeit der haupt- und ehrenamtlich Mitarbeitenden, ausgelöst durch drastische Finanzeinbußen, sollten von westlicher Seite als bedenkenswerte Anregungen zur Kenntnis genommen werden.
- Die westlichen Landeskirchen dagegen haben die Erfahrung gemacht, welche Möglichkeiten eine Kirche entwickeln kann, wenn sie unter staatlichem Schutz steht und dessen Unterstützung erfährt. Zu nennen sind in diesem Zusammenhang besonders die Verträge zwischen Kirche und Staat, die Vorteile des Kirchensteuereinzugs, die Bedeutung und die Präsenz der Kirche im Alltag der Menschen.

Nach 40 Jahren hat nun diese zwangsweise geteilte evangelische Kirche die Möglichkeit zum Zusammenwachsen bekommen, deren östlicher Teil unter massivem politischen Druck zu einer kleinen Mitgliederzahl geschrumpft ist, die sich aber durch Entschlossenheit, Durchsetzungskraft und Ausdauer auszeichnet. 46% der östlichen Kirchenmitglieder bezeichnen sich ihrer evangelischen Kirche sehr bzw. ziemlich verbunden. Das sind 7% mehr als unter den westdeutschen evangelischen Kirchenmitgliedern.[469]

Dagegen konnte sich der westliche Teil der evangelischen Kirche aus einer gewissen Sicherheit heraus entwickeln, in einem unangefochtenen Arbeitsklima. In allen staatlichen und gesellschaftlichen Bereichen konnte dieser Teil der Kirche tätig sein, um unbefangen Ideen und Konzepte zu entwickeln und seinen Einfluss geltend zu machen.

Das konzeptionelle Wissen und die gemachten Erfahrungen der östlichen wie der westlichen evangelischen Landeskirchen aus ihrer 40-jährigen je besonderen Situation stellen für die EKD ein eindeutig bereicherndes Element dar.

4.6. Mitgliederbewegungen der römisch-katholischen Kirche in Deutschland 1900–1999 (i.A.)

Tab. 8: Mitgliederbewegungen der römisch-katholischen Kirche in Deutschland 1900–1999

Jahr	Bevölkerung	katholische Mitglieder	Bevölkerungsanteil in %	Austritte	Aufnahmen	Jahr
1900	56.046.000	20.327.913	36,3			1900
1910	64.568.000	23.821.000	36,9	920	6.197	1910
1920	61.794.000	20.822.031	33,7	44.824	9.502	1920
1930	65.084.000	20.777.449	31,9	52.594	14.494	1930
1935	66.871.000	21.760.065	32,5	34.347	16.955	1935
1936	67.349.000	22.042.213	32,7	46.687	14.712	1936
1937	67.831.000	21.762.056	32,1	108.054	10.769	1937
1938	68.558.000	21.762.056	31,7	88.715	10.400	1938
1950	50.336.093	22.529.000	44,8	33.536	30.674	1950
1951	50.725.974	23.175.316	45,7	30.088	27.831	1951
1952	51.051.851	23.440.362	45,9	30.953	24.000	1952
1953	51.639.648	23.012.000	44,6	28.944	23.279	1953
1954	52.126.773	23.246.000	44,6	19.941	20.127	1954
1955	52.698.323	23.461.000	44,5	21.292	19.390	1955
1956	53.318.815	24.501.000	45,9	21.007	19.078	1956
1957	53.993.840	24.973.000	46,2	20.879	19.760	1957
1958	54.605.995	25.242.000	46,2	23.155	20.008	1958
1959	55.123.371	25.476.000	46,2	24.014	19.745	1959
1960	55.784.799	25.796.000	46,2	23.889	19.614	1960
1961	56.589.148	26.208.000	46,3	23.285	19.855	1961
1962	57.247.246	26.498.000	46,3	23.089	19.088	1962
1963	57.864.509	26.817.000	46,3	23.332	17.386	1963
1964	58.587.451	27.123.000	46,3	23.604	16.113	1964
1965	59.296.591	27.500.000	46,4	22.791	14.214	1965
1966	59.792.934	27.816.000	46,5	22.043	13.053	1966
1967	59.948.474	28.093.000	46,9	22.499	11.412	1967

---

[469] Vgl. Engelhardt, Fremde Heimat Kirche, S. 273.

Jahr	Bevölkerung	katholische Mitglieder	Bevölkerungs- anteil in %	Austritte	Aufnahmen	Jahr
1968	60.463.033	28.413.000	47,0	27.995	9.355	1968
1969	61.194.591	28.730.000	46,9	38.712	7.308	1969
1970	61.001.164	27.206.000	44,6	69.454	5.857	1970
1971	61.502.503	27.430.000	44,6	58.361	5.514	1971
1972	61.809.378	27.578.000	44,6	53.829	5.100	1972
1973	62.101.369	27.697.000	44,6	69.448	4.929	1973
1974	61.991.475	27.219.000	43,9	83.172	5.136	1974
1975	61.644.624	26.998.000	43,8	89.370	5.798	1975
1976	61.441.996	26.880.000	43,7	59.393	6.511	1976
1977	61.352.745	26.808.000	43,7	58.205	6.809	1977
1978	61.321.663	26.750.000	43,6	52.273	7.107	1978
1979	61.439.342	26.734.000	43,5	48.763	7.589	1979
1980	61.657.945	26.713.000	43,3	66.438	7.733	1980
1981	61.712.689	26.707.000	43,3	56.938	8.133	1981
1982	61.546.101	26.606.000	43,2	54.962	8.802	1982
1983	61.306.669	26.491.000	43,2	56.623	8.980	1983
1984	61.049.256	26.395.000	43,2	64.435	8.917	1984
1985	61.020.474	26.308.000	43,1	74.172	8.727	1985
1986	61.140.461	26.280.000	43,0	75.919	8.983	1986
1987	61.238.079	26.306.000	43,0	81.598	9.250	1987
1988	61.715.103	26.483.000	42,9	79.562	9.145	1988
1989	62.679.035	26.746.000	42,7	93.010	8.867	1989
1990	63.725.653	27.423.000	43,0	143.530	8.888	1990
1991	80.274.564	28.198.000	35,1	167.933	8.649	1991
1992	80.974.632	28.128.000	34,7	192.766	8.371	1992
1993	81.338.093	27.552.000	33,9	153.753	8.657	1993
1994	81.538.603	27.465.000	33,7	155.797	9.349	1994
1995	81.817.499	27.347.000	33,4	168.244	10.141	1995
1996	82.012.162	27.229.000	33,2	133.275	10.841	1996
1997	82.057.379	27.383.000	33,4	123.813	11.465	1997
1998	82.037.011	27.154.291	33,1	119.265	11.945	1998
1999	82.163.475	27.017.401	32,9	129.013	12.498	1999

Die Statistiken, denen die Daten entnommen sind, sind in den Anmerkungen aufgelistet.[470]

---

[470] **Bevölkerungszahlen** - 1884–1944 Deutsches Reichsgebiets - ab 1946 früheres Bundesgebiet - ab 1991 Deutschland West und Ost. Bevölkerungszahlen im Einzelnen: - 1898–1949 nach Statistisches Bundesamt (Hg.) - Abt. Bevölkerung -VIII B -173-, Bevölkerungsentwicklung 1871–1950, - ab 1950 nach Statistisches Bundesamt (Hg.) - Abt. Bevölkerung - VIII B -173-, Bevölkerung im früheren Bundesgebiet, neue Länder und Deutschland ab 1950.
Mitglieder - ab 1991 Deutschland West und Ost: - 1900 nach KH 1 (1908), 97 - 1920 nach KH 10 (1922), 344. - 1910/1950 nach Deutsche Bischofskonferenz - Referat Statistik, Bevölkerung und Katholiken im Deutschen Reich und in der Bundesrepublik Deutschland 1871–1986. - 1930 nach KH 18 (1934), 352. - 1935 nach KH 20 (1938), 320 f. - 1936 nach KH 21 (1939), 354. - 1937–1938 nach KH 22 (1943), 400 f. - 1951–1952 nach KH 24 (1956), 322. - 1970–1992 nach SB 89 (1994), 14. - 1953–1969/1993–1996 nach Statistisches Bundesamt (Hg.) - Abt. Bevölkerung -VIII B -173-, Mitgliederzahl und -bewegung der Evangelischen Kirche und der katholischen Kirche 1953–1996. - 1997 nach Deutsche Bischofskonferenz - Referat Statistik, Eckdaten des

Tab. 9: Vergleich der Mitgliederbewegungen der deutschen evangelischen und römisch-katholischen Kirche 1970–1999

Jahr	evangelische Austritte	katholische Austritte	evangelische Aufnahmen	katholische Aufnahmen	Jahr
1970	202.823	69.454	20.990	5.857	1970
1971	159.980	58.361	17.922	5.514	1971
1972	141.256	53.829	17.394	5.100	1972
1973	182.444	69.448	16.151	4.929	1973
1974	216.217	83.172	17.317	5.136	1974
1975	168.641	89.370	18.080	5.798	1975
1976	128.443	59.393	20.442	6.511	1976
1977	127.774	58.205	24.282	6.809	1977
1978	109.797	52.273	27.128	7.107	1978
1979	99.653	48.763	28.023	7.589	1979
1980	119.814	66.438	30.148	7.733	1980
1981	116.022	56.938	31.548	8.133	1981
1982	113.375	54.962	33.885	8.802	1982
1983	113.006	56.623	37.415	8.980	1983
1984	127.002	64.435	38.242	8.917	1984
1985	140.553	74.172	38.414	8.727	1985
1986	138.981	75.919	38.709	8.983	1986
1987	140.638	81.598	40.401	9.250	1987
1988	138.700	79.562	40.365	9.145	1988
1989	147.753	93.010	41.488	8.867	1989
1990	144.143	143.530	42.456	8.888	1990
1991	320.635	167.933	67.645	8.649	1991
1992	361.151	192.766	58.894	8.371	1992
1993	284.699	153.753	55.838	8.657	1993
1994	290.302	155.797	55.541	9.349	1994
1995	296.782	168.244	57.502	10.141	1995
1996	225.602	133.275	58.779	10.841	1996
1997	196.620	123.813	61.522	11.465	1997
1998	182.730	119.265	61.528	11.945	1998
1999	191.072	129.013	60.477	12.498	1999

Kirchlichen Lebens in den Bistümern Deutschlands 1997. - 1998–1999 nach Deutsche Bischofskonferenz - Referat Statistik.
Aufnahmen, Austritte - ab 1991 Deutschland West und Ost: - 1910 nach KH 7 (1918), 351/353. - 1920/1930/1935–1938 nach Deutsche Bischofskonferenz - Referat Statistik, Übertritte und Rücktritte zur, sowie Austritte aus der römisch-katholischen Kirche in der Bundesrepublik Deutschland 1920–1986. - 1950–1953 nach KH 24 (1956), 368 f. - 1954–1959 nach KH 25 (1962), 566 f. - 1960–1996 nach Statistisches Bundesamt (Hg.) - Abt. Bevölkerung -VIII B -173-: Mitgliederzahl und -bewegung der evangelischen Kirche und der römisch-katholischen Kirche 1953–1996. - 1997–1999 nach Deutsche Bischofskonferenz - Referat Statistik.

Tab. 10: Vergleich der Mitgliederzahlen der deutschen evangelischen und römisch-katholischen Kirche gemessen an der Bevölkerung 1953–1999

Jahr	Bevölkerungsanteil evangelische Mitglieder in %	Bevölkerungsanteil römisch-katholische Mitglieder in %	Jahr
1953	50,1	44,6	1953
1954	50,1	44,6	1954
1955	49,8	44,5	1955
1956	50,1	45,9	1956
1957	49,3	46,2	1957
1958	48,8	46,2	1958
1959	48,3	46,2	1959
1960	47,8	46,2	1960
1961	50,4	46,3	1961
1962	50,1	46,3	1962
1963	49,7	46,3	1963
1964	49,4	46,3	1964
1965	49,0	46,4	1965
1966	48,8	46,5	1966
1967	48,9	46,9	1967
1968	48,5	47,0	1968
1969	47,8	46,9	1969
1970	46,5	44,6	1970
1971	45,9	44,6	1971
1972	45,3	44,6	1972
1973	44,7	44,6	1973
1974	44,2	43,9	1974
1975	44,1	43,8	1975
1976	43,8	43,7	1976
1977	43,6	43,7	1977
1978	43,2	43,6	1978
1979	42,8	43,5	1979
1980	42,3	43,3	1980
1981	42,0	43,3	1981
1982	41,8	43,2	1982
1983	41,6	43,2	1983
1984	41,5	43,2	1984
1985	41,1	43,1	1985
1986	40,7	43,0	1986
1987	41,3	43,0	1987
1988	40,8	42,9	1988
1989	40,1	42,7	1989
1990	39,5	43,0	1990
1991	36,4	35,1	1991
1992	35,7	34,7	1992
1993	35,0	33,9	1993
1994	34,6	33,7	1994
1995	34,1	33,4	1995
1996	33,7	33,2	1996
1997	33,4	33,4	1997
1998	33,0	33,1	1998
1999	32,7	32,9	1999

Die gemeinsame Betrachtung der beiden großen deutschen Kirchen ist sehr aufschlussreich. Mit Hilfe der vergleichenden Darstellung der Mitgliederentwicklung und der Mitgliederbewegung der evangelischen und der römisch-katholischen Kirche lassen sich deutliche Unterschiede herausarbeiten.

In einem ersten Vergleich wird der Mitgliederbestand beider Religionsgemeinschaften betrachtet. Obwohl die römisch-katholische Kirche grundsätzlich denselben zeitgeschichtlichen Strömungen in Deutschland ausgesetzt war wie die evangelische Kirche, verläuft die Kurve der Mitgliederbewegungen der römisch-katholischen Kirche auf einem gleichmäßigeren Niveau, als dies in der evangelischen Kirche der Fall ist.

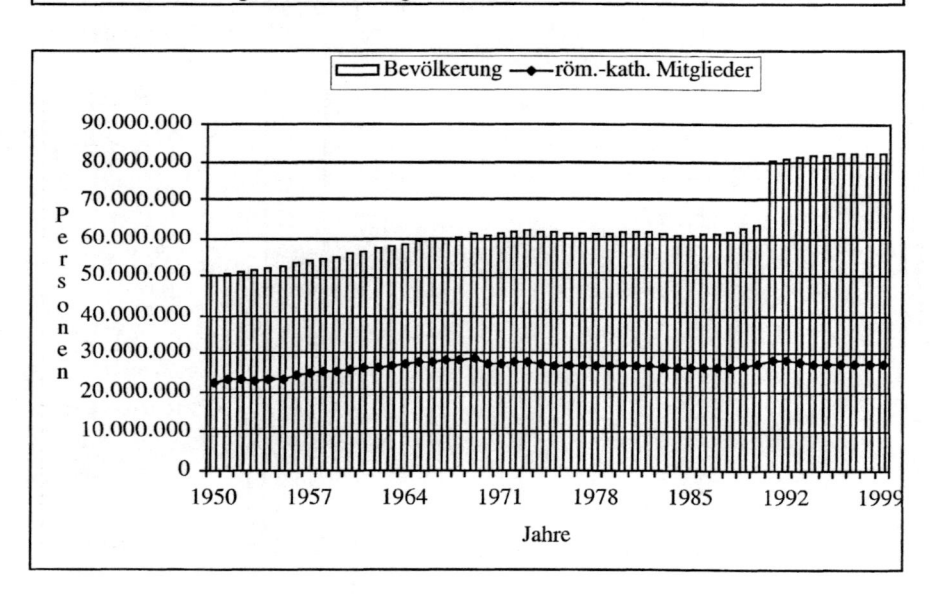

Abb. 15: Mitgliederentwicklung der römisch-katholischen Kirche 1950–1999

Ab 1950 betrug der Anteil der römisch-katholischen Kirchenmitglieder an der Bevölkerung fast 45% mit leicht zunehmender Tendenz auf 46,2% im Jahr 1957. Im Jahr 1968 waren es sogar 47%.

Bis ins Jahr 1973 betrug katholischerseits der Mitgliederbestand 44,6%, bevor ein leichter Abwärtstrend der Kurve von 0,1% Verlust jährlich bis zum Jahr 1990 einsetzte. Die rapide Abnahme der Mitgliederzahl im Verhältnis zur Bevölkerung des Jahres 1991 auf Seiten der römisch-katholischen Kirche resultierte aus der Tatsache, dass in Ostdeutschland relativ wenige Menschen der römisch-katholischen Kirche angehörten.

Dagegen war auf evangelischer Seite schon in den sechziger Jahren eine deutlich größere Abnahmetendenz der Mitgliederzahlen zu verzeichnen. Hier war ein Mitgliederverlust von 0,3% bis über 1% jährlich seit 1960 keine Seltenheit. In der Folge zeigt die Grafik der Mitgliederbewegungen bei der evangelischen Kirche (s. Abb. 16) eine deutlich abfallende Kurve, wogegen die Darstellung der römisch-katholischen Linie eher mit einem sanften Abfallen beschrieben werden kann.

Abb. 16: Mitgliedervergleich der evangelischen und römisch-katholischen Kirche 1953–1999

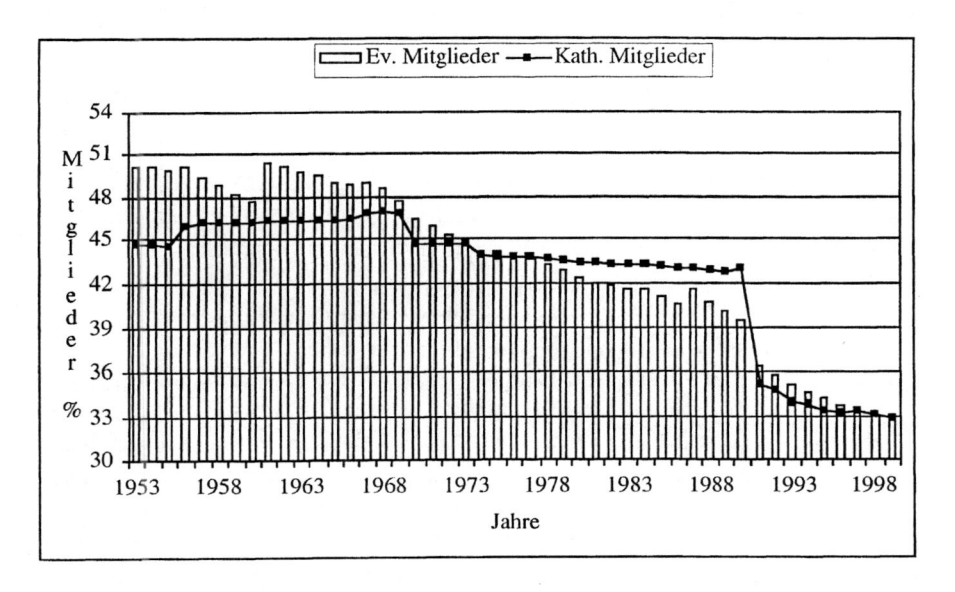

Der zweite Vergleich befasst sich mit der Bindung, die die Kirchenmitglieder der beiden großen Konfessionen zu ihrer jeweiligen Institution haben. Im Zusammenhang damit ist auch das Kritikverhalten der Gläubigen in Bezug auf die Lehre ihrer jeweiligen Kirche zu betrachten.

Hier zeigen sich dem Betrachtenden grundlegende dogmatische Unterschiede in den kirchlichen Grundsätzen der beiden Religionsgemeinschaften. Man begegnet „... zwei unterschiedlichen konfessionellen Kulturen mit spezifischen sozialen Strukturen ... die das Handeln, Denken und Fühlen der Menschen prägen."[471]

Während auf evangelischer Seite der Protest von Anfang an sozusagen Gründungsgut war, gewährt das dogmatisch, hierarchisch geprägte römisch-katholische Kirchengefüge weniger Raum für individuelles Gedankengut.

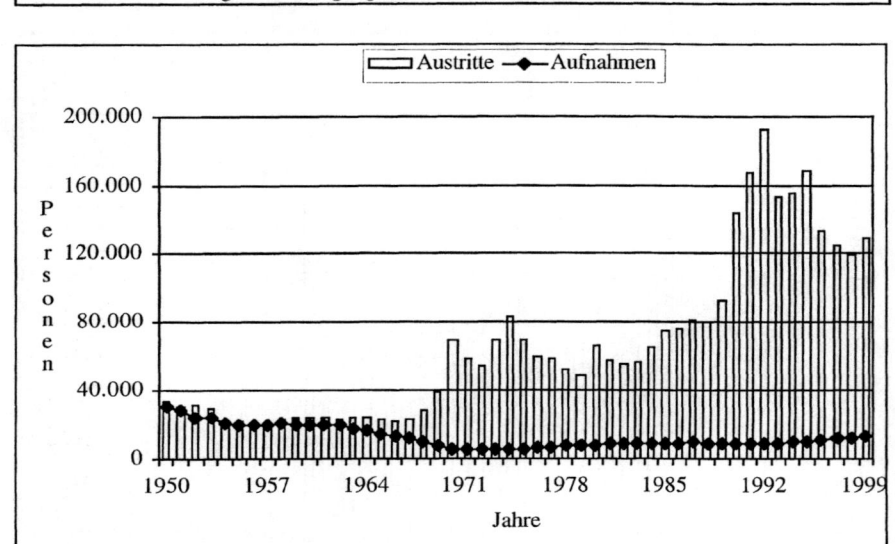

| Abb. 17: Mitgliederbewegungen der römisch-katholischen Kirche 1950–1999 |

Die dargestellten Mitgliederbewegungen (s. Abb. 17) legen die Vermutung nahe, dass die lehrmäßigen Wegweisungen der römisch-katholischen Kirche sich positiv auf die faktische Bindung der Gläubigen zu ihrer Kirche auswirken, da im direkten Vergleich aus der evangelische Kirche deutlich mehr Menschen austreten (s. Abb. 18).

Belegt wird diese Vermutung durch eine Untersuchung des Instituts Allensbach zur Kirchenbindung. Auf einer Skala von 0–10 zur Darstellung der Stärke der Kirchenbindung findet sich für evangelische Kirchenmitglieder ein Wert von 4.1, für katholische Kirchenmitglieder dagegen ein Wert von 5.3. Dazu gaben 39% der Befragten an, dass ihnen die römisch-katholische Kirche

---

[471] Kuphal, S. 69.

Orientierungshilfen für ein sinnvolles und christliches Leben gibt.[472] Evangelische Christen stimmten dagegen nur zu 28% der Aussage zu, dass sie in der Kirche seien, weil sie ihnen Antwort auf die Frage nach dem Sinn des Lebens gibt.[473]

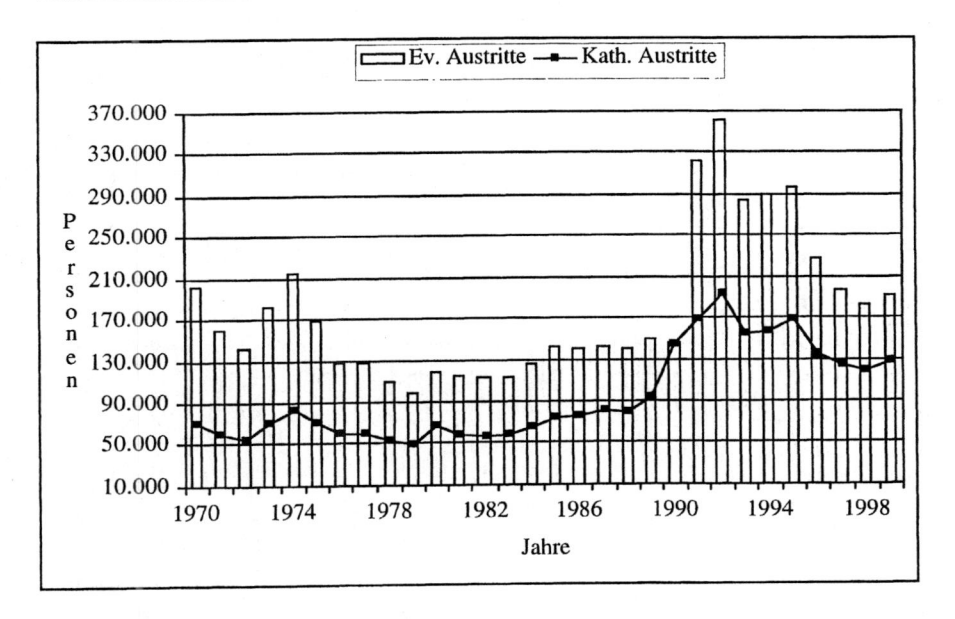

Abb. 18: Vergleich der Austritte aus der evangelischen und röm.-kath. Kirche 1970–1999[474]

Unterstützt wird die Vermutung einer größeren Kirchentreue katholischer Kirchenmitglieder durch den dritten Vergleich, in dem die Kirchenaustritte beider Konfessionen einander gegenübergestellt werden. Dabei zeigt sich, dass die Kurve der Austritte aus der römisch-katholischen Kirche auf einem viel niedrigeren Niveau verläuft als die vergleichbare Kurve der evangelischen Kirche. Meist liegt die vergleichbare Austrittszahl aus der römisch-

---

472 Vgl. Institut für Demoskopie Allensbach, Kirchenaustritt 1, S. 37, Schaubild 7 und S. 44, Schaubild 13.
473 Vgl. Engelhardt, Fremde Heimat Kirche, S. 39.
474 Bei der Darstellung der Austrittsdaten bleibt die Grundgesamtheit der Mitglieder beider Kirchen unberücksichtigt, da sie im Beobachtungszeitraum von 1970–1999 in etwa gleich ist. Siehe Abb. 16, S. 157.

katholischen Kirche bei 50–60% der vergleichbaren Austrittszahl aus der evangelischen Kirche.

Abb. 19: Vergleich der Aufnahmen in die evangelische und röm.-kath. Kirche 1970–1999[475]

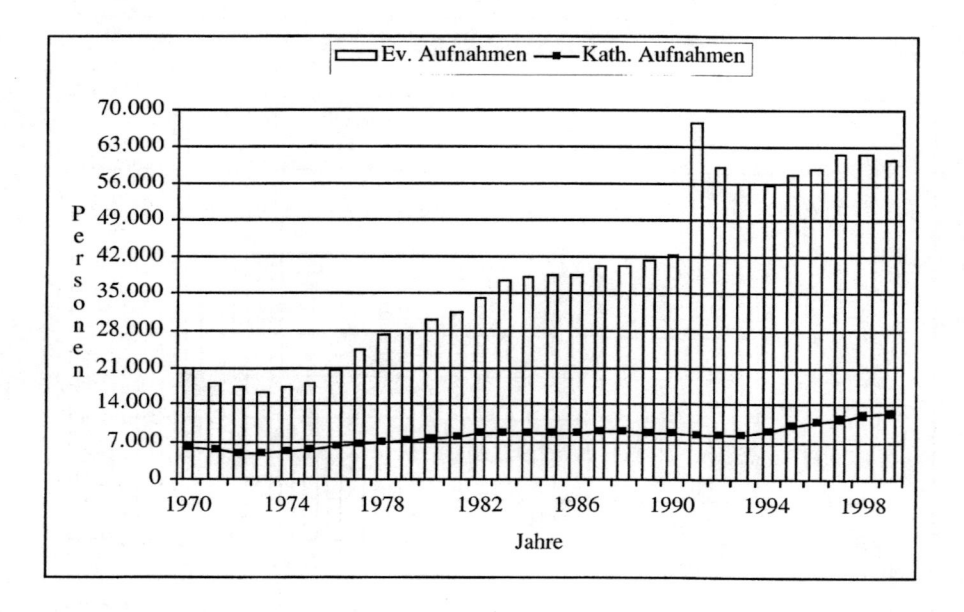

Dieser Umstand wird, wie Kuphal richtig bemerkt, von der Tatsache unterstützt, dass mehr Evangelische als Katholiken in Großstädten wohnen und in den Städten die Austrittsneigung der Kirchenmitglieder generell höher einzustufen ist als im ländlichen Bereich.[476] „Daß in den Städten mehr Personen ihre Kirchenmitgliedschaft aufkündigen, ist nun kein überraschender Befund. Einmal ist aus der Vergangenheit bekannt, daß die Zentren der Austrittsbewegung in den Städten lagen. Zum anderen wurde noch in jeder Untersuchung über die Kirchlichkeit ein Stadt-Land-Gefälle festgestellt."[477]

---

[475] Bei der Darstellung der Aufnahmedaten bleibt die Grundgesamtheit der Mitglieder beider Kirchen unberücksichtigt, da sie im Beobachtungszeitraum von 1970–1999 in etwa gleich ist. Siehe Abb. 16, S. 157.
[476] Vgl. Kuphal, S. 68.
[477] Ebd., S. 58.

Gleichzeitig sind in diesem Zusammenhang auch die unterschiedlichen Sozialstrukturen der beiden großen Kirchen als beachtenswerte Größe zu berücksichtigen.[478]

Ein weiterer Grund für die niedrigeren Austrittszahlen aus der römisch-katholischen Kirche ist sicherlich auch in der Tatsache zu finden, dass der Kirchenaustritt katholischerseits, wie eingangs dargestellt, anders als in der evangelischen Kirche, mit massiven kirchenrechtlichen Konsequenzen belegt wird.

Zusammenfassend ist festzuhalten:
- Die Mitgliedszahlen der evangelischen und der römisch-katholischen Kirche haben sich gegen Ende des 20. Jahrhunderts mit 32,7% bzw. 32,9% Anteil an der Gesamtbevölkerung auf gleichem Niveau eingependelt. Allerdings ging der prozentuale Bevölkerungsanteil der Mitglieder der evangelischen Kirche seit 1960 um 15,1% zurück, wohingegen die römisch-katholische Kirche lediglich einen prozentualen Anteil von 13,3% einbüßte.
- Die jährlichen Austrittszahlen aus der römisch-katholischen Kirche erreichen im Vergleich mit der evangelischen Kirche nur etwa zwei Drittel. Der Grund hierfür dürfte in dem größeren Mitgliederanteil der römisch-katholischen Kirche im ländlichen Bereich, der unterschiedlichen Sozialstruktur beider Kirchen und in den sich deutlich unterscheidenden kirchenrechtlichen Folgen eines Kirchenaustritts für den/die Betreffende/n zu finden sein.
- Diese Erkenntnis wird jedoch von dem Umstand relativiert, dass die hier diagnostizierte höhere faktische Bindung katholischer Christen an ihre Kirche keinen Rückschluss auf die innere Bindung der katholischen Gläubigen an ihre Kirche erlaubt. Eine Aussage über die Zufriedenheit der römisch-katholischen Kirchenmitglieder mit dem kirchlichen Angebot lässt sich hieraus nicht unmittelbar ableiten.
- Deutlich geringer ist die Zahl der jährlichen Aufnahmen in die römisch-katholische Kirche mit ca. 12.000 Aufnahmen gegenüber 60.000 Aufnahmen in die evangelische Kirche.
- Grundsätzlich setzt sich der bereits 1977 von Kuphal angeführte Trend eines auffälligen Gleichlaufs der Austrittskurven beider Kirchen, allerdings auf unterschiedlichem Niveau, fort. Diese Beobachtung erhärtet die Schlussfolgerung Kuphals, „... daß die relative Höhe der Kirchenaustritte

---

[478] Vgl. ebd., S. 107.

eine Größe ist, die irgendwelchen Impulsen gehorcht, die gesamtgesellschaftlicher Natur sind."[479]

Die Auswertung der statistischen Zahlen erhärtet die Vermutung, dass die beiden großen Religionsgemeinschaften von der zunehmenden Entkirchlichung der Bundesrepublik Deutschland gleichermaßen massiv betroffen sind. Diesem Problem gilt es ökumenisch entgegenzutreten, losgelöst von dogmatischen Lehrunterschieden, einzig das gemeinsame Ziel der Verkündigung des Evangeliums an möglichst viele Menschen in Deutschland im Blick habend.

4.7. Abschließende Bemerkungen

- Das statistische Datenmaterial liefert den bedenklichen Nachweis, dass sich die Austrittszahlen aus der evangelischen Kirche im Laufe von 115 Jahren auf einem ständig zunehmenden Niveau etabliert haben.
- Dabei ist problematisch, dass bei der EKD die Erhebungsdaten der einzelnen Landeskirchen erst über ein Jahr später vorliegen. Daraus folgt, dass Tendenzen und Entwicklungen viel zu spät erkannt werden und damit auch die Möglichkeit zur Reaktion oder Prävention nur sehr unzureichend genutzt werden kann. Hier empfiehlt sich eine umfassende bundesweite Vernetzung aller kirchlichen Einrichtungen in einem System, das jederzeit den Zugriff zu den aktuellen Daten sicherstellt. In Zusammenhang damit gilt es auch den Datenrahmen möglichst umfassend zu gestalten und auch derzeit vermeintlich unwichtige Erhebungsinhalte miteinzubeziehen..
- Es hat sich gezeigt, dass kirchlicherseits zwar eine zahlenmäßige Erfassung der Austrittsdaten durchgeführt wird, allerdings finden die daraus abgeleiteten Erkenntnisse in vielen Fällen keinen Niederschlag in dem Verhalten der evangelischen Kirche kirchenfernen Menschen gegenüber. In der Folge werden und können keine gesamtkirchlichen Strategien entwickelt werden.
- Weiterhin ist festzustellen, dass eine Befragung der Austretenden sowie der Wiedereintretenden nach ihren Gründen und Motiven durch die evangelische Kirche in der Regel unterbleibt. Jedoch wird nur so für die Kirche deutlich werden, in welchen Bereichen Veränderungen wünschenswert bzw. notwendig sind. Erst mit diesem Wissen kann kirchlicherseits geprüft werden, ob solche Veränderungen vorstellbar sind. Allerdings darf nicht übersehen werden, dass die Bereitschaft der Ausgetretenen, in diesem

---

[479] Ebd., S. 40.

Zusammenhang Auskunft zu erteilen, allerhöchstens bei 10% der Befragten liegen dürfte. Bei den Wiedereintretenden dagegen ist dieser Prozentsatz deutlich höher einzustufen. In der Summe könnte die EKD auf diesem Wege jährlich mehrere tausend Aussagen über Kirchenaustrittsgründe von Betroffenen erhalten. Damit läge in jedem Jahr ein durchaus repräsentatives Meinungsbild zum Kirchenaustritt vor.

- Die statistischen Möglichkeiten des 21. Jahrhunderts werden von der evangelischen Kirche nur teilweise genutzt. So findet z.B. eine Erfassung der Kirchensteuerzahlenden unter den Austretenden ebensowenig statt wie eine detaillierte Datenerfassung vom Kirchenaustritt betroffener religionsunmündiger Kinder.
- Eine weitere Beobachtung betrifft den Erfahrungsaustausch zwischen den ost- und den westdeutschen Landeskirchen. Die östlichen Landeskirchen können den westlichen Landeskirchen Hilfestellung geben, wenn es um die Erfahrungen auf dem Weg zu einer Minderheitenkirche geht. Umgekehrt können die westlichen Landeskirchen den östlichen Mut machen, nicht in der Minderheitenrolle zu verharren, sondern sich mit all den wiedererhaltenen Möglichkeiten einer *Volkskirche* auf den Weg heraus aus der Minderheitenrolle im Osten Deutschlands zu machen.
- Zuletzt ist darauf hinzuweisen, dass die niedrigeren Austrittszahlen aus der römisch-katholischen Kirche im Vergleich zur evangelischen mit einer klaren, einheitlichen kirchlichen Führung und Wegweisung der Mitglieder in Zusammenhang gebracht werden können.

5. Die gegenwärtig vorliegenden kirchlichen Konzepte zur nachgehenden Seelsorge an Ausgetretenen

An dieser Stelle soll gesichtet werden, welche aktuellen Maßnahmen die evangelischen Landeskirchen gegenwärtig ergreifen, um der großen Zahl von Kirchenaustritten zu begegnen und Ausgetretene zum Wiedereintritt einzuladen. Daher werden hier ausschließlich Bemühungen evangelischer Landeskirchen dargestellt, mit denen gezielt kirchenferne Mitglieder bzw. ehemalige Mitglieder erreicht werden sollen. Theorie und Aufbau dieser Modelle und Ansätze werden erfasst, um sie gegebenenfalls bei den eigenen konzeptionellen Überlegungen zu einem kirchenorientierten Marketingkonzept einfließen zu lassen.

Dagegen unterbleibt bewusst die Betrachtung von Aktionen einzelner Landeskirchen, die Öffentlichkeitskampagnen starten, um das Image der Kirche in der Gesellschaft zu verbessern bzw. generelle Zukunftsperspektiven für die kirchliche Arbeit entwickeln. Dazu gehören:

- Die Aktion des Stadtkirchenverbandes Köln ‚misch Dich ein' von 1994.[480]
- Das Projekt ‚evangelisch – aus gutem Grund' der evangelischen Kirche in Hessen und Nassau von 1996.[481]
- Die Standortbestimmung der östlichen Landeskirchen unter der Überschrift „Minderheit mit Zukunft" aus dem Jahr 1995.[482]
- Sowie die hierauf aufbauende Entwicklung von Leitlinien künftiger kirchlicher Arbeit in Ostdeutschland aus dem Jahr 1998 unter der Überschrift ‚Kirche mit Hoffnung'.[483]
- Des Weiteren das ‚Evangelische München-Programm' im Dekanat München von 1996.[484]
- Sowie die Überlegungen der Nordelbischen Synode, die unter der Fragestellung ‚Zukunft der Kirche – Kirche mit Zukunft' vom 26.–28. September 1996 tagte.[485]

---

[480] Evangelischer Stadtkirchenverband Köln (Hg.), misch Dich ein (Köln 1994).
[481] Evangelische Kirche in Hessen und Nassau (Hg.), evangelisch aus gutem Grund (Darmstadt 1996).
[482] Arbeitskreis „Kirche von morgen", „Minderheit mit Zukunft", epd-Dokumentation 3a/95 (Frankfurt am Main 1995).
[483] Ostdeutsche kirchliche Arbeitsgruppe, „Kirche mit Hoffnung".
[484] Evangelisch-Lutherische Kirche in Bayern Dekanat München, Das Evangelische München-Programm, McKinsey & Company (22. Juli 1996). - Sowie Ders., Die überarbeitete Fassung zum Stand der Umsetzung im Juli 1998.

Es verbleiben vier Projekte, in denen sich die VELKD und die Landeskirchen von Baden, Berlin-Brandenburg, Nordelbien und Westfalen auf den Weg der nachgehenden Seelsorge an kirchenfernen Menschen gemacht haben und machen, um ganz gezielt entweder die Beziehung zwischen Mitglied und Kirche zu festigen, Ausgetretene wiederzugewinnen oder neue Mitglieder zu werben. Die Darstellung der Projekte erfolgt bewusst in stark geraffter Form.

5.1. *neu anfangen* – Christen laden ein zum Gespräch[486]

Es handelt sich bei dieser Aktion, deren Vorläufer in Finnland und der Schweiz liegen, um ein ökumenisches Projekt evangelischer, katholischer und freikirchlicher Gemeinden, das zum Ziel hat, mit möglichst vielen Menschen einer Region über den Glauben ins Gespräch zu kommen. „*neu anfangen* zielt auf einen dialogischen Prozeß zwischen >Kirchennahen< und >Kirchenfernen<, der alle Beteiligte verändert, ohne zu vereinnahmen."[487]

In einer einmaligen Aktion wird per Telefon versucht, zu den Menschen einer Region Kontakt herzustellen. Ihnen wird ein Taschenbuch als Geschenk angeboten, in dem Menschen aus der Region erzählen, welche Bedeutung der christliche Glaube für sie hat. Haben die so angesprochenen Menschen weitergehendes Interesse gefunden, so besteht die Möglichkeit in zeitlich begrenzten Gesprächskreisen Erfahrungen über Gott und die Welt auszutauschen.

Das Projekt *neu anfangen* ist von seiner Konzeption her auf Übertragbarkeit angelegt. Die jeweiligen Bedürfnisse und Besonderheiten einer Region und der hier vorkommenden Kirchen können je nach Inhalt und Schwerpunkten aufgenommen werden. Allein die dabei entstehenden Kosten von ca. 2,– DM pro Einwohner/in der Projekt-Region bilden für manche Regionen und Kirchengemeinden, vor allem im Osten Deutschlands, eine problematische Hürde. Das zeigt das Beispiel Frankfurt/Oder: „Das Projekt ist im Kontakt mit der Hannoverschen Landeskirche entstanden und geplant worden. Hier wurde von einem finanziellen Aufwand in Höhe von 150.000–200.000 DM ausgegangen. Mit einem Anteil von ca. einem Viertel der Kosten wollte sich die Hanno-

---

[485] Nordelbische Evangelisch-Lutherische Kirche, Vorbereitungsausschuß der Synode (Hg.), Zukunft der Kirche – Kirche mit Zukunft, epd-Dokumentation 46/96 (Frankfurt am Main 1996).

[486] Ökumenische Projektgruppe *neu anfangen* (Hg.), neu anfangen – Christen laden ein zum Gespräch, Dokumentation über 10 Jahre (Bonn 1996).

[487] Faltblatt *neu anfangen*, ein Projekt und sein Profil, Innenseite 3.

versche Landeskirche beteiligen. Inzwischen zeigt sich, daß die zu erwartenden Kosten die Beteiligten in Frankfurt/O. überfordern und die Aktion dadurch blockiert wird."488

Ist die Entscheidung zur Durchführung des Projektes in einer Region gefallen, bedarf es eines 1 1/2-jährigen Vorbereitungsprozesses, in dem Mitarbeitende gewonnen werden und ihre Zusammenarbeit koordiniert wird. Das Taschenbuch wird erstellt, sowie die Telefonkontakte, die Besuchskontakte und die notwendige begleitende Öffentlichkeitsarbeit vorbereitet. In der folgenden 4–6-wöchigen Aktionsphase werden nach den Telefonkontakten die Taschenbücher überbracht und zu Gesprächsrunden eingeladen, die an darauf folgenden 5–7 Abenden in dem privaten Umfeld der Teilnehmer stattfinden. Den Abschluss der Aktion bildet ein ökumenischer Gottesdienst sowie die kritische Auswertung der Aktion durch die Veranstalter.

Die Übertragbarkeit des ökumenischen Projektes *neu anfangen*, seine inhaltliche Anpassungsfähigkeit an die regionalen und kirchlichen Gegebenheiten einer Region sowie der überschaubare, klar abgegrenzte Zeitrahmen sind sicher die Gründe für die seit über 10 Jahren sich fortsetzende Aktion.

Bis 1997 ist das Projekt in 27 Regionen und Städten durchgeführt worden. Beteiligt waren 20.000 Mitarbeitende in 599 Gemeinden, die rund 2 Millionen Menschen mit 500.000 Taschenbüchern und in fast 6.000 Gesprächsrunden angesprochen haben. „Es ist zwar nicht das primäre Ziel des Projektes, Menschen (wieder oder neu) in vorhandene kirchengemeindliche Strukturen zu integrieren. Es läßt sich jedoch statistisch nachweisen, daß in Regionen, in denen *neu anfangen* durchgeführt wurde, die Zahl der Kirchenaustritte zurückgegangen ist. *neu anfangen* als bewußt volkskirchlich verortetes Projekt trägt also auch zur Stabilisierung von Kirchenmitgliedschaft bei."489

---

488 Lutz Motikat, Kirche ohne Konfessionslose?, begegnungen 14 (Berlin 1996), 106.
489 Projektgruppe *neu anfangen* (Hg.), Ein Projekt stellt sich vor (Prospekt), S. 15.

5.2. Eine offene Tür[490]

In Anlehnung an den Satz Jesu: ‚Ich bin die Tür' (Joh. 10,9) trägt eine Handreichung für die Ältestenkreise, Gemeindegruppen und die kirchlich Mitarbeitenden der Badischen Landeskirche aus dem Jahre 1988 den Titel: ‚Eine offene Tür'.

Die Broschüre bietet in einem ersten Teil Informationen und theologische Überlegungen im Blick auf Kirchenaustritte und zur ‚missionarischen Kompetenz' einer Gemeinde in den neunziger Jahren. In diesem ersten Teil werden zunächst die möglichen Gründe für einen Kirchenaustritt erörtert.

Daran anschließend folgen Überlegungen, was zu tun ist: Hier wird die grundsätzliche Forderung nach überzeugender Verkündigungsarbeit ebenso genannt wie die Bereitschaft, sich auf die Vielfalt von Problemen und Anfragen einzulassen. D.h., als Basis wird die besondere Bedeutung des persönlichen Kontaktes betont, da die Auffassung vertreten wird, dass Kirchenmitgliedschaft Nähe braucht. Darüber hinaus wird kirchlicherseits die Forderung erhoben, Wertvorstellungen und ethische Konsequenzen in der Öffentlichkeit einzubringen.

In der Handreichung werden folgende Ratschläge zum Umgang mit dem Kirchenaustritt gegeben:
- Um einen Kirchenaustritt generell zu vermeiden, soll die Stabilisierung der Mitgliedschaft angestrebt werden.
- Ist ein Kirchenaustritt vollzogen worden, soll der ausgetretene Mensch nicht bloßgestellt werden, sondern auch weiterhin in der Kirche eine offene Tür vorfinden. Daher wird auch empfohlen, nach einiger Zeit an den Ausgetretenen einen Brief zu schreiben oder ihn sogar zu besuchen.
- Kommt es dann zum Wiedereintritt, so soll es keine Wartefristen für den Wiedereintretenden geben. Gleichzeitig wird angeregt, in Großstädten zentrale Dienststellen für Gespräch und Beratung dieser Menschen einzurichten.

Der zweite Teil der Broschüre gibt die Empfehlung des Evangelischen Oberkirchenrates für Kirchenälteste, Pfarrer und kirchliche Mitarbeiter vom 9. Februar 1988 wieder.[491]

---

[490] Evangelische Landeskirche in Baden - Oberkirchenrat (Hg.), Eine offene Tür (Karlsruhe 1988). Vom 15.11.-15.12.1999 folgte unter dem Motto ‚Gemeinsam auf gutem Weg' eine öffentliche Kampagne zur Mitgliedschaft in der Evangelischen Landeskirche in Baden. Ein Themenschwerpunkt u.a. dieser Aktion war der Wiedererwerb der Mitgliedschaft in der Evangelischen Kirche.

Grundsätzlich bemüht sich der Evangelische Oberkirchenrat um die Darstellung einer Gesamtsicht damaliger (1988) Kirchenaustrittsproblematik. Allerdings finden sich nur an einigen Stellen konkrete Anregungen zur Umsetzung im gemeindlichen Alltag.

5.3. ‚Kontakt-Telefon' und ‚Kirche – Ja'[492]

Unter dem Motto ‚Kirche – Ja denn sie ist für alle da', wurde vom 5. April bis zum 10. Mai 1997 von der evangelischen Landeskirche in Württemberg ein Kontakt-Telefon angeboten. Von den 4.726 Anrufenden in diesen fünf Wochen konnte mit 918 Personen ein Gespräch geführt werden. Diese Aufgabe teilten sich besonders ausgewählte kirchlich Mitarbeitende (ein/e Pfarrvikar/in) und die sog. kirchlichen Prominenten.

Die Telefonaktion wurde von einer umfassenden Öffentlichkeitsarbeit unterstützt. Anzeigen, Plakate und Spanntücher für Kirchen und Gemeindehäuser gab es in dieser Zeit ebenso wie die Broschüre ‚Kirche – Ja', die vom Amt für Information der Württembergischen Landeskirche herausgegeben wurde.

In dieser Broschüre warben prominente und weniger prominente Menschen in kurzen Statements zu jeweils einem der Stichworte – Glaube, Freude, Kunst, Frieden, Gemeinschaft, Vielfalt, Geborgenheit, Ökologie, Gerechtigkeit und Zukunft – bei den Menschen der Region um ein klares Ja zur Kirche.

Im Zusammenhang mit dem Stichwort ‚Annäherungen' fand die Vorstellung des oben beschriebenen Kontakt-Telefons statt. Gleichzeitig wurden unter diesem Stichwort sehr vorsichtig und gefühlvoll Menschen angesprochen, bei denen die Aktion Interesse geweckt hatte und die sich nach einem früher vollzogenen Austritt wieder für Kirche und Glauben interessierten. Sie wurden eingeladen, indem der Weg zurück in die Kirche beschrieben wurde.

Im abschließenden Abschnitt wurde der einladende Charakter der Aktion einfühlsam unterstrichen, der die Überschrift trug: ‚Ihre Rückkehr ist ein Grund zum Feiern!'

---

491 Siehe Anhang, S, 283, 3.3.
492 Evangelische Landeskirche in Württemberg - Amt für Information (Hg.), Kirche – Ja denn sie ist für alle da (Stuttgart 1997). - Sowie Ders., Dokumentation.

5.4. (WIEDER)DAZUGEHÖREN[493]

Die Aktion ist nicht neu. Bereits Anfang der 80er Jahre veröffentlichte die Nordelbische Landeskirche eine Broschüre zur Aufnahme in die evangelische Kirche mit dem Motto: ‚WIR LADEN SIE EIN'. Knapp 15 Jahre später hat die Westfälische Landeskirche den Inhalt dieser Veröffentlichung größtenteils übernommen und ebenfalls mit einer Broschüre im Jahre 1998 die Aktion ‚(WIEDER) DAZUGEHÖREN' gestartet.

Zu Beginn der Handreichung werden die Erfahrungen von vier Menschen geschildert, durch die diese zum Wiedereintritt in die Kirche bewegt wurden. Daran anknüpfend werden kirchenferne Menschen eingeladen sich der Kirche wieder zu nähern.

Ist der Entschluss zum Wiedereintritt gefasst, informiert die Broschüre über die notwendigen Schritte. In diesem Zusammenhang wird auch die Frage der Kirchensteuer angesprochen. Gleichzeitig wird seelsorgerlich zu einem neuen Anfang in der evangelischen Kirche eingeladen und eine Antwort auf die Frage ‚Warum in der Kirche sein?' gegeben.

Den Abschluss bildet ein sehr schöner Slogan, mit dem für die Westfälische Landeskirche geworben wird. Da heißt es: „Es ist schon richtig: Die Evangelische Kirche von Westfalen steht nicht für alles und jedes, aber sie steht für alle offen."[494]

Im Jahr 1998 erhielt die Landeskirche von Westfalen auf die Aktion (WIEDER)DAZUGEHÖREN vier Rückmeldungen, 1999 waren es fünfzehn. Dabei wurden von der Landeskirche die Anfragen an die Kirchenkreise und Gemeinden, deren Zahl deutlich höher liegen dürfte, statistisch nicht erfasst. Allerdings dürfte ein Rückkoppelung zwischen der Landeskirche sowie den Kirchenkreisen und Gemeinden über den Verlauf der Aktion sehr hilfreich sein um diese, ggf. korrigierend, zu begleiten.

Die Broschüre ist ansprechend gestaltet, bietet aber nach meiner Ansicht zu viel Text. Mit dem Einfügen von Bildmaterial wäre der visuelle Reiz sicherlich zu erhöhen.

---

[493] EKvW - Landeskirchenamt (Hg.), (WIEDER)DAZUGE-HÖREN (Bielefeld 1998).
[494] Ebd., S. 14.

5.5. Die Einrichtung von Wiedereintrittsstellen

Ziel einer solchen Wiedereintrittsstelle ist es – neben den Gemeindepfarrämtern – Anlaufstelle für aus der Kirche ausgetretene Menschen zu sein. Hier haben sie die Möglichkeit wieder einen ersten Kontakt mit Kirche aufzunehmen, werden informiert, oder können nach erfolgtem seelsorgerlichen Gespräch mit dem/der dort zuständigen Geistlichen ihren Wiedereintritt erklären.

Die erste Wiedereintrittsstelle entstand im Zusammenhang mit dem Kirchentag 1981 in der Hamburger Hauptkirche St. Michaelis. Hier ist es meist die Pfarramtssekretärin des Hauptpastors, die in einem ersten Gespräch die Interessierten über die Frage des Wiedereintritts in die Kirche informiert. Häufig wird von den Interessierten bei diesem ersten Kontakt der Hinweis auf die ebenfalls bestehende Wiedereintrittsmöglichkeit in der Kirchengemeinde am Wohnort gerne aufgegriffen und das Wiedereintrittsgespräch mit dem/der dortigen Gemeindepfarrer/in fortgesetzt. In den Fällen, in denen Menschen dort ihren Wiedereintritt nicht erklären möchten bzw. die ‚Anonymität' der Wiedereintrittsstelle bewusst suchen, wird ein Gespräch mit dem Hauptpastor vermittelt, nach dem der Wiedereintritt in St. Michaelis erklärt werden kann.

Erfolgt die Wiederaufnahme bei dem Pfarrer der Wiedereintrittsstelle, so wird zu einem Abendmahlsgottesdienst eingeladen. Die Teilnahme daran ist allerdings keine Bedingung für die Wiederaufnahme und wird auch nicht kontrolliert.

Nach einer gewissen Anlaufphase der Bekanntmachung verzeichnet die Hamburger Wiedereintrittsstelle täglich vier bis fünf Anfragen. Abgesehen von den in die Gemeinde vermittelten Wiedereintretenden wurden in der Hamburger Hauptkirche St. Michaelis 1996 82 Menschen wieder in die evangelische Kirche aufgenommen, 1997 waren es 43, 74 im Jahre 1998 und 1999 kehrten 61 Menschen zurück.[495]

Rechtlich ist die Einrichtung besonderer Aufnahmestellen in der Nordelbischen Landeskirche in der KMKMVO verankert. Dort heißt es zum Erwerb der Kirchenmitgliedschaft durch Aufnahme:

---

[495] Angaben der Wiedereintrittsstelle an der Hamburger Hauptkirche St. Michaelis (Stand: März 2000).

"§ 2
Besondere Aufnahmestellen
In der Nordelbischen Ev.-Luth. Kirche können mit Zustimmung des Nordelbischen Kirchenamtes besondere Aufnahmestellen eingerichtet werden.

§ 3
Entscheidung über die Aufnahme
(1) Über die Aufnahme entscheidet der angerufene Pastor unter Beachtung von Artikel 5 der Verfassung. Die Aufnahme erfolgt nach einem seelsorgerlichen Gespräch. Wird die Aufnahme bei einem anderen Pastor als dem der Wohnsitzgemeinde oder bei einer besonderen Aufnahmestelle beantragt, so haben der Pastor oder die Aufnahmestelle, ehe sie die Entscheidung treffen, den zuständigen Pastor rechtzeitig vor der Aufnahme zu benachrichtigen, um ihm Gelegenheit zur Stellungnahme zu geben."[496]

Gerade diese rechtliche Verankerung im Kirchengesetz bereitete der evangelischen Kirche in Berlin-Brandenburg bei der Errichtung von Wiedereintrittsstellen Schwierigkeiten, da hier der Wiedereintritt kirchenrechtlich mit der unmittelbar anschließenden Teilnahme am Abendmahl verbunden war. Hier bedurfte es einer Änderung des Dritten Kirchengesetzes der Grundordnung der Evangelischen Kirche in Berlin-Brandenburg vom 19. November 1994 auf der Landessynode im November 1997. Der Änderungsantrag wurde u.a. wie folgt begründet:

"Der Antrag beruht auf den Bemühungen der Kirchenleitung, verstärkt auf konfessionslos gewordene Menschen zuzugehen. Im Entwurf für eine neue Lebensordnung der EKU heißt es: ‚Um der Taufe willen wird sich die Gemeinde der Ausgetretenen besonders annehmen, ihnen nachgehen, sie informieren, für sie beten und sie immer wieder zur Rückkehr in die Kirche einladen (S. 27)'."[497]

Der Änderungsantrag wurde von der Landessynode am 15. November 1997 bei 13 Gegenstimmen und 4 Stimmenthaltungen in zweiter Lesung be-

---

[496] Nordelbische Evangelisch-Lutherische Kirche (Hg.), Rechtsverordnung über das Kirchenbuch- und Meldewesen sowie zur Kirchenmitgliedschaft (KMKMVO), Vom 17. Februar 1989 (GVOBl. S. 62), in: Göldner/Muus/Blaschke, 30. Erg. Lfg. (April 1994), 3.
[497] Vorlage der Kirchenleitung betr. Drittes Kirchengesetz zur Änderung der Grundordnung der Evangelischen Kirche in Berlin-Brandenburg vom 19. November 1994, S. 1 und EKU Lebensordnung, S. 27.

schlossen. So lautet jetzt der § 1 Abs. 1 in der Fassung vom 15. November 1997:

„(1)Wer nicht Mitglied einer Kirchengemeinde ist, kann dies nach den Bestimmungen der Ordnung des kirchlichen Lebens werden. Die Aufnahme erfolgt für Ungetaufte durch die Taufe. Der Gemeindekirchenrat oder eine andere von der Kirchenleitung bevollmächtigte Stelle entscheidet über die Wiederaufnahme von Ausgetretenen und die Aufnahme von aus einer anderen christlichen Kirche Übertretenden. Die Wiederaufnahme oder der Übertritt finden ihren angemessenen Ausdruck in der Teilnahme am Abendmahl."

Nachdem dieser grundsätzliche Beschluss der Landessynode erfolgt war, wurde unter Top 5 in der Sitzung der Kirchenleitung vom 16.1.1998 die Einrichtung von Wiedereintrittsstellen (bei einer Stimmenthaltung) beschlossen.[498] Die so geschaffenen juristischen Voraussetzungen ermöglichten, dass am 19. Mai 1998 die Kircheneintrittsstellen im Berliner Dom und in der Kaiser-Wilhelm-Gedächtnis-Kirche ihre Arbeit aufnehmen konnten.[499] Im September 1998 wurde an der Hl. Kreuz Kirche die dritte Berliner Wiedereintrittsstelle eröffnet. Die drei Stellen verzeichneten bis Ende des Jahres 1998 bereits fast 120 Wiedereintritte.

Angeregt durch die gemeinsamen Beratungen der Evangelischen Kirche der Union und der Evangelischen Kirche von Berlin-Brandenburg sowie der daraus resultierenden Errichtung von Wiedereintrittsstellen in Berlin, entschloss sich die Landessynode der Lippischen Landeskirche auf der Synodaltagung am 23./24. November 1998 ebenfalls eine Vorlage zur Änderung des Kirchengesetzes über die Ordnung des Lebens in der Gemeinde (Lebensordnung) einzubringen. In der Vorlage heißt es zur Begründung dieses Schrittes unter anderem: „Seit einiger Zeit wird auch in Lippe ein sogenanntes ‚anonymes' Verfahren für den Wiedereintritt in die Kirche diskutiert ... Zusätzlich zur bisher einzigen Möglichkeit des Wiedereintritts in der Ortskirchengemeinde kann es in manchen Fällen hilfreich sein, den Wiedereintritt in die

---

[498] Der Beschluss lautete (gemäß Protokollauszug der Kirchenleitung vom 16.1.98) wie folgt: „Die Kirchenleitung beauftragt das Konsistorium, in Absprache und gemeinsam mit der Kirchenkanzlei der Evangelischen Kirche der Union Wiedereintrittsstellen einzurichten. Die Kirchenleitung bevollmächtigt diese Stellen, Ausgetretene oder aus einer anderen christlichen Kirche Übertretende in die Evangelische Kirche in Berlin-Brandenburg aufzunehmen."

[499] Da der Berliner Dom zum Gebiet der EKU gehört, wurde auf EKU-Ebene ein analoger Beschluss gefasst.

Kirche an einem anderen Ort als in der zuständigen Kirchengemeinde zu erklären."[500] Die Landessynode schloss sich der in der Vorlage dargelegten Argumentation an und beschloss am 24. November 1998 die notwendigen Änderungen in der Lebensordnung. Dabei erfuhr der Unterabschnitt IV. folgende Erweiterung:

(5) Im Ausnahmefall kann ein Wiedereintritt auch vor anderen vom Landeskirchenamt bevollmächtigten Stellen erklärt werden. Der Beschluß über die Wiederaufnahme kann dann auch durch einen anderen als den zuständigen Kirchenvorstand unter Beachtung der Absätze 2 bis 4 erfolgen. Im Falle des Wiedereintritts durch Beschluß eines anderen Kirchenvorstandes ist der zuständige Kirchenvorstand entsprechend zu informieren."[501]

Einen Schritt weiter ging im Juni 2001 die Kirchenleitung der Evangelischen Kirche der Kirchenprovinz Sachsen. Nachdem die Synode im Herbst 2000 Grundnormen für die Errichtung und Tätigkeit von Wiedereintrittsstellen festgelegt hatte, wurde am 23. Juni 2001 von der Kirchenleitung eine detaillierte Verordnung zur Aus- und Durchführung des Wiederaufnahmegesetzes erlassen, die zum 1. Juli desselben Jahres in Kraft trat.[502]

5.6. Zusammenfassung

Aktionen und Projekte:
- Das Engagement der hier dargestellten Projektgruppe und Landeskirchen ist ausgesprochen positiv zu bewerten.
- Die durchgeführten Aktionen stoßen zum Teil auf große positive Resonanz.
- Durch die Aktionen wird die Bindung zwischen der evangelischen Kirche und kirchenfernen Menschen gefestigt bzw. (wieder)hergestellt.

---

500 Lippische Landeskirche - Landeskirchenrat, Vorlage des Landeskirchenrates zur Tagung der 31. ordentlichen Landessynode am 23./24. November 1998, Änderung des Kirchengesetzes über die Ordnung des Lebens in der Gemeinde (Lebensordnung), Vom 4. November 1998, S. 1 f.
501 Ebd., S. 3.
502 Vgl. Evangelische Kirche der Kirchenprovinz Sachsen: Verordnung zur Aus- und Durchführung des Wiederaufnahmegesetzes, Vom 23. Juni 2001, ABlEKD 10 (2001), 425. Siehe Anhang, S. 289, 3.8.

- Ungeachtet der großen Zahl von Kirchenaustritten gibt es in den Landeskirchen der EKD nur sehr wenige Versuche die Gruppe der austrittsgefährdeten und ausgetretenen Menschen gezielt anzusprechen.
- Es findet zu wenig Austausch – selbst erfolgreicher Konzepte – unter den evangelischen Landeskirchen statt.
- Es erfolgt keine gemeinsame Entwicklung von Konzepten aller evangelischen Landeskirchen.
- Auf zentraler EKD-Ebene liegen keine Konzepte zur Wiedergewinnung von Mitgliedern oder zur Kirchenaustrittsprävention vor.
- Zum Teil liegen die letzten landeskirchlichen Aktionen mehr als 10 Jahre zurück.
- Die Aktionen werden in kaum einer Landeskirche kontinuierlich fortgesetzt.
- Die Präsentation und Begleitung der Aktionen erfolgt teilweise nur unzureichend.
- Die Rückkoppelung zwischen einer Landeskirche und den eingebundenen Kirchenkreisen und Gemeinden im Verlauf einer Aktion weist teilweise deutliche Kommunikationslücken auf, so dass eine Erfolgskontrolle zum Teil nicht möglich ist.

Wiedereintrittsstellen:

- Die vorgestellten Beispiele lassen einen deutlichen Bedarf alternativer Formen, den Kirchen(wieder)eintritt zu erklären, in der Bundesrepublik Deutschland erkennen.
- Aus diesem Grund werden in immer mehr evangelischen Landeskirchen Wiedereintrittsstellen eingerichtet.
- Durch die Errichtung einer Wiedereintrittsstelle entstehen Personal- und Sachkosten, die angemessen zu vergüten sind.
- Immer mehr Synoden evangelischer Landeskirchen schaffen die rechtlichen Voraussetzungen um Wiedereintrittsstellen einzurichten.
- Um die Arbeit in einer Wiedereintrittsstelle zu regeln, legt z.B. die Evangelische Landeskirche der Kirchenprovinz Sachsen eine Verordnung zur Aus- und Durchführung vor.
- Zur Schaffung der kirchenrechtlichen Voraussetzungen für die Einrichtung von Wiedereintrittsstellen ist ein aufwendiges Verfahren notwendig.

	II. Prognose	
1. Negative Zukunftsperspektive		2. Positive Zukunftsperspektive
	3. Persönliche Einschätzung	

„In ... der **Prognosephase** ... sind die relevanten Marketingfaktoren zu prognostizieren, um die Zukunftschancen aufzudecken. Es geht dabei insbesondere um Trends im Kundenverhalten, im Konkurrenzverhalten und in der Umwelt sowie die Vorhersage von Markt- und Absatzentwicklungen. Die Aktivitäten gipfeln in der Frage: Wohin geht die Entwicklung?"[503]

Hierfür stehen unterschiedliche Prognoseverfahren zur Verfügung. Hier wird das ‚Heuristische Prognoseverfahren' gewählt. Dieses ist „ein Sammelbegriff für zweckmäßige, methodisch erarbeitete Prognoseverfahren ohne schematisches Prognosemodell ..."[504] Das ‚Heuristische Prognoseverfahren' bietet sich an, da es im vorliegenden Fall erforderlich ist, eine langfristige Prognose zu erstellen, deren Prognosegrundlage viele nicht nachprüfbare Elemente, basierend auf einem recht geringen Datenhintergrund, enthält. Die Darstellung erfolgt durch die Entwicklung von Zukunftsbildern, so genannten Szenarien.

Bei der Szenariotechnik „... handelt es sich um eine Beschreibung der zukünftigen Entwicklung des Prognosegegenstandes bei alternativen Rahmenbedingungen. Aufbauend auf der gründlichen Analyse der Gegenwart werden verschiedene Entwicklungsmöglichkeiten aufgezeigt, die sich zu einem qualitativen Gesamtbild für den Prognosezeitraum zusammensetzen lassen ..."[505] Mit Hilfe dieser Szenarien werden verschiedene mögliche Entwicklungen der evangelischen Kirche in den nächsten 30 Jahren diskutiert. Hierbei wird in Einflussfaktoren differenziert, die selbst gesteuert und auch initiiert werden können, sowie in externe Einflussfaktoren, die die Rahmenbedingungen zukünftig verändern, allerdings fremdbestimmt sind.[506]

Die Herstellung solcher Zusammenhänge erleichtert das Erkennen und Herausarbeiten von strategischen Ansatzpunkten. Daneben ermöglicht sie die

---

[503] Meffert, S. 14.
[504] Karl-Werner Hansmann, Artikel: Prognoseverfahren, in: Bruno Tietz, Richard Köhler, Joachim Zentes (Hgg.), Handwörterbuch des Marketing IV (Stuttgart ²1995), Sp. 2174.
[505] Ebd., Sp. 2175.
[506] Schon am Anfang des 20. Jahrhunderts stellte, wie die Forschungsgeschichte zeigt, Paul Göhre in seiner Untersuchung der neuesten Kirchenaustrittsbewegung aus den deutschen Landeskirchen eine solche Zukunftsprognose auf. Vgl. Göhre, S. 47.

Erstellung ggf. von Alternativkonzepten, wenn Rahmenbedingungen sich negativ oder positiv auf das Erreichen des Ziels auswirken. Dabei gilt es die Interdependenz der einzelnen Einflussfaktoren zu berücksichtigen. D.h., kommen unberücksichtigte Faktoren hinzu oder kommt es zu einer abweichenden Gewichtung einzelner Faktoren, kann sich die Realität abweichend bzw. deutlich verändert von der Prognose entwickeln.

Die hier dargestellten Szenarien sollen die mögliche Entwicklung der evangelischen Kirche bis zum Jahr 2030 in den Gesamtkontext des gesellschaftlichen Umfeldes bringen. Zu diesem Zweck werden ein positives und ein negatives Zukunftsbild entworfen. Damit werden kausale Zusammenhänge deutlich, die zum Teil von der Kirche selbst beeinflusst oder mitgesteuert werden können.[507] Auf dem Hintergrund dieser Erkenntnisse werden nun Zukunftsperspektiven entwickelt. Dabei stehen folgende Fragen im Vordergrund:
- Wie wird sich die Mitgliederstruktur in der evangelischen Kirche in Deutschland entwickeln?
- Welche Zielgruppen gilt es besonders anzusprechen?

---

[507] Der Ministerpräsident von Mecklenburg-Vorpommern, Berndt Seite, entwarf vor dem Theologischen Konvent Augsburgischen Bekenntnisses in Zinnowitz/Usedom folgendes Zukunftsbild: „Die Kirche als Volkskirche, so wie wir sie in der Vergangenheit kannten, wird mit größter Wahrscheinlichkeit nicht das Modell der Zukunft sein. Aber die Kirche wird weiter bestehen. Sie wird bestehen in überschaubaren Strukturen, die nahe am Menschen und seinem Alltag, seiner Arbeit und Freizeit sind, sie wird noch mehr von einer Volks- zu einer Gemeindekirche werden. Sie wird sich finanzieren können, aber nur ihre ureigensten Aufgaben. Sie wird Seelsorger, Prediger und Missionare finanzieren, Berufe also, die den direkten Kontakt zu den Menschen haben. Sie wird ihre menschen- und gemeindefernen Verwaltungsapparate, ihre Spezialisten und Beauftragten für seelsorgeferne Bereiche verkleinern müssen ... Die Kirche der Zukunft wird sich am Modell der ‚flachen Hierarchie' orientieren ... Die Botschaft der Kirche, die alte und doch ewig junge, wird weiter gehört werden, wenn sie einfach und wenn sie klar ist." Seite, S. 4 f.
Nach der Zukunft der christlichen Kirchen in Deutschland gefragt, antwortete der Zukunftsforscher Matthias Horx in einem Interview: Die Kirchen „... werden sich damit arrangieren müssen, daß es keinen Gesellschaftsmonotheismus mehr gibt. Auch werden sie sich darauf einstellen müssen, daß ihr gesellschaftlicher Ausnahmezustand dadurch relativiert werden könnte, daß die staatlich eingezogene Kirchensteuer durch die Europäisierung irgendwann zur Disposition steht ... Ein Standardmodell in Zukunft könnte sein: Ich bin zu sechzig Prozent Buddhist, kenne aber meine christliche Tradition, da ich humanistisch gebildet bin. Im Prinzip aber glaube ich, daß keiner wirklich etwas über Gott aussagen kann und das Leben natürlichen Gesetzmäßigkeiten folgt. Ein solcher Ansatz entspräche einem typischen modernen und fraktalen Weltbild. Je nach Bedarf eigne ich mir an, was mir nützt, sei es die Aroma-Therapie, Thai-Chi oder Ayurveda." Christoph Quarch, Michael Strauß, Grund zur Hoffnung, EK 1.1999, 19.

- Welche Ziele sind dabei realistisch und realisierbar?

Auf Grund der Bedeutung des Ratsvorsitzenden der EKD für zukünftige Entwicklungen innerhalb der evangelischen Kirche werden die aktuellen Einschätzungen des Präses Manfred Kock über die Zukunft der evangelischen Kirche bei der Entwicklung von Zukunftsperspektiven grundlegend einbezogen. Daran wird gleichzeitig deutlich, dass wichtige Faktoren für die folgenden Prognosen durchaus der Einschätzung hoher Kirchenführer entsprechen.

1. Negative Zukunftsperspektive der evangelischen Kirche

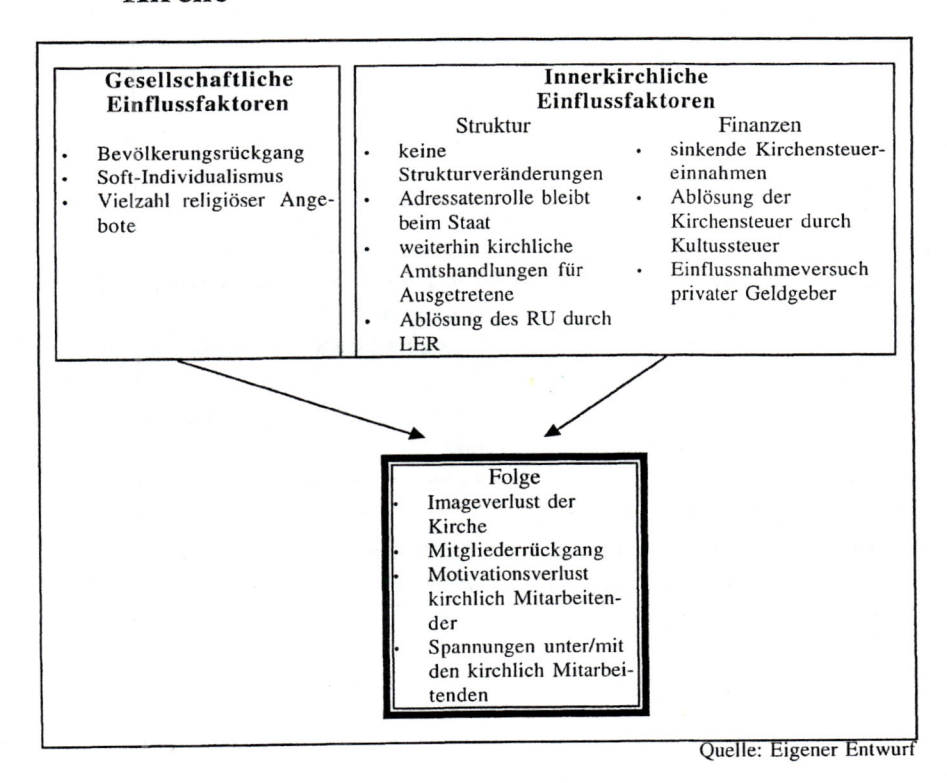

Gesellschaftliche Einflussfaktoren	Innerkirchliche Einflussfaktoren	
	Struktur	Finanzen
- Bevölkerungsrückgang - Soft-Individualismus - Vielzahl religiöser Angebote	- keine Strukturveränderungen - Adressatenrolle bleibt beim Staat - weiterhin kirchliche Amtshandlungen für Ausgetretene - Ablösung des RU durch LER	- sinkende Kirchensteuereinnahmen - Ablösung der Kirchensteuer durch Kultussteuer - Einflussnahmeversuch privater Geldgeber

↓

Folge
- Imageverlust der Kirche - Mitgliederrückgang - Motivationsverlust kirchlich Mitarbeitender - Spannungen unter/mit den kirchlich Mitarbeitenden

Quelle: Eigener Entwurf

Die demographischen Zahlen kurz vor der Jahrtausendwende prognostizieren für das Jahr 2030 einen Bevölkerungsrückgang in der Bundesrepublik Deutschland um ca. 12 Millionen auf unter 70 Millionen Menschen.508 In Deutschland „... entsteht ein Set von Werten, den die Trendforschung ‚Soft-Individualismus' nennt – Werte, die auf ‚freiwilliger Bindung und Gegenseitigkeit bei voller individueller Freiheit' beruhen ..."509 Unter diesen Voraussetzungen lässt sich für die Mitgliederentwicklung der evangelischen Kirche die folgende sehr bedenkliche Zukunftsperspektive entwerfen:

Nach wie vor stehen 150.000–200.000 Kirchenaustritten knapp 60.000 Neuzugänge im Jahr gegenüber. Dazu kommt ein jährlicher Verlust von ca. 100.000 Kirchenmitgliedern durch einen Überhang an Sterbefällen gegenüber Geburten und Taufen. So sinkt die Zahl der Mitglieder der EKD in den kommenden zehn Jahren kontinuierlich um etwa 200.000 jährlich auf unter 26 Millionen im Jahr 2010. D.h., jedes Jahr verliert die evangelische Kirche mehr Menschen, als in einer mittleren Großstadt in Deutschland leben. Besonders dramatisch ist die Entwicklung in den östlichen Landeskirchen, deren Mitgliederzahl auf unter 2,5 Millionen sinkt.

Dagegen bleibt der strukturelle Aufbau der EKD wie zur Jahrtausendwende ein Zusammenschluss eigenständiger Landeskirchen. Eine Zusammenlegung von Landeskirchen kommt auf Grund unterschiedlichster Interessen und Zielsetzungen trotz umfangreicher Verhandlungen nicht zustande.

Ebenso unverändert bleibt der Umgang mit aus der Kirche Ausgetretenen ein eher zweitrangiges Problem. Sie gelten weiterhin als ‚die Verlorenen', für die besondere Aufmerksamkeit vergebliche Mühe ist. Die Übernahme der Adressatenrolle bei der Austrittserklärung durch kirchliche Stellen wird nicht als Möglichkeit dem Kirchenaustritt zu begegnen akzeptiert und die ‚bewährte' Praxis des staatlichen Adressaten für die Austrittserklärung beibehalten. Gleichzeitig kommt es zu keiner konsequenten, in der EKD einheitlichen Ablehnung kirchlicher Amtshandlungen, sofern ein aus der Kirche ausgetretener Mensch daran beteiligt ist.

Die kirchliche Konturlosigkeit gerade an diesen wichtigen Stellen hat eine erhöhte Austrittsneigung bei Kirchengliedern auf Grund fehlender Konsequenzen zur Folge. Den östlichen evangelischen Landeskirchen gelingt es

---

508 Vgl. SB 89 (1994), 12 f.
509 Matthias Horx, „Glauben light", S. 25, in: Arnd Brummer, Wolfgang Nethöfel, Vom Klingelbeutel zum Profitcenter? (Hamburg 1997).

nicht, sich aus der Minderheitenrolle zu befreien, in die sie schon zu Beginn der 90er Jahre des 20. Jahrhunderts geraten waren. Für diesen Teil Deutschlands verliert die evangelische Kirche ihre staatskirchenrechtliche Basis und die damit verbundenen kirchenpolitischen Möglichkeiten zu früh, um dem hier massiv begegnenden Atheismus entgegenzuwirken. Besonders negativ wirkt sich in diesem Zusammenhang die von immer mehr Bundesländern vollzogene Aufhebung der Erteilung des schulischen Religionsunterrichts aus, an dessen Stelle nun das Fach Lebensgestaltung/Ethik/Religionskunde tritt.

Parallel zu der schwierigen Situation der östlichen Landeskirchen geht auch der Einfluss der westlichen Landeskirchen in Politik und Öffentlichkeit durch die stark gesunkenen Mitgliederzahlen massiv zurück. Nach Einschätzung des Ratsvorsitzenden der EKD – Präses Kock – erscheint zukünftig „... auf dem ‚Markt' religiöser Angebote einer pluralen Gesellschaft ... der christliche Entwurf als ein Angebot unter vielen."510

Im Jahre 2005 kommt es anstelle der staatlich erhobenen Kirchensteuer mit Einwilligung der Kirchen zur Einführung der lange geforderten Kultussteuer, die nach einem festen Schlüssel einzelnen dem Gemeinwohl dienenden Institutionen zugewiesen wird. Nach mehreren Steuerreformen, die jeweils sinkende Kirchensteuereinnahmen mit sich bringen, einer gleichbleibend hohen Arbeitslosigkeit und dem Erreichen der Grenze der möglichen Einsparungen im kirchlichen Bereich sehen die Landeskirchen der EKD es als die beste Möglichkeit an, auf das Recht zur Kirchensteuererhebung, wie es in den Staatskirchenverträgen, festgeschrieben ist, zu verzichten und einer, nach ihrer Meinung berechenbareren Kultussteuerzuteilung zuzustimmen. Die erhoffte Verbesserung der kirchlichen Finanzsituation durch diesen Schritt bleibt allerdings aus. Dafür verschlechtert sich das Ansehen der Kirche in der Öffentlichkeit nach diesem Schritt deutlich, da sie nur noch als eine unter vielen zu fördernden Kulturorganisationen angesehen wird.

Gleichzeitig werden kurzzeitig private Finanzierungsquellen für die kirchliche Arbeit erschlossen. Jedoch führen die häufig damit verbundenen Versuche der Einflussnahme auf kirchliche Inhalte durch die betreffenden Geldgeber zu einer baldigen Beendigung dieser Finanzierungsform kirchlicher Arbeit.

---

510 Kock, S. 3. - „Der christliche Glaube hat seine Monopolstellung verloren. Er muß sich auf dem Markt der Sinnstifter als ein Angebot neben anderen behaupten." Ebd., S. 2.

So sind die evangelischen Landeskirchen zu einem rigorosen Sparkurs gezwungen, der in den Gemeinden zu deutlichen Einschränkungen kirchlicher Arbeit führt. Dies bringt mancherorts fast die Verdrängung kirchlicher Präsenz aus dem öffentlichen Leben mit sich. Trotz des Verkaufs vieler Immobilien und Grundstücke müssen weitere kirchliche Arbeitsfelder aufgegeben werden.

Auch der Versuch der stärkeren Einbeziehung ehrenamtlich Mitarbeitender in die Gemeindearbeit führt zwar zu einer kurzzeitigen Entspannung der Situation, bringt aber in der Frage der letztendlichen Gemeindeleitungskompetenz solche Spannungen mit sich, dass die Gemeindearbeit nicht erleichtert, sondern im Gegenteil sogar erschwert wird.[511]

Diese Entwicklung belastet in besonderer Weise die Pfarrer/innen bei der Leitung der Gemeinden. Nachdem sie um die Jahrtausendwende deutliche reale Einkommensverluste hinnehmen müssen, ihren Beamtenstatus verlieren und durch einen fünf Jahre dauernden Einstellungsstopp die Arbeit der Pfarrer/innen zur Anstellung vielerorts mitmachen müssen, es außerdem an manchen Orten zu Zusammenlegungen von Gemeinden kommt, hat nicht nur ihre persönliche Motivation, den Pfarrberuf auszuüben, gelitten, sondern auch ihr Ansehen in der Öffentlichkeit.[512]

Die Auswirkungen auf die Nachwuchssituation im Pfarrberuf liegen auf der Hand. Nachdem Ende der 90er Jahre Tausende fertig ausgebildeter, qualifizierter Theologen/innen durch ihre Nichteinstellung gezwungen werden, in andere Berufe auszuweichen, nimmt die Zahl der Theologiestudierenden dramatisch ab. Die Folge ist, dass ab dem Jahr 2010 der notwendige Bedarf an Pfarrern/innen mit der Zahl der Studierenden nicht zu decken ist. Gleichzeitig setzt eine Überalterung der Pfarrer/innen im aktiven Dienst ein.

---

[511] „In Zukunft werden Gemeinden immer weniger damit rechnen können, daß sie eigene Pfarrerinnen bzw. Pfarrer oder auch einen hauptamtlichen Mitarbeiter bzw. Mitarbeiterin nur für sich allein beanspruchen können ... Die Präsenz der Kirche entscheidet sich künftig weniger an der Residenz des Pfarrers, als vielmehr an der Existenz der Gemeinde." Ebd., S. 9.

[512] „Um die Vielfalt und die Gemeinschaft kirchlicher Dienste erhalten zu können, wird von hauptamtlichen Mitarbeitern und Mitarbeiterinnen in Zukunft ein hohes Maß an Flexibilität und Mobilität erwartet werden. Sie müssen in Nachbargemeinden oder in einer ganzen Region Aufgaben übernehmen, die andernorts wegen unbesetzter oder aufgegebener Stellen nicht mehr erfüllt werden können." Ebd.

Zusammenfassend ist festzustellen, dass in diesem Zukunftsbild eine evangelische Kirche entworfen wird, die auf Grund uneinheitlicher Strategien, vieler Fehlentscheidungen und häufiger Konturlosigkeit mit einem schweren Imageverlust in der Gesellschaft zu kämpfen hat. Zusätzlich verliert sie ihren Status als Körperschaft öffentlichen Rechts. Die Folge ist, dass immer mehr Menschen ihren Austritt aus dieser Religionsgemeinschaft erklären.

Hauptfakta: Konturlosigkeit!

2. Positive Zukunftsperspektive der evangelischen Kirche

Gesellschaftliche Einflussfaktoren	Innerkirchliche Einflussfaktoren	
	Struktur	Finanzen
• Bevölkerungsrückgang • anhaltend hohe Arbeitslosigkeit • mehr soziale Ungerechtigkeit • zunehmende Vereinsamung • aggressive Jugendliche • Kirche als Stabilisierungsfaktor	• geschlossenes kirchliches Auftreten • gesellschaftspolitisches Engagement der Kirche • keine kirchlichen Amtshandlungen für Ausgetretene • intensive Bemühungen der Kirche um Ausgetretene • Übernahme der Adressatenrolle durch die Kirche	• Abnahme der Kirchenaustritte • Erhalt der Kirchensteuer • Erschließung zusätzlicher Finanzierungsquellen für kirchliche Aufgaben

Folge
• Konsolidierung kirchlicher Finanzen • Wiederaufnahme aufgegebener kirchlicher Arbeitsfelder • Personalentwicklung und -schulung • Motivationsschub bei den kirchlich Mitarbeitenden • hohes Niveau an Sozial- und Fachkompetenz kirchlich Mitarbeitender

Quelle: Eigener Entwurf

Auch für die positive Zukunftsperspektive sollen die demographischen Zahlen, die in der Bundesrepublik Deutschland einen Bevölkerungsrückgang für das Jahr 2030 um 12 Millionen Menschen prognostizieren, die Grundlage bilden. Anders jedoch als bei der negativen Zukunftsperspektive wird jetzt davon ausgegangen, dass die Bevölkerung von den Kirchen erwartet, dass sie „... ihre Rolle für die Wertorientierung in der Gesellschaft ... noch entschlossener als bisher wahrnehmen ..., daß die Kirche Mund der Stummen und Stimme der Schwachen in der Gesellschaft ist."[513]

Die anhaltend hohe Arbeitslosigkeit, die immer weiter auseinander klaffende Schere zwischen vielen Armen und wenigen Reichen, die dramatisch zunehmende Aggressivität von Jugendlichen, ausgelöst durch deren Perspektivlosigkeit, die weiterhin zunehmende Vereinsamung und Vereinzelung des Individuums, ausgelöst durch eine ständig wachsende Technisierung und Computerisierung, das alles führt dazu, dass der Ruf nach der Kirche als dem sozialen, ethischen Gewissen und Regulativ der Gesellschaft zunimmt.

Gleichzeitig arbeitet die EKD kontinuierlich daran, sowohl nach innen, wie auch nach außen, sich als gefestigte Einheit darzustellen und als die eine evangelische Kirche zu gesellschaftsrelevanten Fragen Stellung zu beziehen.

In der Frage der Mitgliedschaft kommt es zu einem bindenden Erlass für alle Landeskirchen, der unter anderem vorsieht, keine Amtshandlungen mit Beteiligung von Ausgetretenen vorzunehmen. Zudem wird das Problem der Kirchenaustritte weit in den Vordergrund kirchlicher Arbeit gerückt. Durch die Einrichtung von Wiedereintrittsstellen in allen Kirchenkreisen sowie die Ernennung von Mitgliederbeauftragten in allen Landeskirchen kann eine Struktur geschaffen werden, die eine konzentrierte, zielgerichtete und effektive Strategie möglich macht, der Vielzahl von Kirchenaustritten zu begegnen. Gleichzeitig gelingt es der evangelischen Kirche nach zähen Verhandlungen mit den Bundesländern, die Adressatenrolle für den Kirchenaustritt zu übernehmen.

In den östlichen Landeskirchen wird es möglich, nach einer sehr schweren Phase der Umorientierung, sich auf den Weg heraus aus der Minderheitenrolle zu machen. Dazu bedarf es einerseits Ausdauer, aber andererseits auch der Nutzung von Möglichkeiten, die einer *Volkskirche* in der Öffentlichkeit gegeben sind.

Alle diese Maßnahmen führen zu einer deutlichen Abnahme der Kirchenaustritte um fast 5% (d.h. ca. 10.000 Austritte) im Jahresdurchschnitt. Damit sinkt die Zahl der Austritte auf etwa 100.000 im Jahr 2010. Auch die Zahl der Neuzugänge, vor allem in den östlichen Landeskirchen steigen auf etwa 70.000 jährlich. So kann im Jahr 2010 eine Mitgliederzahl von über 27 Millionen festgestellt werden.

In finanzieller Hinsicht führt die so beschriebene Mitgliederentwicklung zu einer deutlichen Entspannung kirchlicher Haushalte. Dazu kommt die Tat-

---

[513] Ebd., S. 3 f.

sache, dass die Kirche nach einer Steuerreform zur Jahrtausendwende recht konstante Steuereinnahmen verzeichnen kann. Außerdem ist hier die sehr erfolgreiche Erschließung zusätzlicher Finanzierungsquellen für die kirchliche Arbeit im Laufe der Jahre zu nennen, die ebenfalls zu einer deutlichen Konsolidierung kirchlicher Finanzhaushalte beiträgt.

Diese Rahmenbedingungen ermöglichen der evangelischen Kirche, die in den neunziger Jahren aufgegebenen Arbeitsfelder in vorsichtigem Umfang wieder aufzunehmen. Ebenso können die Sparmaßnahmen, die die kirchlich Mitarbeitenden betrafen, aufgehoben werden. Diese freiwerdenden Finanzmittel werden gezielt in kirchliche Personalentwicklung und -schulung investiert. Der Erfolg ist ein deutlicher Motivationsschub in der kirchlichen Mitarbeiterschaft und ein hohes Niveau an Sozial- und Fachkompetenz.

Zusammenfassend ist festzuhalten, dass die EKD aus der schwierigen Entwicklung der neunziger Jahre des 20. Jahrhunderts lehrreiche Schlüsse und deutliche Konsequenzen gezogen hat. Die Organisationsstruktur der evangelischen Kirche wurde gestrafft, die Frage der Mitgliedschaft klar geregelt und die Finanzierung kirchlicher Arbeit auf mehrfache Weise sichergestellt.

3. Persönliche Einschätzung der zukünftigen Entwicklung der evangelischen Kirche[514]

Es ist sehr wahrscheinlich, dass es tatsächlich eine Abnahme der Bevölkerung in der Bundesrepublik Deutschland bis zum Jahr 2030 um über 10 Millionen Menschen gibt. So wird die evangelische Kirche nicht nur durch diese Entwicklung, sondern auch durch Sterbefälle und Austritte stetig abnehmende Mitgliederzahlen zu verzeichnen haben. Die Folge ist eine nicht abreißende Diskussion über den volkskirchlichen Status der evangelischen Kirche. Allerdings ist in diesem Zusammenhang ein Wegfall der Kirchensteuer in den kommenden 30 Jahren nicht zu erwarten.

Zunehmende Probleme ergeben sich zusätzlich aus dem Aufbau und der Struktur der EKD, da Entscheidungs- und Umsetzungswege zu verzweigt und damit zu schwerfällig sind. Dieses Symptom wird durch eine nur ungenügende Datenvernetzung auf allen kirchlichen Ebenen und den daraus folgenden mangelhaft genutzten Möglichkeiten kirchlicher Datenerfassung, -pflege und Statistik verstärkt. Frühzeitiges Erkennen, sofortiges Überdenken und schnelles Reagieren auf sowohl gesellschaftspolitische als auch kirchliche Fragen und Probleme sind deshalb für die Kirche kaum realisierbar.

So ist eine Entspannung der gegenwärtig schwierigen Finanzsituation der Kirche auch in den kommenden Jahrzehnten nicht zu erwarten. Im Gegenteil ist als Folge davon in Zukunft ein weiterer Abbau kirchlicher Arbeitsplätze zu prognostizieren. Auch das zunehmende ehrenamtliche Engagement innerhalb der Kirche wird nicht verhindern können, dass die evangelische Kirche massive Einschränkungen in ihrer Möglichkeit zu lehren und zu verkündigen hinnehmen muss.

Zusammenfassend ist ein negativer Trend für die Zukunft der evangelischen Kirche zu prognostizieren. Die durchaus entwickelten positiven Kräfte werden diesen Trend nicht aufhalten können. Es ist jedoch nicht auszuschließen, dass die beschriebenen Szenarien zu einem innerkirchlichen Umdenkungsprozess führen, der eine wesentlich positivere Entwicklung als die prognostizierte bewirkt.

---

[514] Hier wird der Versuch unternommen, aufgrund der persönlichen Einschätzung aus den beiden beschriebenen Szenarien die wahrscheinlichste Zukunftsentwicklung zu prognostizieren. Siehe dazu Meffert, S. 1249: „Aus den ... zunächst gleichberechtigten Szenarien entwickelte dann das ... Management kombinativ die zukünftige Konstellation der Makroumwelt, die subjektiv die höchste Wahrscheinlichkeit aufwies."

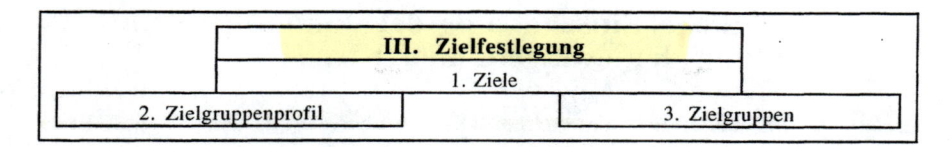

	III. Zielfestlegung	
	1. Ziele	
2. Zielgruppenprofil		3. Zielgruppen

An dieser Stelle „... sind **die langfristigen Unternehmens- und Marketingziele sowie die Strategie festzulegen**. Im Mittelpunkt steht dabei die Marktabgrenzung und die Wahl der zu bearbeitenden Marktsegmente, ferner sind die Akzente bei der Programmgestaltung und beim Einsatz der Marketinginstrumente sowie die grundlegenden Verhaltensweisen gegenüber Wettbewerbern, dem Handel und den Anspruchsgruppen festzulegen. In dieser Phase des strategischen Marketing wird das Konzept für das eigene unternehmerische Verhalten im Markt festgelegt. Es sind die Fragen zu beantworten: Was wollen wir erreichen? Welche grundlegenden Stoßrichtungen sind bei der Marktbearbeitung zu verfolgen?"[515]

In diesem Kapitel werden auf Grund der bisherigen Beobachtungen und Erkenntnisse zum Persönlichkeitsprofil eines kirchenfernen Menschen sowie zu dessen Motiven und Beweggründen Ziele formuliert, die durch die Umsetzung des im Folgenden vorgestellten strategischen Konzepts erreicht werden sollen. Dabei ist es für die Erreichung der angestrebten Ziele wichtig, den Fokus auf besondere Zielgruppen zu richten.[516]

---

[515] Meffert, S. 14.

[516] „Das Denken in Zielgruppen ist der Kirche ... durchaus vertraut, es hat eine lange Tradition, wenn wir z.B. bereits an die unterschiedliche Behandlung von Judenchristen und Heidenchristen bei Paulus denken." Raffée, Kirchenmarketing – die Vision wird Wirklichkeit, in: Vom Nutzen des Marketing für die Kirche, epd-Dokumentation 7/99 (Frankfurt am Main 1999), 15. Zitiert: Kirchenmarketing II.

1. Die Ziele des kirchenorientierten Marketingkonzeptes für den Umgang der Kirche mit ausgetretenen und kirchenfernen Menschen

Externe Ziele	Interne Ziele			
• Abnahme der Kirchenaustritte • Zunahme der Wiedereintritte	Mitarbeitende • Festigung der Corporate Identity durch: Bewusstseinsbildung, Geschlossenheit	Lehre • Beste Erfüllung des kirchlichen Auftrags in Verkündigung und Seelsorge • Wichtige Säule des Sozialstaats	Struktur • Sicherung des volkskirchlichen Status • Sicherung kirchlicher Arbeitsplätze • Schaffung zusätzlicher kirchlicher Arbeitsplätze	Finanzen • Kirchensteuermehreinnahmen

- In der evangelischen Kirche, d.h. bei den kirchenleitenden Organen, sowie bei den haupt- und ehrenamtlich Mitarbeitenden wird ein Bewusstsein geschaffen, das für den Umgang mit aus der Kirche ausgetretenen Menschen und kirchenfernen Menschen sensibilisiert.
- Alle Mitarbeitenden der evangelischen Kirche entwickeln eine Geschlossenheit in ihrer Haltung gegenüber kirchenfernen Menschen. Dadurch wird die Durchsetzungskraft in der Umsetzung der angestrebten Maßnahmen gefördert.
- Die Austrittsneigung der Mitglieder der evangelischen Kirche wird deutlich gemindert.
- In den kommenden fünf Jahren wird die Zahl der Kirchenaustritte aus der evangelischen Kirche – zusätzlich zu dem jeweils vorherrschenden Trend – um 10.000 pro Jahr gesenkt.
- Die Wiedereintrittsneigung ehemaliger Mitglieder der evangelischen Kirche wird deutlich erhöht.
- In den kommenden fünf Jahren wird die Zahl der Wiedereintritte in die evangelische Kirche – zusätzlich zu dem jeweils vorherrschenden Trend – um 1.500 pro Jahr erhöht.
- Die bestehenden Arbeitsplätze in der evangelischen Kirche werden gesichert.

- Es werden zusätzliche Arbeitsplätze in der evangelischen Kirche geschaffen.
- Die Erfüllung des Auftrags der evangelischen Kirche in Verkündigung, in Seelsorge und als prägendes christliches Element im staatlichen Sozialgefüge wird auf breitestmöglicher Basis gewährleistet.
- Die Position der evangelischen Kirche in der Gesellschaft der Bundesrepublik Deutschland als Volkskirche wird gesichert und gefestigt.

Die angestrebten Ziele haben die folgenden Auswirkungen auf die Entwicklung der finanziellen Situation der evangelischen Kirche:[517]
- 10.000 Austritte aus der evangelischen Kirche weniger im Jahr. D.h. jährliche Mehreinnahmen an Kirchensteuern für die evangelische Kirche in Höhe von 2,75 Millionen DM/1,40 Millionen €. D.h. in fünf Jahren Mehreinnahmen an Kirchensteuern in Höhe von 41,25 Millionen DM/21,05 Millionen €.
- 1.500 Wiedereintritte in die evangelische Kirche im Jahr. D.h. jährliche Mehreinnahmen an Kirchensteuern für die evangelische Kirche in Höhe von 412.500 DM/210.500 €. D.h. in fünf Jahren Mehreinnahmen an Kirchensteuern in Höhe von 6,2 Millionen DM/3,16 Millionen €.

---

[517] Die Berechnung legt zugrunde, dass pro Kirchenmitglied im Jahr 1997 gemessen an den Kirchensteuereinnahmen des Jahres rein rechnerisch 273,44 DM/139,51 € Kirchensteuer gezahlt wurden. Vgl. Petersen, S. 42. Umrechnungskurs: 1 €= 1,96 DM. Stand: Januar 1999. Auf Grund der jährlich steigenden Gesamtbasis ist mittel- und langfristig mit deutlich höheren Einnahmen zu rechnen.

2. Das Zielgruppenprofil

Bei der Erreichung der oben beschriebenen Ziele ist die Berücksichtigung besonderer Zielgruppen von immenser Wichtigkeit. Denn sie ermöglichen erst eine überprüfbare Operationalisierung. Diese Zielgruppen werden auf Grund der Untersuchungsergebnisse aus der Analysephase entworfen.

Die Ergebnisse der Analysephase in Bezug auf Verhaltensrelevanz/ Handlungsbezug/Statistik ermöglichen die Darstellung der Austrittsgefährdung kirchlicher Mitglieder auf dreifache Weise. Zunächst wird das Persönlichkeitsprofil herausgearbeitet, an dem sich der Grad der Austrittsgefährdung eines Menschen ablesen lässt. Es folgt die Darstellung der kausalen Komponente. Darin geht es um die Frage nach den Motiven, die zu einem Kirchenaustritt führen. Den Abschluss bildet die psychologische Komponente. Hier werden die Phasen erläutert, die ein Mensch, der seinen Austritt aus der Kirche erklärt, durchläuft. Anhand dieser drei Komponenten lässt sich die Kirchenaustrittsentscheidung eines Kirchenmitglieds nachzeichnen.

Abb. 20: Die drei Komponenten des Kirchenaustritts

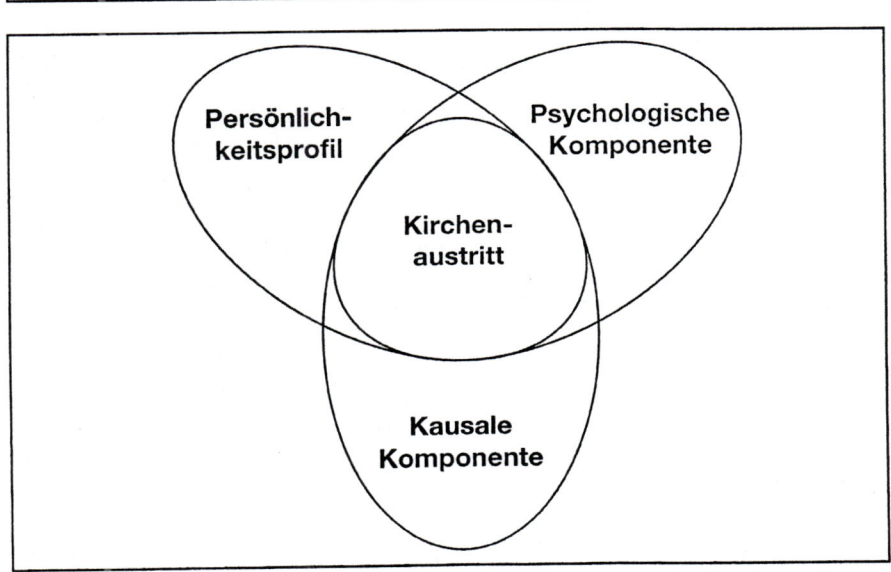

Quelle: Eigener Entwurf

Dabei ist zu beachten, dass grundsätzlich jede der drei Komponenten, wenn auch mit unterschiedlicher Gewichtung im Einzelfall, zur Austrittsentscheidung eines Kirchenmitglieds beiträgt.

2.1. Das Persönlichkeitsprofil eines kirchenfernen Menschen

Um eine Aussage über die Austrittsgefährdung eines Kirchenmitglieds treffen zu können, gilt es das Persönlichkeitsprofil unter Berücksichtigung bestimmter Segmentierungskriterien zu erstellen. „Dazu lassen sich zumeist verschiedene **Anforderungen** heranziehen, welche einerseits die Zweckmäßigkeit der Marktaufteilung gewährleisten und andererseits eine situationsspezifische Eingrenzung der Vielzahl möglicher Segmentierungskriterien erlauben sollen."[518]

Daher erfolgt in der vorliegenden Untersuchung eine Spezifizierung des einzelnen Kirchenmitglieds nach verhaltensorientierten, psychographischen, soziodemographischen und makrogeographischen Kriterien. Die Auswahl der einzelnen Merkmale innerhalb der jeweiligen Kriterien erfolgte auf Grund der Erkenntnisse aus der vorangegangenen Analysephase.

Im Einzelnen gilt für das verhaltensorientierte Merkmal der Nutzung kirchlicher Angebote sowie die makrogeographische Einteilung in Stadt- bzw. Landbevölkerung, dass diese Merkmale nur in Kombination mit anderen Segmentierungskriterien konkrete Aussagen ermöglichen. „Der Vorteil der makrogeographischen Segmentierung ist in der zumeist **sekundärstatistischen** und damit vergleichsweise **einfachen und kostengünstigen Datenbeschaffung** zu sehen. Darüber hinaus liefert diese Segmentierungsform bereits hilfreiche Anhaltspunkte für den regionalen Einsatz von Marketinginstrumenten. Sie stellt jedoch nur indirekte beziehungsweise grobe Bezüge ... her."[519]

Auch die soziodemographischen Kriterien sind einfach und ohne großen Kostenaufwand zu erheben. Zeitlich sind sie sehr konstant und bilden eine gute Grundlage für eine Vorausschau.[520]

Das psychographische Merkmal der religiösen Sozialisation gehört zu den grundlegenden Segmentierungskriterien der vorliegenden Ausarbeitung.

---

[518] Jesko Perrey, Nutzenorientierte Marktsegmentierung (Wiesbaden 1998), S. 24.
[519] Meffert, S. 181.
[520] Vgl. ebd., S. 186.

Dauer und Intensität dieses Merkmals bestimmen maßgeblich die Bindung eines Mitglieds an die Kirche.[521]

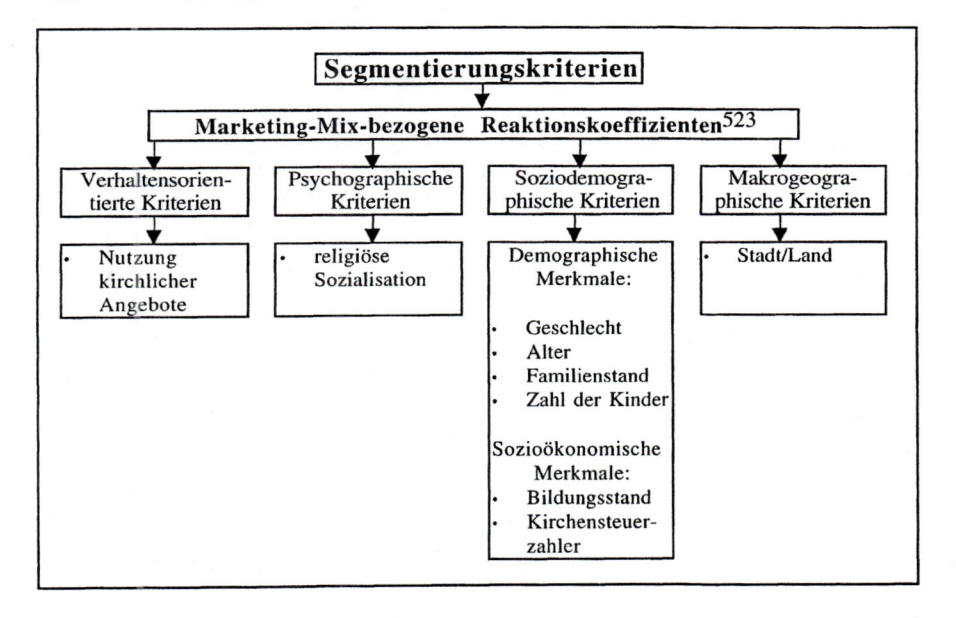

Abb. 21: Segmentierungskriterien zur Bestimmung der Kirchenaustrittsgefährdung[522]

```
                        Segmentierungskriterien
                                 ↓
                Marketing-Mix-bezogene Reaktionskoeffizienten[523]
     ↓                    ↓                    ↓                    ↓
Verhaltensorien-    Psychographische    Soziodemogra-       Makrogeogra-
tierte Kriterien    Kriterien           phische Kriterien   phische Kriterien
     ↓                    ↓                    ↓                    ↓
• Nutzung           • religiöse         Demographische      • Stadt/Land
  kirchlicher         Sozialisation     Merkmale:
  Angebote                              • Geschlecht
                                        • Alter
                                        • Familienstand
                                        • Zahl der Kinder

                                        Sozioökonomische
                                        Merkmale:
                                        • Bildungsstand
                                        • Kirchensteuer-
                                          zahler
```

Diese Vorgaben ermöglichen die Darstellung der Austrittsgefährdung kirchlicher Mitglieder auf zweifache Weise.

1. Anhand des verhaltensorientierten Kriteriums der Nutzung kirchlicher Angebote lassen sich die Mitglieder der evangelischen Kirche in drei große Gruppen (Kerngemeinde/Randgemeinde/Distanzierte) einteilen. Daran anschließend werden sie jeweils mit einem makrogeographischen Merkmal

---

[521] „Die Eignung der Einstellung als Segmentierungskriterium resultiert insbesondere aus der konativen Komponente ... Von der positiven oder negativen Einstellung gegenüber einem Objekt wird auf eine bestimmte Verhaltensweise ... geschlossen. Ebd., S. 188.
[522] Erstellung des Schaubilds in Anlehnung an: Perry, S. 26. - Vgl. auch Meffert, S. 180.
[523] „Es werden solche Käufer [Kirchenmitglieder] zu Segmenten zusammengefaßt, die ähnliche Reaktionen auf den Einsatz der Instrumente aufweisen." Hermann Freter, Artikel: Marktsegmentierung, in: Bruno Tietz, Richard Köhler, Joachim Zentes (Hgg.), Handwörterbuch des Marketing IV (Stuttgart ²1995), Sp. 1806.

(Wohnort) sowie mit drei soziodemographischen Merkmalen (Geschlecht/ Alter/Bildungsstand) versehen. Bereits mit diesen Merkmalen versehen, sind Rückschlüsse auf die Austrittsgefährdung eines Kirchenmitglieds möglich.

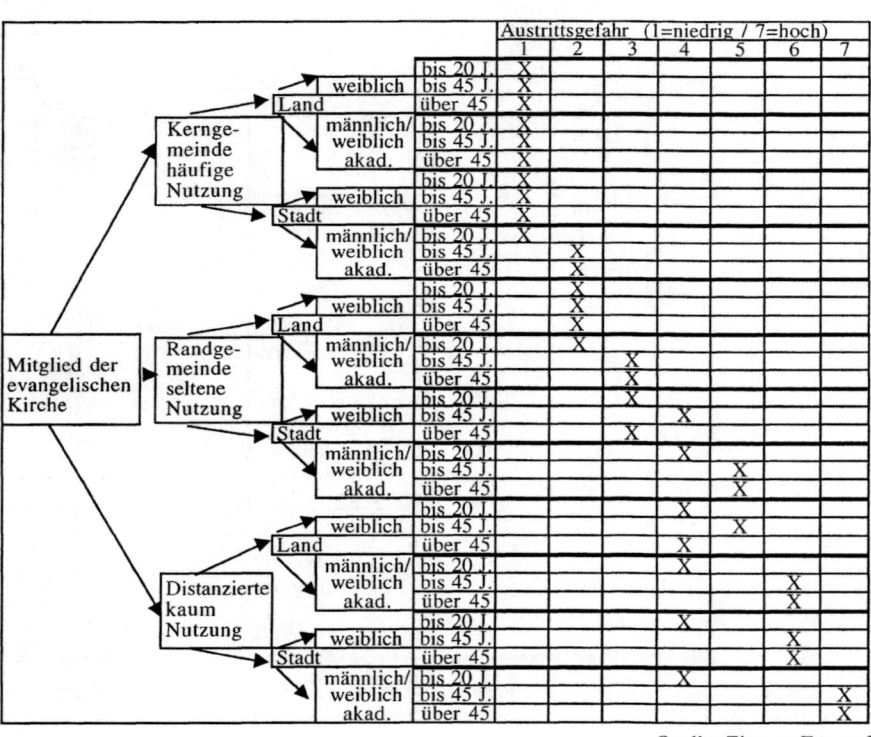

Abb. 22: Grad der Austrittsgefährdung von Kirchenmitgliedern

Mitglied	Gemeinde	Wohnort	Geschlecht/Bildung	Alter	\multicolumn{7}{c}{Austrittsgefahr (1=niedrig / 7=hoch)}						
					1	2	3	4	5	6	7
Mitglied der evangelischen Kirche	Kerngemeinde häufige Nutzung	Land	weiblich	bis 20 J.	X						
				bis 45 J.	X						
				über 45	X						
			männlich/weiblich akad.	bis 20 J.	X						
				bis 45 J.	X						
				über 45	X						
		Stadt	weiblich	bis 20 J.	X						
				bis 45 J.	X						
				über 45	X						
			männlich/weiblich akad.	bis 20 J.	X						
				bis 45 J.		X					
				über 45		X					
	Randgemeinde seltene Nutzung	Land	weiblich	bis 20 J.		X					
				bis 45 J.		X					
				über 45		X					
			männlich/weiblich akad.	bis 20 J.		X					
				bis 45 J.			X				
				über 45			X				
		Stadt	weiblich	bis 20 J.			X				
				bis 45 J.				X			
				über 45				X			
			männlich/weiblich akad.	bis 20 J.				X			
				bis 45 J.					X		
				über 45					X		
	Distanzierte kaum Nutzung	Land	weiblich	bis 20 J.				X			
				bis 45 J.					X		
				über 45				X			
			männlich/weiblich akad.	bis 20 J.				X			
				bis 45 J.						X	
				über 45						X	
		Stadt	weiblich	bis 20 J.					X		
				bis 45 J.						X	
				über 45						X	
			männlich/weiblich akad.	bis 20 J.					X		
				bis 45 J.							X
				über 45							X

Quelle: Eigener Entwurf

2. Eine noch genauere Bestimmung der Austrittsgefährdung eines Kirchenmitglieds wird im Einzelfall möglich, wenn zusätzlich zu den oben genannten Merkmalen weitere demographische Kriterien (Familienstand, Anzahl der Kinder), ein sozioökonomisches Kriterium (Kirchensteuerzahler) sowie ein psychographisches Kriterium (religiöse Sozialisation) in das Persönlichkeitsprofil eingearbeitet werden.

Anhand dieser Matrix lässt sich nicht nur für Kirchenmitglieder, sondern darüber hinaus für jeden Menschen ein konkretes Profil erstellen, das eine Einschätzung der Austrittsgefährdung ebenso ermöglicht, wie zugleich Auskunft über mögliche Berührungspunkte des/der Betreffenden mit der Institution Kirche gibt.

Abb. 23: Indikatoren zur Bestimmung der Austrittsgefährdung

		Austrittsgefährdung niedriger	Austrittsgefährdung höher
Geschlecht	weiblich	X	
	männlich		X
Alter	bis 20 Jahre	X	
	bis 45 Jahre		X
	über 45 Jahre	X	
Bildungsstand	allgemeine Bildung	X	
	akademische Bildung		X
religiöse Sozialisation	Elternhaus/Kindergarten/Schule	X	
	Kindergarten/Schule	X	
	keine		X
Wohnort	Stadt		X
	Land	X	
Familienstand	alleinstehend		X
	verheiratet	X	X
	verheiratet/Kind(er)	X	
Nutzung kirchlicher Angebote	häufig	X	
	selten		X
	kaum		X
Kirchensteuer-zahlende	ja		X
	nein	X	

Quelle: Eigener Entwurf

Das bedeutet für die Ausrichtung kirchlicher Arbeit mit kirchenfernen Menschen, dass folgende Merkmale relevant sind:[524]

- Es werden vornehmlich gut gebildete Menschen im Alter von 20-45 Jahren sein, die im städtischen Bereich leben oder arbeiten.
- Es werden Menschen sein, die am Rand der Kirche leben und eine deutliche Distanz zu dieser empfinden. Das muss nicht immer so gewesen sein. So ist

---

[524] Auch Kuphal fordert die Suche nach ‘überindividuellen’, ‘objektivierten’, ‘sozialen’ Motiven. Er schreibt: „Eine als befriedigend erachtete Lösung mußte so beschaffen sein, daß sie auf gesamtgesellschaftlichen Wirkungszusammenhängen beruht und zugleich das individuelle Verhalten berücksichtigt." Kuphal, S. 143.

auch der Weg eines Kirchenmitglieds über einen längeren Zeitraum von der Kerngemeinde hin an die Ränder der Gemeinde mit deutlich zunehmender kirchlicher Distanz denkbar.
- Es werden Menschen sein, die von kirchlichen Angeboten nur schwer erreicht werden.
- Es werden Menschen sein, die sich über den Nutzen einer kirchlichen Mitgliedschaft mehr und mehr Gedanken machen.
- Es werden Menschen sein, die entweder alleine leben oder zunehmend Kontakte in einem unkirchlichen Umfeld aufbauen bzw. aufgebaut haben.
- Es werden Menschen sein, die ihr soziales Umfeld wechseln.
- Es werden Menschen sein, die kaum eine oder gar keine religiöse Sozialisation gehabt haben.

2.2. Die kausale Komponente eines Kirchenaustritts

Hier geht es darum, die Austrittsgründe, die Motive darzustellen, die einen Menschen bewegen, wenn er seine Religionsgemeinschaft verlässt. Es zeigt sich, dass der Kirchenaustrittsentscheidung eines Menschen die unterschiedlichsten Motive zugrunde liegen. Dabei ist es wichtig zu erkennen, dass diese Entscheidung eines Menschen nicht nur ein Motiv als Begründung hat, sondern der Entschluss zum Kirchenaustritt entwickelt sich meist über einen längeren Zeitraum und durch die Verbindung mehrerer Motive.[525]

Zudem gilt: „Je größer die Tragweite einer Entscheidung eingeschätzt wird, desto weniger orientiert man sich an der Sache, um die es im engeren Sinne geht. Statt dessen zieht man größere Zusammenhänge zur Beurteilung heran."[526] Wird allerdings zu einem bestimmten Zeitpunkt der Kirchenaustritt erwogen, „führt der einzelne diese Überlegungen häufig nicht auf diesen langwierigen Entfremdungsprozess zurück, sondern auf konkrete Anlässe für Ver-

---

[525] Vgl. Institut für Demoskopie Allensbach, Begründungen und tatsächliche Gründe für einen Austritt aus der katholischen Kirche (Allensbach 1993), S. 3. - Vgl. Köcher, Sp. 1511. - Vgl. Hermelink, S. 49.
[526] Peter Stoll, Sozialwissenschaftliche Überlegungen zur Kirchenmitgliedschaft, in: Hermann von Loewenich, Horst Reller (Hgg.), Unterwegserfahrungen, Gemeinde entwickeln in West und Ost, Überlegungen und Kurzkommentare zur „missionarischen Doppelstrategie" (Gütersloh 1991), S. 101.

ärgerung oder eine Neubewertung der Mitgliedschaft in der letzten Zeit ..."[527] Im Einzelnen lassen sich folgende Austrittsmotive erkennen:

Abb. 24: Austrittsmotive		
Innere Impulse	**Äußere Impulse**	
	sozial	**politisch/kirchenpolitisch**
• Persönliche Enttäuschung • Persönliches Problem • Plötzliche Notlage • Glaubenszweifel	• Fehlende religiöse Sozialisation • Familiäre/soziale Bindung • Wechsel des sozialen Umfeldes/der Bezugsperson • Fehlendes kirchliches Angebot • Unzufriedenheit mit kirchlichen Angeboten • Differenzen mit kirchlich Mitarbeitenden bzw. Kirchenmitgliedern • Abwerbung durch andere religiöse/weltliche Gruppen	• Gesellschaftspolitische Veränderungen • Gesellschaftliche Bindungen • Politischer Druck • Kirchenpolitische Stellungnahme • Finanzleistungen

Innere Impulse:
- Ein Mitglied hat eine ganz bestimmte Erwartung an die Kirche bzw. kirchlich Mitarbeitende, die enttäuscht wird.[528]
- Ein Mitglied hat ein persönliches Problem, befindet sich in einer Notlage, erkrankt und/oder hofft auf Unterstützung von Kirchenmitgliedern bzw. kirchlich Mitarbeitenden und wird darin enttäuscht.

---

[527] Institut für Demoskopie Allensbach, Kirchenaustritt 1, S. 12. - „Viel plausibler ist, daß 1. die Entscheidung über Kirchenmitgliedschaft ... bereits vor dem eigentlichen Vollzug des Austritts gefallen ist und daß 2. von Ausgetretenen diese Entscheidung im nachhinein ... rationalisiert wird." Stoll, S. 101.

[528] Vgl. Klaus Hartmann, Detlef Pollack, Gegen den Strom (Opladen 1998), S. 104, Fallbeispiel Andreas Grube: „Nicht seine eigene biographische Entwicklung wie auch innere Distanz zur Kirche, sondern der von der Kirche nicht ausreichend hergestellte Bezug zu seinem Alltag führte zu seinem Austritt." - „Ich bin aus der Kirche ausgetreten, weil ich mich über Pastor/innen und/oder andere kirchliche Mitarbeiter/innen geärgert habe." Diese Aussage trifft zu bei 16% der ausgetretenen Westdeutschen und 9% der ausgetretenen Ostdeutschen. Engelhardt, Fremde Heimat Kirche, S. 327.

- Ein Mitglied stellt seinen Glauben in Frage. Es kommt zu ernsthaften Zweifeln in religiösen Kernaussagen. Der Wunsch nach Abstand von der Religionsgemeinschaft nimmt zu.

Äußere Impulse – sozial:
- Hat ein Mensch keine oder nur eine geringe religiöse Sozialisation erfahren, hat das maßgeblichen Einfluss auf seine Kirchenbindung.
- Kommt es im familiären oder sozialen Umfeld eines Kirchenmitglieds zu einem Kirchenaustritt, kann sich diese Entwicklung negativ auf die Haltung des/der Betreffenden der Religionsgemeinschaft gegenüber auswirken.
- Ein Kirchenmitglied wechselt die Bezugsperson/en und/oder das soziale Umfeld.[529]
- Die Austrittsneigung steigt, wenn für den/die Betreffende/n ein kirchliches Angebot fehlt bzw. als unzureichend empfunden wird.
- Spannungen und Streitigkeiten mit anderen Kirchenmitgliedern, vor allem mit kirchlich Mitarbeitenden fördern die Austrittsbereitschaft erheblich.
- Mitglieder, die in der Kirche nicht den gewünschten Halt, die notwendige Führung und/oder soziale Geborgenheit finden, stehen in der Gefahr von anderen religiösen oder weltlichen Gruppierungen abgeworben zu werden.[530]

Äußere Impulse – politisch/kirchenpolitisch:
- Kommt es zu gesellschaftspolitischen Veränderungen, durch die eine Kirchenmitgliedschaft in Frage gestellt und kritisch hinterfragt wird, steigt die Austrittswahrscheinlichkeit von Kirchenmitgliedern.[531]

---

[529] „Der Kirchenaustritt von Inge Noeller hing – dies liegt offen zutage – mit dem Wechsel ihrer primären Bezugsgruppe im Jugendlichenalter zusammen. Nachdem sie in eine neue Gruppe von nichtchristlich geprägten Jugendlichen ... hineingekommen ist, brechen die christlichen Einflüsse ... ab. Hartmann, Pollack, S. 122. - „Ich bin aus der Kirche ausgetreten, weil auch meine Freunde und Bekannten nicht in der Kirche sind." Diese Aussage trifft zu bei 17% der ausgetretenen Westdeutschen und 24% der ausgetretenen Ostdeutschen. Engelhardt, Fremde Heimat Kirche, S. 327.

[530] „Ich bin aus der Kirche ausgetreten, weil ich eine andere religiöse Überzeugung gefunden habe." Diese Aussage trifft zu bei 9% der ausgetretenen Westdeutschen und 3% der ausgetretenen Ostdeutschen. Ebd.

[531] „Es war nicht repressiver politischer Druck, der zu Inge Noellers Distanzierung von der Kirche geführt hat. Wohl aber hat die allgemeine kirchenfeindliche gesellschaftliche Atmosphäre nicht unerheblich dazu beigetragen." Hartmann, Pollack, S. 122.

- Lebt ein Kirchenmitglied in einem unkirchlichen sozialen Umfeld, nimmt die Austrittsgefährdung zu.[532]
- Wird auf ein Kirchenmitglied politischer Druck ausgeübt, besteht akute Austrittsgefahr.[533]
- Öffentliche Äußerungen und Stellungnahmen kirchlicherseits, die von einem Mitglied abgelehnt werden, können sich negativ auf die Kirchenbindung auswirken.[534]
- Beurteilt ein Kirchenmitglied die Kirchensteuerforderung kritisch oder wird ein Kirchenmitglied mit zusätzlichen Finanzzahlungen vom Staat belegt, steigt die Austrittswahrscheinlichkeit.[535]

2.3. Die psychologische Komponente eines Kirchenaustritts

Bei dem Entschluss zum Kirchenaustritt spielt auch eine psychologische Komponente eine Rolle. Diese wird, wie an verschiedenen Stellen dieser Arbeit gezeigt, von externen und emotionalen Prozessen begleitet.
- So werden Austrittsmotive herausgearbeitet, die deutlich von Emotionen wie Ärger und Enttäuschung begleitet sind.
- Die Bedeutung der kirchenspezifischen religiösen Sozialisation ist an mehreren Stellen der Untersuchung im Zusammenhang mit der Frage der inneren Kirchenbindung eines Mitglieds von großer Wichtigkeit.
- Ebenso beeinflussen individuell unterschiedlich wahrgenommene Austrittsbarrieren (z.B. soziales Umfeld, Nutzungsmöglichkeit von Amtshandlungen, moralische Bedenken) die Austrittsentscheidung eines Menschen.

---

532 „Ich bin aus der Kirche ausgetreten, weil das Leben in der DDR und die Zugehörigkeit zur Kirche nicht zu vereinbaren waren." Diese Aussage trifft zu bei 21% der ausgetretenen Ostdeutschen. Engelhardt, Fremde Heimat Kirche, S. 327.

533 „Ich bin aus der Kirche ausgetreten, weil ich politisch unter Druck gesetzt wurde." Diese Aussage trifft zu bei 12% der ausgetretenen Ostdeutschen. Ebd.

534 „Als ein weiterer Faktor spielt der Modernitätsgrad der Kirche in die ... Austrittsentscheidung hinein. Kritik an der Kirche als konservativ, veraltet und lebensfern wird von den Befragten immer wieder geäußert." Hartmann, Pollack, S. 150. - „Ich bin aus der Kirche ausgetreten, weil ich mich über kirchliche Stellungnahmen geärgert habe." Diese Aussage trifft zu bei 42% der ausgetretenen Westdeutschen und 17% der ausgetretenen Ostdeutschen. Engelhardt, Fremde Heimat Kirche, S. 327.

535 „Ich bin aus der Kirche ausgetreten, weil ich dadurch Kirchensteuer spare." Diese Aussage trifft zu bei 58% der ausgetretenen Westdeutschen und 46% der ausgetretenen Ostdeutschen. Ebd.

- Auch die Frage nach alternativen glaubens- bzw. lebensgestaltenden Möglichkeiten (z.B. Sekten, humanistische oder atheistische Ansätze) wird mitbedacht.
- Die statistisch belegte große Zahl von Wiedereintritten macht besonders deutlich, dass es auch nach dem Austritt eines Mitglieds ein Verbundenheitsgefühl zu der verlassenen Religionsgemeinschaft geben kann.
- Jeder Betreffende steht an einem gewissen Punkt des Lebenszyklus, der Einfluss auf eine besondere Nähe bzw. Distanz zur Kirche hat. Dieser spielt in vielen Befragungen und Untersuchungen eine entscheidende Rolle. Erkenntnisse hierüber sind vor allem mit Hilfe der Erstellung des Persönlichkeitsprofils eines Menschen möglich.
- Hinzu kommen die praktischen Erfahrungen, die ich in meiner pfarramtlichen Tätigkeit in vielen Gesprächen mit kirchenfernen und ausgetretenen Menschen gemacht habe. Darin kam häufig zum Ausdruck, dass der Austritt für den/die Ausgetretene/n einen tiefen Einschnitt oder sogar Konflikt in der eigenen Biographie darstellte, der gar nicht oder nur unzureichend verarbeitet bzw. geklärt wurde.

Diese Erkenntnisse lassen den Schluss zu, dass dem Kirchenaustritt eines Menschen ganz bestimmte Entwicklungsphasen vorausgehen und nachfolgen. Eine genaue Analyse dieser Phasen ist für die Erstellung effektiver Konzeptionen zur Stärkung bzw. Wiederherstellung einer kirchlichen Mitgliedschaft unabdingbar. Sie ermöglicht ein umfassendes Verständnis und Annehmen der jeweiligen emotionalen Haltung und des Standpunktes der Betreffenden.

Daher werden in diesem Kapitel die bisherigen Erkenntnisse und Ergebnisse über das Empfinden kirchlicher Mitglieder zu einem Phasenmodell gebündelt und dargestellt. Zudem werden die einzelnen Phasen vorgestellt und erläutert, die ein aus der Kirche ausgetretener Mensch von seiner religiösen Sozialisation bis in die Zeit nach seinem Kirchenaustritt durchläuft.

Erste Phase:
religiöse Sozialisation – keine/geringe religiöse Sozialisation

Die religiöse Sozialisation eines Menschen geschieht zuerst und in erster Linie in seinem Elternhaus. Sofern eine religiöse Einstellung im Leben der Eltern eine Rolle spielt, kommt ein Kind sehr bald damit in Berührung. Dabei ist in vielen Fällen die Taufe der Initiationsritus. „Das Kind übernimmt die von den Eltern geübte Kirchlichkeitspraxis ..."536

Für die christliche Religion heißt das eine erste Begegnung mit den christlichen Sitten und Gebräuchen – den Gottesdiensten, den Liedern und Gebeten, den biblischen Geschichten, den kirchlichen Festen, den Werten der biblischen Botschaft.

Vermittler dieser christlichen Werte sind in erster Linie die Eltern und Geschwister. Auch die Großeltern und Paten können in diesem Zusammenhang große Bedeutung haben.537 Die Taufe spielt als Aufnahmeritus in die christliche Gemeinschaft eine herausragende Rolle.

Zunächst geschieht die Vermittlung im familiären Sozialgefüge und durch den Kontakt mit biblischen Geschichten in Form von Bilderbüchern und Erzählungen. „Kinder kommen nicht von selbst zu einer bestimmten religiösen Haltung. Ihr Verhältnis zur christlichen Überlieferung und ihr persönlicher Glaube entsteht in der Begegnung mit erwachsenen Christen. Meist vertrauen Kinder darauf, dass es gut für sie ist, so zu leben und zu handeln und zu glauben wie die Menschen in ihrer Umwelt."538 Mit zunehmendem Alter können Gottesdienste bzw. Kindergottesdienste ebenso hinzukommen wie der Besuch eines konfessionellen Kindergartens, der schulische Religionsunterricht und die Zeit der Vorbereitung auf die Konfirmation.539 In diesem Stadium werden die christlichen Werte zusätzlich zum Elternhaus von Erziehern/innen, von den Unterrichtenden der Schulen und den Mitarbeitenden einer Kirchengemeinde vermittelt.

---

536 Kuphal, S. 194. - 75% der befragten Westdeutschen geben 1992 die Eltern als Sozialisationspersonen für die Entwicklung des Verhältnisses zu Religion, Glaube und Kirche in ihrem Leben an. Vgl. Engelhardt, Fremde Heimat Kirche, S. 90.

537 „Die Weitergabe religiöser Überlieferung und deren Übernahme durch die nachwachsende Generation sind heute zum Problem geworden. Manche sprechen von einem Traditionsumbruch oder gar -abbruch. Fraglich erscheint nicht mehr nur das Wie einer lebendigen Traditionsvermittlung, sondern auch das Was und Wozu." EKHN-Person und Institution, S. 49. - In der DDR kam es durch die Ausreisegenehmigungen im Alter zu einer deutlichen Verschlechterung religiöser Traditionsvermittlung. „Mit dem Weggang der Alten gingen nicht allein Kirchenmitglieder, auch die familialen Traditionsketten, ein bedeutsamer Faktor in der religiösen Sozialisation der Enkelgeneration ... wurde geschwächt." Roosen, S. 424.

538 EKHN-Person und Institution, S. 53.

539 So besuchten 79% der 1992 Befragten den Religionsunterricht. Vgl. Engelhardt, Fremde Heimat Kirche, S. 102.

Abb. 25: Phasenmodell der Kirchenaustrittsentscheidung

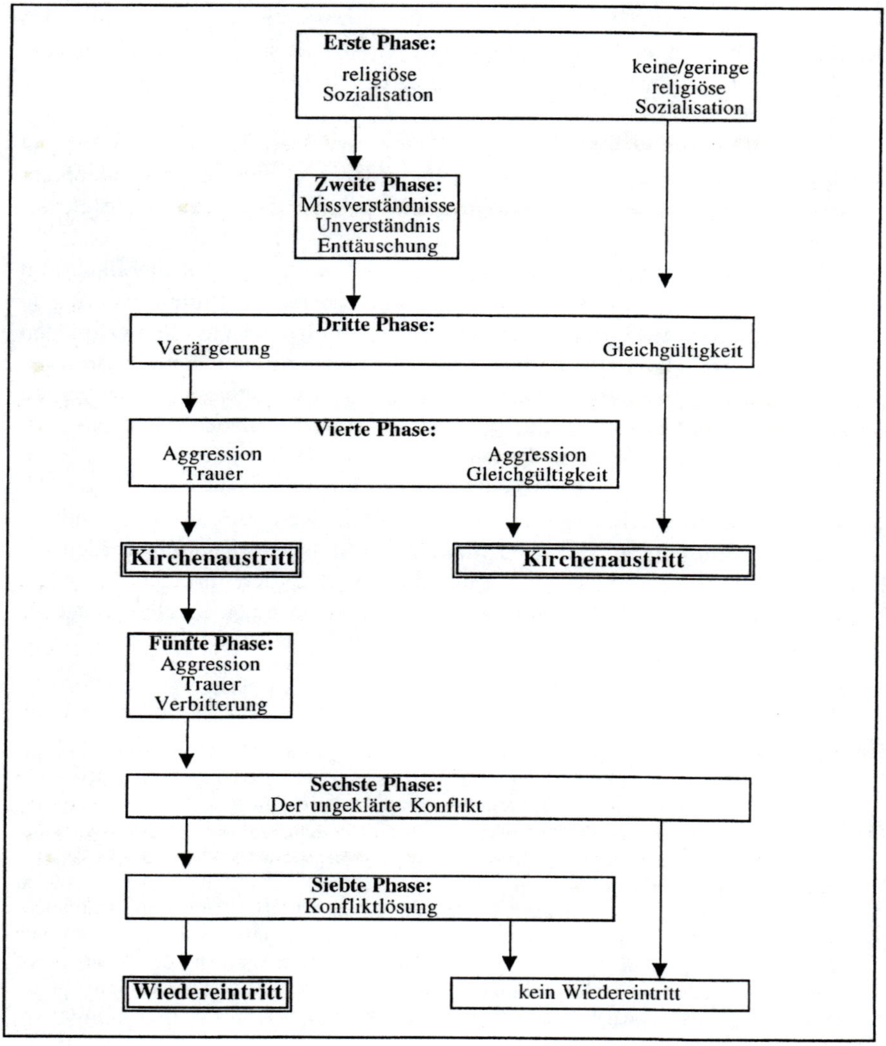

Erste Phase:
- religiöse Sozialisation
- keine/geringe religiöse Sozialisation

Zweite Phase:
Missverständnisse
Unverständnis
Enttäuschung

Dritte Phase:
- Verärgerung
- Gleichgültigkeit

Vierte Phase:
- Aggression / Trauer
- Aggression / Gleichgültigkeit

Kirchenaustritt — **Kirchenaustritt**

Fünfte Phase:
Aggression
Trauer
Verbitterung

Sechste Phase:
Der ungeklärte Konflikt

Siebte Phase:
Konfliktlösung

Wiedereintritt — kein Wiedereintritt

Quelle: Eigener Entwurf

Allerdings wird eine solche Weitergabe christlicher Werte von den Betreffenden häufig als problematisch empfunden, denn viele „... evangelische

Eltern und Erzieher sehen sich überfordert, christliche Tradition glaubwürdig weiterzugeben. Sie haben Mühe, die eigene Glaubenserfahrung und Frömmigkeit mit den Überlieferungen der evangelischen Kirche in Verbindung zu bringen. Selber weithin sprachunfähig geworden, fällt es ihnen schwer, sich den Kindern und Jugendlichen mitzuteilen."540

Die Intensität dieser ersten Phase der religiösen Sozialisation im Leben eines Menschen ist sehr entscheidend für die Stärke der Bindung an die Kirche und damit gleichzeitig für die Belastungen, die die Beziehung eines Menschen zu seiner Kirche aushält. So darf diese erste Phase als Prägephase verstanden werden. Zeitlich setzt sie mit der Geburt ein und endet meistens mit dem Verlassen des Elternhauses.

Findet in dieser Phase keine oder nur eine geringe religiöse Sozialisation statt, ist die Wahrscheinlichkeit sehr groß, dass dieser Mensch auch als Heranwachsender durch Unkenntnis und fehlenden Bezug der Kirche gleichgültig gegenübersteht. Diese Gleichgültigkeit ist es, die den Kirchenaustritt der/des Betreffenden sehr wahrscheinlich macht.

Zweite Phase:
Missverständnisse, Unverständnis, Enttäuschungen

Die Begegnungen eines religiös sozialisierten Menschen mit seiner Kirche, sowohl auf der Ebene des alltäglichen Gemeindelebens als auch in dem Auftreten der Kirche in Staat und Gesellschaft, bilden den Hintergrund für die zweite Phase im Verhältnis zwischen Mensch und Religionsgemeinschaft. Im Mittelpunkt stehen die ganz subjektiven Empfindungen eines Menschen gegenüber seiner Kirche.

In der zweiten Phase kommt es im Empfinden des Mitglieds zu Missverständnissen, Unverständnis und Enttäuschungen mit der Religionsgemeinschaft. Die Erwartungen, die das Mitglied an seine Kirche stellt, der Nutzen, den sie/er sich von ihrer/seiner Mitgliedschaft erhofft, bleiben ganz oder teilweise unerfüllt. Nicht immer werden diese Empfindungen von den Betroffenen geäußert, so dass die Unstimmigkeiten möglicherweise nicht von außen zu erkennen sind. Entsprechend können die auslösenden Ereignisse und die dadurch entstehenden Missverständnisse, selbst wenn sie geäußert wurden, kirchlicherseits nicht in jedem Fall für den betreffenden Menschen befriedigend geändert werden. So kommt es in der zweiten Phase zu einer Krise in der Beziehung

---

540 EKHN-Person und Institution, S. 50.

eines Mitglieds zu seiner Kirche. Dabei kann es sich um den Beginn einer zunehmenden Distanz zwischen Mitglied und Religionsgesellschaft handeln.

Wie vieler Krisen es bedarf, bis ein Mensch in die dritte Phase – Verärgerung oder Gleichgültigkeit – eintritt, dafür sind drei Faktoren von entscheidender Bedeutung:
- Erstens ist es wichtig, mit welcher Intensität in der religiösen Sozialisation die Beziehung eines Menschen zu seiner Kirche aufgebaut wurde.
- Zweitens spielt es eine maßgebliche Rolle, wie groß die jetzt erfahrene Enttäuschung ist.
- Drittens ist die Zahl der bisherigen Enttäuschungen und deren Gewicht von Bedeutung.

Grundsätzlich ist davon auszugehen, dass die Phase der Missverständnisse, des Unverständnisses, der Enttäuschungen mehrere Jahre dauert. Dabei kann es immer wieder zu einer Entspannung der belasteten Beziehung eines Menschen zu seiner Kirche kommen, wenn er positive Erfahrungen und Erlebnisse in seiner Kirche macht.

Dritte Phase:
Verärgerung – Gleichgültigkeit

Ist jedoch die Grenze der Belastbarkeit der Beziehung zwischen einem Menschen und seiner Kirche erreicht, überwiegen die Missverständnisse, das Nicht-Verstanden-Fühlen und die Enttäuschungen, dann ist die Phase der Verärgerung bzw. Gleichgültigkeit erreicht.[541]

---

[541] Ärger und Aggression „... auf Dauer in welcher Form auch immer zu unterdrücken und zu vermeiden ... schneidet einen wichtigen Teil menschlicher Lebendigkeit und Ausdrucksfähigkeit ab. Nicht nur Ärger wird unterdrückt, sondern auch sein Gegenteil, die Liebe." Michael Klessmann, Ärger und Aggression in der Kirche (Göttingen 1992), S. 140. - In einer Studie zur Kundenzufriedenheit in der Bundesrepublik Deutschland von 1994 gaben 30% der Befragten an, mit ihrer Kirche weniger zufrieden bzw. unzufrieden zu sein. Vgl. Deutsche Marketing-Vereinigung e.V., Deutsche Bundespost POSTDIENST (Hgg.), S. 9. - Noch bedenklicher sind die Ergebnisse der Studie „Jugend `97" des Jugendwerks der Deutschen Shell. Auf die Frage nach dem Vertrauen, das die Jugendlichen einer Organisation entgegenbringen, landet die Kirche abgeschlagen auf dem vorletzten Platz. 51,2% der Befragten bringen den Kirchen wenig oder sogar sehr wenig Vertrauen entgegen. Vgl. Jugendwerk der Deutschen Shell (Hg.), Jugend `97 (Opladen 1997), S. 296 f.

Der Mensch fängt an sich von seiner Kirche zurückzuziehen. Der Abschied beginnt.[542]

Je nach Intensität der inneren Kirchenbindung und der religiösen Sozialisation kann das Mitglied in dieser Phase auch eine gleichgültige Haltung gegenüber der Religionsgemeinschaft einnehmen. Durch eine solche Haltung nimmt die Austrittswahrscheinlichkeit der/des Betreffenden deutlich zu, da ein Nachlassen der Wahrnehmung der Religionsgemeinschaft und der Auseinandersetzung mit kirchlichen Inhalten zu erwarten ist. Das Mitglied geht zu seiner Kirche auf Distanz.

Die Distanzierten bilden innerhalb der evangelischen Kirche eine viel größere Gruppe als die Kerngemeinde. Gefragt nach ihrer Verbundenheit mit der evangelischen Kirche, bezeichneten sich 1992 in Westdeutschland nur 39% als sehr bzw. ziemlich verbunden, dagegen gaben 61% an, sich etwas, kaum bzw. überhaupt nicht mit der evangelischen Kirche verbunden zu fühlen.[543] Gleichzeitig äußerten 9% der befragten Männer und 6% der befragten Frauen, öfter daran gedacht zu haben, aus der Kirche auszutreten. 7% der Männer und 3% der Frauen sagten sogar, schon fast zum Austritt entschlossen zu sein.[544]

Obwohl es also zahlenmäßig sehr viele distanzierte Christen/innen gibt, wissen wir „... wenig über die Distanzierten zu sagen ... Sie sind das eigentliche Geheimnis der Kirche. Sie sprechen kaum über ihre Distanz. Aber ihre Distanziertheit spricht."[545]

Der Grund für ihre Distanziertheit ist meist in einem längeren Prozess des immer wieder Enttäuschtwerdens von ihrer Kirche bzw. des Ausbleibens kirchlichen Beistands und kirchlicher Unterstützung in einer akuten persönlichen Notlage zu finden. So sind der Gruppe der gefährdeten Distanzierten diejenigen Gemeindeglieder zuzurechnen, die sich von ihrem/ihrer Gemeindepfarrer/in falsch behandelt oder vernachlässigt oder gar nicht angesprochen fühlen.[546] Hierhin gehört auch eine wachsende Zahl von christlichen Men-

---

542 „Gleich, ob der einzelne christliche Gemeinschaft aktiv gelebt und empfunden hat oder nicht – wer sich mit dem Gedanken trägt, aus seiner Kirche auszutreten, spürt oft auch den Abschied von einem Teil seines Lebensgerüstes." Bollwerk, S. 8.
543 Vgl. Engelhardt, Fremde Heimat Kirche, S. 37.
544 Vgl. ebd., S. 216.
545 Motikat, S. 31. - Vgl. auch Ostdeutsche kirchliche Arbeitsgruppe, „Kirche mit Hoffnung", S. 9, 3.2.3.
546 So gaben 16% der westdeutschen und 9% der ostdeutschen Ausgetretenen an, ihren Kirchenaustritt auf Grund einer unerfreulichen Begegnung mit dem/der Gemeindepfarrer/in erklärt zu haben. Vgl. Engelhardt, Fremde Heimat Kirche, S. 327.

schen, die das Gefühl haben, dass die landeskirchliche Politik falsche Prioritäten setzt. Das kann z.B. eine öffentliche Äußerung der Kirche sein oder das Ausbleiben einer kirchlichen Stellungnahme.[547] Zu den gefährdeten Distanzierten gehören ebenfalls diejenigen, die das Gefühl haben, in ihrer Kirche nicht wahrgenommen zu werden und in ihren ganz persönlichen Bedürfnissen keine Ansprechpartner zu finden.

Sofern in diesem Stadium ein kirchlich distanzierter Mensch positive Erfahrungen mit seiner Religionsgemeinschaft macht, wiegen diese die negativen Eindrücke nicht mehr automatisch auf. Dennoch bleibt eine Klärung der Unstimmigkeiten möglich.

Die dritte Phase ist im Verhältnis zu den Phasen eins und zwei relativ kurz und der Übergang zur vierten Phase der Aggression und der Trauer oft fließend.

Vierte Phase:
Aggression, Trauer – Aggression, Gleichgültigkeit

In dieser Phase löst sich ein Mitglied mit Aggression von seiner Kirche. Mehr und mehr distanziert er sich von seiner Religionsgemeinschaft als Reaktion auf die nach seiner Meinung bis dahin unterbliebene Klärung der angespannten Beziehung zur Kirche. Dieser Schritt wird von Traurigkeit und/oder Gleichgültigkeit begleitet, da für den betreffenden Menschen der Prozess des Abschiednehmens begonnen hat.

In dieser ebenfalls nur kurzen Phase ist der bevorstehende Kirchenaustritt kaum noch aufzuhalten, da der Entschluss feststeht. Fällt dieser Entschluss des scheidenden Mitglieds aus innerer Gleichgültigkeit heraus, so ist ein Durchlaufen weiterer Phasen durch die/den Betreffende/n nach dem Kirchenaustritt nicht zu erwarten.

Kirchenaustritt

Der Kirchenaustritt ist das sichtbare Zeichen der inneren Distanz, die das ehemalige Mitglied bewusst gegenüber seiner Kirche einnimmt. Gleichzeitig kann

---

[547] Dies war der Fall bei 42% der in Westdeutschland und 17% der in Ostdeutschland aus der Kirche Ausgetretenen. Vgl. ebd., S. 327. - Institut für Demoskopie Allensbach, Kirchenaustritt 1, S. 15, nennt hier eine Zahl von 36% der Bevölkerung, die glauben, dass als Grund für den Kirchenaustritt Kritik an der Kirche bzw. Unzufriedenheit mit der Kirche anzunehmen ist.

der Kirchenaustritt „... als *symbolischer Ausdruck der Selbstbefreiung* gedeutet werden: Die Lösung von der Kirche steht für die Lösung aus den Zwängen der eigenen Lebensgeschichte."548 Mit seinem Schritt zeigt ein austretender Mensch Mündigkeit. Dabei bietet die Distanz zum einen Schutz vor weiteren Verletzungen, zum anderen entsteht durch den Abstand für den betroffenen Menschen die Möglichkeit, eine Aufarbeitung des Erlebten zu beginnen.

Ebenso kann es an diesem Punkt bei dem ausgetretenen Menschen zu einem Gefühl der Gleichgültigkeit allem Kirchlichen gegenüber kommen. Dieses Gefühl mag aus der Tatsache resultieren, dass der/die Betreffende tatsächlich mit der ehemaligen Religionsgemeinschaft abgeschlossen hat. Allerdings kann es auch einen Hinweis auf einen Prozess der bewussten oder unbewussten Verdrängung sein.

So trennen sich beim Kirchenaustritt die Austretenden auf der einen Seite in die Gruppe derer, die mit ihrer Kirche abschließen, ohne das Bedürfnis nach weiterer Klärung der gemeinsamen Beziehung zu haben. Bei ihnen bleibt die mehr oder weniger tiefgehende Erinnerung an ihre Mitgliedschaft in der Kirche.

Auf der anderen Seite bildet sich mit dem Kirchenaustritt eine Gruppe ehemaliger Mitglieder heraus, für die der Kirchenaustritt zwar zur äußeren Lösung von der Religionsgemeinschaft führt, die aber den Schritt zur wirklichen inneren Lösung von ihrer Kirche noch vor sich haben. Bei ihnen bleiben Gefühle wie Aggression, Trauer und Verbitterung der ehemaligen Religionsgemeinschaft gegenüber präsent.

Fünfte Phase:
Aggression, Trauer, Verbitterung

Die Menschen, die sich durch den Austritt nicht wirklich innerlich von ihrer Kirche lösen können, empfinden darüber sicherlich noch für die Dauer eines Jahres Trauer und Aggression. Allerdings nimmt das Gefühl der Traurigkeit mit der Zeit deutlich ab und wird von Verbitterung abgelöst. Häufig äußert sich die Aggression dieser Menschen in unsachlichen, unreflektierten verbalen Beschimpfungen gegenüber der verlassenen Religionsgemeinschaft. Ein solches Verhalten dient dazu eine eventuelle Austrittsreue zu verleugnen oder um der getroffenen Entscheidung verbal Nachdruck zu verleihen.

---

548 Hermelink, S. 40.

In dieser Phase ist der ausgetretene Mensch kirchlicherseits nur sehr schwer zu erreichen. Allerdings zeigten sich Ausgetretene auf Nachfrage zu einem überraschend großen Teil immer wieder durchaus zum Gespräch mit kirchlich Mitarbeitenden bereit. „Die meisten reagierten positiv auf dieses Angebot. Sie fragten zwar zunächst etwas skeptisch zurück, ob ich glaubte, sie noch einmal umstimmen zu können. Auf meine Entgegnung hin, daß ich das eigentlich nicht vorhätte bzw. eher für unmöglich hielte, waren sie bereit, einen Termin mit mir auszumachen."[549]

Die fünfte Phase ist von besonderer Bedeutung, da sich jetzt entscheidet, ob ein ausgetretener Mensch von der Kirche für immer Abschied nimmt und sich zu einem Leben ohne diese Religionsgemeinschaft entschließt oder in die sechste Phase eintritt.

Sechste Phase:
Der ungeklärte Konflikt des Kirchenaustritts

Da häufig weder eine befriedigende Auseinandersetzung mit der Religionsgemeinschaft, den Austrittsgründen sowie deren Zusammenhängen stattfindet, noch die Verarbeitung der dabei entwickelten Gefühle erfolgt, bleibt für viele Betroffene dieser Konflikt ungeklärt. Sie empfinden daher oft ein Leben lang in der Erinnerung an ihre ehemalige Kirche Traurigkeit und Aggression, verbunden mit einer gewissen eigenen Reue und dem Gefühl des Verlustes.

Etwa ein Jahr nachdem sie ihren Kirchenaustritt vollzogen haben erreichen sie die sechste Phase. Es ist davon auszugehen, dass Menschen in diesem Stadium sehr häufig zu Gesprächen über ihren Kirchenaustritt bereit sind.

Siebte Phase:
Konfliktlösung

Gelingt es der Kirche mit Menschen, die sich in der sechsten Phase befinden, Kontakt aufzunehmen und klärende Gespräche zu führen, ist in vielen Fällen eine Klärung des Konflikts möglich. Erst eine solche Konfliktlösung kann bei einem ausgetretenen Menschen die Bereitschaft eröffnen, einen Wiedereintritt in Erwägung zu ziehen.

---

[549] Dreher, S. 243. - Im Rahmen der Studie der evangelischen Gesamtkirchengemeinde Stuttgart 1990/1991 fanden sich 71% der telefonisch befragten Ausgetretenen zu einem Gespräch bereit. Vgl. Klumpp, Tuffentsammer, S. 3.

Werden also die Spannungen, die ein ausgetretener Mensch gegenüber seiner ehemaligen Religionsgemeinschaft empfindet, gelöst, steigt deutlich die Bereitschaft der/des Betreffenden den Wiedereintritt zu erklären. Zudem ermöglicht die selbst gewählte Distanz zur Religionsgemeinschaft in vielen Fällen dem ausgetretenen Menschen nicht nur Trennendes, sondern auch Verbindendes zu sehen und zu empfinden. Dabei beschreibt der Begriff ‚Unfriede' vielleicht am ehesten, wie der am Wiedereintritt interessierte Mensch seinen Kirchenaustritt im Nachhinein u. a. empfindet.

Hat ein ehemaliges Kirchenmitglied seinen Kirchenaustritt in der beschriebenen Form verarbeitet, ohne sich danach endgültig von der Religionsgemeinschaft abzuwenden, ist als letzter Schritt der Wiedereintritt sehr wahrscheinlich.

Wiedereintritt

2.4. Die kausale Komponente eines Wiedereintritts

Eine grundlegende Motivation vieler Wiedereintretender dürfte am treffendsten mit dem Ausspruch: ‚Ich möchte meinen Frieden mit Gott machen', beschrieben sein.[550] Oftmals begleitet Ausgetretene die Vorstellung, dass Unfrieden mit der Kirche Unfrieden mit Gott mit sich bringt.[551] Schon dieses ungute Gefühl allein kann der Anstoß für einen Menschen sein, wieder in die Kirche einzutreten.

In den meisten Fällen kommt aber zu dem Unfrieden, in dem man sich mit Gott wähnt, ein Mix der unterschiedlichsten inneren und äußeren Impulse hinzu, bis meist ein ganz konkreter Anlass in der Familien- bzw. Lebenssituation eines Menschen genutzt wird um den Wiedereintritt zu vollziehen.[552]

---

[550] So hatten sich manche der am Wiedereintritt interessierten Anrufer beim Kontakt-Telefon der Württembergischen Landeskirche 1997 „... während eines Konflikts oder im Ärger über eine Pfarrerin, einen Pfarrer von der Kirche gelöst und ... [suchten] ... wieder nach ihrer religiösen Heimat." Landeskirche Württemberg - Dokumentation, S. 13.

[551] Vgl. Dreher, S. 246: „Die Annahme, daß ein Ausgetretener Gott bewußt den Rücken kehrt, ist meist falsch.[Bei] ... meinen Besuchen zeigte ... [sich], ... daß eigentlich alle Ausgetretenen – jedenfalls nach ihrem eigenen Bekunden – keinen Bruch in ihrem Verhältnis zu Gott wollten, sondern nur zur Institution."

[552] Dazu schreibt der Landesbischof der Ev. Luth. Landeskirche Schaumburg-Lippe, Heinrich Herrmanns, in einem Brief vom 14.8.1998 an mich: „Unsere Erfahrung geht in die Richtung, daß oft nach mehreren Jahren bei der Gelegenheit besonderer persönlicher Ereignisse

Abb. 26: Wiedereintrittsmotive

Innere Impulse	Äußere Impulse	
· Gefühl von Schuld · Schwere Krankheit · Schwangerschaft · Geburt eines Kindes · Geburt eines kranken Kindes · Konfrontation mit Sterben und Tod	sozial · Religiöse Sozialisation · Positive Begegnung mit kirchlich Mitarbeitenden · Kirchliche Hilfe und Unterstützung bei Problem bzw. Notlage · Wunsch nach sozialer Zugehörigkeit · Wichtige Bezugsperson · Nutzung kirchlicher – vor allem kirchenmusikalischer – Angebote · Wunsch einer Amtshandlung · Übernahme eines Patenamtes · Konfrontation mit Glaubensfragen durch die Kinder	politisch/kirchenpolitisch · Wegfall des politischen Drucks gegen Kirchenmitgliedschaft · Kirche als Faktor der Stabilität · Öffentlicher Standpunkt der Kirche · Kirche als Arbeitgeber

Innere Impulse:
- Das kann das nicht abgeschlossene Erlebnis des Kirchenaustritts verbunden mit einem bleibenden Schuldgefühl Gott gegenüber sein.[553]
- Das kann eine schwere Krankheit sein, die der Betreffende selbst oder ein/e nahe/r Angehörige/r bekommen hat.
- Das kann die Schwangerschaft sowie die Geburt eines Kindes sein, das man in der Taufe dem Schutz Gottes anbefehlen möchte.[554]

(Anfrage um eine Patenschaft, Eheschließung, ein erschütterndes Erlebnis, das in den Lebensweg getreten ist) eine größere Bereitschaft besteht, wieder auf die Kirche zuzugehen." Das vollständige Schreiben ist im Anhang, S. 302 f., 5.9, abgedruckt.

[553] „Mit seinem Wiedereintritt ringt [Andreas Grube] ... um die moralische Aufrichtigkeit seines damaligen Handelns und – gemäß seiner stark normativen Lebensführung – um die Entlastung von dem Vorwurf schuldhaften Verhaltens." Hartmann, Pollack, S. 99. - So auch ebd., S. 135, Der Fall Beate Klinger: „In diesem Zusammenhang findet sich als ein weiteres Eintrittsmotiv das Bedürfnis nach Entlastung von der damaligen Entscheidung, auszutreten."

[554] „Die Phase der Elternschaft bringt die jungen Eltern nicht allein ihrer eigenen verschütteten Religiosität näher, sie verschafft ihnen auch einen Anknüpfungspunkt an die Ortskirchengemeinde. Über den Umweg des Kindes, des Kindergartenplatzes im evangelischen Kindergarten, des Gemeindefestes mit Kinderprogramm usw. findet manch eine Frau, gelegentlich aber auch ihr Mann, den Weg zurück in die Gottesdienste ihrer Ortskirchen-

- Oder, wenn ein Kind nicht ganz gesund auf die Welt gekommen ist, erhoffen sich Eltern von Gott Hilfe für das Kind, die über die ärztliche Kunst hinausgeht.
- Und gerade bei der Konfrontation mit dem Tod und/oder dem eigenen Sterben drückt der Ausspruch: ‚Ich möchte meinen Frieden mit Gott machen' die existentielle Bedeutung dieser Worte aus.[555]

Äußere Impulse – sozial:
- Eine intensive religiöse Sozialisation eines Menschen kann die Grundlage einer Wiedereintrittsentscheidung bilden.[556]
- Das kann eine positive Erfahrung sein, die ein/e Ausgetretene/r bei einer Begegnung oder in einem Gespräch mit einem kirchlich Mitarbeitenden macht.[557]
- Das kann Hilfe und Unterstützung aus dem kirchlichen Umfeld sein in einer persönlichen Notlage und/oder bei einem persönlichen Problem (z.B. Einsamkeit/Krankheit/Beziehungskrise).
- Das kann ein Impuls aus dem sozialen Umfeld eines ausgetretenen Menschen sein, der durch eine wichtige Bezugsperson gegeben wird.[558]
- Das kann der Wunsch sein wieder zu der großen Gemeinschaft von Christen/innen bzw. zu der Kirchengemeinde vor Ort dazuzugehören.[559]

---

gemeinde, in das Gemeindehausleben oder die Gemeindeleitung." Roosen, S. 500. - Vgl. auch Hartmann, Pollack, S. 128.

[555] „Wenn man auch in allen weltlichen Fragen schon kapituliert hat, so bleiben doch immer die sogenannten >letzten Fragen< – Tod, Schuld – auf die nur >Gott< eine Antwort geben kann und um derentwillen man Gott und die Kirche und den Pfarrer braucht." Dietrich Bonhoeffer, Widerstand und Ergebung (Gütersloh [13]1985), S. 159.

[556] „Begünstigend für den Wiedereintritt wie für die Wiederannäherung an die Kirche überhaupt dürfte ... die Tatsache gewesen sein, daß Inge Noeller christlich erzogen worden ist und bereits früher einmal Kirchenmitglied war." Hartmann, Pollack, S. 113 f.

[557] „Der entscheidende Auslöser für diesen Prozeß der Wiederannäherung war das Gespräch mit Pfarrer F., der auf seiner Besuchstour durch seine Gemeinde eines Abends unangemeldet auch bei Inge Noeller klingelte und mit dem sie sofort in ein längeres Gespräch kommt." Hartmann, Pollack, S. 111.

[558] „Einen besonderen Einfluß auf den Kircheneintritt üben bestimmte Bezugspersonen – Freundinnen und Freunde, Klassenkameradinnen und -kameraden, Familienangehörige, Kinder, Eltern, Ehepartner – aus." Ebd., S. 143.

[559] „Mit ihrem Kircheneintritt stellt sich bei Susanne Pickert zudem ein Gefühl innerer Verbundenheit gerade mit der Thomas-Kirche ein, die auch in ihrem Alltag konkret spürbar ist. Mit ihrer Zugehörigkeit verbindet sie Halt und auch einen gewissen Stolz." Ebd. S. 78.

- Auch die Nutzung kirchlicher, vor allem kirchenmusikalischer Angebote kann Berührungspunkte schaffen.[560]
- Das kann der Wunsch nach einer Amtshandlung sein. Z.B. die persönlich bevorstehende Heirat oder die Taufe eines Kindes können ein solcher Anlass sein, zur Kirche zurückzufinden, da mit der Eheschließung bzw. der Familiengründung auch die Kirche in einem ganz neuen Zusammenhang erlebt wird.[561]
- Das kann die Übernahme eines Patenamtes sein, um die man gebeten worden ist.
- Das können Glaubensfragen sein, die sich für ausgetretene Eltern im Umgang mit ihren Kindern ergeben.[562]

Äußere Impulse – politisch/kirchenpolitisch:
- In den ostdeutschen Landeskirchen kann das Wegfallen des kirchenfeindlichen gesellschaftlichen und politischen Drucks den Weg zurück in die Kirche ebnen.[563]
- Ebenfalls vor allem in Ostdeutschland erleben Menschen die Kirche als einzig verbleibenden stabilen Faktor in einer völligen gesellschaftlichen Umbruchsituation.[564]
- Auch ein Standpunkt, den die Kirche in der Öffentlichkeit bzw. einer aktuellen öffentlichen Diskussion bezieht, kann Einfluss auf eine Wiedereintrittsentscheidung ausüben.[565]

---

[560] Es „.... muß darauf hingewiesen werden, daß bei einigen der Befragten die Kirchenmusik die Funktion einer Anknüpfungs- und Vermittlungsinstanz erfüllt hat." Ebd., S. 151.

[561] „Anhand der biographischen Skizze wird deutlich, daß die Entscheidung von Beate Klinger, wieder in die Kirche einzutreten, in Verbindung mit der Taufe ihrer jüngsten Tochter steht." Ebd., S. 128.

[562] Auch diese Gruppe befand sich unter den Anrufern des Kontakt-Telefons der Württembergischen Landeskirche. Sie „... waren als junge Erwachsene ausgetreten und merkten, wie durch die Beschäftigung mit den eigenen Kindern Glaubensthemen neu aktuell werden. Sie erhofften sich in der Kirche Ermutigung und Orientierung." Landeskirche Württemberg – Dokumentation, S. 13.

[563] „Der Kircheneintritt ist demnach Teil einer biographischen Neuorientierung, die sich aus den im Zuge der gesellschaftlichen Transformation neu entstandenen Handlungsmöglichkeiten ergibt." Hartmann, Pollack, S. 76.

[564] „Für Andreas Grube ist der persönliche Glaube zu einem Stabilitätsfaktor im Wechsel der Zeiten geworden. Ihm kommt vor allem eine stützende Funktion zu, da im Zuge der Transformation vertraute, ehemals fest institutionalisierte Sicherheiten verloren gegangen sind ... Der Glaube erscheint ihm dabei als eine Möglichkeit, mit neu entstandenen Unsicherheiten und Kontingenzen individuell umzugehen." Ebd., S. 93.

- Deutlich zunehmend ist die Zahl der Menschen, die ihren Wiedereintritt in die Kirche erklären, um eine Arbeitsstelle in einer Einrichtung in kirchlicher Trägerschaft zu bekommen, bzw. sich bei einer solchen Einrichtung um einen Arbeitsplatz bewerben zu können.

2.5. Die Wiedereintrittshindernisse

Die Verästelung äußerer und innerer Impulse macht deutlich, wie sensibel die Wiedereintrittsentscheidung eines Menschen gesteuert ist. Zusätzlich wird diese Entscheidung durch verschiedenste Gründe verzögert oder sogar verhindert, die im externen und/oder im persönlichen Bereich zu finden sind.

Abb. 27: Wiedereintrittshindernisse

Persönliche Gründe	Äußere Gründe
• Bequemlichkeit • Hohe Hemmschwelle • Ungelöste (kirchenbezogene) Konflikte	• Unkenntnis über das Wiedereintrittsverfahren • Unkenntnis über den Ansprechpartner • Falsche bzw. fehlerhafte Information über das Wiedereintrittsverfahren • Kompliziertes Wiedereintrittsverfahren

Persönliche Gründe:
- Die Bequemlichkeit ist ein häufiger Grund der von Ausgetretenen angeführt wird, den Wiedereintritt in die Kirche nicht zu erklären.
- Dahinter verbirgt sich bei genauerem Hinsehen oft die von ausgetretenen Menschen empfundene hohe Hemmschwelle, wenn es um einen möglichen Wiedereintritt geht.
- Aber auch die ungelösten Konflikte, die einen Menschen bewegt haben seinen Kirchenaustritt zu erklären, spielen bei Wiedereintrittsüberlegungen eine bedeutende Rolle.

---

565 „Auf jeden Fall ist deutlich, daß das Erscheinungsbild der Kirche, der Grad ihrer Lebensnähe und Weltoffenheit auf die Ein ... trittsentscheidung einen Einfluß ausübt." Ebd., S. 151.

Äußere Gründe:
Gespräche mit Menschen die sich zum Wiedereintritt entschlossen haben, machen immer wieder deutlich, was sich hinter dem Begriff ‚hohe Hemmschwelle' als Wiedereintrittshindernis verbirgt:

- In vielen Fällen herrscht generelle Unklarheit wie man überhaupt wieder in die Kirche eintritt.
- Die Betroffenen wissen häufig nicht wer in diesen Fragen ihr Ansprechpartner, ihre Ansprechpartnerin ist. Welche Kirchengemeinde, welche Pfarrerin, welcher Pfarrer ist zuständig?
- Erschwert wird dieser Umstand durch die Tatsache, dass das Wiedereintrittsverfahren in der Regel von verschiedenen Geistlichen unterschiedlich gehandhabt wird. Die Bandbreite geht hier von mehren Treffen zwecks religiöser Unterweisung, denen sich ein Wiedereintrittswilliger zu unterziehen hat, bis hin zu einem nur einmaligen Gesprächskontakt.
- Gleichzeitig begegnet ein Wiedereintrittswilliger des öfteren einer Fülle von falschen bzw. fehlerhaften Informationen bezüglich seines Begehrens.

Sicherlich ist es sinnvoll, wenn die Religionsgesmeinschaft grundlegende Informationen zum Wiedereintritt in geeigneter, leicht verständlicher Form bereithält.

3. Die Zielgruppen

„Zielgruppen sind im Hinblick auf das Marketing abgegrenzte Kunden mit spezifischen Problemen und Bedürfnissen, die eine Unternehmung oder Institution differenziert [und] selektiv ... bearbeiten oder managen will ..."[566]

Die Konfessionslosen ohne frühere Religionszugehörigkeit, die Übergetretenen sowie die Menschen, die sich einer Sekte anschließen, werden zur Bildung von Zielgruppen in dieser Arbeit nicht herangezogen. Für diesen Personenkreis gilt es jeweils spezifisch ausgerichtete Konzepte zu erstellen.

Dagegen soll die kirchliche Arbeit mit kirchenfernen Menschen im Hinblick auf zwei Zielgruppen in dieser Ausarbeitung ausführlich dargestellt werden. Es handelt sich dabei um:

- **Die innerkirchlich Distanzierten**
- **Die Ausgetretenen der letzten fünf Jahre**

Der Gruppe der **innerkirchlich Distanzierten** sind etwa 25% der Mitglieder der evangelischen Kirche zuzurechnen (d.h. **ca. 6,75 Millionen Menschen**).[567] Eine genaue Erfassung dieser Zielgruppe erfolgt durch die Auswertung der Mitgliederbestandslisten in jeder Kirchengemeinde. Diese Listen werden von der/dem zuständigen Gemeindepfarrer/in gemeinsam mit den kirchlich Mitarbeitenden nach deren Kenntnisstand über die Kirchenverbundenheit der aufgeführten Gemeindeglieder ausgewertet. Gleichzeitig erhält man dadurch die für eine Kontaktaufnahme notwendigen personenbezogenen Daten.

Die Erfassung der **Ausgetretenen** ist mit vergleichsweise geringem Aufwand verbunden. Auf Grund der regelmäßigen amtlichen Austrittsmeldungen liegen sowohl die genaue Anzahl (d.h. **ca. 1,3 Millionen** Menschen in den letzten fünf Jahren) als auch die notwendigen personenbezogenen Daten dieser Personengruppe vor.

---

[566] Christian Belz, Artikel: Zielgruppenmanagement, in: Bruno Tietz, Richard Köhler, Joachim Zentes (Hgg.), Handwörterbuch des Marketing IV (Stuttgart ²1995), Sp. 2801. - Zur Auswahl von Zielsegmenten vgl. Meffert, S. 206 f.
[567] Vgl. Engelhardt, Fremde Heimat Kirche, S. 378, Schaubild 9a.

	IV. Operative Marketingplanung	
	Marketing-Mix	
1. Leistungen • Erlass • Wiederaufnahmeritus	2. Distribution • Mitgliederbeauftragte • Wiedereintrittsstellen	3. Kommunikation • Seelsorgegespräch mit kirchenfernen Menschen • Leitfaden • Öffentlichkeitsarbeit/ Werbung • Datenveröffentlichung • Schriftliche Kontakte

„Das strategische Marketing bildet den Rahmen für die **operative Marketingplanung,** das heißt für die kurzfristigen beziehungsweise taktischen Marketing-Entscheidungen. Ausgehend von operationalen Subzielen ist das Marketing-Mix zu konzipieren. Dabei ist die Frage zu beantworten: Welche Maßnahmen ergreifen wir im Leistungs-, Distributions-, Kommunikations- und Kontrahierungsmix?"568

Die bisherigen Erkenntnisse in Form der Historie, der Statistik und der Gegenwartsanalyse haben die Entwicklungen, Defizite und Möglichkeiten im Zusammenhang mit dem Kirchenaustritt aufgezeigt. Die Zielfestsetzung ist das Resultat dieser vielschichtigen Analyse. Hierauf aufbauend wird im Folgenden ein kirchenorientiertes Marketingkonzept entwickelt. Der Entwurf berücksichtigt die Tatsache, dass es sich bei der Kirche um eine Non-Profit-Organisation handelt.

Basierend auf dem Wunsch, die Kirche als *Volkskirche* im Gleichschritt mit der Gesellschaft und ihren Facetten zu beleben, geht es nun darum, den organisatorischen Weg zu diesem Ziel zu beschreiben. Daher werden in der operativen Marketingplanung langfristig angelegte Maßnahmen und ihr Wirkungskreis erläutert, die die Erreichung dieses Zieles bewusst unterstützen.

Dargestellt werden auf den verschiedenen kirchlichen Ebenen sowohl die rechtlichen Rahmenbedingungen und grundlegenden Gegebenheiten als auch Hilfestellungen im pfarramtlichen Alltag und im unmittelbaren Kontakt mit Ausgetretenen. Denn die „... impliziten oder expliziten Fragen ‚Wozu Kirche?', ‚Wozu in der Kirche bleiben?', ‚Wozu in die Kirche (wieder)eintreten?' verlangen nach schlüssigen, überzeugenden Antworten, die Argumente, warum Glaube ohne Kirche ein Irrweg ist, mit eingeschlossen."569

---

568 Meffert, S. 14.
569 Raffée, Kirchenmarketing II, S. 17.

Die Finanzierung der im Folgenden empfohlenen Maßnahmen geschieht zum einen im Rahmen bereits bestehender Haushaltspositionen sowie zum anderen durch die prognostizierten Kirchensteuermehreinnahmen. Dabei ist davon auszugehen, dass sich bei den prognostizierten Kirchensteuermehreinnahmen spätestens nach fünf Jahren ein erheblicher Finanzüberschuss ergibt, der die finanziellen Rahmenbedingungen für eine deutliche Ausweitung kirchlicher Arbeit schafft.

Viele der genannten Möglichkeiten sind weniger eine Kostenfrage als eine Frage der Kreativität und des Engagements von Kirchenleitungen und kirchlich Mitarbeitenden.

Zusammen gesehen unterstreichen alle Maßnahmen die Notwendigkeit einer Sensibilisierung im Hinblick auf die kirchenfernen Mitglieder und Nicht-(mehr)mitglieder und gleichzeitig einer pragmatischen, am Arbeitsleben orientierten Einflechtung in den Gemeindealltag.570

Eine möglichst umfassende Umsetzung der verschiedenen empfohlenen Vorgehensweisen ist wünschenswert, da hiervon durchaus abhängen kann, wie viele kirchenferne Menschen erreicht werden können. Allerdings heißt das im Umkehrschluss nicht, dass mit dem Weglassen bzw. der Nichtdurchführung einzelner empfohlener Maßnahmen das gesamte Konzept in Frage gestellt wird.

Derzeit liegen zu den empfohlenen Maßnahmen keine oder nur sehr vereinzelte praktische Erfahrungen vor. Die tatsächliche Effizienz einer Maßnahme kann erst nach Auswertung von Erfahrungen und Ergebnissen nach einer praktischen Umsetzung beurteilt werden.

---

570 Der Schub der Kirchenaustritte in den 90er Jahren „... läßt die Landeskirchen und mit ihnen die Kirchengemeinden nicht unberührt. Er stellt sie vor Folgeprobleme und erzwingt nicht allein eine verstärkte Beschäftigung mit den Kirchenmitgliedern und ihren Mitgliedschaftsmotiven, sondern auch tiefgreifende Veränderungen im kirchlichen Selbstverständnis, in der lokalen Präsenz und in den Arbeits- und Organisationsformen der Kirchengemeinden." Roosen, S. 190.

1. Leistungen
1.1. Der Erlass zum Umgang mit aus der Kirche Ausgetretenen

Empfehlung	Möglichkeiten
• Keine kirchliche Trauung Ausgetretener • Keine kirchliche Bestattung Ausgetretener • Beim Taufgespräch ist dem ausgetretenen Elternteil das Katechumenat dringend zu empfehlen • Vorrangige Berücksichtigung von Mitgliedern in kirchlichen Einrichtungen • Prozentuale Leistungserstattung • Pflicht zur nachgehenden Seelsorge in allen Landeskirchen	• Aufwertung der Mitgliedschaft • Vorteile für Mitglieder • Klare Regelung für Geistliche • Inanspruchnahme kirchlicher Leistungen durch Nichtmitglieder erfährt eine gerechte Regelung • Seelsorgerliche Verantwortung für Ausgetretene wird betont • Austritt wird als Anfrage an Kirche ernst genommen • Ausgetretene kommen in den Blick der kirchlich Mitarbeitenden • Ausgetretene machen positive Erfahrung mit Kirche

Die vorliegenden Erlasse und Lebensordnungen sowie die kirchlich gegenwärtig in vielen Kirchengemeinden geübte Praxis zeigen, dass trotz eines Kirchenaustritts häufig für den ausgetretenen Menschen die Möglichkeit besteht, kirchliche Amtshandlungen in Anspruch zu nehmen. Damit sind Sinn und Vorteil einer Mitgliedschaft in der evangelischen Kirche vor allem für die Mitglieder, aber auch für die Nichtmitglieder, unklar und nicht voneinander abgegrenzt.

Die derzeitige Handhabung führt zu einer Aushöhlung des Mitgliedschaftsbegriffs und fördert in erheblichem Maße die Kirchenaustrittsneigung. Gleichzeitig wird der Wunsch nach einer Mitgliedschaft in der evangelischen Kirche deutlich gemindert. Wir haben es hierbei nach meiner Ansicht mit einem der Hauptgründe für die deutlich höhere Zahl von Kirchenaustritten aus der evangelischen Kirche im Vergleich mit der römisch-katholischen Kirche zu tun. Deshalb besteht hier nach meiner Auffassung eine der wirkungsvollsten Möglichkeiten für die evangelische Kirche, die Austrittszahlen massiv zu senken. Es wird folgende Empfehlung ausgesprochen:

Empfehlung:
Zusätzlich zu den bereits geltenden Erlassen und Lebensordnungen ergänzen alle Landeskirchen der EKD folgende, verbindlichen Regelungen zum

Umgang mit aus der Kirche Ausgetretenen, bzw. sind die bestehenden Ordnungen wie folgt zu ändern:[571]
- Wer aus der evangelischen Kirche ausgetreten ist, wird nicht kirchlich getraut.
- Wer aus der evangelischen Kirche ausgetreten ist, wird nicht kirchlich bestattet, sofern er nicht auf dem Sterbebett einem Geistlichen gegenüber die Absicht des Wiedereintritts geäußert hat und nur durch den Tod von diesem Schritt abgehalten wurde.[572]
- Die christliche Taufe eines Kindes ist zu gewähren, auch wenn einer oder beide Eltern aus der Kirche ausgetreten sind.[573] Allerdings gilt es beim Taufgespräch ausführlich über die Beweggründe des Kirchenaustritts zu sprechen. Dem ausgetretenen Elternteil ist die Wahrnehmung des Katechumenats dringend zu empfehlen.[574] Zudem ist sicherzustellen, dass evangelische Christen für die evangelische Erziehung des Kindes zuverlässig sorgen.
- Die Mitglieder der evangelischen Kirche werden in evangelischen Einrichtungen wie z.B. Kindergärten, Seniorenstiften, sowie bei diakonischen Diensten und Einrichtungen vorrangig berücksichtigt.[575]
- Bei der Inanspruchnahme evangelisch-diakonischer Einrichtungen und Dienstleistungen durch die Mitglieder der evangelischen Kirche erhalten

---

571 „Nur ein Bruchteil der evangelischen Gemeindearbeit in den Ortskirchengemeinden wird tatsächlich noch von kirchenoffiziellen Normvorgaben gesteuert. Der weit überwiegende Teil dagegen vollzieht sich heute in der Orientierung an ‚informalen' Ordnungen und Einstellungen." Roosen, S. 524 f.

572 „Eine solche Maßnahme ist ein Akt der Kirchenzucht, bei dessen Vollzug darauf geachtet werden muß, daß er nicht als eine späte Rache für Kirchen- oder Pfarrerkritik an einem nunmehr Wehrlosen erscheint, der nicht ihn, umso mehr aber die Angehörigen trifft." Friedemann Merkel, Artikel: Bestattung – V. Praktisch-theologisch, TRE V (Berlin/New York 1980), 756.

573 Vgl. KO der EKvW, Art. 178(1).

574 Diese Möglichkeit setzt allerdings voraus, dass der ‚Status der Anteilschaft (Katechumenat)' im Mitgliedschaftsrecht der EKD verankert wird. „Der vorgeschlagene neue Status soll die Annäherung von Nichtmitgliedern an die Kirche erleichtern und eine gewisse Institutionalisierung ihrer Mitarbeit ermöglichen." Bock, S. 327.

575 Regionen, in denen überwiegend evangelische Einrichtungen eine Versorgung der Bevölkerung in diesen Aufgabenbereichen sicherstellen, sind von dieser Regelung auszunehmen.

diese eine prozentuale Leistungserstattung durch die evangelische Kirche.[576]

Durch diese Schritte wird die Frage der Mitgliedschaft in der evangelischen Kirche klar geregelt. Es findet eine deutliche Abgrenzung gegenüber Nichtmitgliedern statt.[577] Daraus ergeben sich folgende Möglichkeiten:

Möglichkeiten:

- Die Mitgliedschaft in der evangelischen Kirche wird in der Öffentlichkeit sowohl bei Mitgliedern als auch bei Nichtmitgliedern aufgewertet.
- Es werden deutliche Vorteile für Mitglieder geschaffen.
- Die Geistlichen erfahren in einer immer wiederkehrenden schwierigen Seelsorgesituationen durch eine eindeutige Regelung Unterstützung.
- Die Inanspruchnahme kirchlicher Leistungen durch Nichtmitglieder, die durch die Beitragszahlungen der Mitglieder ermöglicht werden, wird verhindert bzw. erfährt eine entsprechende finanzielle Anpassung.

Des Weiteren zeigt die vorliegende Untersuchung, dass gegenwärtige Erlasse und Lebensordnungen die nachgehende Seelsorge an Ausgetretenen sowie die Einladung zum Wiedereintritt wenn überhaupt nur ganz am Rande im Blick haben. Deshalb wird folgende Empfehlung ausgesprochen:

Empfehlung:

Zusätzlich zu den bereits geltenden Erlassen und Lebensordnungen verpflichten sich alle Landeskirchen der EKD gemäß dem Entwurf der Ordnung des kirchlichen Lebens der EKU zur nachgehenden Seelsorge an Ausgetretenen:

„*Weil der Kirchenaustritt die Verheißung des Evangeliums nicht aufheben kann, die in der Taufe sichtbaren Ausdruck gefunden hat, besteht für die Gemeinde die Pflicht, Ausgetretenen nachzugehen, sie zu informieren, für sie zu beten und sie immer wieder auch zur Rückkehr in die Kirche einzuladen.*"[578]

---

[576] Zu diesem Zweck gilt es in den kirchlichen Haushalten aus Kirchensteuermitteln eine Rücklage zu bilden, aus der die Leistungserstattungen zu entnehmen sind. Die Höhe der prozentualen Erstattung in den einzelnen Einrichtungen und Diensten ist u.a. an ihrer Finanzierbarkeit auszurichten.

[577] Die Sichtweisen ausgewählter Pfarrer/innen der EKvW zu der Frage ‚Kirchenmitgliedschaft und Amtshandlungen' finden sich bei Hoof, S. 142 ff.

[578] EKU-Lebensordnung, S. 30.

Durch die betonte Einbeziehung der Ausgetretenen in die seelsorgerliche Verantwortung christlicher Gemeinschaft ergeben sich folgende Möglichkeiten:

Möglichkeiten:
- Die seelsorgerliche Verantwortung gerade auch für ausgetretene Mitglieder wird hervorgehoben.
- Der Austritt eines Mitglieds aus der Kirche wird als bedeutende innerkirchliche Anfrage und Herausforderung wahrgenommen.
- Die Ausgetretenen werden deutlich allen kirchlich Mitarbeitenden in den Blick gerückt. Damit wird gleichzeitig der nachgehenden Seelsorge an Ausgetretenen Aufmerksamkeit und Bedeutung geschenkt.
- Die Ausgetretenen machen die positive Erfahrung, trotz ihres Austritts im Blick der Kirche zu bleiben. Sie fühlen sich ernst genommen und gewinnen den Eindruck, nicht zu Verstoßenen geworden zu sein.

1.2. Der Wiederaufnahmeritus

Empfehlung	Möglichkeiten
• Wiederaufnahme – nach Unterweisung und Teilnahme am kirchlichen Leben – vorm/im Gottesdienst • Wiederaufnahme nach einem Seelsorgegespräch in schriftlicher Form • Wiederaufnahme nach einem Seelsorgegespräch bei einer Wiedereintrittsstelle	• Schwellenangst wird gesenkt • Personenbezogene Austrittsgründe können umgangen werden • Größtmögliche Anonymität ist gegeben • Entscheidungsfreiheit/Gestaltungsmöglichkeit/Selbstverantwortlichkeit • Entlastung der Gemeindepfarrer/innen

Die vorliegende Untersuchung zeigt, dass bei vielen ausgetretenen Menschen ein deutliches Bedürfnis vorhanden ist, wieder in die ehemalige Kirche einzutreten. Oftmals wird dieses Bedürfnis durch lebenszyklische Veränderungen oder durch die Verlusterfahrung der Gemeinschaft bei den Betreffenden geweckt.

Allerdings stellt hierbei der derzeitige Wiederaufnahmeritus für viele ehemalige Mitglieder ein deutliches Hindernis auf dem Weg zum Wiedereintritt dar.⁵⁷⁹ Insofern ist Ausgetretenen die Wiederaufnahme zu erleichtern. Deshalb wird folgende Empfehlung ausgesprochen:

Empfehlung:
Die Landeskirchen der EKD ermöglichen dem/der Wiedereintretenden die Form seiner/ihrer Wiederaufnahme aus folgenden Alternativen frei zu wählen:
- Der Wiedereintritt findet nach einem seelsorgerlichen Gespräch bzw. nach Unterweisung durch den/die zuständige/n Gemeindepfarrer/in und nach Beschluss des zuständigen Presbyteriums, vor bzw. in einem Gemeindegottesdienst im Beisein von zwei Zeugen durch den/die Pfarrer/in statt.
- Der Wiedereintritt wird nach einem seelsorgerlichen Gespräch mit dem/der zuständigen Gemeindepfarrer/in, dem/der kreiskirchlichen Mitgliederbeauftragten oder einem/einer frei zu wählenden Gemeindepfarrer/in ohne weiteren Ritus schriftlich erklärt. Allerdings müssen der/die Mitgliederbeauftragte bzw. der/die Gemeindepfarrer/in den Wiedereintrittswunsch kirchenrechtlich prüfen.
- Der Wiedereintritt wird in einer Wiedereintrittsstelle nach einem seelsorgerlichen Gespräch mit dem/der dort zuständigen Pfarrer/in ohne weiteren Ritus schriftlich erklärt.⁵⁸⁰ Auch in diesem Fall ist die Rechtmäßigkeit des Wiedereintrittswunsches zu überprüfen.

---

[579] Dazu schreibt der kirchliche Rechtsdirektor Duncker des Evangelischen Oberkirchenrats Stuttgart am 8.8.1996 in einer Erläuterung zum Verfahren bei der Aufnahme und Wiederaufnahme in die Evangelische Landeskirche in Württemberg vom 19.12.1995: „Wenn man, wie bisher, zuvor ein förmliches Verfahren unter Einbeziehung des Dekanatamts verlangt, kann ein solches Verfahren in nicht wenigen Fällen zum Hindernis für die Rückkehr in die Kirche werden." - Ähnlich äußert sich der Superintendent des Kirchenkreises Hamm/EKvW, Ernst-August Draheim, in seinem Bericht zur Kreissynode am 16./17. Juni 1998, S. 29: „In diesem Zusammenhang müssen wir uns überlegen, ob wir nicht die Form, in der wir ausgetretene Menschen wieder in unsere Kirche aufnehmen ... überprüfen müssen. Es gab einmal eine Erklärung vor dem Amtsgericht, daß jemand nicht mehr dazu gehören wollte. Ob nicht eine Erklärung vor dem Pastor genügt, daß jemand wieder dazu gehören will ?"

[580] Schon 1980 hat der Evangelische Oberkirchenrat der Württembergischen Landeskirche für eine nicht zustande gekommene EKD-Gesamtregelung den Wiedereintritt betreffend formuliert: „Wer nach staatlicher Vorschrift den Austritt aus der Kirche erklärt hat, kann binnen Jahresfrist gegenüber dem zuständigen Pfarramt ohne Angabe von Gründen schriftlich erklären, daß er die Kirchenmitgliedschaft wieder aufnehmen will ... Ist die Erklärung fristgerecht abgegeben, so gilt der Ausgetretene mit Wirkung vom Tage des Eingangs an

In allen Fällen wird der/die Wiedereintretende eingeladen, durch die Teilnahme am Abendmahl seinen/ihren Wiedereintritt als sichtbares Erlebnis in der Gemeinschaft von Christen/innen zu feiern.

Durch diesen Schritt kommt es zu einer deutlichen Erleichterung des Wiedereintritts in die evangelische Kirche. Daraus ergeben sich folgende Möglichkeiten:

Möglichkeiten:

- Die freie Wahl der Wiedereintrittsform senkt für die Betreffenden die Schwellenangst und baut Berührungsängste ab.
- Mögliche personenbezogene Austrittsgründe stellen für die Betreffenden keine Hindernisse mehr beim Wiedereintritt dar, da der Kontakt mit dieser bestimmten Person und eine eventuell nicht gewünschte Begegnung vermieden werden kann.[581]
- Die Anonymität der Wiedereintrittsentscheidung eines Ausgetretenen wird besser gewährleistet.
- **Die Wiedereintretenden können die Form ihres Wiedereintritts individuell bestimmen.** Dadurch wird ihnen eine möglichst große Entscheidungsfreiheit, persönliche Gestaltungsmöglichkeit und Selbstverantwortlichkeit eingeräumt.
- Die Gemeindepfarrer/innen und die Presbyterien werden durch die Übernahme der seelsorgerlichen Begleitung eintrittswilliger, ehemaliger Mitglieder durch die Wiedereintrittsstellen entlastet.

---

wieder als in die Evangelische Kirche aufgenommen ..." Rundschreiben der Kirchenkanzlei der EKD an die Gliedkirchen vom 4.11.1980 - Az.: 0150/4.40, S. 2.

[581] Dazu heißt es in der Vorlage zur Änderung der Lebensordnung der Lippischen Landeskirche vom 4. November 1998, S. 2: „Es kann durchaus sein, daß die Gründe für den Austritt u.U. in einer besonderen Konfliktsituation in der Ortsgemeinde liegen. Daher scheut der ein oder andere den Wiedereintritt gerade in dieser Gemeinde."

2. Distribution
2.1. Der Adressat der Austrittserklärung[582]

Empfehlung	Möglichkeiten
• Übernahme der Adressatenrolle durch die evangelischen Landeskirchen	• Kontakt am Wendepunkt der Beziehung von Kirche und Mitglied • Ernstnehmen der Austrittsgründe • Angebot eines Seelsorgegesprächs • Verbleib eines Mitglieds in der Kirche wird wahrscheinlicher • Wiedereintrittswahrscheinlichkeit nimmt zu

Als im Jahre 1847 zum ersten Mal per Gesetz als Adressat der Kirchenaustrittserklärung eine staatliche Stelle bestimmt wurde, war dieser Beschluss für die evangelische Kirche unproblematisch. Zum einen war zu diesem Zeitpunkt das Staatsoberhaupt in der Regel gleichzeitig Oberhaupt der evangelischen Kirche. Zum anderen sollte mit dem Religionspatent vom 30. März 1847 die Möglichkeit geschaffen werden, Rand- und Splittergruppierungen aus den beiden großen Religionsgemeinschaften herauszubekommen. Insofern wurde das Religionspatent kirchlicherseits ausdrücklich begrüßt.

Als die anerkannten Religionsgemeinschaften bei den Verhandlungen zum Austrittsgesetz vom 30. November 1920 trotz einer deutlich kirchenfreundlichen Stimmung auf die Übernahme der Adressatenrolle verzichteten, gaben sie die persönliche Regelung einer bedeutenden inneren Angelegenheit,

---

[582] Die Übernahme der Adressatenrolle ist sicherlich der weitestgehende Änderungsvorschlag dieser Arbeit. Ich bin mir bewusst, dass es gegen diese Forderung erhebliche staatskirchenrechtliche Bedenken gibt. Sicherlich sind deshalb die im Folgenden dargestellten juristischen Zusammenhänge unabhängig von dieser Ausarbeitung einer gründlichen juristischen Prüfung zu unterziehen. Auch ist ausdrücklich auf die erheblichen Schwierigkeiten, die sich aus einer solchen Forderung für die römisch-katholische Kirche ergeben, hinzuweisen. Trotz dieser grundlegenden Bedenken halte ich es für wichtig, die Übernahme der Adressatenrolle durch die evangelische Kirche, wenn auch nur als ideales Ziel, als Empfehlung an dieser Stelle aufzugreifen und darzustellen. Wie der geschichtliche Überblick gezeigt hat, ist es in dieser Frage immer wieder zu kontroversen Diskussionen gekommen. Zudem zeigt die gegenwärtige Praxis der Bremischen Landeskirche, dass die Übernahme der Adressatenrolle durch eine kirchliche Stelle eine praktikable Lösung ist, von der nach meiner Meinung auch die anderen evangelischen Landeskirchen profitieren können.

wie es die Frage der Mitgliedschaft ist, ab und überließen diese Aufgabe dem Staat.

In der Folgezeit ist es immer wieder zu vereinzelten Vorstößen von Gemeinden und Kirchenkreisen gekommen, die evangelische Kirche zur Übernahme der Adressatenrolle zu bewegen.[583] Dennoch übernahm als einzige Landeskirche die evangelische Kirche in Bremen im Jahre 1921 die Aufgabe des Adressaten beim Kirchenaustritt.[584]

Die vorliegende Untersuchung führt zu der Überzeugung, dass sich eine einheitliche Übernahme der Adressatenrolle durch alle evangelischen Landeskirchen positiv auf die Kirchenbindung der Mitglieder der evangelischen Kirche auswirken würde. Deshalb wird folgende Empfehlung ausgesprochen:

Empfehlung:

Gemäß Artikel 140 GG/Artikel 137 WA, in dem es heißt: „Jede Religionsgesellschaft ordnet und verwaltet ihre Angelegenheiten selbständig innerhalb der Schranken des für alle geltenden Gesetzes", übernehmen alle evangelischen Landeskirchen in Deutschland die Aufgabe des Adressaten beim Kirchenaustritt. Die Möglichkeit den Kirchenaustritt vor einer staatlichen Stelle zu erklären entfällt. Die bestehenden Staatsverträge sind entsprechend zu ändern.

Durch die generelle Übernahme der Adressatenrolle eröffnen sich für die evangelischen Landeskirchen in Deutschland folgende Möglichkeiten:

---

[583] Z.B. die Anfrage an das Ev.-Luth. Kirchenamt Dresden durch das Pfarramt Olbersdorf vom 27. März 1948. Siehe Anhang, S. 293, 5.1. - Oder der Antrag der Kirchenkreissynode Altona vom 7.3.1995 für die Tagung der Synode der Nordelbischen Evangelisch-Lutherischen Kirche des Jahres 1995. Der Antrag lautete: „Die Synode des Kirchenkreises Altona stellt den Antrag auf eine Neuregelung des Kirchenaustrittsverfahrens durch Kirchengesetz. Damit soll zum Austritt entschlossenen Gliedern der NEK die Möglichkeit gegeben werden, ihren Austritt rechtsgültig bei der Kirche selbst zu erklären. Die Möglichkeit, den Austritt bei staatlichen Stellen vorzunehmen, bleibt davon unberührt."

[584] „In Bremen wurde bis zum Erlaß der staatlichen Steuerordnung für die Religionsgesellschaften vom 09.11.1922 keine Kirchensteuer erhoben. Es gab auch keine staatliche Regelung für den Austritt aus der Kirche. Der Kirchenaustritt mußte mit Erlaß der Steuerordnung für die Religionsgesellschaften geregelt werden. Das ist in § 3 Abs. 2 der Steuerordnung in der Weise geschehen, daß der Kirchenaustritt der zuständigen Religionsgemeinschaft gegenüber zu erklären ist. Die Kirchen haben daraufhin entsprechende Bestimmungen erlassen, die Bremische Evangelische Kirche durch Kirchengesetz vom 13.11.1922." Dr. Johannes Georg Bergemann in einem Schreiben an mich vom 6.10.1998. Das vollständige Schreiben ist im Anhang, S. 304, 5.10. abgedruckt. - Vgl. auch Hans Georg Bergemann, Staat und Kirche in Bremen, ZEvKR 9 (1963), 243.

Möglichkeiten:
- Die evangelische Kirche hält den Kontakt zu ihren Mitgliedern an dem entscheidenden Wendepunkt der gemeinsamen Beziehung.
- Die evangelische Kirche zeigt, dass ihr die Austrittsentscheidung eines Mitglieds nicht gleichgültig ist, sondern dass sie Austretende mit ihren Beweggründen ernst nimmt, den direkten Kontakt sucht und sich dieser Verantwortung stellt, ohne diese schwierige Aufgabe an eine staatliche Stelle zu delegieren.
- Die evangelische Kirche kann ein Seelsorgegespräch anbieten, das in aller Offenheit für beide Seiten die Chance einer Klärung mit sich bringt.
- Die Wahrscheinlichkeit des Verbleibs eines Mitglieds in der evangelischen Kirche nimmt deutlich zu.
- Die Wahrscheinlichkeit eines Wiedereintritts eines ehemaligen Mitglieds in der sechsten Phase nach einem Kirchenaustritt nimmt deutlich zu.

2.2. Die Mitgliederbeauftragten
2.2.1. Die Mitgliederbeauftragten der Landeskirchen

Empfehlung	Möglichkeiten
• Alle Landeskirchen berufen Mitgliederbeauftragte	• Spezialisierung und Fachkompetenz • Aufbau eines Frühwarnsystems • Motivation/Unterstützung/Anerkennung für die kirchlich Mitarbeitenden • Imagegewinn für die Kirche • Werbung auf breiter Basis

Die vorliegende Untersuchung zeigt, dass auf Ebene der Landeskirchen der EKD in Fragen kirchlicher Mitgliedschaft keine gezielte Erfassung, Verarbeitung, Durchführung und Weitergabe von Daten, Aktionen und Informationen stattfindet. Deshalb wird folgende Empfehlung ausgesprochen:

Empfehlung:

Jede Landeskirche beruft eine/n hauptamtliche/n Mitgliederbeauftragte/n. Nach einer Anlaufphase ist der/die landeskirchlich Beauftragte aus dem Kreis der Beauftragten der Kirchenkreise (s. Kap. IV. 2.2.2.) zu berufen. Das Votum der Mitgliederbeauftragten der Kirchenkreise ist dabei maßgeblich zu berücksichtigen. An die Mitgliederbeauftragten werden folgende Anforderungen gestellt:

Anforderungsprofil:
- positive Ausstrahlung
- langjährige Gemeindeerfahrung
- Erfahrung in der Öffentlichkeitsarbeit
- didaktische Erfahrung
- Erfahrung im konzeptionellen Bereich
- Gesprächserfahrung
- hohe Frustrationstoleranz
- empathisch
- diplomatisch
- flexibel
- kreativ
- phantasievoll

Das Aufgabengebiet der Mitgliederbeauftragten liegt in der Betreuung der ehemaligen und der gegenwärtigen Mitglieder sowie in der Mitgliederneuwerbung. In den ersten Jahren nach Errichtung hauptamtlicher Stellen für Mitgliederbeauftragte in den einzelnen Landeskirchen wird deren Aufgabenschwerpunkt sicherlich im Bereich der ehemaligen und gegenwärtigen Mitglieder zu finden sein. Allerdings ist durch eine effiziente Arbeit mittelfristig mit einem deutlichen Abnehmen von Kirchenaustritten zu rechnen. Hierdurch ist eine Verlagerung des Arbeitsschwerpunktes der Mitgliederbeauftragten hin zu den gegenwärtigen Mitgliedern und der Mitgliederneuwerbung möglich.

Die folgende Stellenbeschreibung beschränkt sich auf die erste Phase mit dem Aufgabenschwerpunkt im Bereich der ehemaligen und der gegenwärtigen Mitglieder.

Aufgabenbeschreibung:
- Auswahl der jeweils zu erhebenden statistischen Daten.
- gezielte Auswertung statistischer Daten.
- Erstellung der Statistik aus Daten aller Wiedereintrittsstellen der Landeskirche.
- Aufbau und Pflege der Kirchenaustrittsdatei.
- Verantwortlich für die Öffentlichkeitsarbeit der Landeskirche in Fragen des Aus- und Wiedereintritts. D.h. die interne Abstimmung verschiedener Standpunkte, Bündelung der öffentlichen Äußerungen aller kirchlichen Ebenen zu einheitlichen Sprachregelungen, um somit eine größtmögliche Erreichbarkeit der Öffentlichkeit mit den Botschaften zu erzielen.
- Planung und Durchführung von Werbekampagnen zur Festigung der Mitgliedschaft in Absprache mit den anderen Landeskirchen.
- Zuständig für die Einrichtung von Wiedereintrittsstellen in Absprache mit den Kirchenkreisen.

- Entwurf und Erstellung von einheitlichen schriftlichen Materialien und eines einheitlichen Internet-Auftritts für die Austritts- und Wiedereintrittsstellen sowie für die Kirchenkreise und Gemeinden.
- Auswertung zurückgesandter Befragungsbogen Ausgetretener und Wiedereintretender.
- Auswahl der Mitgliederbeauftragten der Kirchenkreise.
- Auswahl der Pfarrer/innen der Wiedereintrittsstellen.
- Regelmäßiger Austausch mit den Mitgliederbeauftragten der anderen Landeskirchen.
- Schulung und regelmäßiger Austausch mit den Mitgliederbeauftragten der Kirchenkreise.
- Schulung von Mitarbeitenden der Gemeinden und Kirchenkreise sowie der Kirchenaustritts- und Wiedereintrittsstellen.
- Erstellung des Leitfadens zum Kirchenaustritt als Handreichung für alle kirchlich Mitarbeitenden.
- Anlaufstelle für direkte Anfragen bei der Landeskirche zur Mitgliedschaft.

Die Ernennung von Mitgliederbeauftragten der Landeskirchen führt in diesem wichtigen Segment zu einer Kräftebündelung. Damit eröffnen sich für die evangelischen Landeskirchen in Deutschland folgende Möglichkeiten:

Möglichkeiten:
- Es kommt zur Ausbildung von kirchlichen Spezialisten/innen mit einer hohen Fachkompetenz auf dem immens wichtigen Gebiet der Mitgliederpflege.[585]
- Es entsteht ein Frühwarnsystem als Steuerungsinstrument für Veränderungen im Mitgliederverhalten mit der Möglichkeit zu einer schnellen Reaktion kirchlicherseits.
- Die Mitarbeitenden erfahren Unterstützung, Motivation und Anerkennung und erhöhen dadurch gleichzeitig ihre Sozial- und Fachkompetenz.[586]
- Werbekampagnen und Konzepte zur Festigung der Mitgliedschaft lassen sich auf breiter Basis entwickeln. Dadurch kommt es zu einem umfassenden Erfahrungsaustausch, einer erheblichen Kostensenkung sowie einem deutlichen Imagegewinn in der Bevölkerung.

---

[585] Zu dem Stichwort ‚Spezialisierung im Pfarrberuf' schreibt Lindner, S. 305: „Der Zustand ist mittelfristig unbefriedigend. Personalplanung und -entwicklung ist herausgefordert. Zweitstudien, gezielte Fort- und Weiterbildung werden immer dringlicher."

[586] „Als Haus der lebendigen Steine muß Kirche die Binnenkommunikation verbessern, wenn sie von ihren Mitarbeitern und Mitarbeiterinnen, den lebendigen Steinen, als eine gegliederte Einheit erfahren werden soll ..." Fischer, S. 4.

> **Kosten**
> - Angliederung der Mitgliederbeauftragung an das landeskirchliche Öffentlichkeitsreferat. Der/die Öffentlichkeitsreferent/in ist zugleich landeskirchliche/r Mitgliederbeauftragte/r.
> - In der Anlaufphase (d.h. in den ersten zwei Jahren) zusätzliche Sachbearbeiter/innenstelle – ca. 80.000,– DM/40.800,– € im Jahr.[587]
> - Nach der Anlaufphase halbe zusätzliche Sachbearbeiter/innenstelle – ca. 40.000,– DM/ 20.400,– € im Jahr.
> - Langfristig niedrigere Kosten durch die Vereinheitlichung von Medien sowie durch gemeinsame Entwicklung und Übernahme von Konzepten und Werbestrategien.

2.2.2. Die Mitgliederbeauftragten der Kirchenkreise und Gemeinden

Empfehlung	Möglichkeiten
• Kirchenkreise berufen Mitgliederbeauftragte in Absprache mit den landeskirchlichen Mitgliederbeauftragten • Dienstaufsicht liegt beim Landeskirchenamt	• Unterstützung/Motivation/Anerkennung für kirchlich Mitarbeitende • Vernetzung Landeskirche/Kirchenkreis/Gemeinde • Frühwarnsystem bis an die Basis • Direkter Kontakt zu Ausgetretenen • Zeitnahe Information und Analyse möglich • Spezialisierung und Fachkompetenz

Um die landeskirchliche Ebene mit der Ebene der Kirchenkreise und Gemeinden zu verbinden mit dem Ziel, den direkten Kontakt zu den Mitgliedern zu gewährleisten und einen ständigen, gegenseitigen Austausch zu erreichen, wird dem Subsidiaritätsprinzip gemäß für die Ebene der Kirchenkreise und Gemeinden folgende Empfehlung ausgesprochen:

Empfehlung:

Jeder Kirchenkreis beruft in Absprache mit den landeskirchlichen Mitgliederbeauftragten eine/n haupt- bzw. nebenamtliche/n Mitgliederbeauftragte/n. Die Dienstaufsicht liegt beim Landeskirchenamt. Die Namen und Anschriften der Mitgliederbeauftragten sind in den Gemeindebriefen, den Schau-

---

[587] Die zugrundegelegten Kosten gehen aus von: Sachbearbeiter/in, ca. 30 Jahre, verheiratet, 1 Kind, Gehaltsgruppe BAT IVb.

kästen, der kirchlichen und regionalen Presse des Kirchenkreises regelmäßig zu veröffentlichen.

Das Anforderungsprofil entspricht dem unter Kap. IV. 2.2.1. beschriebenen Anforderungsprofil des/der Beauftragten der Landeskirche. Ebenso wird die Finanzierung der Stelle in gleicher Weise wie bei den landeskirchlich Beauftragten sichergestellt.

Aufgabenbeschreibung:
- Unterstützung des/der landeskirchlich Beauftragten bei der Auswahl der jeweils zu erhebenden statistischen Daten.
- Unterstützung des/der landeskirchlich Beauftragten bei der gezielten Auswertung statistischer Daten.
- Rücksprache mit den Amtsgeschwistern im Falle von bemerkenswerten Mitgliederbewegungen.
- Unterstützung und Beratung der Amtsgeschwister im Einzelfall.
- Übernahme von Einzelfällen auf Wunsch der Amtsgeschwister bzw. der Betroffenen.
- Pflege der Kirchenaustrittsdatei.
- Erstellung der Statistik der Daten der Wiedereintrittsstellen im Kirchenkreis.
- Regelmäßiger Austausch mit dem/der Beauftragten der Landeskirche.
- Verantwortlich für die Öffentlichkeitsarbeit des Kirchenkreises in Fragen der Mitgliedschaft in Abstimmung mit der Landeskirche.
- Verantwortlich für den Schriftwechsel mit Ausgetretenen.
- Planung und Durchführung von Werbekampagnen zur Festigung der Mitgliedschaft in Absprache mit der Landeskirche.
- Zuständig für die Wiedereintrittsstellen im Kirchenkreis.
- Unterstützung des/der landeskirchlich Beauftragten bei Entwurf und Erstellung von einheitlichen schriftlichen Materialien für die Austritts- und Wiedereintrittsstellen sowie die Kirchenkreise und Gemeinden.
- Unterstützung des/der landeskirchlich Beauftragten bei der Auswahl der Pfarrer/innen der Wiedereintrittsstellen.
- Zuständig für die Auswahl der sonstigen Mitarbeitenden der Wiedereintritts- und Austrittsstellen.
- Schulung von Mitarbeitenden der Gemeinden und Kirchenkreise sowie der Kirchenaustritts- und Wiedereintrittsstellen.
- Zuständig für direkte Anfragen beim Kreiskirchenamt zur Mitgliedschaft.

Durch die Ernennung von kreiskirchlichen Mitgliederbeauftragten kommt es zu einer die gesamte Landeskirche einbeziehenden Vernetzung in diesem wichtigen Segment. Damit eröffnen sich für die evangelischen Landeskirchen in Deutschland folgende Möglichkeiten:

Möglichkeiten:
- Bis in die Gemeinden der Landeskirche hinein erfahren die Mitarbeitenden Unterstützung, Motivation und Anerkennung.
- Eine Vernetzung der landeskirchlichen Ebene mit der Basis der Kirchenkreise und Gemeinden entsteht.
- Ein bis an die Basis reichendes Frühwarnsystem für Veränderungen im Mitgliederverhalten, mit der Möglichkeit zu einer schnellen Reaktion wird geschaffen.[588]
- Der direkte Kontakt zu Austretenden wird hergestellt und ggf. gehalten.
- Es findet ein ständiger, lückenloser und zeitnaher Austausch von Informationen, Daten und deren Analyse statt.
- Es kommt zu einer Ausbildung von kirchlichen Spezialisten mit hoher Fachkompetenz auf dem immens wichtigen Gebiet der Mitgliederpflege an der Basis.

Kosten
- In der Anlaufphase (d.h. in den ersten zwei Jahren) eine halbe Pfarrstelle – ca. 60.000,– DM/ 30.600,– € im Jahr.[589]
- Nach der Anlaufphase eine viertel Pfarrstelle – ca. 30.000,– DM/15.300,– € im Jahr.

---

588 „Durch die Institutionalisierung eines **Beschwerdemanagements** ... können wichtige produktpolitische Informationen systematisch erfaßt und unternehmensintern weitergeleitet werden. Darüber hinaus kann durch ein Beschwerdemanagement eine schnelle und angemessene Reaktion des Unternehmens sichergestellt und die Zufriedenheit des Kunden wiederhergestellt werden ..." Meffert, S. 357.

589 Die zugrundegelegten Kosten gehen aus von: Pfarrer/in, ca. 45 Jahre, verheiratet, 2 Kinder, Gehaltsstufe A 13.

2.3. Die Wiedereintrittsstellen[590]

Empfehlung	Möglichkeiten
• Einrichtung von Wiedereintrittsstellen in allen Städten mit über 50.000 evangelischen Kirchenmitgliedern • Einrichtung von Wiedereintrittsstellen möglichst auch in kleineren Städten • Betreuung der Wiedereintrittsstellen durch die kreiskirchlichen Mitgliederbeauftragten	• Senkung der Schwellenangst beim Wiedereintritt • Gewährleistung größtmöglicher Anonymität • Qualifizierte und sensibilisierte kirchlich Mitarbeitende • Vereinfachung des Wiedereintritts • Zugehen auf die Nicht(mehr)mitglieder • Anlaufstelle für Menschen ohne Bezug und Bindung zur Wohnsitzgemeinde • Anteilnahme und Dialogbereitschaft • Optimistisches Zeichen der Kirche • Entlastung der Gemeindepfarrer/innen • Nutzung als Stelle für die Austrittserklärung möglich

Im Rahmen dieser Untersuchung zeigt sich die Einrichtung von Wiedereintrittsstellen als eine innovative Möglichkeit der Kontaktpflege zu den Nicht(mehr)mitgliedern. Leider ist diese Möglichkeit bisher von den evangelischen Landeskirchen weitgehend ungenutzt. Deshalb wird folgende Empfehlung ausgesprochen:

Empfehlung:

In allen Städten Deutschlands mit über 50.000 evangelischen Kirchenmitgliedern werden von den jeweiligen Landeskirchen Wiedereintrittsstellen eingerichtet. Dies kann in den Kreiskirchenämtern oder an einer zentral gelegenen Kirche geschehen, sofern die räumlichen und die personellen Anforderungen an eine Wiedereintrittsstelle erfüllt werden (s. Kap. IV. 3.1.). Darüber hinaus sollte auch bei einer geringeren Zahl evangelischer Kirchenmitglieder in einer Stadt eine Wiedereintrittsstelle geschaffen werden, sofern dies möglich ist. Betreut werden diese Einrichtungen von den Pfarrern/innen, die in Absprache mit dem/der landeskirchlichen Mitgliederbeauftragten ausgewählt werden.

---

[590] Die Intentionen und die Möglichkeiten einer solchen kirchlichen Einrichtung lassen sich nach meiner Meinung nach außen hin positiver benennen als mit dem Namen Wiedereintrittsstelle.

Mit der Errichtung von Wiedereintrittsstellen setzen die evangelischen Landeskirchen in Deutschland ein optimistisches, zuversichtliches Zeichen des Glaubens an die Rückkehr ehemaliger Mitglieder. Gleichzeitig zeigt so die evangelische Kirche in ganz Deutschland in besonderer Weise öffentliche Präsenz. Dadurch eröffnen sich für die evangelische Kirche folgende Möglichkeiten:

Möglichkeiten:
- Die Schwellenangst von Menschen, die wieder in die evangelische Kirche eintreten möchten, wird deutlich gesenkt.
- Die größtmögliche Anonymität wird gewährleistet.[591]
- Die Mitarbeitenden der Wiedereintrittsstellen sind auf dem Gebiet der nachgehenden Seelsorge an Ausgetretenen besonders sensibilisiert und qualifiziert.
- Der Wiedereintritt wird vereinfacht.
- Die evangelische Kirche geht auf die Nicht(mehr)mitglieder zu, zeigt Teilnahme und Bereitschaft zum Dialog.
- Die am Wiedereintritt interessierten Menschen ohne Bindung und Bezug zu der zuständigen Wohnsitzgemeinde erhalten ein Anlaufstelle.
- Die Gemeindepfarrer/innen werden entlastet.
- Bei Übernahme der Adressatenrolle durch die evangelische Kirche ist eine gleichzeitige Nutzung als Stelle für die Austrittserklärung vorstellbar.

Kosten
- 15 zusätzliche Wochenstunden für die/den zuständige/n Pfarramtssekretär/in – ca. 28.000,– DM/14.300,– € im Jahr.[592]
- 10%ige Entlastung des/der zuständigen Gemeindepfarrers/in.

---

[591] Dass Anonymität ein besonders wichtiges Detail einer Wiedereintrittsstelle ist, wird in der Dokumentation der Aktion ‚Kontakt-Telefon' der Württembergischen Landeskirche unterstrichen: „Bei allen Anrufen wurde deutlich, daß Menschen die Möglichkeit der anonymen, unverbindlichen Information über ein aus ihrer Sicht heikles Thema zu schätzen wußten." Landeskirche Württemberg – Dokumentation, S.13.

[592] Die zugrundegelegten Kosten gehen aus von: Pfarramtssekretär/in, ca. 55 Jahre, verheiratet, Gehaltsgruppe BAT VIb.

3. Kommunikation
3.1. Das Seelsorgegespräch mit kirchenfernen Menschen[593]

Empfehlung	Möglichkeiten
• Jede/r Pfarrer/in informiert sich über kirchenferne Menschen	• Der/die Seelsorgende zeigt Teilnahme an kirchenfernen Menschen
• Jede/r Pfarrer/in sucht das Seelsorgegespräch mit austrittsbereiten, ausgetretenen bzw. wiedereintretenden Menschen	• Erkennung Austrittsgefährdeter
	• Wiederherstellung gestörter Kommunikation
• Jede/r Pfarrer/in macht Ausgetretenen ein schriftliches Gesprächsangebot	• Festigung der Mitgliedschaft
	• Abnahme der Kirchenaustritte
• Beachtung spezieller Gesprächsvoraussetzungen und -inhalte	• Zunahme der Wiedereintritte

Dem Seelsorgegespräch mit kirchenfernen Menschen kommt in dieser Untersuchung eine zentrale Rolle zu. Seine Besonderheiten gilt es ebenso zu beachten wie die daraus entstehenden Möglichkeiten für die Beziehung zwischen einem (ehemaligen) Mitglied und seiner (ehemaligen) Kirche. Es wird folgende Empfehlung ausgesprochen:

Empfehlung:
- Ist ein Mensch im Begriff, aus der Kirche auszutreten, oder hat seinen Austritt bereits erklärt, so ist von der Seite des/der Pfarrers/in unbedingt das seelsorgerliche Gespräch zu suchen.[594]

---

[593] Die Grundlage für das hier entwickelte Seelsorgegespräch mit kirchenfernen Menschen bildet die klientenzentrierte Gesprächsführung von Carl Rogers, Therapeut und Klient (Hamburg/Frankfurt a. Main 1983), und deren Übertrag in den Kontext eines christlich, pastoral geführten Seelsorgegesprächs durch Heije Faber, Ebel van der Schoot, Praktikum des seelsorgerlichen Gesprächs (Göttingen 1968). - Vgl. auch Dietrich Stollberg, Seelsorge praktisch (Göttingen 1970).

[594] „Seelsorge, in diesem besonderen Sinn als Einzelseelsorge verstanden, heißt konkrete Aktualisierung der Teilnahme des Einen an des Anderen besonderer Vergangenheit, Gegenwart und Zukunft, an seiner besonderen Mühsal und Beladenheit, vor allem aber an der besonderen Verheißung und Hoffnung des Anderen in der Singularität gerade seiner von Gott geschaffenen und erhaltenen Existenz." Karl Barth, Die kirchliche Dogmatik IV/3, 2. Hälfte (Zollikon-Zürich 1959), S. 1015. - Gleichzeitig erfüllt eine so verstandene Seelsorge die in Kap. I. 3.1. dargestellte Forderung Wicherns, dass Kirche zu dem kommen muss, der nicht zu ihr kommt. Dazu schreibt Hoof, S. 186: „Die im Pfarramt Tätigen sollten ... bemüht sein, die fehlende Transparenz zu diesen Kreisen, zu ihren Lebenswelten und Alltagsproblemen darin zu überwinden, daß sie sich an die Orte begeben, wo sie die

- Einem solchen Gespräch geht voraus, dass der/die Pfarrer/in sich anhand der vorhandenen Mitgliederbestandslisten sowie auf Grund der persönlichen Kenntnis über Umfeld und Familienverbünde eines kirchenfernen Menschen informiert.[595] Damit wird gleichzeitig die Möglichkeit geschaffen, gefährdete Mitglieder im Umfeld zu erkennen und sie ggf. seelsorgerlich einzubeziehen.
- In einem zweiten Schritt wird dem kirchenfernen Menschen schriftlich ein Gesprächsangebot gemacht.[596] Ziel dieses Gesprächs mit dem Betreffenden ist es, wie Wichern sagt, dass in diesem Moment, „... wenn er nicht zur Kirche kommt, die *Kirche* zu ihm kommt ..."[597] Bei dieser Begegnung im Gespräch hat der Seelsorgende die durchaus schwere Aufgabe, seinem Gegenüber dessen Bedeutung für die kirchliche Gemeinschaft und die Bedeutung der kirchlichen Gemeinschaft für sein Glaubensleben nahe zu bringen.
- In einem dritten Schritt ist den Ereignissen Raum zu geben, die zur Kirchenferne geführt haben. Dabei gilt es besonders „... nach Wegen, Prinzipien und Kriterien für einen gelingenden Umgang mit Ärger und Aggression zu suchen, d.h. einen Umgang, der Kommunikation herstellt statt sie abzubrechen, der Klarheit an die Stelle von Verschleierung setzt, der Beziehungen und Selbstwertgefühl erneuert statt sie zu unterminieren."[598]
- Des Weiteren sollte in dem Gespräch die Frage der Taufe aufgenommen werden. Dabei gilt es das Verständnis des ausgetretenen Menschen von der Beziehung zwischen Gott/Christus - Kirche - Getauftem herauszuarbeiten. Es ist wichtig, „... die Betreffenden ausdrücklich danach zu fragen, wie sie *ihr eigenes Getauftsein* inzwischen verstehen."[599]

Sinnwelten und Einstellungen der Menschen kommunikativ in Erfahrung bringen können."

[595] Hierzu schreibt der Landesbischof der Ev. Luth. Landeskirche Schaumburg-Lippe Heinrich Herrmanns in einem Brief vom 14.8.1998 an mich: „Die hier bei uns wohnhaften, aus Schaumburg-Lippe stammenden Ausgetretenen sind ja in unseren Unterlagen leicht auffindbar. Unsere Pastoren bitte ich, sich diese Listen anzuschauen, um bei günstigen Gegebenheiten, wenn man sich in der Gemeinde bei verschiedenen Gelegenheiten, auch bei öffentlichen Festen begegnet, bereit für ein Gespräch zu sein. Ein in diese Richtung zielendes stetiges Argumentieren hat vielleicht ein wenig dazu beigetragen, daß wir in Schaumburg-Lippe in den letzten Jahren einen deutlichen Anstieg der Wiedereintritte verzeichnen können." Das vollständige Schreiben ist im Anhang, S. 302 f., 5.9. abgedruckt.

[596] Bleibt eine Antwort aus, so erfolgt nach 10 Tagen eine telefonische Nachfrage.

[597] Wichern, S. 155.

[598] Klessmann, S. 144.

[599] Hermelink, S. 52.

- Auch die konkreten Folgen eines Kirchenaustritts nach dem Mitgliedschaftsrecht der evangelischen Kirche sind zur Sprache zu bringen.

Ein so geführtes Gespräch erfordert sehr viel Einfühlungsvermögen. Doch nur so kann eine offene Gesprächsatmosphäre erreicht werden, die eine wirkliche Seelsorge, *cura animarum*, zum Ziel hat. „‚Seelsorge‘, *cura animarum*, heißt also allgemein: Bemühung um je diesen und diesen Menschen im Blick auf Gottes Absicht gerade mit ihm, auf den eigentümlich gerade ihn angehenden göttlichen Zuspruch und Anspruch, auf das speziell von ihm geforderte Zeugnis. Gott ist der primär und eigentlich um die ‚Seelen‘ Besorgte. Sie sind und bleiben alle in seiner Hand."[600] Genau dieses ist die Tür, die wieder geöffnet werden kann, indem der kirchenferne Mensch erlebt und hört, wie wichtig genau er für die Gemeinschaft ist.

Diese schwierige seelsorgerliche Situation ist nur dann von einem Seelsorger bzw. einer Seelsorgerin zu bewältigen, wenn – wie es von Wichern gefordert wird – zu der hierfür speziellen wissenschaftlichen Ausbildung die persönliche Lebenserfahrung mit dem Wort Gottes tritt.[601] Dies umfasst auch die generelle Bereitschaft des Seelsorgenden zur Selbstkritik der eigenen Person oder der Institution gegenüber mit der Möglichkeit, Fehler und Erfahrungen anzunehmen, um daraus zu lernen und an ihnen zu wachsen. „So kam mir die Gesprächssituation immer mehr so vor, als müsse man sich durch mehrere Schichten hindurch zu den wichtigsten und tiefsten Gründen vorarbeiten. Nur wer bei den oberflächlicheren Schichten genügend Behutsamkeit, Verständnis und Einfühlungsvermögen zeigt, den lässt der Ausgetretene auch seine schmerzenden Wunden in der Tiefe sehen."[602]

Bei einem in diesem Sinne verstandenen seelsorgerlichen Gespräch, das vor oder nach einem Kirchenaustritt bzw. aus Anlass des Wiedereintritts stattfindet, gilt es folgende grundsätzliche Voraussetzungen nach Möglichkeit zu beachten:
- Das Gespräch sollte in einem Raum stattfinden, der eine ruhige und behagliche Gesprächsatmosphäre ermöglicht.
- Die Gesprächspartner sollten nicht unter Zeitdruck stehen.
- Der/die kirchliche Gesprächspartner/in muss die Phasen, die ein Mensch beim Kirchenaustritt durchläuft, genau kennen um in der jeweiligen Situation angemessen zu reagieren.

---

[600] Barth, S. 1014.
[601] Vgl. Wichern, S. 157.
[602] Dreher, S. 244.

- Der/die kirchliche Gesprächspartner/in muss das im Vorhergehenden dargestellte Zielgruppenprofil genau kennen, da er/sie nur so in der Lage ist, seine/n Gesprächspartner/in in der ihr/ihm eigenen Lebenssituation zu sehen. Diese Einordnung ermöglicht dem/der kirchlichen Gesprächspartner/in Gründe, Vorhaltungen und Einwände frühzeitig zu erkennen und mit seelsorgerlichem Verständnis aufzufangen bzw. zu beantworten.
- Der/die kirchliche Gesprächspartner/in muss sein Gegenüber vorbehaltlos annehmen können. D.h., „Er begegnet ihm mit einer warmen, entgegenkommenden, nicht besitzergreifenden Wertschätzung ohne Einschränkungen und Urteile."[603]
- Der/die kirchliche Gesprächspartner/in darf sich im Gesprächsverlauf durch eine eventuell sich ergebende eigene Betroffenheit nicht in eine Auseinandersetzung bringen lassen.[604] Damit sind allgemein die Kirche oder die eigene Person betreffende emotionale Angriffe durch das Gesprächsgegenüber gemeint. Allerdings ist es unabdingbar, dass er „... sich dessen, was er erlebt oder leibhaft empfindet, deutlich gewahr wird und daß ihm diese Empfindungen verfügbar sind, so daß er sie dem Klienten mitzuteilen vermag, wenn es angemessen ist."[605]
- Der/die kirchliche Gesprächspartner/in muss seinem/ihrem Gesprächsgegenüber mit Empathie begegnen können. D.h., „Es ist ein unmittelbares Gespür im Hier und Jetzt für die innere Welt des Klienten mit ihren ganz privaten personalen Bedeutungen, als ob es die Welt des Therapeuten selbst wäre, wobei allerdings der ‚Als ob Charakter' nie verlorengeht."[606]

---

[603] Rogers, S. 27. - Dazu schreibt Faber: „In der Situation des ‚counseling' spielen wir die Rolle des Hirten, bei dem der andere Geborgenheit, Ruhe und Aufmerksamkeit findet und bei dem er ‚zu sich selbst' kommen kann. Wir stehen also dem andern zur Verfügung." Faber, van der Schoot, S. 89.

[604] Davor warnt auch Faber: „Eine Gefahr kann in einem seelsorglichen Gespräch darin liegen, daß der Pastor selber emotional in das Gespräch hineingezogen wird, daß er seine ‚Integration' verliert, indem er sich entweder emotional mit dem anderen identifiziert oder von dem Gehörten selber unsicher, ängstlich, aggressiv oder deprimiert wird." Ebd., S. 106.

[605] Rogers, S. 31.

[606] Ebd., S. 23. - Rogers schreibt weiter: „Die Erfahrung, von jemandem verstanden zu werden, ist in sich selbst ein machtvoller, die Entwicklung fördernder Faktor." Ebd., S. 24. - Faber überträgt diese Haltung auf das seelsorgliche Gespräch. Er schreibt: „Nur wenn wir neben dem andern stehen, mit Aufmerksamkeit und Liebe uns wirklich als Hirten des Ratsuchenden fühlen, kann der heilige Geist sein Werk verrichten." Faber, van der Schoot, S. 95.

- Es ist für den Gesprächsverlauf wichtig, dass der/die kirchliche Gesprächspartner/in in der Lage ist ‚nonverbale Impulse' bei seinem/ihrem Gegenüber wahrzunehmen und entsprechend aufzugreifen. Darunter versteht Rogers die „... am Rande der Gewahrwerdung auftauchenden Sinngehalte ...,"[607] z.B. die Körperhaltung des Gesprächspartners, die Gesten, sein Verhalten als Ganzes. Die Beobachtung und Umsetzung solcher ‚nonverbalen Impulse' im Gesprächsverlauf ermöglicht auf besondere Weise den Einstieg in eine tiefere Gesprächs- und Gefühlsebene.
- Der/die kirchliche Gesprächspartner/in muss in der Lage sein, die Ereignisse, die zur Enttäuschung führten, anzusprechen und zu klären.

Grundlegend gilt für das seelsorgerliche Gespräch zum Problem des Kirchenaustritts Folgendes:
- Sollte die Frage der Räumlichkeiten oder die Zeitfrage schwierig sein, so ist nach Möglichkeit das Gespräch an einem anderen Ort bzw. zu einer anderen Zeit fortzusetzen.
- Sollte dagegen der/die kirchliche Gesprächspartner/in aus einer emotionalen Betroffenheit heraus nicht in der Lage sein, eine empathische Haltung im Gespräch einzunehmen, so muss unter allen Umständen das Gespräch abgebrochen und ein weiterer geschulter kirchlich Mitarbeitender hinzugezogen werden.

Wird in der vorgeschlagenen Form das Seelsorgegespräch mit austrittsbereiten, ausgetretenen bzw. wiedereintretenden Menschen gesucht, ergeben sich folgende Möglichkeiten:

Möglichkeiten:
- Der/die Seelsorgende zeigt Teilnahme für kirchenferne Menschen.
- Austrittsgefährdete Menschen werden erkannt und können somit besondere Beachtung in der kirchlichen Arbeit erfahren.
- Die Kommunikation zwischen (ehemaligem) Mitglied und der Kirche wird wiederhergestellt.
- Die Mitgliedschaft in der Kirche wird gefestigt.
- Die Zahl der Kirchenaustritte geht zurück.
- Die Zahl der Wiedereintritte nimmt zu.

Zusätzlich zu diesen Inhalten eines Seelsorgegesprächs mit einem (ehemaligen) Kirchenmitglied gilt es in der jeweiligen Gesprächssituation weitere Besonderheiten zu berücksichtigen.

---

[607] Rogers, S. 25.

3.1.1. Das Seelsorgegespräch bei der Kirchenaustrittserklärung

Der austretende Mensch erklärt seinen Kirchenaustritt in den meisten Fällen in dem Büro eines Amtsgerichts oder eines Standesamts. Sofern es sich um eine kirchliche Stelle für die Annahme dieser Erklärung handelt (diese Überlegung setzt die Übernahme der Adressatenrolle durch alle evangelischen Landeskirchen voraus), sollte die Einrichtung dieser Räumlichkeiten die oben geforderte ruhige und behagliche Gesprächsatmosphäre ermöglichen.

Der Austretende befindet sich an der Schwelle der vierten zur fünften Phase auf dem Weg des Kirchenaustritts. Deshalb kann es sein, dass der betreffende Mensch unter großem inneren Druck steht. Dieser Druck wird zum einen durch den amtlichen Charakter des Schrittes hervorgerufen, zugleich aber auch durch die Tatsache, dass der Entschluss zum Kirchenaustritt den sensiblen, mit Sehnsüchten und Ängsten besetzten Bereich der Beziehung Gott - Mensch berührt.

Der/die kirchliche Gesprächspartner/in sollte diese Anspannung ansprechen und dafür im weiteren Gesprächsverlauf Raum schaffen, um Unausgesprochenes zu verbalisieren. Vorausgesetzt, der/die Austretende signalisiert Gesprächsbereitschaft, muss der/die kirchliche Vertreter/in in der Lage sein, Anschuldigungen und Angriffe wertfrei zu hören und auszuhalten. Wichtiger Bestand des Gesprächs ist die Verbalisierung von Traurigkeit und Bedauern über den Verlust eines Kirchenmitglieds.

Der/die kirchliche Gesprächspartner/in muss sich bewusst sein, dass das Austrittsgespräch eine Schlüsselposition in der weiteren Beziehung des Austretenden zu der verlassenen Religionsgemeinschaft einnimmt. Ein solches Gespräch kann dafür entscheidend sein, ob der Betreffende sich für immer von seiner Kirche löst oder nach dem Austritt die sechste Phase erreicht und somit eine Rückkehr in die verlassene Kirche möglich bleibt.

3.1.2. Das Seelsorgegespräch mit einem ausgetretenen Menschen

Das Seelsorgegespräch mit einem ausgetretenen Menschen ist von dem/der kirchlich Mitarbeitenden in jedem Fall zu suchen. Dabei sollte der Kirchenaustritt nicht länger als einen Monat zurückliegen.
Für dieses Gespräch mit dem/der Ausgetretenen kann es sehr hilfreich sein, wenn es in der vertrauten, privaten Umgebung des ausgetretenen Menschen geführt wird. Dabei hat der kirchlich Mitarbeitende die Gelegenheit, den Gesprächszeitpunkt bewusst auszuwählen, sich im Vorfeld zu informieren und gewissenhaft auf die Begegnung vorzubereiten.
Das Ziel eines solchen Besuchs darf ausschließlich sein, mit dem persönlichen Erscheinen des/der Mitarbeitenden der Religionsgemeinschaft zu zeigen, wie ernst der Austritt kirchlicherseits genommen wird. Dabei ist das ausdrücklich ausgesprochene Bedauern zusammen mit der deutlich hervorgehobenen Gesprächsbereitschaft von besonderer Wichtigkeit.
Da der Kirchenaustritt noch nicht lange zurückliegt, muss der/die kirchlich Mitarbeitende mit Aggressionen und Spannungen im Gesprächsverlauf rechnen. Dennoch ist die Bedeutung des persönlich vorgetragenen Bedauerns und der erklärten Gesprächsbereitschaft für den Verarbeitungsprozess des/der Betroffenen und für die Schaffung einer Anknüpfungsmöglichkeit kirchlicherseits in der sechsten Phase nicht zu unterschätzen.[608]

---

[608] Vgl. Dreher, S. 245 f. Er schreibt: „Mir wurde zunehmend deutlich, daß ein Kirchenaustritt in aller Regel ... ein seelsorgerlicher Anlaß ersten Ranges ist. Dabei gilt es, als Repräsentant der Institution Kirche diesem einen Gemeindeglied, das von einem anderen Repräsentanten oder Mitglied derselben Institution gekränkt oder verletzt worden ist, seine Ehre wieder zurückzugeben und um Verzeihung zu bitten. Das kann aber nicht heißen, daß man nun auf eine Rücknahme des Austritts drängt, sondern eher, daß man Verständnis für diesen Schritt im jetzigen Zeitpunkt zeigt, zugleich aber seine[r] Hoffnung auf eine Rückkehr in nicht zu ferner Zeit zum Ausdruck bringt. Das könnte schon ein erster Schritt zu einer solchen Rückkehr sein und auf jeden Fall eine heilsame Erfahrung für eine verwundete Seele."

3.1.3. Das Seelsorgegespräch beim Wiedereintritt

Beim Seelsorgegespräch aus Anlass des Wiedereintritts ist mit einer hohen Erwartungshaltung des Gesprächsgegenübers zu rechnen. Denn dieses Gespräch wird häufig zur Konfliktklärung und Konfliktlösung genutzt.

Wie bei den vorangegangen beschriebenen Begegnungen, so ist auch beim Gespräch aus Anlass des Wiedereintritts der Raum, in dem es stattfindet, mit Bedacht auszuwählen. Das gilt besonders, wenn es nicht im Pfarrhaus stattfindet, sondern in einer der kirchlich eingerichteten Wiedereintrittsstellen.

Das Gespräch beim Wiedereintritt stellt an den/die kirchlich Mitarbeitende/n keinesfalls geringere Anforderungen als ein Austrittsgespräch. Im Gegenteil ist hier eine gewissenhafte Aufarbeitung einer oft viele Jahre zurückliegenden Trennungsgeschichte erforderlich, um den Neuaufbau einer festen emotionalen Bindung zwischen dem ‚Wieder-Mitglied' und seiner/ihrer Religionsgemeinschaft zu ermöglichen. Mehr als in den anderen Begegnungen gewinnen beim Wiedereintrittsgespräch nonverbale Äußerungen des eintretenden Menschen als Hinweise auf lang zurückliegende Verletzungen und Verärgerungen an Bedeutung.

Besondere Aufmerksamkeit ist im Gesprächsverlauf auf das Erkennen, das Aufgreifen und die Verarbeitung eventuell vorhandener Schuldgefühle gegenüber Gott zu legen. „Die Schuldgefühle treten nur mehr oder weniger stark in das Bewußtsein. Sie können einen Menschen geradezu ersticken, ohne daß der Betreffende in der Lage wäre, über sie Auskunft zu geben."[609] Hier ist die Aufmerksamkeit des/der kirchlich Mitarbeitenden und der seelsorgerliche Zuspruch in ganz besonderer Weise gefordert.

Anders als bei Gesprächen zum Kirchenaustritt ist die Freude ein wichtiges Stichwort für die Begegnung aus Anlass des Wiedereintritts in die Kirche. Dieser Freude sollte zu Beginn und gegen Ende des Gesprächs breiter Raum gegeben werden. Sie sollte auch die schwere Phase der Aufarbeitung von Verletzung und Trennung von der Kirche erleichternd begleiten.

---

[609] Faber, van der Schoot, S. 143.

3.2. Der Leitfaden zur Kirchenmitgliedschaft[610]

Empfehlung	Möglichkeiten
• Leitfadenerstellung	• Sensibilisierung der kirchlich Mitarbeitenden • Zunahme der persönlichen Identifikation der Mitarbeitenden • Motivation zur Seelsorge • Abbau von Unsicherheit und Berührungsangst • Bereitschaft zum Einlassen • Informations- und Argumentationshilfe

Im Rahmen der vorliegenden Untersuchung zeigt sich, dass zu Fragen der Kirchenmitgliedschaft sowohl auf der landeskirchlichen Leitungsebene als auch bei den Theologen/innen und sonstigen kirchlich Mitarbeitenden in den Kirchenkreisen und Gemeinden häufig nur ein sehr oberflächliches Problembewusstsein vorhanden ist. Vielen kirchlich Mitarbeitenden fehlt eine genaue Fachkenntnis für die Zusammenhänge von Kirchenmitgliedschaft und Kirchenaustritt von der geschichtlichen Entwicklung über die derzeitige Austrittsgesetzgebung bis hin zu seelsorgerlichen Möglichkeiten. Deshalb wird folgende Empfehlung ausgesprochen:

Empfehlung:

Im Auftrag der EKD wird für alle kirchlich Mitarbeitenden der evangelischen Landeskirchen ein Leitfaden zu Fragen der Kirchenmitgliedschaft erstellt.

Ein solcher Leitfaden soll einerseits eine grundlegende Information zur Kirchenmitgliedschaft geben. Andererseits soll er den kirchlich Mitarbeitenden Unterstützung in der schwierigen Seelsorgesituation mit kirchenfernen Menschen geben und auf viele Fragen, die sich in Zusammenhang mit dem Kirchenaustritt im Gemeindealltag stellen, antworten. Ein solcher Leitfaden soll daher:
- die Bereiche Historie, Statistik und Seelsorge beleuchten,
- ein Nachschlagewerk in Fragen der Kirchenmitgliedschaft darstellen,

---

[610] Ansatzweise wird dies von der Kammer für Theologie der EKD dargestellt. Siehe Kirchenamt der EKD: TEXTE 66, 5-18.

- Argumentationshilfen für den Sinn und die Vorteile einer Mitgliedschaft in der evangelischen Kirche enthalten,
- Hinweise zum seelsorgerlichen Gespräch mit ausgetretenen bzw. wiedereintretenden Menschen geben.

Es ist unerlässlich, diesen Leitfaden zu kommentieren und mit begleitenden Worten an ihre Nutzer zu überreichen, z.B. durch persönliche Vorstellung und Überreichung in Pfarrkonferenzen und Dienstbesprechungen.[611] Nur so werden die Inhalte den kirchlich Mitarbeitenden wirklich nahe gebracht. Gleichzeitig wird auf diesem Wege eine möglichst große Geschlossenheit in der Umsetzung und Anwendung der Erkenntnisse erreicht. Auf diese Weise wird bei den kirchlich Mitarbeitenden Fachkenntnis und Bewusstsein geschaffen. Daraus ergeben sich folgende Möglichkeiten:

Möglichkeiten:
- Die Mitarbeitenden werden für die wichtige Frage evangelischer Mitgliedschaft sensibilisiert und werden sich gleichzeitig ihrer bedeutenden Rolle dabei bewusst.
- Die persönliche Identifikation eines/einer jeden mit seiner/ihrer Kirche wird erhöht, da jedem/jeder Mitarbeitenden deutlich wird, dass er/sie seine/ihre Volkskirche direkt repräsentiert und auch er/sie für ihre Lebendigkeit mitverantwortlich ist.
- Die Mitarbeitenden werden zur nachgehenden Seelsorge an kirchenfernen Menschen motiviert. Die Umsetzung wird von den Mitgliederbeauftragten begleitet und nachgehalten.
- Die Unsicherheit und Berührungsangst im Umgang mit Ausgetretenen wird abgebaut, da Leitlinien vorgegeben sind, die wichtigen Rückhalt bieten.
- Die Mitarbeitenden entwickeln Sicherheit und Selbstvertrauen im Auftreten und dadurch die grundsätzliche Bereitschaft, sich generell mit kirchenfernen Menschen zu befassen. Diese Basis ist eine der Grundvoraussetzungen für den Erfolg.
- Die Mitarbeitenden sind in der Lage zu informieren und zu argumentieren. Somit wird der eigenen Überzeugung zusätzlicher Nachdruck verliehen.

---

611 „Wenn die Kirchenfernen gewonnen werden sollen, müssen die kirchlichen Mitarbeiter, wie auch viele Mitglieder der Kerngemeinde, geschult und motiviert werden, in angemessener Weise missionarisch zu wirken. Es geht hier also darum, bei unseren internen Partnern das Bedürfnis nach missionarischem Handeln zu wecken, zu stärken und sie entsprechend zu qualifizieren." Raffée, Kirchenmarketing II, S. 14.

> **Kosten**
> - Die Druckkosten belaufen sich auf ca. 2,- DM/1,- € je Exemplar.
> - Die entstehenden Druckkosten sind aus dem Etat für Fort- und Weiterbildung der Kirchenkreise zu entnehmen. Eventuell kann ein landeskirchlicher Zuschuss gewährt werden.

3.3. Die Öffentlichkeitsarbeit und die Werbung[612]

Empfehlung	Möglichkeiten
- Jährliche Werbekampagne zur Mitgliedschaft bzw. Nicht(mehr)mitgliedschaft - Bundesweites Erscheinen in: Printmedien/Bildwerbung/Plakat/Radio/TV/Internet - Zentrale, zeitgleiche Vorstellung und Umsetzung in allen evangelischen Landeskirchen	- Erreichen von Mitgliedern und Nicht(mehr)mitgliedern - Stärkung des Wir-Gefühls - Wunsch dazuzugehören wird geweckt - Imageverbesserung - Kirchenmitgliedschaft wird öffentlich diskutiert - Kirche ist regelmäßig im Gespräch - Kirche zeigt öffentliche Präsenz und Problembewusstsein - Kirche ist kritisch und selbstbewusst - Öffentlichkeitswirksames Einflechten redaktioneller Beiträge

Im Rahmen der vorliegenden Untersuchung zeigt sich, dass es zur Wiedergewinnung von ehemaligen Mitgliedern nur ganz vereinzelte Aktionen von evangelischen Landeskirchen gab und gibt, die häufig nicht mit genügender Zielorientierung und klarer Durchstrukturierung der öffentlichen

---

[612] „Generell kommt ... einer professionellen Öffentlichkeitsarbeit der Kirche eine verstärkte Bedeutung zu. Dazu gehört die Aufgabe, öffentliche Transparenz des kirchlichen Lebens in seinen Strukturen, Aktivitäten, Personen und Finanzen herzustellen. In der Mediengesellschaft ist >>Werbung<< im recht verstandenen Sinne als eine missionarische Aufgabe anzusehen." EKHN-Person und Institution, S. 171. - „Die soziale **Werbung** ist für nichtkommerzielle Organisationen ein wichtiges und effektives Instrument, um auf ihr Anliegen aufmerksam zu machen ... An die Gestaltung nichtkommerzieller Werbung werden beispielsweise höhere moralische Anforderungen gestellt als an die Gestaltung der Werbung im kommerziellen Bereich ... Zudem weist ein bezahlter Werbeeinsatz von Social Marketingorganisationen teilweise Glaubwürdigkeitsprobleme auf. Deshalb ist es von besonderer Bedeutung, mit einfachen und kostengünstigen Mitteln eine dennoch effektive Werbung zu betreiben." Meffert, S. 1192.

Präsentation durchgeführt wurden.[613] Deshalb wird folgende Empfehlung ausgesprochen:

Empfehlung:
- Die EKD führt in allen Landeskirchen in jedem Jahr eine Werbekampagne zum Thema der Mitgliedschaft bzw. der Nicht(mehr)mitgliedschaft mit dem Ziel der Gewinnung und Wiedergewinnung von (ehemaligen) Mitgliedern durch. Dabei gilt es, die hier herausgearbeiteten Zielgruppen in besonderer Weise einzubeziehen.
- Die Kampagne erscheint bundesweit als Bildwerbung in den Printmedien, wird plakatiert und zeitgleich als Fernseh- und Radiospot geschaltet sowie im Internet präsentiert. Gleichzeitig erfährt das Thema eines jeden Jahres als Schwerpunktaktion in allen Gemeinden der EKD die nötige Beachtung.
- Die Kampagne wird zentral vorgestellt und zeitgleich in allen evangelischen Landeskirchen als Aktion durchgeführt.[614]

Auf diese Weise spricht die EKD Mitglieder und Nicht(mehr)mitglieder regelmäßig bundesweit an. Daraus ergeben sich folgende Möglichkeiten:

Möglichkeiten:
- Die Kirche ist auf diesem Wege in der Lage, auf die im Stillen vollzogenen Entscheidungen von Mitgliedern und Nicht(mehr)mitgliedern zu reagieren.[615]
- Das Wir-Gefühl der Mitglieder wird gestärkt. Die Mitglieder werden angeregt und eingeladen, sich einzubringen.
- Bei Nicht(mehr)mitgliedern wird der Wunsch (wieder)dazuzugehören geweckt.

---

613 „Zu viele Kommunikationsmaßnahmen und -instrumente laufen momentan unkoordiniert nebeneinander her, was vermeidbare Kosten verursacht." Raffée, Kirchenmarketing II, S. 19.

614 Bei bestimmten Aktionen ist eine Kooperation mit der römisch-katholischen Kirche vorstellbar, da zum Teil die gleiche Zielgruppe angesprochen wird. Die Kosten ließen sich durch einen solchen Schritt halbieren.

615 „Wenn die Kirche – aus finanziellen oder ideologischen Gründen – eine solche Professionalität von Presse und Medienarbeit nicht zuläßt, wird sie auf Dauer nur noch von unmittelbar interessierten Mitgliedern und Nahestehenden wahrgenommen. Ihr öffentliches Erscheinungsbild wird unscharf und verzerrt, ist Manipulationen durch gezielte öffentliche Meinungsbildung weitgehend schutzlos ausgeliefert und bleibt der Gefahr ausgesetzt, aus der Öffentlichkeit ganz zu verschwinden." EKHN-Person und Institution, S. 185 f.

- Die Menschen werden angeregt, sich regelmäßig mit Kirche auseinander zu setzen, weil Kirche sie auf diese Weise dazu einlädt.
- Trotz großer Streuverluste wird das Image der evangelischen Kirche in der Öffentlichkeit generell verbessert, da auch viele Mitglieder die Kernaussagen wahrnehmen.[616]
- Die evangelische Kirche ist regelmäßig im Gespräch.
- Die evangelische Kirche zeigt öffentliche Präsenz und Problembewusstsein.
- Die evangelische Kirche zeigt sich kritisch und selbstbewusst.
- Begleitend zu dem Werbekonzept können redaktionelle Beiträge zum Teil kostenlos öffentlichkeitswirksam eingeflochten werden (z.B. Radiointerviews und -sendungen, Informationsbeiträge und Kolumnen in der Presse, im Internet oder in Fernsehsendungen wie z.B. ‚Das Wort zum Sonntag').

Kosten[617]
- In der Anfangsphase wird der derzeitige Werbeetat aller evangelischen Landeskirchen und der EKD zugrunde gelegt.
- Generell sind durch die Vereinheitlichung der Medien sowie durch die gemeinsame Entwicklung und Übernahme von Konzepten und Werbestrategien deutlich niedrigere Kosten für die evangelische Kirche in der Mitgliederwerbung zu erwarten.

---

[616] Nach der Strukturanalyse der Öffentlichkeitsarbeit in der evangelischen Kirche durch die Kienbaum Unternehmensberatung lautete eine der Forderungen des Gesamtkonzepts: „Den dringendsten Handlungsbedarf sehen sowohl die Träger der ÖA [Öffentlichkeitsarbeit] selbst wie die Multiplikatoren und Nutzer der ÖA übereinstimmend in einer ... deutlichen Imageverbesserung der Evangelischen Kirche, vor allem durch aktive Präsenz in den Medien und die Bereitschaft zum Konflikt bei gesellschaftspolitischen Themen. Die Evangelische Kirche soll sich durch aktives Zugehen auf die unterschiedlichen Zielgruppen sowie durch eine aufgeschlossene Medienarbeit profilieren." Hans-Georg Blang, Martina Sedlaczek, Holger Tremel, Strukturanalyse der Öffentlichkeitsarbeit in der evangelischen Kirche, epd-Dokumentation 21/95 (Frankfurt am Main 1995), 16.

[617] „Im Bereich der Öffentlichkeitsarbeit (Public Relations) wirbt die Kirche um Akzeptanz, Vertrauen und Unterstützung, indem sie ihre Leistungen darstellt, und sich offen, einladend, gewinnend präsentiert. Dies ist eine Aufgabe, die hohe Professionalität erfordert und auch erhebliche Kosten verursacht. Wenn die Kirche jedoch zukunftsstrategisch handeln will, muß sie ihr Engagement in diesem Punkt verstärken." Engelhardt, Fremde Heimat Kirche, S. 359 f.

3.4. Der Schriftwechsel nach dem Kirchenaustritt bzw. dem Wiedereintritt

Empfehlung	Möglichkeiten
• Brief nach Austritt sowie im dritten und sechsten Jahr nach Austritt von dem/der kreiskirchlichen Mitgliederbeauftragten • Wenn keine Antwort, telefonische Nachfrage nach 10 Tagen. Übernimmt der/die kreiskirchliche Mitgliederbeauftragte • Brief bei Wiedereintritt von dem/der kreiskirchlichen Mitgliederbeauftragten • EKD-einheitliche Briefe. Erstellt von landes- und kreiskirchlichen Mitgliederbeauftragten • Versand nach Adressdatei des Kreiskirchenamtes	• Beweggründe für den Austritt werden erkannt • Früherkennung von zunehmender Austrittsbereitschaft unter den Mitgliedern • Reaktion kirchlicherseits wird möglich • Erhöhung der Wiedereintrittsneigung • Früherer Wiedereintritt wird möglich • Signal der Bereitschaft zur nachgehenden Seelsorge • Dialog mit Ausgetretenen wird aufgenommen • Kontakt zum ehemaligen Mitglied wird gehalten • Ernstnehmen des Austrittsschrittes • Einheitlicher Brief ermöglicht ausgewogene Texte und einfache Versendung

Die vorliegende Untersuchung zeigt, dass neben den großen, von der EKD in Auftrag gegebenen Mitgliederbefragungen im Laufe der letzten Jahrzehnte nur wenige Landeskirchen zusätzliche Befragungen ihrer Mitglieder vorgenommen haben. Ebenfalls fanden durch die evangelische Kirche oder von ihr beauftragte Institute fast keine Befragungen der ausgetretenen Mitglieder statt.

Hauptgrund hierfür ist sicher, dass die evangelischen Landeskirchen nicht die Adressaten des Kirchenaustritts sind und die modifizierte Austrittserklärung vom Bundesverfassungsgericht für unrechtmäßig erklärt wurde. Dafür verantwortlich ist aber auch die Tatsache, dass ein Mitglied nach dem Austritt nicht im Blick der Kirche bleibt, da die Sicht der evangelischen Kirche hauptsächlich mitgliederorientiert ist, mit einer besonderen Fokussierung auf die aktive Kerngemeinde.[618]

Gleichzeitig zeigt die vorliegende Untersuchung, dass bei einem Kirchenaustritt bzw. Wiedereintritt in den Landeskirchen, den Kirchenkreisen und

---

618 „Die Kirche braucht dringend eine Systematik, um diesen vorhandenen Fokus auf nur Kernmitgliedschaft zu verbreitern." Peter Barrenstein (Direktor von McKinsey-Deutschland) im Interview mit Alexander Foitzik. Alexander Foitzik, „Stärkere Orientierung am Kunden", HerKorr 52 (1998), 345.

Gemeinden kein übereinstimmender Schriftwechsel mit den betreffenden (ehemaligen) Mitgliedern gepflegt wird. In vielen Fällen findet gar keine Kontaktaufnahme statt, weder in mündlicher noch in schriftlicher Form.

Dagegen hat die Betrachtung der Phasen des Kirchenaustritts sowie die Analyse der Zielgruppen der Aus- und Wiedereintretenden deutlich gemacht, dass bei vielen dieser Menschen durchaus der Wunsch nach einem Kontakt zur Religionsgemeinschaft vorhanden ist. Es ist davon auszugehen, dass viele der Ausgetretenen bei einem solchen Kontakt ihre Austrittsentscheidung begründen würden und sogar möchten.

Wird daher dieser Kontakt kirchlicherseits zunächst schriftlich hergestellt, so kann sich das positiv auf das Verhältnis des/der Betreffenden zur Religionsgemeinschaft auswirken. Ein Brief zum passenden Zeitpunkt drückt die emotionale Betroffenheit aus, schafft genügend Nähe, die Intention zu vermitteln, und wahrt genügend Distanz, um Respekt auszudrücken.[619] Für den Inhalt eines solchen Schreibens ist die genaue Kenntnis der hier herausgearbeiteten Zielgruppen eine wichtige Hilfestellung. Grundsätzlich gilt es, einem nicht beantworteten schriftlichen Kontakt kurzfristig eine telefonische Nachfrage folgen zu lassen. Es wird folgende Empfehlung ausgesprochen:[620]

Empfehlung:

Die Mitgliederbeauftragten der Kirchenkreise nehmen brieflich mit Ausgetretenen und Wiedereintretenden Kontakt auf, der sowohl im Rhythmus als auch dem Inhalt nach EKD-einheitlich gestaltet ist. D.h.:
- Jede/r Ausgetretene erhält nach seinem/ihrem Austritt sowie im dritten und sechsten Jahr nach dem Austritt einen Brief des/der kreiskirchlichen Mitgliederbeauftragten. Der erste Brief enthält neben dem Anschreiben einen Fragebogen auf dem nach den Beweggründen für den Kirchenaustritt gefragt wird (ein frankierter Rückumschlag liegt bei).

---

[619] Zu dieser Möglichkeit äußert sich Pfr. Munzer in dem Bericht der Informationsstelle für Kirchenmitgliedschaft des Dekanats München für das Jahr 1997 skeptisch. Er schreibt S. 2: Es „... wurden im Frühjahr 1997 1.812 und im Herbst 2.237 Anschreiben an die jeweils im vorvergangenen Halbjahr Ausgetretenen versandt (um den Kirchengemeinden den Vortritt zu lassen, was aber meist nicht wahrgenommen wird) ... Im Frühjahr gab es 20, im Herbst 24 Reaktionen, meist telephonische, aber auch schriftliche und persönliche – ein Fünftel im Vergleich mit vor 9 Jahren! Damals sagte ich: Die Ausgetretenen haben wenigstens nachgedacht und eine Entscheidung getroffen. Inzwischen ist es schick und selbstverständlich geworden auszutreten, ohne daß man es begründen mag – oder kann."

[620] Da zu dieser Form kirchlicher Arbeit keine Erfahrungswerte vorliegen, bedürfen die hier dargestellten Empfehlungen nach einer Anlaufphase einer eventuellen Korrektur.

- Zu jedem/jeder Ausgetretenen wird, sofern auf den Brief keine Antwort erfolgt, 10 Tage nach Absendung des Briefes telefonischer Kontakt aufgenommen.
- Jede/r Wiedereintretende erhält nach seinem/ihrem Wiedereintritt einen Brief des/der kreiskirchlichen Mitgliederbeauftragten. Der Brief enthält neben dem Anschreiben einen Fragebogen, auf dem nach den Beweggründen für den Aus- und Wiedereintritt gefragt wird (ein frankierter Rückumschlag liegt bei).
- Die Inhalte der Briefe werden in Zusammenarbeit aller landes- und kreiskirchlichen Mitgliederbeauftragten für alle Landeskirchen der EKD einheitlich erstellt.
- Der Briefversand geschieht zentral unter Zuhilfenahme der dafür erstellten Adressdateien durch die Kreiskirchenämter.
- Die telefonische Kontaktaufnahme regelt der/die kreiskirchliche Mitgliederbeauftragte.

Möglichkeiten:

Die schriftliche und telefonische Kontaktaufnahme ist für die Kirche ein wichtiges Mittel, die Sprachlosigkeit zu einem verloren gegangenen Mitglied zu überbrücken. Gleichzeitig wird auf diese Weise das Gespräch mit den Wiedereintretenden gesucht.
- Die Kombination von Brief und Telefonat ermöglicht es, eine große Palette von Beweggründen ausgetretener Menschen herauszuarbeiten.[621]
- Die Wiedereintrittsneigung von Ausgetretenen in der sechsten Phase wird deutlich erhöht.
- Die Zeit bis zum Wiedereintritt wird deutlich verkürzt.
- Die Bereitschaft zur nachgehenden Seelsorge wird signalisiert.
- Einwände, Beschwerden und Motive können zentral erfasst und analysiert werden.
- Die Auswertung der erhaltenen Antworten kann auf breiter Basis erfolgen und somit wichtige Kurskorrekturen kirchlicher Maßnahmen ermöglichen.
- Eine frühe Erkennung von zunehmender Austrittsbereitschaft unter den Mitgliedern wird möglich.

---

621 „Die Auswertung von **Beschwerden** stellt für das Unternehmen die preiswerteste Form der Informationsgewinnung für produktpolitische Maßnahmen dar. Beschwerden weisen zumeist einen konkreten Bezug zu Produktverbesserungen und Programmerweiterungen auf." Meffert, S. 357.

- Die Kombination von Brief und Telefonat ermöglicht den Beginn eines Dialogs zwischen der Kirche und dem/der Ausgetretenen und damit die Einleitung eines Verarbeitungsprozesses auf beiden Seiten.
- Der Kontakt zu dem ehemaligen Mitglied wird gehalten.
- Auf diesem Wege kann die Kirche dem/der Ausgetretenen sowie dem/der Wiedereintretenden zeigen, dass sie seinen/ihren Schritt und die damit verbundene Kritik an der Institution ernst nimmt.
- Die Vereinheitlichung der auf breiter Basis entwickelten Briefe stellt die inhaltliche Ausgewogenheit der Texte sicher, vereinfacht die Versendung und reduziert die Kosten.

Kosten
• Je Brief 2,20 DM/1,10 €.

3.5. Die Bekanntmachung von Austrittsdaten

Empfehlung	Möglichkeiten
• Anonyme Abkündigung von Aus- und Wiedereintritten im sonntäglichen Gottesdienst • Anonyme Fürbitte für Aus- und Wiedereingetretene im sonntäglichen Gottesdienst • Anonyme Veröffentlichung von Aus- und Wiedereintritten im Gemeindebrief	• Traurigkeit bekommt Raum • Freude und Begrüßung bekommen Raum • Gemeindeglieder werden mit in die Verantwortung hineingenommen • Kirche zeigt Verantwortungsbewusstsein für Scheidende • Aus- und Wiedereintritt treten ins Bewusstsein der Gemeinde • Ernstnahme der Aus- und Wiedereintretenden • Öffentliche Anerkennung des Schrittes • Kirche lässt sich öffentlich anfragen

Juristisch gesehen ist die personenbezogene Veröffentlichung von Kirchenaus- und Wiedereintrittsdaten im Gemeindebrief oder im sonntäglichen Gottesdienst erlaubt.[622] Aus der seelsorgerlichen Verantwortung heraus stellt

---

[622] „Hier stellt sich nach dem Gesetz die Frage nach der Zulässigkeit als Datenübermittlung bzw. >>Bekanntgabe an Dritte<< im Sinne des § 2 Abs. 5 Satz 3 [DSG-EKD]. Dritte sind die angesprochenen Gemeindeglieder nur dann, wenn sie als >>Personen außerhalb der speichernden Stelle<< im Sinne des § 2 Abs. 9 angesehen werden können. >>Speichernde

sich allerdings die Frage, ob ein solcher Schritt tatsächlich ausschließlich einem innerkirchlichen Informationszweck dient oder nicht gleichzeitig als kirchliche Zuchtmaßnahme genutzt wird.[623] An dieser Stelle ist die evangelische Kirche aufgefordert, das Ansehen des Mitglieds zu achten, ohne jedoch die Augen vor dem Geschehenen zu verschließen. Deshalb wird folgende Empfehlung ausgesprochen:

Stelle<< ist die Kirchengemeinde, in der sich das kirchliche Leben in Verkündigung, Verwaltung der Sakramente, christlicher Unterweisung, Seelsorge und Liebestätigkeit entfaltet ... Auch in der staatlichen Rechtsprechung wird daher die Ansicht vertreten, >>die Mitgliedschaft in einer Kirchengemeinde sei ein >Factum Publicum<. Hinzu kommt, daß nach dem Selbstverständnis der christlichen Kirchen die Zugehörigkeit zu einer Gemeinde >gelebt< werden sollte. Keiner ... hat deshalb Anstoß darangenommen, wenn Taufen, Firmungen, Trauungen usw. im Pfarrbrief veröffentlicht werden. Folgerichtigerweise unterliegt dann aber auch die Veröffentlichung des Kirchenaustritts keiner datenschutzrechtlichen Einschränkung.<< ... >>Grundsätzlich kann erwartet werden, daß jemand, der aus einer Vereinigung austritt, auch bereit ist, diese Entscheidung in der Öffentlichkeit zu vertreten. Dies muß umsomehr bei politischen Mandatsträgern gelten<< ..." Herbert Claessen, Datenschutz in der evangelischen Kirche, Praxiskommentar zum Kirchengesetz über den Datenschutz der EKD (Neuwied/Kriftel ²1998), S. 28 f. - Ähnlich äußert sich Dieter Lorenz, Personenstandswesen. Meldewesen. Datenschutz, HSKR 1 (Berlin ²1994), S. 740: „In diesem Rahmen ist auch eine Bekanntgabe an Dritte (z.B. Angehörige des Ausgetretenen; Mitglieder der Pfarrei bzw. Kirchengemeinde), selbst wenn sie öffentlich erfolgt ..., nicht zu beanstanden ..." - So auch ZEvKR 41 (1996), 345, Rechtsprechung, Mitgeteilt von Rechtsdirektor i.K. Lutz.

[623] Vgl. dazu KJ 60–71 (1948), 194 f. Dort heißt es unter der Überschrift `Bekanntmachung der Kirchenaustritte´: „... Es erscheint dem Bruderrat der Evangelischen Kirche der apU notwendig, daß die Gemeindeglieder erfahren, wer sich von der christlichen Gemeinde getrennt hat. Die Gemeinde muß auch zur Fürbitte für die Ausgetretenen und für alle Irregeführten aufrufen ... Die Gemeinden, welche diesem Brauch folgen, üben damit ein Recht aus, welches im Wächteramt und in der Seelsorgepflicht der Gemeinde begründet ist. Wenn die Gemeinde den Austritt eines ihrer Glieder im Gottesdienst bekannt gibt, so verleiht sie damit dem Austritt öffentlich die Bedeutung und den Ernst, der ihm gebührt. Sie verfolgt den Austritt ihrer Gemeindeglieder mit erschrockener Anteilnahme, weil hier eins ihrer Glieder sein Heil verachtet und sich der Segenskraft beraubt, die der Kirche in Wort und Sakrament von ihrem Herrn gegeben ist. Sie gibt ihrem Schmerz Ausdruck, daß eins ihrer Glieder trotz aller seelsorgerlichen Vermahnung und Warnung sich vom Leibe der Kirche getrennt hat. Die Gemeinde ist damit zur Fürbitte für den Ausgetretenen und für alle Glieder der Gemeinde gerufen, welche in derselben Gefahr und Versuchung stehen."

Empfehlung:
- Ohne die Nennung des Namens oder sonstiger personenbezogener Daten wird ein Kirchenaus- bzw. Wiedereintritt in den sonntäglichen Abkündigungen zusammen mit den Amtshandlungen verlesen.
- Daran schließt sich ein Fürbittgebet an, das dem aus- bzw. wiedereintretenden Menschen ebenso gilt wie der evangelischen Kirche und den Gläubigen der Gemeinde. Sie alle sollen im Gebet Gott anbefohlen werden. Gleichzeitig ist die Gelegenheit gegeben, den Wunsch zu äußern, dass ein/e Ausgetretene/r wieder in die Gemeinschaft der Kirche zurückfindet.
- Ohne die Nennung des Namens oder sonstiger personenbezogener Daten wird ein Kirchenaus- bzw. Wiedereintritt im Gemeindebrief zusammen mit den Amtshandlungen veröffentlicht.

Möglichkeiten:
Wird ein Kirchenaus- bzw. Wiedereintritt auf diese Weise der Gemeinde mitgeteilt, erfüllt die evangelische Kirche ihre Aufgabe für Ausgetretene zu beten und sie immer wieder auch zur Rückkehr in die Kirche einzuladen.[624] Damit eröffnen sich für die Kirche folgende Möglichkeiten:
- Im Falle des Kirchenaustritts wird der Traurigkeit über den Verlust eines Gemeindegliedes Raum gegeben.
- Im Falle des Wiedereintritts wird der Freude Raum gegeben und gleichzeitig der/die Wiedereintretende willkommen geheißen.
- Die einzelnen Gemeindeglieder werden mit in die Verantwortung genommen ausgetretene Menschen zur Rückkehr in die Kirche einzuladen.
- Die evangelische Kirche zeigt mit einem solchen Verhalten in besonderer Weise Verantwortungsbewusstsein für scheidende Mitglieder.
- Die evangelische Kirche drängt diesen schwierigen Bereich kirchlicher Mitgliedschaft nicht in den Hintergrund.
- Die evangelische Kirche zeigt die Bereitschaft, den vollzogenen Kirchenaustritt öffentlich anzuerkennen. Er wird nicht ignoriert. Damit wird den Ausgetretenen wie auch den Wiedereintretenden gezeigt, dass die Kirche sie ernst nimmt.
- Die evangelische Kirche zeigt auf diese Weise öffentlich Problembewusstsein in der Frage der Kirchenmitgliedschaft.

---

[624] Vgl. EKU-Lebensordnung, Artikel 10, S. 30.

	V. Realisation und Kontrolle	
1. Steuerungsmaßnahmen im ersten Jahr		2. Jährliche Steuerungsmaßnahmen

„In der letzten Phase ist die **Realisation beziehungsweise Durchsetzung der Strategien und des Marketing-Mix** sicherzustellen. Es sind Überlegungen hinsichtlich der effizienten Aufbau- und Ablauforganisation, der Führungskonzepte und der Kontrollmaßnahmen anzustellen. Im Rahmen eines Rückkoppelungsprozesses sind die Fragen zu beantworten: Haben wir unser Ziel erreicht? Welche Ursachen für Soll-Ist-Abweichungen bestehen? Welche Ziel- und Maßnahmenanpassungen sind notwendig?"[625]

Um die Erreichung der unter Kapitel III. gesetzten Ziele zu ermöglichen, bedarf es einer konsequenten Umsetzung der in Kapitel IV. dargestellten operativen Marketingplanung durch alle evangelischen Landeskirchen in Deutschland. Unterbleibt die einheitliche Umsetzung einzelner Strategiemaßnahmen auch nur durch eine Landeskirche, werden die Möglichkeiten der entworfenen Strategie nicht optimal genutzt.

Deshalb dienen die im Folgenden aufgelisteten Steuerungsmaßnahmen einer möglichst wirkungsvollen Umsetzung des Betreuungskonzeptes an kirchenfernen Menschen. Gleichzeitig ermöglicht die Überprüfung der Durchführung der einzelnen Maßnahmen in den evangelischen Landeskirchen zu klären, wo einzelne Landeskirchen Unterstützung brauchen. Auf diesem Wege können auch Verbesserungsvorschläge in allen Landeskirchen ohne große Verzögerung eingebracht werden.

---

[625] Meffert, S. 14.

1. Die Steuerungsmaßnahmen im ersten Jahr

- Die Änderung des Adressaten in den Staatsverträgen der Länder.
- Die Verabschiedung eines für alle evangelischen Landeskirchen verbindlichen Erlasses zum Umgang mit aus der Kirche Ausgetretenen.
- Die Schaffung einer kirchenrechtlichen Wahlmöglichkeit der Wiederaufnahmeform.
- Die Ernennung von Mitgliederbeauftragten für jede Landeskirche und für jeden Kirchenkreis.
- Die Erstellung eines Leitfadens für kirchlich Mitarbeitende zum Umgang mit kirchenfernen Menschen.
- Die Einrichtung von Wiedereintrittsstellen in allen deutschen Städten mit mehr als 50.000 evangelischen Kirchenmitgliedern sowie in kleineren Städten sofern möglich.
- Die Erstellung von Austrittsdateien mit den Namen der Ausgetretenen der letzten fünf Jahre.
- Die Erstellung von Dateien mit den Namen der innerkirchlich Distanzierten.

2. Die jährlichen Steuerungsmaßnahmen

- Die Rückmeldung und Auswertung der Erfahrungen mit kirchenfernen Menschen der landes- und kreiskirchlichen Mitgliederbeauftragten.
- Die Auswertung der Erfahrungen mit kirchenfernen Menschen im Pfarramt.
- Die Auswertung der Fragebogen zum Kirchenaustritt.
- Die Auswertung der Fragebogen zum Wiedereintritt.
- Der Briefversand an Ausgetretene und Wiedereintretende.
- Die Überprüfung von Inhalt und Umfang der bundesweiten Werbemaßnahmen zur Kirchenmitgliedschaft der evangelischen Landeskirchen.
- Die statistische Erfassung und Aufschlüsselung der Austrittszahlen in der bisherigen Form.
- Die statistische Erfassung und Aufschlüsselung der Wiedereintrittszahlen.
- Die statistische Erfassung der Arbeit der Wiedereintrittsstellen (Anfragen/Beratungen/Wiedereintritte).
- Die statistische Erfassung der unterschiedlichen Wiederaufnahmeformen.
- Die statistische Erfassung der austretenden und wiedereintretenden Steuerzahler/innen.
- Die statistische Erfassung der austretenden und wiedereintretenden religionsunmündigen Kinder.
- Die Sicherstellung der Abkündigung von – sowie der Fürbitte für – Aus- und Wiedereintretende/n in den sonntäglichen Gemeindegottesdiensten.
- Die Sicherstellung der regelmäßigen Veröffentlichung von Austritts- und Wiedereintrittszahlen in den Gemeindebriefen.
- Die Sicherstellung der Bekanntmachung der Adressen der Wiedereintrittsstellen und der kreiskirchlichen Mitgliederbeauftragten in den Gemeindebriefen sowie in der kirchlichen und regionalen Presse und im Internet.
- Die Pflege der Adressdateien mit den Namen der Ausgetretenen der letzten fünf Jahre und der innerkirchlich Distanzierten.

Schlussbetrachtung

Nach der Lektüre dieser Arbeit mag der/die Lesende den Eindruck gewonnen haben, einen Ratgeber zur Frage des Kirchenaustritts in den Händen zu halten.
- Der/die Lesende mag für die persönliche Arbeit im kirchlichen Alltag Anregungen bekommen haben, bislang unbekannte Zusammenhänge erfahren haben, Sichtweisen übernommen und eigene Zielsetzungen entwickelt haben.
- Es mögen, angeregt von der Lektüre dieses Buches, Gemeinden Schritte in Richtung Austretender und Ausgetretener entwickeln und gehen.
- Es mögen sich, angeregt von der Lektüre dieses Buches, Kirchenleitenden neue Möglichkeiten der werbenden Fürsorge um ihre Mitglieder und die Nicht(mehr)mitglieder eröffnen.
- Es mag, angeregt von der Lektüre dieses Buches, die EKD mit einer Stimme für Mitglieder und Nicht(mehr)mitglieder eintreten.
- Es mag gelingen, mit Hilfe eines kirchenorientierten Marketingkonzeptes die Zahl der Austretenden zu senken, manchen zum Austritt entschlossenen Menschen von seinem Vorhaben abzubringen sowie deutlich mehr Menschen zum Wiedereintritt zu bewegen.

Dennoch sind mit dieser Arbeit letzte Aussagen über die Kirche als ‚congregatio sanctorum' nicht gemacht. Es ist ausdrücklich festzuhalten, dass die vorliegenden Ausführungen sich mit vorletzten Dingen beschäftigen. Dieses Vorletzte „... ist all das, was dem Letzten – also der Rechtfertigung des Sünders aus Gnaden allein – vorangeht und von dem gefundenen Letzten her als Vorletztes angesprochen wird."[626]

Diese Voraussetzung bewahrt uns Menschen zum einen davor, eine Beratung der Kirche nach betriebswirtschaftlichen Gesichtspunkten als geschickten menschlichen Schachzug zu werten. Stattdessen wird deutlich, dass wir dankbar sein können für innovative Gedanken, die dabei helfen, die Kirche Christi auf- und auszubauen.

Zum anderen befreit das Wissen um Gott, der über allen unseren Überlegungen steht, Christen/innen, Theologen/innen, aber auch Kirchenleitungen von der Last, allein die Verantwortung für jeden einzelnen Kirchenaustritt zu tragen.

Vor diesem Hintergrund wird mit der vorliegenden Arbeit ein Appell an die evangelische Kirche gerichtet, sich auf Grund hoher Austrittszahlen und

---

[626] Dietrich Bonhoeffer, Ethik (München [9]1981), S. 142.

dem damit verbundenen finanziellen Druck nicht in einen Schrumpfungsprozess zu begeben, der das Erscheinungsbild der Kirche nach außen verkleinert und die öffentliche Präsenz reduziert.

Im Gegenteil ist es nach meiner Auffassung mehr denn je wichtig, der Gesellschaft den Nutzen der christlichen Lehre für die Lebenswelt eines jeden Menschen auf einer möglichst breiten Basis zu vermitteln.

Zu diesem Zweck ist der volkskirchliche Charakter der evangelischen Kirche in Deutschland unter allen Umständen beizubehalten, da nur so die Erfüllung dieses kirchlichen Auftrags auf wirkungsvollste Weise sichergestellt ist. Hierbei kann ein kirchenorientiertes Marketingkonzept wertvolle Hilfestellung geben.

Die vorliegende Arbeit entspringt meiner persönlichen Verantwortung und Auffassung gegenüber der Lehre der evangelischen Kirche und damit gegenüber meinen Mitchristen/innen sowie darüber hinaus gegenüber allen Mitmenschen. Auf Grund dieser persönlichen Identifikation sehe ich die Entwicklung eines neuen Konzeptes zur Mitgliederpflege geradezu als Verpflichtung an, da hierdurch der Kirche die Möglichkeit gegeben wird, ihren Status als *Volkskirche* auch im neuen Jahrtausend segensreich für die Menschen einzubringen.

Anhang

1. **Abkürzungsverzeichnis** [Nach: Otto Leistner, ITA 1–3 (Osnabrück [7]1997).
   - Siegfried Schwertner, IATG[2] (Berlin/New York [2]1992).]

Abb.	Abbildung
ABl	Amtsblatt
ABlEKD	Amtsblatt der Evangelischen Kirche in Deutschland
Abs.	Absatz
akad.	akademisch
AKathKR	Archiv für katholisches Kirchenrecht
ALR	Allgemeines preußisches Landrecht
Anm.	Anmerkung
Art.	Artikel
asw	Absatzwirtschaft
Bd.	Band
BGB	Bürgerliches Gesetzbuch
BVerfGE	Bundesverfassungsgericht
bzw.	beziehungsweise
Can./can.	Kanon
CIC	Codex Iuris Canonici
d.h.	das heißt
DÖV	Die öffentliche Verwaltung
€	EURO (Währung)
ebd.	ebenda
EK	Evangelische Kommentare
EKD	Evangelische Kirche in Deutschland
EKHN	Evangelische Kirche in Hessen und Nassau
EKiW	Evangelische Kirche in Württemberg
EKK	Evangelisch-Katholischer Kommentar zum Neuen Testament
EKL	Evangelisches Kirchenlexikon
EKU	Evangelische Kirche der Union
EKvW	Evangelische Kirche von Westfalen
epd	Evangelischer Pressedienst
EStL	Evangelisches Staatslexikon
ev.	evangelisch
EvTh	Evangelische Theologie
f. (Pl. ff.)	folgende
Frhr.	Freiherr
GBl	Gesetzblatt
GG	Grundgesetz
ggf.	gegebenenfalls
HerKorr	Herder-Korrespondenz
hg.	herausgegeben
Hg.(Pl. Hgg.)	Herausgeber
HJ	Historisches Jahrbuch der Görresgesellschaft
HKKR	Handbuch des katholischen Kirchenrechts

HSKR	Handbuch des Staatskirchenrechts der Bundesrepublik Deutschland
i.A.	in Auszügen
J.	Jahr(e)
JAVf	Jahrbuch der Absatz- und Verbrauchsforschung
Jg.	Jahrgang
KABl	Kirchliches Amtsblatt
Kap.	Kapitel
KeKNT	Kritisch-exegetischer Kommentar über das Neue Testament
KH	Kirchliches Handbuch für das katholische Deutschland
KJ	Kirchliches Jahrbuch für die evangelischen Landeskirchen Deutschlands
KMKMVO	Rechtsverordnung über das Kirchenbuch- und Meldewesen sowie zur Kirchenmitgliedschaft
KO	Kirchenordnung
LER	Lebensgestaltung/Ethik/Religionskunde
LM	Lutherische Monatshefte
lt.	laut
LThK	Lexikon für Theologie und Kirche
NZSTh	Neue Zeitschrift für Systematische Theologie und Religionsphilosophie
o.J.	ohne Jahr
OLKR	Oberlandeskirchenrat
PTh	Pastoraltheologie
RGBl	Regierungsblatt
RGG	Religion in Geschichte und Gegenwart
röm.-kath.	römisch-katholisch
RU	Religionsunterricht
s.	siehe
SB	Statistische Beilage zum ABlEKD
SJ	Statistisches Jahrbuch für das Deutsche Reich
s.o.	siehe oben
Sp.	Spalte
SUB	Sozialwissenschaften und Berufspraxis
Tab.	Tabelle
ThPr	Theologia Practica
ThRv	Theologische Revue
TRE	Theologische Realenzyklopädie
u.a.	unter anderem
v.	von
VELKD	Vereinigte Evangelisch-Lutherische Kirche Deutschlands
VF	Verkündigung und Forschung
vgl.	vergleiche
WA	Weimarer Verfassung
ZEE	Zeitschrift für Evangelische Ethik
ZEvKR	Zeitschrift für Evangelisches Kirchenrecht
ZFP	Zeitschrift für Forschung und Praxis
z.T.	zum Teil
ZThK	Zeitschrift für Theologie und Kirche
§ (Pl. §§)	Paragraph

2. Gesetzestexte

2.1. No. X L I X. Circulare an alle Inspectoren der Churmark, nebst Edict vom 9. Jul. die Religions=Verfassung in den Preußischen Staaten betreffend. De Dato Berlin, den 25. Jul. 1788. (In: Novum Corpus Constitutionum Prussico-Brandenburgensium 8,2 [Berlin 1791], Sp. 2175–2184)

Von Gottes Gnaden Friderich Wilhelm, König von Preussen etc. etc. Unsern gnädigen Gruß zuvor. Würdiger, Hochgelahrter, lieber Getreuer! Da Wir über die Religions=Verfassung in Unsern Staaten und was dem anhängig ist, unterm 9ten dieses Monats ein Edict zu erlassen Allerhöchst gut gefunden haben, und durch das Rescript vom 18ten desselben dem Ober=Consistorium anbefohlen worden, nicht nur sich darnach pflichtmäßig zu achten, und darüber gebührend zu halten, daß Unserer Höchsten Willensmeinung durchgehends nachgelebet werde, sondern auch die Bekanntmachung zu besorgen; als werden Euch davon Exemplarien für Euch und die Prediger Eurer Inspection übersandt, mit gnädigstem Befehl Euch darnach gebührend zu achten, und die Prediger dahin anzuweisen. Sind Euch mit Gnaden gewogen. Gegeben Berlin, den 25sten Julii 1788.

T. P. v. d. Hagen   v. Irwing
Ad No. X L I X.

Wir Friedrich Wilhelm von Gottes Gnaden, König von Preussen etc. Thun kund und fügen hiemit jederman zu wissen, daß, nachdem Wir lange vor Unserer Thronbesteigung bereits eingesehen und bemerket haben, wie nöthig es dereinst seyn dürfte, nach dem Exempel Unserer Durchlauchtigsten Vorfahren, besonders aber Unsers in Gott ruhenden Großvaters `Majestät´ darauf bedacht zu seyn, daß in den Preussischen Landen die Christliche Religion der Protestantischen Kirche, in ihrer alten ursprünglichen Reinigkeit und Aechtheit erhalten, und zum Theil wieder hergestellet werde, auch dem Unglauben eben so wie dem Aberglauben, mithin der Verfälschung der Grundwahrheiten des Glaubens der Christen, und der daraus entstehenden Zügellosigkeit der Sitten, so viel an Uns ist, Einhalt geschehe; und dadurch zugleich Unsern getreuen Unterthanen ein überzeugender Beweis gegeben werde, wessen sie in Absicht ihrer wichtigsten Angelegenheit, nehmlich der völligen Gewissensfreyheit, der ungestörten Ruhe und Sicherheit bey ihrer einmal angenommenen Confession und dem Glauben ihrer Väter, wie auch des Schutzes gegen alle Störer ihres Gottesdienstes und ihrer kirchlichen Verfassungen, zu Uns als ihrem Landesherrn, zu versehen haben: Wir nach bisheriger Besorgung der dringendsten Angelegenheiten des Staates und Vollendung verschiedener nöthigen und nützlichen neuen Einrichtungen, nunmehro keinen fernern Anstand nehmen, an diese Unsere anderweitige wichtige Regentenpflicht ernstlich zu denken, und in gegenwärtigem Edict Unsere unveränderliche Willensmeynung über diesen Gegenstand öffentlich bekannt zu machen. Als

§. 1.

befehlen, wollen, und verordnen Wir demnach, daß alle drey Haupt=Confessionen der Christlichen Religion, nehmlich die Reformirte, Lutherische und Römisch=Catholische, in ihrer bisherigen Verfassung, nach den von Unsern gottseligen Vorfahren vielfältig erlassenen Edicten und Verordnungen, in Unsern sämtlichen Landen verbleiben, aufrecht erhalten, und geschützt werden sollen. Daneben aber

§. 2.

soll die den Preussischen Staaten von jeher eigenthümlich gewesene Toleranz der übrigen Secten und Religions=Partheyen, ferner aufrecht erhalten, und Niemanden der mindeste Gewissenszwang zu keiner Zeit angethan werden, so lange ein jeder ruhig als ein guter Bürger des Staates seine Pflichten erfüllet, seine jedesmalige besondere Meynung aber für sich behält, und sich sorgfältig hütet, solche nicht auszubreiten oder andere dazu zu überreden, und in ihrem Glauben irre oder wankend zu machen. Denn, da jeder Mensch für seine eigene Seele allein zu sorgen hat, so muß er hierin ganz frey handeln können, und nach Unserm Dafürhalten, hat ein jeder Christlicher Regent nur dahin zu sehen und dafür zu sorgen, das Volk in dem wahren Christenthum treu und unverfälscht durch Lehrer und Prediger unterrichten zu lassen, und mithin einem jeden die Gelegenheit zu verschaffen, selbiges zu erlernen und anzunehmen. Ob ein Unterthan nun aber diese gute ihm so reichlich dargebotene Gelegenheit zu seiner Ueberzeugung nutzen und gebrauchen will oder nicht, muß seinem eigenen Gewissen völlig frey anheim gestellet bleiben.

Die in Unsern Staaten bisher öffentlich geduldeten Secten sind, ausser der jüdischen Nation, die Herrenhuter, Menonisten und die Böhmische Brüdergemeine, welche unter Landesherrlichen Schutz ihre gottesdienstlichen Zusammenkünfte halten, und diese dem Staate unschädliche Freyheit ferner ungestört behalten sollen. In der Folge aber soll Unser geistliches Departement dafür sorgen, daß nicht andere, der Christlichen Religion und dem Staate schädliche Conventicula, unter dem Namen, gottesdienstlicher Versammlungen, gehalten werden, durch welches Mittel, allerley der Ruhe gefährliche Menschen und neue Lehrer, sich Anhänger und Proselyten zu machen im Sinne haben möchten, wodurch aber die Toleranz sehr gemißbraucht werden würde. Wie Wir denn überhaupt

§. 3.

alles und jedes Proselytenmachen bey allen Confessionen ohne Unterschied ernstlich verbieten, und nicht wollen, daß Geistliche oder andere Leute von verschiedenen Religions=Partheyen sich damit abgeben sollen, ihre eigenthümlichen Lehrsätze und besondern Meynungen in Glaubenssachen denen, die nicht von ihrem Bekenntniß sind, entweder aufzudringen, oder sie auf irgend eine Weise zur Annehmung derselben zu verleiten und zu überreden, und also die Gewissensfreyheit des andern zu beeinträchtigen. Ganz verschieden hievon ist indessen der Fall, wenn jemand aus innerer, eigener, freyer Ueberzeugung für seine Person von einer Confession zur andern übergehen will, als welches einem jeden völlig erlaubt seyn, und ihm darin kein Hinderniß in den Weg geleget werden soll; nur ist ein solcher gehalten, dieses nicht heimlich zu thun, sondern, zur Vermeidung aller Inconvenienzen in bürgerlichen Verhältnissen, seine Religions=Veränderung bey der Behörde anzuzeigen.

§. 4.

Da man auch dieses Proselytenmachen der Römisch=Catholischen Geistlichkeit von jeher Schuld gegeben hat, und anjetzt von neuem verlauten will, daß verkleidete Catholische Priester, Mönche und verkappte Jesuiten in den Protestantischen Ländern heimlich umher schleichen, die sogenannten Ketzer zu bekehren, Wir aber dergleichen in Unserm Reiche durchaus nicht gestatten wollen; als verbieten Wir alles Ernstes dieses Proselytenmachen nicht nur ganz besonders der Catholischen Geistlichkeit in Unsern gesammten Staaten, sondern befehlen auch Unsern Oberconsistoriis, wie nicht minder Unsern übrigen Dycasteriis, desgleichen allen Unsern getreuen Vasallen und Unterthanen in allen Ständen, genau Achtung zu geben, um solche Emissarien zu entdecken, und hievon dem Geistlichen Departement zur weitern Verfügung Nachricht zu geben.

§. 5.

So sehr Uns das Proselytenmachen bey allen Confessionen zuwider ist, indem es allerley verdrießliche Folgen bey der Volksmenge haben kann, so angenehm ist es Uns dagegen zu sehen, daß die Geistlichkeit sowohl, als Person weltlichen Standes, sie seyn Reformirte, Lutherische oder Römisch=Catholische Glaubensgenossen, dennoch bisher verträglich und brüderlich, in Absicht ihrer Religion, mit einander gelebt: Wir ermahnen sie daher, diese gute Harmonie unter einander ferner sorgfältig zu bewahren, und werden niemals entgegen seyn, wenn die verschiedenen Confessionen sich, in Absicht ihrer Kirchen und Bethäuser zu Haltung des öffentlichen Gottesdienstes, oder auf andere Weise, einander hüfliche Hand bieten, sondern es wird Uns sothane Verträglickeit vielmehr allezeit zum besondern Wohlgefallen gereichen.

§. 6.

Wir verordnen zugleich, daß bey der Reformirten sowohl als Lutherischen Kirche die alten Kirchen=Agenden und Lithurgien ferner beybehalten werden sollen; nur wollen Wir bey beyden Confessionen nachgeben, daß die damals noch nicht ausgebildete deutsche Sprache darin abgeändert und mehr nach dem Gebrauch der jetzigen Zeiten eingerichtet werde; desgleichen einige alte ausser wesentliche Zeremonien und Gebräuche abgestellet werden, als welches Unserm Geistlichen Departement beyder Protestantischen Confessionen überlassen bleibt. Dieses Unser Geistliches Departement hat aber sorgfältig dahin zu sehen, daß dabey in dem Wesentlichen des alten Lehrbegriffs einer jeden Confession keine weitere Abänderung geschehe. Dieser Befehl scheinet Uns um so nöthiger zu seyn, weil

§. 7.

Wir bereits einige Jahre vor Unserer Thronbesteigung mit Leidwesen bemerkt haben, daß manche Geistliche der Protestantischen Kirche sich ganz zügellose Freyheiten, in Absicht des Lehrbegriffs ihrer Confession, erlauben; verschiedene wesentliche Stücke und Grundwahrheiten der Protestantischen Kirche und der Christlichen Religion überhaupt wegläugnen, und in ihrer Lehrart einen Modethon annehmen, der dem Geiste des wahren Christenthums völlig zuwider ist, und die Grundsäulen des Glaubens der Christen am Ende wankend machen würden. Man entblödet sich nicht, die elenden, längst widerlegten Irrthümer der Socinianer, Deisten, Naturalisten und anderer Secten mehr wiederum aufzuwärmen, und solche mit vieler Dreistigkeit und Unverschämtheit durch den äusserst gemißbrauchten Namen:

Aufklärung,

unter das Volk auszubreiten; das Ansehen der Bibel, als des geoffenbarten Wortes Gottes, immer mehr herabzuwürdigen, und diese göttliche Urkunde der Wohlfahrt des Menschen=Geschlechtes zu verfälschen, zu verdrehen, oder gar wegzuwerfen; den Glauben an die Geheimnisse der geoffenbarten Religion überhaupt, und vornehmlich an das Geheimniß des Versöhnungs=Werks und der Genugthuung des Welterlösers den Leuten verdächtig oder doch überflüßig, mithin sie darin irre zu machen, und auf diese Weise dem Christenthum auf dem ganzen Erdboden gleichsam Hohn zu bieten. Diesem Unwesen wollen Wir nun in Unsern Landen schlechterdings um so mehr gesteuret wissen, da Wir es für eine der ersten Pflichten eines Christlichen Regenten halten, in seinen Staaten die Christliche Religion, deren Vorzug und Vortreflichkeit längst erwiesen und ausser allen Zweifel gesetzet ist, bey ihrer ganzen hohen Würde und in ihrer ursprünglichen Reinigkeit, so wie sie in der Bibel gelehret wird und nach der Ueberzeugung einer jeden Confession der Christlichen Kirche in ihren jedesmaligen Symbolischen Büchern einmal festgesetzt ist, gegen alle Verfälschung zu schützen und aufrecht zu erhalten, damit die arme Volksmenge nicht den Vorspiegelungen der Modelehrer Preiß gegeben, und dadurch den Millionen Unserer guten Unterthanen die Ruhe ihres Lebens und ihr Trost auf dem Sterbebette nicht geraubet und sie also unglücklich gemacht werden.

§. 8.

Als Landesherr und als alleiniger Gesetzgeber in Unsern Staaten befehlen und ordnen wir also, daß hinführo kein Geistlicher, Prediger, oder Schullehrer der protestantischen Religion bey unausbleiblicher Cassation und nach Befinden noch härterer Strafe und Ahndung, sich der im vorigen §. 7. angezeigten oder noch mehrerer Irrthümer in so fern schuldig machen soll, daß er solche Irrthümer bey der Führung seines Amts oder auf andere Weise öffentlich oder heimlich auszubreiten sich unterfange. Denn so wie Wir zur Wohlfahrt des Staates und zur Glückseligkeit Unserer Unterthanen die bürgerlichen Gesetze in ihrem ganzen Ansehen aufrecht erhalten müssen, und keinem Richter oder Handhaber dieser Gesetze erlauben können, an dem Inhalt derselben zu klügeln, und selbigen nach seinem Gefallen abzuändern; eben so wenig und noch viel weniger dürfen Wir zugeben, daß ein jeder Geistlicher in Religionssachen nach seinen Kopf und Gutdünken handele, und es ihm freystehen könne, die einmal in der Kirche angenommenen Grundwahrheiten des Christenthums das Volk so oder anders zu lehren, sie nach bloßem Willkühr beyzubehalten oder wegzuwerfen, die Glaubensartikel nach Belieben in ihrem wahren Lichte vorzutragen, oder seine eigenen Grillen an ihre Stelle zu setzen. Es muß vielmehr eine allgemeine Richtschnur, Norma und Regel unwandelbar fest stehen, nach welcher die Volksmenge in Glaubenssachen von ihren Lehrern treu und redlich geführet und unterrichtet werde, und diese ist in Unsern Staaten bisher die christliche Religion nach den drey Haupt=Confeßionen, nemlich der reformirten, lutherischen und römisch katholischen Kirche gewesen, bey der sich die Preussische Monarchie so lange immer wohl befunden hat, und welche allgemeine Norma selbst in dieser politischen Rücksicht, durch jene so genannten Aufklärer nach ihren unzeitigen Einfällen abändern zu lassen, Wir im mindesten nicht gemeynet sind. Ein jeder Lehrer des Christenthums in Unsern Landen, der sich zu einer von diesen drey Confeßionen bekennet, muß und soll vielmehr dasjenige lehren, was der einmal bestimmte und festgesetze Lehrbegriff seiner jedesmaligen Religionsparthey mit sich bringet, denn hiezu verbindet ihn sein Amt, seine Pflicht, und die Bedingung, unter welcher er in seinem besondern Posten angestellet ist. Lehret er etwas anders, so ist er schon nach bürgerlichen Gesetzen straffällig, und kann eigentlich seinen Posten nicht länger behalten. Unser ernster Wille ist daher, auf die Festhaltung dieser unabänderlichen Ordnung gerichtet, ob Wir schon den Geistlichen in Unsern Landen gleiche Gewissensfreyheit mit Unsern übrigen Unterthanen gern zugestehen, und weit entfernt sind, ihnen bey ihrer innern Ueberzeugung den mindesten Zwang anzuthun. Welcher Lehrer der christlichen Religion also eine andere Ueberzeugung in Glaubenssachen hat, als ihm der Lehrbegriff seiner Confeßion vorschreibt, der kann diese Ueberzeugung auf seine Gefahr sicher behalten, denn Wir wollen Uns keine Herrschaft über sein Gewissen anmaßen; allein, selbst nach seinem Gewissen müßte er aufhören, ein Lehrer seiner Kirche zu seyn; er müßte ein Amt niederlegen, wozu er sich selbst aus obiger Ursache unbrauchbar und untüchtig fühlet. Denn der Lehrbegriff der Kirche muß sich nicht nach der jedesmaligen Ueberzeugung dieses oder jenes Geistlichen richten, sondern umgekehrt, oder es kann von Rechtswegen ein solcher Geistlicher nicht mehr das seyn und bleiben, wofür er sich ausgibt. Indessen wollen Wir aus großer Vorliebe zur Gewissensfreyheit überhaupt, anjetzt insofern nachgeben, daß selbst diejenigen bereits in öffentlichem Amte stehende Geistlichen, von denen auch bekannt seyn möchte, daß sie leider ! von denen in §. 7. gemeldeten Irrthümern mehr oder weniger angesteckt sind, in ihrem Amte ruhig gelassen werden; nur muß die Vorschrift des Lehrbegriffs ihnen bey dem Unterricht ihrer Gemeinden stets heilig und unverletzbar bleiben; wenn sie hingegen hierin Unserm landesherrlichen Befehl zuwider handeln, und diesen Lehrbegriff ihrer besondern Confeßion nicht treu und gründlich, sondern wohl gar das Gegentheil davon vortragen: so soll ein solcher vorsetzlicher Ungehorsam gegen diesen Unsern landesherrlichen Befehl mit unfehlbarer Cassation noch härter bestraft werden.

§. 9.

Unser geistliches Departement, sowohl der Reformirten als Lutherischen Confeßion, erhält also hierdurch den gemessensten Befehl, stets ein offenes Auge auf die gesammte Geistlichkeit in Unsern Landen zu haben, damit jeder Lehrer in Kirchen und Schulen seine Schuldigkeit thun, und dasjenige, was in vorhergehenden §. 8. gesagt worden ist, auf das genaueste beobachte, und müssen bey beiden Protestantischen Confeßionen die jedesmaligen Ministres und Chefs dieses Departements Uns dafür einstehen und haften, weil Wir es ihnen auf ihr Gewissen binden, und Uns übrigens völlig auf sie verlassen, daß sie als treue Diener des Staates über die Aufrechterhaltung dieses landesherrlichen Edicts, bey Vermeidung Unserer höchsten Ungnade stets wachen werden.

§. 10.

Dem Vorigen gemäß, befehlen Wir also den jedesmaligen Chefs der beiden geistlichen Departements so gnädig als ernstlich, ihre vornehmste Sorge dahin gerichtet seyn zu lassen, daß die Besetzung der Pfarren sowohl, als auch der Lehrstühle der Gottesgelahrheit auf Unsern Universitäten, nicht minder der Schul=Aemter durch solche Subjecte geschehe, an deren innern Ueberzeugung von dem, was sie öffentlich lehren sollen, man nicht zu zweifeln Ursach habe; alle übrige Aspiranten und Candidaten aber, die andere Grundsätze äußern, müssen und sollen davon ohne Anstand zurück gewiesen werden, als worinn Wir besagten beiden Ministers stets freye Macht und Gewalt lassen wollen.

§. 11.

Nachdem aus allen diesem sattsam erhellet, daß es Uns ein großer Ernst ist, die christliche Religion in Unsern Staaten aufrecht zu erhalten, und so viel in Unserm Vermögen stehet, wahre Gottesfurcht bey dem Volke zu befördern; so ermahnen Wir alle Unsere getreuen Unterthanen, sich eines ordentlichen und frommen Wandels zu befleißigen, und werden Wir bey aller Gelegenheit den Mann von Religion und Tugend zu schätzen wissen, weil ein jeder gewissenloser und böser Mensch niemals ein guter Unterthan, und noch weniger ein treuer Diener des Staates weder in Großen, noch in Kleinen seyn kann.

§. 12.

Da die Feyer und Heiligung der Sonn= und Festtage in verschiedenen Edicten Unserer gottseligen Vorfahren in dem Edict d.d. 17ten December 1689, und in dem Patent d.d. 24sten Junii 1693, desgleichen in dem Edict d.d. 28sten October 1711, und d.d. 10ten Februar 1715, auch in der Declaration dieses Edicts d.d. 18ten August 1718 bereits anbefohlen worden ist: so sollen sothane Edicte im Ganzen betrachtet, keinesweges aufgehoben seyn; Wir behalten Uns aber vor, durch ein besonderes Policengesetz nach dem Verhältniß der gegenwärtigen Zeiten, das nähere zu verordnen und festzusetzen.

§. 13.

Der geistliche Stand soll von niemand verachtet und gering geschätzet oder gar verspottet werden: als welches Wir jederzeit höchst mißfällig vermerken, und dem Befinden nach nicht ungeahndet lassen werden, weil dieses nur gar zu oft einen unvermeidlichen Einfluß auf die Verachtung der Religion selbst hat. Wir werden vielmehr auf das Wohl rechtschaffener Lehrer und Prediger bey aller Gelegenheit besondere Rücksicht nehmen, und um ihnen davon sogleich einen Beweis zu geben, wollen Wir das von Unsers in Gott ruhenden Großvaters Majestät erlassene Edict d.d. 14ten October 1737 die Befreyung ihrer Kinder vom Soldatenstande betreffend, hiemit erneuern und dahin bestimmen, daß alle Predigersöhne überhaupt, desgleichen die Söhne der Schulcollegen in den Städten, wo Cantons sind, wenn sie sich den Wissenschaften, oder auch den bildenden Künsten, desgleichen dem Commercio widmen, darunter begriffen seyn sollen. Wofern sie hingegen Handwerke oder eine andere Lebensart erwählen, oder aber als Studierende nichts gelernt haben, und nach dem Examine abgewiesen werden, so soll jene Befreyung wegfallen, und werden Wir das Nöthige dieserhalb an die Regimenter zu ihrer Achtung in den Cantons erlassen.

§. 14.

Schließlich befehlen Wir Unsern sämtlichen Dicasteriis, desgleichen allen übrigen Obrigkeiten geistlichen und weltlichen Standes in Unserm Königreiche und gesamten Staaten, ob diesem Edict mit aller Strenge und Aufmerksamkeit zu halten; Für die übrige Geistlichkeit aber und alle Unsere getreue Vasallen und Unterthanen verordnen Wir, sich in ihren jedesmaligen Verhältnissen darnach zu achten, und geschiehet dadurch Unser so ernstlicher als gnädiger Wille. Gegeben Potsdam, den 9ten Julii 1788.

Friedrich Wilhelm.
(L.S.)
v. Carmer. v. Dörnberg. v. Wöllner.

2.2. Hauptbestimmungen des Staatskirchenrechts des Allgemeinen Landrechts für die Preußischen Staaten vom 5. Februar 1794. (In: Hans Hattenhauer, Günther Bernert, Allgemeines Landrecht für die Preußischen Staaten von 1794 [Frankfurt am Main/Berlin 1970], S. 543 f.)

- Auszug -

Teil II. Eilfter Titel. Von den Rechten und Pflichten der Kirchen und geistlichen Gesellschaften

Allgemeine Grundsätze.

§. 1. Die Begriffe der Einwohner des Staats von Gott und göttlichen Dingen, der Glaube, und der innere Gottesdienst, können kein Gegenstand von Zwangsgesetzen seyn.

§. 2. Jedem Einwohner im Staate muß eine vollkommene Glaubens- und Gewissensfreyheit gestattet werden.

§. 3. Niemand ist schuldig, über seine Privatmeinungen in Religionssachen Vorschriften vom Staate anzunehmen.

§. 4. Niemand soll wegen seiner Religionsmeinungen beunruhigt, zur Rechenschaft gezogen, verspottet oder gar verfolgt werden.

§. 5. Auch der Staat kann von einem einzelnen Unterthan die Angabe: zu welcher Religionspartey sich derselbe bekenne, nur alsdann fordern, wenn die Kraft und Gültigkeit gewisser bürgerlichen Handlungen davon abhängt.

§. 6. Aber selbst in diesem Falle können mit dem Geständnisse abweichender Meinungen nur diejenigen nachtheiligen Folgen für den Gestehenden verbunden werden, welche aus seiner, dadurch, vermöge der Gesetze, begründeten Unfähigkeit zu gewissen bürgerlichen Handlungen oder Rechten von selbst fließen.

Vom häuslichen Gottesdienste.

§. 7. Jeder Hausvater kann seinen häuslichen Gottesdienst nach Gutbefinden anordnen.

§. 8. Er kann aber Mitglieder, die einer andern Religionspartey zugethan sind, zur Beywohnung desselben wider ihren Willen nicht anhalten.

§. 9. Heimliche Zusammenkünfte, welche der Ordnung und Sicherheit des Staats gefährlich werden könnten, sollen, auch unter dem Vorwande des häuslichen Gottesdienstes, nicht geduldet werden.

Religionsgesellschaften.

§. 10. Wohl aber können mehrere Einwohner des Staats, unter dessen Genehmigung, zu Religionsübungen sich verbinden.

Kirchengesellschaften.

§. 11. Religionsgesellschaften, welche sich zur öffentlichen Feyer des Gottesdienstes verbunden haben, werden Kirchengesellschaften genannt.

Geistliche Gesellschaften.

§. 12. Diejenigen, welche zu gewissen andern besondern Religionsübungen vereinigt sind, führen den Namen der geistlichen Gesellschaften.

Erster Abschnitt.
Von Kirchengesellschaften überhaupt

Grundsatz.
§. 13. Jede Kirchengesellschaft ist verpflichtet, ihren Mitgliedern Ehrfurcht gegen die Gottheit, Gehorsam gegen die Gesetze, Treue gegen den Staat, und sittlich gute Gesinnungen gegen ihre Mitbürger einzuflößen.

Unerlaubte Kirchengesellschaften.
§. 14. Religionsgrundsätze, welche diesem zuwider sind, sollen im Staate nicht gelehrt, und weder mündlich, noch in Volksschriften, ausgebreitet werden.
§. 15. Nur der Staat hat das Recht, dergleichen Grundsätze, nach angestellter Prüfung, zu verwerfen, und deren Ausbreitung zu untersagen.
§. 16. Privatmeinungen einzelner Mitglieder machen eine Religionsgesellschaft nicht verwerflich.

Oeffentlich aufgenommene.
§. 17. Die vom Staate ausdrücklich aufgenommenen Kirchengesellschaften haben die Rechte privilegirter Corporationen.
§. 18. Die von ihnen zur Ausübung ihres Gottesdienstes gewidmeten Gebäude werden Kirchen genannt; und sind als privilegirte Gebäude des Staats anzusehen.
§. 19. Die bey solchen Kirchengesellschaften zur Feyer des Gottesdienstes und zum Religionsunterrichte bestellten Personen, haben mit andern Beamten im Staate gleiche Rechte.

Geduldete.
§. 20. Eine Religionsgesellschaft, welche der Staat genehmigt, ihr aber die Rechte öffentlich aufgenommener Kirchengesellschaften nicht beygelegt hat, genießt nur die Befugnisse geduldeter Gesellschaften. (Tit. VI. §. 11 spp.)
§. 21. Jede Kirchengesellschaft, die als solche auf die Rechte einer geduldeten Anspruch machen will, muß sich bey dem Staate gebührend melden, und nachweisen, daß die von ihr gelehrten Meinungen nichts enthalten, was dem Grundsatze des §. 13 zuwider läuft.
§. 22. Einer geduldeten Kirchengesellschaft ist die freye Ausübung ihres Privat-Gottesdienstes verstattet.
§. 23. Zu dieser gehört die Anstellung gottesdienstlicher Zusammenkünfte in gewissen dazu bestimmten Gebäuden, und die Ausübung der ihren Religionsgrundsätzen gemäßen Gebräuche, sowohl in diesen Zusammenkünften, als in den Privatwohnungen der Mitglieder.
§. 24. Eine bloß geduldete Kirchengesellschaft kann aber das Eigenthum solcher Gebäude ohne besondre Erlaubniß des Staats nicht erwerben.
§. 25. Ihr ist nicht gestattet, sich der Glocken zu bedienen, oder öffentliche Feyerlichkeiten außerhalb den Mauern ihres Versammlungshauses anzustellen.
§. 26. Die von ihr zur Feyer ihrer Religionshandlungen bestellten Personen genießen, als solche keine besondere persönliche Rechte.

Verhältniß der Kirchengesellschaften gegen den Staat;
§. 27. Sowohl öffentlich aufgenommene, als bloß geduldete Religions- und Kirchengesellschaften müssen sich, in allen Angelegenheiten, die sie mit andern bürgerlichen Gesellschaften gemein haben, nach den Gesetzen des Staats richten.
§. 28. Diesen Gesetzen sind auch die Obern, und die einzelnen Mitglieder, in allen Vorfällen des bürgerlichen Lebens unterworfen.
§. 29. Soll denselben, wegen ihrer Religionsmeinungen, eine Ausnahme von gewissen Gesetzen zu statten kommen: so muß dergleichen Ausnahme vom Staate ausdrücklich zugelaßen seyn.
§. 30. Ist dieses nicht geschehen: so kann zwar der Anhänger einer solchen Religionsmeinung etwas gegen seine Ueberzeugung zu thun nicht gezwungen werden;
§. 31. Er muß aber die nachtheiligen Folgen, welche die Gesetze mit ihrer unterlassenen Beobachtung verbinden, sich gefallen lassen.

§. 32. Die Privat- und öffentliche Religionsübung einer jeden Kirchengesellschaft ist der Oberaufsicht des Staats unterworfen.

§. 33. Der Staat ist berechtigt, von demjenigen, was in den Versammlungen der Kirchengesellschaften gelehrt und verhandelt wird, Kenntniß einzuziehen.

§. 34. Die Anordnung öffentlicher Bet-, Dank- und andrer außerordentlichen Festtage, hängt allein vom Staate ab.

§. 35. In wie fern die bereits angeordneten Kirchenfeste mit Einstellung aller Handarbeiten und bürgerlichen Gewerbe begangen werden sollen, oder nicht, kann nur der Staat bestimmen.

gegen andere Kirchengesellschaften;

§. 36. Mehrere Kirchengesellschaften, wenn sie gleich zu einerley Religionspartey gehören, stehen dennoch unter sich in keiner nothwendigen Verbindung.

§. 37. Kirchengesellschaften dürfen so wenig, als einzelne Mitglieder derselben, einander verfolgen oder beleidigen.

§. 38. Schmähungen und Erbitterung verursachende Beschuldigungen müssen durchaus vermieden werden.

gegen ihre Mitglieder.

§. 39. Protestantische Kirchengesellschaften des Augsburgschen Glaubensbekenntnisses sollen ihren Mitgliedern wechselseitig die Theilnahme auch an ihren eigenthümlichen Religionshandlungen nicht versagen, wenn dieselben keine Kirchenanstalt ihrer eignen Religionspartey, deren sie sich bedienen können, in der Nähe haben.

§. 40. Jedem Bürger des Staats, welchen die Gesetze fähig erkennen, für sich selbst zu urtheilen, soll die Wahl der Religionspartey, zu welcher er sich halten will, frey stehn. (Tit. II. § 74. sqq.)

§. 41. Der Uebergang von einer Religionspartey zu einer andern geschieht in der Regel durch ausdrückliche Erklärung.

§. 42. Die Theilnehmung an solchen Religionshandlungen, wodurch eine Partey sich von der andern wesentlich unterscheidet, hat die Kraft einer ausdrücklichen Erklärung, wenn nicht das Gegentheil aus den Umständen deutlich erhellet. (§.39.)

§. 43. Keine Religionspartey soll die Mitglieder der andern durch Zwang oder listige Ueberredungen zum Uebergange zu verleiten sich anmaßen.

§. 44. Unter dem Vorwande des Religionseifers darf niemand den Hausfrieden stören, oder Familienrechte kränken.

§. 45. Keine Kirchengesellschaft ist befugt, ihren Mitgliedern Glaubensgesetze wider ihre Überzeugung aufzudringen.

§. 46. Wegen der äußern Form und Feyer des Gottesdienstes kann jede Kirchengesellschaft dienliche Ordnungen einführen.

§. 47. Dergleichen Anordnungen müssen jedoch dem Staate zur Prüfung, nach dem §. 13. bestimmten Grundsatze, vorgelegt werden.

§. 48. Nach erfolgter Genehmigung haben sie mit andern Polizeygesetzen gleiche Kraft und Verbindlichkeit.

§. 49. Sie können aber auch ohne Genehmigung des Staats nicht verändert, noch wieder aufgehoben werden.

§. 50. Jedes Mitglied einer Kirchengesellschaft ist schuldig, sich der darin eingeführten Kirchenzucht zu unterwerfen.

§. 51. Dergleichen Kirchenzucht soll bloß zur Abstellung öffentlichen Aergernisses abzielen.

§. 52. Sie darf niemals in Strafen an Leib, Ehre, oder Vermögen der Mitglieder ausarten.

§. 53. Sind dergleichen Strafen zur Aufrechterhaltung der Ordnung, Ruhe und Sicherheit in der Kirchengesellschaft nothwendig: so muß die Verfügung der vom Staate gesetzten Obrigkeit überlassen werden.

§. 54. Wenn einzelne Mitglieder durch öffentliche Handlungen eine Verachtung des Gottesdienstes und der Religionsgebräuche zu erkennen geben, oder andre in ihrer Andacht stören: so ist die Kirchengesellschaft befugt, dergleichen unwürdigen Mitgliedern, so lange sie sich nicht bessern, den Zutritt in ihre Versammlungen zu versagen.

§. 55. Wegen bloßer von dem gemeinen Glaubensbekenntnisse abweichender Meinungen, kann kein Mitglied ausgeschlossen werden.

§. 56. Wenn über die Rechtmäßigkeit der Ausschließung Streit entsteht: so gebührt die Entscheidung dem Staate.

§. 57. So weit mit einer solchen Ausschließung nachtheilige Folgen für die bürgerliche Ehre des Ausgeschlossenen verbunden sind, muß vor deren Veranlassung die Genehmigung des Staats eingeholt werden.

2.3. Patent König Friedrich Wilhelms IV. betreffend die Bildung neuer Religionsgemeinschaften vom 30. März 1847. (Preußische Gesetz-Sammlung [1847], S. 121. In: Ernst Rudolf Huber, Wolfgang Huber, Staat und Kirche im 19. und 20. Jahrhundert 1 [Berlin 1973], S. 454 f.)

Indem Wir beifolgend eine Uns von Unserm Staatsministerium überreichte Zusammenstellung der im Allgemeinen Landrecht enthaltenen Vorschriften über Glaubens- und Religionsfreyheit zur öffentlichen Kenntniß gelangen lassen, finden Wir Uns bewogen, hierdurch zu erklären, daß, so wie Wir einerseits entschlossen sind, den in Unsern Staaten geschichtlich und nach Staatsverträgen bevorrechteten Kirchen, der evangelischen und der römisch-katholischen, nach wie vor Unsern kräftigsten landesherrlichen Schutz angedeihen zu lassen, und sie in dem Genusse ihrer besonderen Gerechtsame zu erhalten, es andererseits ebenso Unser unabänderlicher Wille ist, Unseren Unterthanen die in dem Allgemeinen Landrecht ausgesprochene Glaubens- und Gewissensfreiheit ... unverkümmert aufrecht zu erhalten, auch ihnen nach Maaßgabe der allgemeinen Landesgesetze die Freiheit der Vereinigung zu einem gemeinsamen Bekenntnisse und Gottesdienste zu gestatten. Diejenigen, welche in ihrem Gewissen mit dem Glauben und Bekenntnisse ihrer Kirche nicht in Übereinstimmung zu bleiben vermögen und sich demzufolge zu einer besonderen Religionsgesellschaft vereinigen, oder einer solchen sich anschließen, genießen hiernach nicht nur volle Freiheit des Austritts, sondern bleiben auch in soweit ihre Vereinigung vom Staate genehmigt ist, im Genuß ihrer bürgerlichen Rechte und Ehren - jedoch unter Berücksichtigung der §§ 5,6,27-31 und 112 Tit. 11. Teil II. des Allg. Landrechts -; dagegen können sie einen Antheil an den verfassungsmäßigen Rechten der Kirche, aus welcher sie ausgetreten sind, nicht mehr in Anspruch nehmen.

Befindet sich eine neue Religionsgesellschaft in Hinsicht auf Lehre und Bekenntniß mit einer der durch den Westphälischen Fridensschluß in Deutschland anerkannten christlichen Religionsparteien in wesentlicher Übereinstimmung und ist in derselben ein Kirchenministerium eingerichtet, so wird diesem bei Genehmigung der Gesellschaft zugleich die Berechtigung zugestanden werden, in den Landestheilen, wo das Allgemeine Landrecht oder das gemeine deutsche Recht gilt, solche die Begründung oder Feststellung bürgerlicher Rechtsverhältnisse betreffende Amtshandlungen, welche nach den Gesetzen zu dem Amte des Pfarrers gehören, mit voller rechtlicher Wirkung vorzunehmen - in wiefern einer neuen Kirchengesellschaft dieser Art außerdem noch einzelne, besondere Rechte zu verleihen sind, bleibt im vorkommenden Falle, nach Bewandniß der Umstände, Unserer Erwägung vorbehalten.

In allen anderen Fällen bleiben bei neuen nach den Grundsätzen des Allgemeinen Landrechts zur Genehmigung von Seiten des Staats geeignet befundenen Religionsgesellschaften die zur Feier ihrer Religionshandlungen bestellten Personen von der Befugniß ausgeschlossen, auf bürgerliche Rechtsverhältnisse sich beziehende Amtshandlungen der oben bezeichneten Art mit zivilrechtlicher Wirkung vorzunehmen; diese soll bei den Gegenständen jener Amtshandlungen nach näherer Vorschrift der dieserhalb von Uns heute erlassenen besondern Verordnung ... durch eine von der Gerichtsbehörde erfolgende Verlautbarung sicher gestellt werden, dem Betheiligten jedoch gestattet sein, die gedachten Amtshandlungen mit voller Wirkung auch durch einen Geistlichen einer der öffentlich aufgenommenen christlichen Kirchen verrichten zu lassen, wenn ein solcher sich dazu bereitwillig findet.

Nachdem die jetzigen Bewegungen auf dem kirchlichen Gebiete Uns veranlaßt haben, Unsere Grundsätze über Zulassung und Bildung neuer Religionsgesellschaften im Allgemeinen auszusprechen, behalten Wir Uns vor, mit Benutzung der bei Anwendung derselben zu machenden Erfahrungen, nach Bedürfniß, die über diesen Gegenstand bestehenden, in der anliegenden Zusammenstellung enthaltenen Vorschriften des Allgemeinen Landrechts durch besondere gesetzliche Bestimmungen zu ergänzen.

2.4. Verordnung, betreffend die Geburten, Heirathen und Sterbefälle, deren bürgerliche Beglaubigung durch die Ortsgericht erfolgen muß. Vom 30. März 1847. (Preußische Gesetz-Sammlung [1847], S. 125. In: Bernhard Gallenkämper, Die Geschichte des preußischen Kirchenaustrittsrechts und Aspekte seiner heutigen Anwendung, Inaugural-Dissertation [Münster 1981], S. 204–209)

- Auszug -

Wir Friedrich Wilhelm, von Gottes Gnaden, König von Preußen etc. etc. verordnen, in Verfolg Unseres am heutigen Tage über die Bildung neuer Religionsgesellschaften erlassenen Patents, für alle Theile Unserer Monarchie, mit Ausschluß des Bezirks des Appellationsgerichtshofes zu Cöln, auf den Antrag Unseres Staatsministeriums und nach vernommenem Gutachten Unseres Staatsrathes, was folgt:

§ 1

Die bürgerliche Beglaubigung der Geburts-, Heiraths- und Sterbefälle, die sich in solchen geduldeten Religionsgesellschaften ereignen, bei welchen den zur Feier ihrer Religionshandlungen bestellten Personen die Befugniß nicht zusteht, auf bürgerliche Rechtsverhältnisse sich beziehende Amtshandlungen mit zivilrechtlicher Wirkung vorzunehmen, soll durch Eintragung in ein gerichtlich zu führendes Register bewirkt werden.

§ 2

Dieses Register (§ 1) wird von dem ordentlichen Richter des Orts, wo der Geburts- oder der Sterbefall sich ereignet hat, oder die Brautleute wohnen, auch in Ansehung solcher Betheiligten geführt, welche sonst von der ordentlichen Gerichtsbarkeit befreit sind.

Haben die Brautleute ihren Wohnsitz in verschiedenen Gerichtsbezirken, so kann die Eintragung der Ehe bei dem einen oder dem anderen der beiden Richter nachgesucht werden. Der Richter, welcher hiernach die Eintragung vornimmt, hat von derselben dem Richter des Orts, an welchem der andere Theil des Brautpaares wohnt, Mittheilung zu machen, und dieser hat die vollzogene Ehe auch in das von ihm geführte Register zu übernehmen.

§ 5

Der ehelichen Verbindung muß ein Aufgebot vorangehen. Dasselbe ist bei dem Richter des Orts, an welchem die Brautleute den Wohnsitz haben, und wenn dieselben in verschiedenen Gerichtsbezirken wohnen, bei jedem der beiden Richter in Antrag zu bringen, und erst dann zu veranlassen, wenn sich der Richter die Ueberzeugung verschafft hat, daß die zur bürgerlichen Gültigkeit der Ehe gesetzlich nothwendigen Erfordernisse vorhanden sind.

Das Aufgebot erfolgt durch eine an der Gerichtsstelle und gleichzeitig an dem Rath- oder Ortsgemeindehause, in dessen Ermangelung aber an der Wohnung des Gemeindevorstehers, während vierzehn Tagen auszuhängende Bekanntmachung.

§ 6

Diejenige Handlung, durch welche nach dem Gebrauche der Religionsgesellschaft die eheliche Verbindung geschlossen wird, darf erst vorgenommen werden, wenn gerichtlich bescheinigt ist, daß die Brautleute, jedes an seinem Wohnorte, aufgeboten worden sind und kein Einspruch erfolgt ist.

§ 7

Zu der Eintragung der Ehe in das Register (§ 1) ist erforderlich:

1) Die Erklärung der Brautleute, daß und wann die nach dem Gebrauch der geduldeten Religionsgesellschaft zum Abschluß der ehelichen Verbindung erforderliche Handlung Statt gefunden hat;
2) eine die Richtigkeit dieser Erklärung bestätigende Versicherung zweier glaubwürdigen, zu derselben Religionsgesellschaft gehörenden Personen;
3) der Nachweis des Aufgebots (§ 5).

§ 11

Die in den §§ 3,4, und 7 vorgeschriebenen Anzeigen oder Erklärungen müssen von den dazu Verpflichteten gemacht werden:

1) Bei Geburten innerhalb der zunächst folgenden drei Tage;
2) bei Heirathen binnen der zunächst folgenden acht Tage nach Vollziehung der nach dem Gebrauche der Religionsgesellschaft erforderlichen Handlung;
3) bei Todesfällen spätestens an dem nächstfolgenden Tage.

Eine schuldbare Versäumnis dieser Fristen ist mit Geldbuße bis zu fünfzig Thaler oder mit Gefängniß bis zu vier Wochen zu bestrafen.

Außerdem haben die Säumigen diejenigen Kosten zu tragen, welche dadurch entstehen, daß der Richter wegen der verzögerten Anzeige zu irgend einer Ermittlung veranlaßt wird.

§ 16

Die Vorschriften der gegenwärtigen Verordnung finden auch auf Geburten, Heirathen und Sterbefälle solcher Personen Anwendung, welche aus ihrer Kirche ausgetreten sind, und noch keiner vom Staate genehmigten Religionsgesellschaft angehören.

Bei den Heirathen solcher Personen sollen jedoch die Bestimmungen der §§ 6,7 u. 11 Nr. 2 ausgeschlossen bleiben. Zur Eintragung der Ehe in das Register genügt in diesen Fällen der Nachweis des Aufgebots (§ 5) und die persönliche Erklärung der Brautleute vor dem Richter, daß sie fortan als ehelich mit einander verbunden sich betrachten wollen.

§ 17

Der Austritt aus der Kirche (§ 16) kann nur durch eine vor dem Richter des Orts (§ 2) persönlich zum Protokoll abzugebende Erklärung erfolgen. Diese Erklärung hat nur dann rechtliche Wirkung, wenn die Absicht, aus der Kirche auszutreten, mindestens vier Wochen vorher dem Richter des Orts in gleicher Weise erklärt worden ist. Der Richter hat von der zuerst bei ihm abgegebenen Erklärung dem kompetenten Geistlichen sofort Mittheilung zu machen.

§ 18
Bei Ehescheidungsklagen solcher Personen, welche aus ihrer Kirche ausgetreten sind und noch keiner vom Staate genehmigten Religionsgesellschaft angehören, finden die in der Verordnung über das Verfahren in Ehesachen vom 28. Juni 1844 hinsichtlich der Mitwirkung eines Geistlichen, und insbesondere die in den §§ 10 bis 11 gegebenen Vorschriften keine Anwendung.

Der Einleitung solcher Ehescheidungsklagen muß statt des Sühneversuchs durch den Geistlichen ein Sühneversuch durch das Gericht vorangehen.

Bei diesem Sühneversuche sind der Staatsanwalt und nach dessen Anträgen diejenigen Personen zuzuziehen, von welchen eine dem Zweck entsprechende Mitwirkung zu erwarten ist.

§ 19
Der Justizminister hat die Gerichte mit näherer Anweisung zur Ausführung dieser Verordnung zu versehen.

Urkundlich unter Unserer Höchsteigenhändigen Unterschrift und beigedrucktem Königlichen Insiegel.

Gegeben Berlin, den 30. März 1847.
(L.S.) Friedrich Wilhelm.
Frh. v. Müffling. Eichhorn. v. Savigny. Uhden.
Beglaubigt:
Bode

2.5. Gesetz betreffend den Austritt aus der Kirche vom 14. Mai 1873. (Preußische Gesetz-Sammlung [1873], S. 207 f. In: Ernst Rudolf Huber, Wolfgang Huber, Staat und Kirche im 19. und 20. Jahrhundert 2 [Berlin 1976], S. 610 f.)

§ 1. Der Austritt aus einer Kirche mit bürgerlicher Wirkung erfolgt durch Erklärung des Austretenden in Person vor dem Richter seines Wohnortes.
Rücksichtlich des Übertrittes von einer Kirche zur anderen verbleibt es bei dem bestehenden Recht (...§§ 41, 42 II 11 ALR ...).
Will jedoch der Übertretende von den Lasten seines bisherigen Verbandes befreit werden, so ist die in diesem Gesetz vorgeschriebene Form zu beobachten.
§ 2. Der Aufnahme der Austrittserklärung muß ein hierauf gerichteter Antrag vorangehen. Derselbe ist durch den Richter dem Vorstande der Kirchengemeinde, welcher der Antragsteller angehört, ohne Verzug bekannt zu machen.
Die Aufnahme der Austrittserklärung findet nicht vor Ablauf von vier Wochen, und spätestens innerhalb sechs Wochen nach Eingang des Antrages zu gerichtlichem Protokoll statt. Abschrift des Protokolls ist dem Vorstande der Kirchengemeinde zuzustellen.
Eine Bescheinigung des Austritts ist dem Ausgetretenen auf Verlangen zu ertheilen.
§ 3. Die Austrittserklärung bewirkt, daß der Ausgetretene zu Leistungen, welche auf der persönlichen Kirchen- oder Kirchengemeinde-Angehörigkeit beruhen, nicht mehr verpflichtet wird.
Diese Wirkung tritt mit dem Schlusse des auf die Austrittserklärung folgenden Kalenderjahres ein.
Zu den Kosten eines außerordentlichen Baues, dessen Nothwendigkeit vor Ablauf des Kalenderjahres, in welchem der Austritt aus der Kirche erklärt wird, festgestellt ist, hat der Austretende bis zum Ablauf des zweiten auf die Austrittserklärung folgenden Kalenderjahres ebenso beizutragen, als wenn er seinen Austritt aus der Kirche nicht erklärt hätte.
Leistungen, welche nicht auf der persönlichen Kirchen- oder Kirchengemeinde-Angehörigkeit beruhen, insbesondere Leistungen, welche entweder kraft besonderen Rechtstitels auf bestimmten Grundstücken haften, oder von allen Grundstücken des Bezirks, oder doch von allen Grund-

stücken einer gewissen Klasse in dem Bezirk ohne Unterschied des Besitzers zu entrichten sind, werden durch die Austrittserklärung nicht berührt ...

§ 4. Personen, welche vor dem Inkrafttreten des gegenwärtigen Gesetzes ihren Austritt aus der Kirche nach den Vorschriften der bisherigen Gesetze erklärt haben, sollen vom Tage der Gesetzeskraft dieses Gesetzes ab zu anderen, als den im dritten Absatz des § 3 bezeichneten Leistungen nicht ferner herangezogen werden.

§ 5. Ein Anspruch auf Stolgebühren und andere bei Gelegenheit bestimmter Amtshandlungen zu entrichtende Leistungen kann gegen Personen, welche der betreffenden Kirche nicht angehören, nur dann geltend gemacht werden, wenn die Amtshandlung auf ihr Verlangen wirklich verrichtet worden ist.

§ 6. Als Kosten des Verfahrens werden nur Abschriftsgebühren und baare Auslagen in Ansatz gebracht.

§ 7. Die in diesem Gesetze dem Richter beigelegten Verrichtungen werden im Bezirke des Appellationsgerichtshofes zu Cöln durch den Friedensrichter, im Gebiete der ehemals freien Stadt Frankfurt a.M. durch die zweite Abtheilung des Stadtgerichts daselbst wahrgenommen.

§ 8. Was in den §§ 1 bis 6 von den Kirchen bestimmt ist, findet auf alle Religionsgemeinschaften, welchen Korporationsrechte gewährt sind, Anwendung.

§ 9. Die Verpflichtung jüdischer Grundbesitzer, zur Erhaltung christlicher Kirchensysteme beizutragen, wird mit dem Eintritt der Gesetzeskraft dieses Gesetzes auf den Umfang derjenigen Leistungen beschränkt, welche nach dem dritten Absatz des § 3 des gegenwärtigen Gesetzes den aus der Kirche ausgetretenen Personen zur Last bleiben.

§ 10. Alle dem gegenwärtigen Gesetze entgegenstehenden Bestimmungen werden hierdurch aufgehoben.

§ 11. Der Justizminister und der Minister der geistlichen Angelegenheiten sind mit der Ausführung dieses Gesetzes beauftragt.

2.6. Gesetzentwurf über die Freiheit der Religionsausübung im deutschen Reiche. (In: Franz Heiner (Hg.), AKathKR 82 [1902], 1–487)

Einleitung.

Die Centrumsfraktion des Reichstages hat am 23. November 1900 unter den Namen der Abgg. Dr. Lieber (Montabaur), Gröber, Dr. Pichler, Dr. Spahn, Dr. Bachem folgenden Gesetzentwurf eingebracht: *Entwurf eines Reichsgesetzes, betreffend die Freiheit der Religionsübung.*

„Wir Wilhelm, von Gottes Gnaden deutscher Kaiser, König von Preussen u. s. w. verordnen im Namen des Reiches, nach erfolgter Zustimmung des Bundesrates und des Reichstages, was folgt:

I. Religionsfreiheit der Reichsangehörigen.

§ 1. Jedem Reichsangehörigen steht innerhalb des Reichsgebietes volle Freiheit des religiösen Bekenntnisses, der Vereinigung zu Religionsgemeinschaften, sowie der gemeinsamen häuslichen und öffentlichen Religionsübung zu.

Den bürgerlichen und staatsbürgerlichen Pflichten darf durch die Ausübung der Religionsfreiheit kein Abbruch geschehen.

§ 2. In Ermangelung einer Vereinbarung der Eltern sind für die religiöse Erziehung eines Kindes die landesrechtlichen Vorschriften desjenigen Bundesstaates massgebend, in dessen Bezirk der Mann bei der Eingehung der Ehe seinen Wohnsitz hatte.

Nach beendetem zwölften Lebensjahre steht dem Kinde die Entscheidung über sein religiöses Bekenntnis zu.

§ 3. Der Austritt aus einer Religionsgemeinschaft mit bürgerlicher Wirkung erfolgt durch ausdrückliche Erklärung des Austretenden gegenüber der Religionsgemeinschaft.

Die Erklärung ist an das Amtsgericht des Wohnortes abzugeben; das Amtsgericht hat die zuständige Behörde der Religionsgemeinschaft hiervon in Kenntnis zu setzen. Die Erklärung kann schriftlich in öffentlich beglaubigter Form abgegeben werden.

Ueber den Empfang der Erklärung ist eine Bescheinigung zu erteilen.

§ 4. Die Abgabe der Austrittserklärung bewirkt, dass der Ausgetretene zu Leistungen, welche auf der persönlichen Zugehörigkeit zur Religionsgemeinschaft beruhen, nicht mehr verpflichtet wird.

Leistungen, welche nicht auf der persönlichen Zugehörigkeit zur Religionsgemeinschaft beruhen, insbesondere Leistungen, welche kraft besonderen Rechtstitels auf bestimmten Grundstücken haften oder von allen Grundstücken des Bezirks oder doch von allen Grundstücken einer gewissen Klasse in dem Bezirke ohne Unterschied des Besitzers zu entrichten sind, werden durch die Austrittserklärung nicht berührt.

II. Religionsfreiheit der Religionsgemeinschaften.

§ 5. Religionsgemeinschaften, welche in einem der Bundesstaaten vom Staat anerkannt sind (anerkannte Religionsgemeinschaften), steht innerhalb des Reichsgebietes die freie und öffentliche Ausübung ihres Kultus zu.

Dieselben sind insbesondere befugt, überall im Deutschen Reiche ohne staatliche oder kommunale Genehmigung Gottesdienste abzuhalten, Kirchengebäude mit Türmen zu erbauen und auf denselben Glocken anzubringen.

Ihre Religionsdiener dürfen die Religionshandlungen bei allen Mitgliedern der Religionsgemeinschaft ausüben.

§ 6. Der Verkehr der anerkannten Religionsgemeinschaften mit ihren Oberen ist ungehindert.

Vorschriften und Anordnungen einer anerkannten Religionsgemeinschaft, welche auf die Religionsübung sich beziehen, bedürfen zu ihrer Gültigkeit weder einer Mitteilung an die Staatsbehörde noch einer Genehmigung von seiten der Staatsbehörde.

§ 7. Anerkannte Religionsgemeinschaften können innerhalb des Reichsgebietes Religionsgemeinden oder geistliche Aemter, sofern für solche staatliche Mittel nicht in Anspruch genommen werden, ohne staatliche Genehmigung errichten oder abändern.

Landesrechtliche Verbote oder Beschränkungen der Verwendung auswärtiger Religionsdiener zu einer seelsorgerischen Thätigkeit finden keine Anwendung auf die Religionsdiener anerkannter Religionsgemeinschaften.

§ 8. Die Aufnahme in eine anerkannte Religionsgemeinschaft, die Zulassung zu deren Religionshandlungen, sowie die Vornahme einer Taufe, einer kirchlichen Trauung oder eines kirchlichen Begräbnisses ist von einer Mitwirkung der Behörden des Staates oder einer anderen Religionsgemeinschaft oder von einer Anzeige bei solchen Behörden unabhängig.

§ 9. Die Abhaltung von Missionen der anerkannten Religionsgemeinschaften unterliegt keinerlei gesetzlicher Beschränkung noch Hinderung.

§ 10. Religiöse Genossenschaften, Gesellschaften und Vereine aller Art, welche einer anerkannten Religionsgemeinschaft angehören, bedürfen zu ihrer Gründung und Thätigkeit innerhalb des Reichsgebietes keinerlei staatlicher und kommunaler Genehmigung..."

2.7. **Preußisches Gesetz, betreffend die Erleichterung des Austritts aus der Kirche und aus den jüdischen Synagogengemeinde...vom 13. Dezember 1918.** (Preußische Gesetz-Sammlung [1918], S. 199. In: Ernst Rudolf Huber, Wolfgang Huber, Staat und Kirche im 19. und 20. Jahrhundert 4 [Berlin 1988], S. 57 f.)

- Auszug -

Artikel I.

In dem Gesetze, betreffend den Austritt aus der Kirche, vom 14. Mai 1873 ... erhalten die nachstehenden Bestimmungen folgende abgeänderte Fassung:

§ 1 Abs. 1.

Wer aus einer Kirche mit bürgerlicher Wirkung austreten will, muß den Austritt dem Amtsgerichte seines Wohnsitzes erklären; die Erklärung muß zu Protokoll des Gerichtsschreibers erfolgen oder in öffentlich beglaubigter Form eingereicht werden; bei der Erklärung findet eine Vertretung kraft Vollmacht nicht statt.

Die Wirkung der Erklärung tritt mit dem Eingange bei dem Amtsgerichte ein.

§ 2.

Das Amtsgericht hat die Austrittserklärung dem Vorstande der Kirchengemeinde, der der Ausgetretene angehört, unverzüglich mitzuteilen und dem Ausgetretenen auf Antrag eine Bescheinigung über den Austritt zu erteilen.

§ 3 Abs. 1 und Abs. 2.

Der Ausgetretene wird durch die Austrittserklärung von den Leistungen, die auf der persönlichen Kirchen- oder Kirchengemeindeangehörigkeit beruhen, insoweit befreit, als die Leistungen nach dem Schlusse des laufenden Kalendervierteljahrs fällig werden.

§ 6.

Für das Verfahren werden Kosten nicht erhoben; zu der Beglaubigung der Anträge und zu der Bescheinigung über den Austritt wird ein Stempel nicht angesetzt.

2.8. **Die Verfassung des Deutschen Reiches (Weimarer Verfassung) vom 11. August 1919.** (In: Horst Hildebrandt (Hg.), Die deutschen Verfassungen des 19. und 20. Jahrhunderts [Paderborn/München/Wien/Zürich [14]1992], S. 101–103)

- Auszug -

3. Abschnitt

Religion und Religionsgesellschaften

Artikel 135

Alle Bewohner des Reiches genießen volle Glaubens- und Gewissensfreiheit. Die ungestörte Religionsausübung wird durch die Verfassung gewährleistet und steht unter staatlichem Schutze. Die allgemeinen Staatsgesetze bleiben hiervon unberührt.

Artikel 136

Die bürgerlichen und staatsbürgerlichen Rechte und Pflichten werden durch die Ausübung der Religionsfreiheit weder bedingt noch beschränkt.

Der Genuß bürgerlicher und staatsbürgerlicher Rechte sowie die Zulassung zu öffentlichen Ämtern sind unabhängig von dem religiösen Bekenntnis.

Niemand ist verpflichtet, seine religiöse Überzeugung zu offenbaren. Die Behörden haben nur soweit das Recht, nach der Zugehörigkeit zu einer Religionsgesellschaft zu fragen, als davon Rechte und Pflichten abhängen oder eine gesetzlich angeordnete statistische Erhebung dies erfordert.

Niemand darf zu einer kirchlichen Handlung oder Feierlichkeit oder zur Teilnahme an religiösen Übungen oder zur Benutzung einer religiösen Eidesform gezwungen werden.

Artikel 137

Es besteht keine Staatskirche.

Die Freiheit der Vereinigung zu Religionsgesellschaften wird gewährleistet. Der Zusammenschluß von Religionsgesellschaften innerhalb des Reichsgebiets unterliegt keinen Beschränkungen.

Jede Religionsgesellschaft ordnet und verwaltet ihre Angelegenheiten selbständig innerhalb der Schranken des für alle geltenden Gesetzes. Sie verleiht ihre Ämter ohne Mitwirkung des Staates oder der bürgerlichen Gemeinde.

Religionsgesellschaften erwerben die Rechtsfähigkeit nach den allgemeinen Vorschriften des bürgerlichen Rechtes.

Die Religionsgesellschaften bleiben Körperschaften des öffentlichen Rechtes, soweit sie solche bisher waren. Anderen Religionsgesellschaften sind auf ihren Antrag gleiche Rechte zu gewähren, wenn sie durch ihre Verfassung und die Zahl ihrer Mitglieder die Gewähr der Dauer bieten. Schließen sich mehrere derartige öffentlich-rechtliche Religionsgesellschaften zu einem Verbande zusammen, so ist auch dieser Verband eine öffentlich-rechtliche Körperschaft.

Die Religionsgesellschaften, welche Körperschaften des öffentlichen Rechtes sind, sind berechtigt, auf Grund der bürgerlichen Steuerlisten nach Maßgabe der landesrechtlichen Bestimmungen Steuern zu erheben.

Den Religionsgesellschaften werden die Vereinigungen gleichgestellt, die sich die gemeinschaftliche Pflege einer Weltanschauung zur Aufgabe machen.

Soweit die Durchführung dieser Bestimmungen eine weitere Regelung erfordert, liegt diese der Landesgesetzgebung ob.

Artikel 138

Die auf Gesetz, Vertrag oder besonderen Rechtstiteln beruhenden Staatsleistungen an die Religionsgesellschaften werden durch die Landesgesetzgebung abgelöst. Die Grundsätze hierfür stellt das Reich auf.

Das Eigentum und andere Rechte der Religionsgesellschaften und religiösen Vereine an ihren für Kultur-, Unterrichts- und Wohltätigkeitszwecke bestimmten Anstalten, Stiftungen und sonstigen Vermögen werden gewährleistet.

Artikel 139

Der Sonntag und die staatlich anerkannten Feiertage bleiben als Tage der Arbeitsruhe und der seelischen Erhebung gesetzlich geschützt.

Artikel 140

Den Angehörigen der Wehrmacht ist die nötige freie Zeit zur Erfüllung ihrer religiösen Pflichten zu gewähren.

Artikel 141

Soweit das Bedürfnis nach Gottesdienst und Seelsorge im Heer, in Krankenhäusern, Strafanstalten oder sonstigen öffentlichen Anstalten besteht, sind die Religionsgesellschaften zur Vornahme religiöser Handlungen zuzulassen, wobei jeder Zwang fernzuhalten ist.

2.9. Gesetz, betreffend den Austritt aus den Religionsgesellschaften öffentlichen Rechts vom 30. November 1920. (Preußische Gesetz-Sammlung [1921], S. 119 f. In: Ernst Rudolf Huber, Wolfgang Huber, Staat und Kirche im 19. und 20. Jahrhundert 4 [Berlin 1988], S. 152 f.)

§ 1. (1) Wer aus einer Religionsgesellschaft öffentlichen Rechts mit bürgerlicher Wirkung austreten will, hat den Austritt bei dem Amtsgerichte seines Wohnsitzes zu erklären. Die Erklärung muß zu Protokoll des Gerichtsschreibers erfolgen oder als Einzelerklärung in öffentlich beglaubigter Form eingereicht werden; Ehegatten sowie Eltern und Kinder können den Austritt in derselben Urkunde erklären; bei der Erklärung findet eine Vertretung kraft Vollmacht nicht statt.

(2) Die rechtlichen Wirkungen der Austrittserklärung treten einen Monat nach dem Eingange der Erklärung bei dem Amtsgericht ein; bis dahin kann die Erklärung in der im Abs. 1 vorgeschriebenen Form zurückgenommen werden.

(3) Das Amtsgericht hat von der Abgabe und der etwaigen Zurücknahme der Austrittserklärung unverzüglich den Vorstand der Religionsgesellschaft, der der Erklärende angehört, zu benachrichtigen und demnächst dem Ausgetretenen eine Bescheinigung über den vollzogenen Austritt zu erteilen.

§ 2. (1) Die Austrittserklärung bewirkt die dauernde Befreiung des Ausgetretenen von allen Leistungen, die auf der persönlichen Zugehörigkeit zu der Religionsgesellschaft beruhen. Die Befreiung tritt ein mit dem Ende des laufenden Steuerjahres, jedoch nicht vor Ablauf von drei Monaten nach Abgabe der Erklärung.

(2) Leistungen, die nicht auf der persönlichen Zugehörigkeit zu einer Religionsgesellschaft beruhen, insbesondere Leistungen, die entweder kraft besonderen Rechtstitels auf bestimmten Grundstücken haften oder von allen Grundstücken des Bezirkes oder von allen Grundstücken einer gewissen Klasse in dem Bezirk ohne Unterschied des Besitzers zu entrichten sind, werden durch die Austrittserklärung nicht berührt.

§ 3. Für das Verfahren werden Gerichtskosten nicht erhoben; zu der Beglaubigung der Erklärung und zu der Bescheinigung über den Austritt wird kein Stempel berechnet.

§ 4. (1) Die Bestimmungen dieses Gesetzes finden auch auf den Austritt aus der einzelnen Synagogengemeinde Anwendung.

(2) Ein Jude, der aus einer Synagogengemeinde ausgetreten ist, wird nur dann Mitglied einer anderen Synagogengemeinde, wenn er ihrem Vorstande seinen Beitritt schriftlich erklärt.

§ 5. (1) Dieses Gesetz tritt mit seiner Verkündung in Kraft.

(2) Die Gesetze betreffend den Austritt aus der Kirche, vom 14. Mai 1873 (Gesetzsamml. S. 207) ..., betreffend den Austritt aus den jüdischen Synagogengemeinden, vom 28. Juli 1876 (Gesetzsamml. S. 353) und betreffend die Erleichterung des Austritts aus der Kirche und aus den jüdischen Synagogengemeinden, vom 13. Dezember 1918 (Gesetzsamml. S. 199) ... werden aufgehoben.

2.10. Reichsgesetz über die religiöse Kindererziehung vom 15. Juli 1921.
(ReichsGesetzblatt [1921], S. 939. In: Ernst Rudolf Huber, Wolfgang Huber, Staat und Kirche im 19. und 20. Jahrhundert 4 [Berlin 1988], S. 218 f.)

§ 1.
Über die religiöse Erziehung eines Kindes bestimmt die freie Einigung der Eltern, soweit ihnen das Recht und die Pflicht zusteht, für die Person des Kindes zu sorgen. Die Einigung ist jederzeit widerruflich und wird durch den Tod eines Ehegatten gelöst.

§ 2.
Besteht eine solche Einigung nicht oder nicht mehr, so gelten auch für die religiöse Erziehung die Vorschriften des Bürgerlichen Gesetzbuches ... über das Recht und die Pflicht, für die Person des Kindes zu sorgen.

Es kann jedoch während bestehender Ehe von keinem Elternteil ohne die Zustimmung des anderen bestimmt werden, daß das Kind in einem anderen als dem zur Zeit der Eheschließung gemeinsamen Bekenntnis oder in einem anderen Bekenntnis als bisher erzogen, oder daß ein Kind vom Religionsunterricht abgemeldet werden soll. Wird die Zustimmung nicht erteilt, so kann die Vermittlung oder Entscheidung des Vormundschaftsgerichts beantragt werden. Für die Entscheidung sind, auch soweit ein Mißbrauch im Sinne des § 1666 des Bürgerlichen Gesetzbuchs ... nicht vorliegt, die Zwecke der Erziehung maßgebend. Vor der Entscheidung sind die Ehegatten sowie erforderlichenfalls Verwandte, Verschwägerte und die Lehrer des Kindes zu hören, wenn es ohne erhebliche Verzögerung oder unverhältnismäßige Kosten geschehen kann. Der § 1847 Abs. 2 des Bürgerlichen Gesetzbuchs findet entsprechende Anwendung ... Das Kind ist zu hören, wenn es das zehnte Jahr vollendet hat.

§ 3.
Steht dem Vater oder der Mutter das Recht und die Pflicht, für die Person des Kindes zu sorgen, neben einem dem Kinde bestellten Vormund oder Pfleger zu, so geht bei einer Meinungsverschiedenheit über die Bestimmung des religiösen Bekenntnisses, in dem das Kind erzogen werden soll, die Meinung des Vaters oder der Mutter vor, es sei denn, daß dem Vater oder der Mutter das Recht der religiösen Erziehung auf Grund des § 1666 des Bürgerlichen Gesetzbuchs entzogen ist.

Steht die Sorge für die Person eines Kindes einem Vormund oder Pfleger allein zu, so hat dieser auch über die religiöse Erziehung des Kindes zu bestimmen. Er bedarf dazu der Genehmigung des Vormundschaftsgerichts. Vor der Genehmigung sind die Eltern sowie erforderlichenfalls Verwandte, Verschwägerte und die Lehrer des Kindes zu hören, wenn es ohne erhebliche Verzögerung oder unverhältnismäßige Kosten geschehen kann. Der § 1847 Abs. 2 des Bürgerlichen Gesetzbuchs findet entsprechende Anwendung. Auch ist das Kind zu hören, wenn es das zehnte Lebensjahr vollendet hat. Weder der Vormund noch der Pfleger können eine schon erfolgte Bestimmung über die religiöse Erziehung ändern.

§ 4.
Verträge über die religiöse Erziehung eines Kindes sind ohne bürgerliche Wirkung.

§ 5.
Nach der Vollendung des vierzehnten Lebensjahres steht dem Kinde die Entscheidung darüber zu, zu welchem religiösen Bekenntnis es sich halten will. Hat das Kind das zwölfte Lebensjahr vollendet, so kann es nicht gegen seinen Willen in einem anderen Bekenntnis als bisher erzogen werden.

§ 6.
Die vorstehenden Bestimmungen finden auf die Erziehung der Kinder in einer nicht bekenntnismäßigen Weltanschauung entsprechende Anwendung.

§ 7.
Für Streitigkeiten aus diesem Gesetz ist das Vormundschaftsgericht zuständig. Ein Einschreiten von Amts wegen findet dabei nicht statt, es sei denn, daß die Voraussetzungen des § 1666 des Bürgerlichen Gesetzbuchs vorliegen.

§ 8.
Alle diesem Gesetz entgegenstehenden Bestimmungen der Landesgesetze sowie Artikel 134 des Einführungsgesetzes zum Bürgerlichen Gesetzbuch ... werden aufgehoben.

§ 9.
Verträge über religiöse Erziehung bleiben in Kraft, soweit sie vor Verkündung dieses Gesetzes abgeschlossen sind. Auf Antrag der Eltern oder des überlebenden Elternteils wird ein bestehender Vertrag durch Beschluß des Vormundschaftsgerichts aufgehoben.

§ 10.
Wenn beide Eltern vor dem Inkrafttreten dieses Gesetzes verstorben sind und über die religiöse Erziehung in einem bestimmten Bekenntnis nachweisbar einig waren, so kann der Vormund bestimmen, daß sein Mündel in diesem Bekenntnis erzogen wird. Er bedarf zu dieser Bestimmung der Genehmigung des Vormundschaftsgerichts.

§ 11.
Das Gesetz tritt am 1. Januar 1922 in Kraft. Der Reichspräsident ist jedoch ermächtigt, das Gesetz für ein Land im Einvernehmen mit der Landesregierung zu einem früheren Zeitpunkt in Kraft zu setzen.

2.11. Das Bonner Grundgesetz vom 23. Mai 1949. (In: Horst Hildebrandt (Hg.), Die deutschen Verfassungen des 19. und 20. Jahrhunderts [Paderborn/München/Wien/Zürich [14]1992], S. 117/191)

- Auszug -
I. Die Grundrechte
Artikel 4
(1) Die Freiheit des Glaubens, des Gewissens und die Freiheit des religiösen und weltanschaulichen Bekenntnisses sind unverletzlich.
(2) Die ungestörte Religionsausübung wird gewährleistet.
(3) Niemand darf gegen sein Gewissen zum Kriegsdienst mit der Waffe gezwungen werden. Das Nähere regelt ein Bundesgesetz.

Artikel 140
Die Bestimmungen der Artikel 136,137,138,139 und 141 der deutschen Verfassung vom 11. August 1919 sind Bestandteil dieses Grundgesetzes.

2.12. Die Verfassung der DDR vom 7. Oktober 1949. (In: Horst Hildebrandt (Hg.), Die deutschen Verfassungen des 19. und 20. Jahrhunderts [Paderborn/München/Wien/Zürich [14]1992], S. 208–210)

- Auszug -
IV. Erziehung und Bildung
Artikel 40
Der Religionsunterricht ist Angelegenheit der Religionsgemeinschaften. Die Ausübung des Rechtes wird gewährleistet.

V. Religion und Religionsgemeinschaften
Artikel 41

Jeder Bürger genießt volle Glaubens- und Gewissensfreiheit. Die ungestörte Religionsausübung steht unter dem Schutz der Republik.

Einrichtungen von Religionsgemeinschaften, religiöse Handlungen und der Religionsunterricht dürfen nicht für verfassungswidrige oder parteipolitische Zwecke mißbraucht werden. Jedoch bleibt das Recht der Religionsgemeinschaften, zu den Lebensfragen des Volkes von ihrem Standpunkt aus Stellung zu nehmen, unbestritten.

Artikel 42

Private oder staatsbürgerliche Rechte und Pflichten werden durch die Religionsausübung weder bedingt noch beschränkt.

Die Ausübung privater oder staatsbürgerlicher Rechte oder die Zulassung zum öffentlichen Dienst sind unabhängig von dem religiösen Bekenntnis.

Niemand ist verpflichtet, seine religiöse Überzeugung zu offenbaren. Die Verwaltungsorgane haben nur insoweit das Recht, nach der Zugehörigkeit zu einer Religionsgemeinschaft zu fragen, als davon Rechte oder Pflichten abhängen oder eine gesetzlich angeordnete statistische Erhebung dies erfordert.

Niemand darf zu einer kirchlichen Handlung oder Feierlichkeit oder zur Teilnahme an religiösen Übungen oder zur Benutzung einer religiösen Eidesformel gezwungen werden.

Artikel 43

Es besteht keine Staatskirche. Die Freiheit der Vereinigung zu Religionsgemeinschaften wird gewährleistet.

Jede Religionsgemeinschaft ordnet und verwaltet ihre Angelegenheiten selbständig nach Maßgabe der für alle geltenden Gesetze.

Die Religionsgemeinschaften bleiben Körperschaften des öffentlichen Rechtes, soweit sie es bisher waren. Andere Religionsgemeinschaften erhalten auf ihren Antrag gleiche Rechte, wenn sie durch ihre Verfassung und die Zahl ihrer Mitglieder die Gewähr der Dauer bieten. Schließen sich mehrere derartige öffentlich-rechtliche Religionsgemeinschaften zu einem Verbande zusammen, so ist auch dieser Verband eine öffentlich-rechtliche Körperschaft.

Die öffentlich-rechtlichen Religionsgemeinschaften sind berechtigt, von ihren Mitgliedern Steuern auf Grund der staatlichen Steuerlisten nach Maßgabe der allgemeinen Bestimmungen zu erheben.

Den Religionsgemeinschaften werden Vereinigungen gleichgestellt, die sich die gemeinschaftliche Pflege einer Weltanschauung zur Aufgabe machen.

Artikel 44

Das Recht der Kirche auf Erteilung von Religionsunterricht in den Räumen der Schule ist gewährleistet. Der Religionsunterricht wird von den durch die Kirche ausgewählten Kräften erteilt.

Niemand darf gezwungen oder gehindert werden, Religionsunterricht zu erteilen. Über die Teilnahme am Religionsunterricht bestimmen die Erziehungsberechtigten.

Artikel 45

Die auf Gesetz, Vertrag oder besonderen Rechtstiteln beruhenden öffentlichen Leistungen an die Religionsgemeinschaften werden durch Gesetz abgelöst.

Das Eigentum sowie andere Rechte der Religionsgemeinschaften und religiösen Vereine an ihren für Kultus-, Unterrichts- und Wohltätigkeitszwecke bestimmten Anstalten, Stiftungen und sonstigen Vermögen werden gewährleistet.

Artikel 46

Soweit das Bedürfnis nach Gottesdienst und Seelsorge in Krankenhäusern, Strafanstalten oder anderen öffentlichen Anstalten besteht, sind Religionsgesellschaften zur Vornahme religiöser Handlungen zugelassen. Niemand darf zur Teilnahme an solchen Handlungen gezwungen werden.

Artikel 47
Wer aus einer Religionsgesellschaft öffentlichen Rechtes mit bürgerlicher Wirkung austreten will, hat den Austritt bei Gericht zu erklären oder als Einzelerklärung in öffentlich beglaubigter Form einzureichen.

Artikel 48
Die Entscheidung über die Zugehörigkeit von Kindern zu einer Religionsgesellschaft steht bis zu deren vollendetem vierzehnten Lebensjahr den Erziehungsberechtigten zu. Von da ab entscheidet das Kind selbst über seine Zugehörigkeit zu einer Religions- oder Weltanschauungsgemeinschaft.

2.13. Kirchenaustritt: Verordnung über den Austritt aus Religionsgemeinschaften öffentlichen Rechts. Vom 13. Juli 1950 (Ges.-Bl. der DDR [1950], 660/61. In: ABlEKD 11 [1950], 331)

§ 1
(1) Der Austritt aus einer Religionsgemeinschaft öffentlichen Rechts mit bürgerlich-rechtlicher Wirkung ist gemäß Artikel 47 der Verfassung der Deutschen Demokratischen Republik bei dem für den Wohnsitz des Betreffenden zuständigen Gericht zu erklären oder als Einzelerklärung in öffentlich beglaubigter Form einzureichen.

(2) Alle Gesetze, Verordnungen und Bestimmungen, die dem entgegenstehen, sind gemäß Artikel 144 der Verfassung der Deutschen Demokratischen Republik aufgehoben.

§ 2
(1) Die nach dem Inkrafttreten der Verfassung entsprechend den Regelungen in einigen Ländern noch bei den Standesämtern eingereichten Austrittserklärungen sind an die zuständigen Amtsgerichte weiterzugeben.

(2) Bis zum 1. August 1950 bei den Standesämtern eingereichte Austrittserklärungen sind so zu behandeln, als ob sie am Tage des Eingangs beim Standesamt beim Amtsgericht eingereicht wären.

§ 3
(1) Die Standesbeamten sind ermächtigt, Einzelerklärungen über den Austritt aus einer Religionsgemeinschaft öffentlichen Rechts (Artikel 47 der Verfassung der Deutschen Demokratischen Republik) öffentlich zu beglaubigen. § 183 des Gesetzes über die Angelegenheiten der freiwilligen Gerichtsbarkeit findet entsprechende Anwendung.

(2) Gebühren für die Beglaubigung durch den Standesbeamten werden nicht erhoben.

§ 4
Erforderliche Durchführungsbestimmungen erläßt das Ministerium des Innern im Einvernehmen mit dem Ministerium der Justiz.

§ 5
Diese Verordnung tritt mit ihrer Verkündung in Kraft.
Berlin, den 13. Juli 1950.

**Die Regierung
der Deutschen Demokratischen Republik**
Grotewohl, Ministerpräsident.

Ministerium des Innern　　　　　　　Ministerium der Justiz
Dr. Steinhoff, Minister　　　　　　　Fechner, Minister

2.14. Die Verfassung der DDR vom 7. Oktober 1974. (In: Horst Hildebrandt (Hg.), Die deutschen Verfassungen des 19. und 20. Jahrhunderts [Paderborn/München/Wien/Zürich ¹⁴1992], S. 245f./252)

- Auszug -
Abschnitt I
Grundlagen der sozialistischen Gesellschafts-
und Staatsordnung
Kapitel 1. Politische Grundlagen
Artikel 6

(5) Militaristische und revanchistische Propaganda in jeder Form, Kriegshetze und Bekundung von Glaubens-, Rassen- und Völkerhaß werden als Verbrechen geahndet.

Abschnitt II
Bürger und Gemeinschaften in der sozialistischen Gesellschaft
Kapitel 1. Grundrechte und Grundpflichten der Bürger
Artikel 20

(1) Jeder Bürger der Deutschen Demokratischen Republik hat unabhängig von seiner Nationalität, seiner Rasse, seinem weltanschaulichen oder religiösen Bekenntnis, seiner sozialen Herkunft und Stellung die gleichen Rechte und Pflichten. Gewissens- und Glaubensfreiheit sind gewährleistet. Alle Bürger sind vor dem Gesetz gleich.

Artikel 39

(1) Jeder Bürger der Deutschen Demokratischen Republik hat das Recht, sich zu einem religiösen Glauben zu bekennen und religiöse Handlungen auszuüben.

(2) Die Kirchen und anderen Religionsgemeinschaften ordnen ihre Angelegenheiten und üben ihre Tätigkeit aus in Übereinstimmung mit der Verfassung und den gesetzlichen Bestimmungen der Deutschen Demokratischen Republik. Näheres kann durch Vereinbarungen geregelt werden.

2.15. Kirchengesetz über das Ruhen kirchlicher Rechte vom 5. Dezember 1977. (In: ABl der Evangelischen Kirche Anhalts, Nr. 3–31 [Dezember 1977], 14 f.)

Dieses Kirchengesetz regelt das Verfahren gem. § 3 (3) der Verfassung der Evangelischen Landeskirche Anhalts und Artikel 78 (4) der Ordnung des kirchlichen Lebens.

§ 1

(1) Der Gemeindekirchenrat kann das Ruhen der kirchlichen Rechte beschließen, wenn ein Gemeindeglied erklärt, daß es jegliche Art von Mitarbeit und Glaubensverantwortung ablehnt oder wenn es das Ansehen der Kirche bewußt geschädigt hat.

(2) Voraussetzung des Beschlusses ist in diesem Fall, daß dem Gemeindeglied Gelegenheit zur Äußerung gegenüber dem Gemeindekirchenrat gegeben wurde.

§ 2

(1) Der Artikel 78 der Ordnung des kirchlichen Lebens für die Gemeinden der Evangelischen Landeskirche Anhalts vom 11. März 1953 in der Fassung vom 1. Dezember 1959 legt folgendes fest:

„Bei einem Gemeindeglied, das ohne Not mit der Zahlung der kirchlichen Umlagen mehr als ein Jahr im Rückstand ist, ruhen das kirchliche Wahlrecht, die Berechtigung zum Patenamt, der Anspruch auf kirchliche Trauung und der Anspruch auf kirchliche Bestattung."

(2) Der Gemeindekirchenrat stellt nach Prüfung aller Umstände das Ruhen der kirchlichen Rechte fest. Voraussetzung solcher Feststellung ist, daß die Zustellung des Kirchensteuerbescheides sowie mindestens eine Mahnung mit Fristsetzung und dem Hinweis auf die Folgen geschehen ist.

§ 3

Ist das Ruhen der kirchlichen Rechte durch den Gemeindekirchenrat nicht aufgehoben, sollen Amtshandlungen nicht ausgeführt werden.

§ 4

Dem Gemeindeglied steht das Recht auf Beschwerde innerhalb eines Monats nach Mitteilung über die Folgen zu. Es kann die Vermittlung des Kreisoberpfarrers und danach die Entscheidung des Landeskirchenrates anrufen. Die Entscheidung des Landeskirchenrates ist endgültig.

§ 5

Das Ruhen der kirchlichen Rechte wird durch den Gemeindekirchenrat aufgehoben, wenn das Gemeindeglied die Bereitschaft zeigt, seinen laufenden finanziellen Verpflichtungen nachzukommen und für die Jahre, in denen die kirchlichen Rechte ruhten, einen angemessenen Betrag zu zahlen, dessen Höhe der Gemeindekirchenrat in Ansprache mit dem Kreiskirchensteueramt festsetzt.

§ 6

Sind die Gründe, die zu einem Beschluß nach §§ 1 und 2 führten, beseitigt, wird das Ruhen der kirchlichen Rechte durch Beschluß des Gemeindekirchenrates aufgehoben.

§ 7

Die Beschlüsse nach §§ 1, 2 und 6 sind dem Kreiskirchensteueramt unverzüglich mitzuteilen.

§ 8

Das Gesetz Nr. 32 vom 18.8.1921, einschließlich der Abänderung vom 11.3.1953, wird aufgehoben.

§ 9

Der Landeskirchenrat wird mit der Durchführung dieses Gesetzes beauftragt und erläßt Durchführungsbestimmungen.

§ 10

Das Kirchengesetz tritt mit dem 1. Januar 1978 in Kraft.

Dessau, den 5. Dezember 1977

Evangelische Landeskirche Anhalts
Landeskirchenrat
Natho
Kirchenpräsident

3. Erlasse

3.1. Erlaß des Evangelischen Oberkirchenrats über das Verhalten der Kirche zu den Ausgetretenen vom 20. Dezember 1920. (Allgemeines Kirchenblatt für das evangelische Deutschland 70 [1921], 72ff. In: Ernst Rudolf Huber, Wolfgang Huber, Staat und Kirche im 19. und 20. Jahrhundert 4 [Berlin 1988], S. 153–155)

Die Austrittsbewegung hat in einigen Gebieten unserer Landeskirche neuerdings wieder eingesetzt und uns veranlaßt, die Frage des Verhaltens der Kirche zu den Ausgetretenen erneut einer ernsten Prüfung zu unterziehen.

In Anknüpfung an unsern Erlaß vom 16. Februar 1909 - E.O. Nr. 293 - wiederholen wir, daß, wer nach den staatsgesetzlichen Vorschriften mit bürgerlicher Wirkung aus der Kirche austritt, damit zugleich aus ihrer Gemeinschaft ausscheidet und aller Rechte verlustig geht, die ihren Mitgliedern zustehen. Die Kirche kann hinfort mit ihm nicht die Gemeinschaft kirchlicher Handlungen pflegen, welche ohne Zugehörigkeit zu ihr nicht in rechtem Sinne gesucht und nicht in rechtem Sinne gegeben werden können. An diesen Grundsätzen wird auch in Zukunft festzuhalten und danach das Verhalten der Geistlichen gegenüber den Ausgetretenen zu bestimmen sein.

Hat der aus der Kirche Ausgetretene jedes Recht auf Inanspruchnahme kirchlicher Amtshandlungen für sich verwirkt, so besteht für den Geistlichen die entsprechend grundsätzliche Pflicht, ihm kirchliche Amtshandlungen zu versagen.

Dieser der Sachlage und auch der Würde der Kirche Rechnung tragende Grundsatz muß aber eine Einschränkung da erleiden, wo im Verhältnis von Braut- und Eheleuten sowie von Eltern und Kindern ungeachtet des weggefallenen Rechtes des einen aus der Kirche ausgeschiedenen Teils der Anspruch des anderen, der Kirche noch angehörigen Teils auf Gewährung kirchlicher Amtshandlungen noch fortbesteht.

Die Kirche wird aber weiter nicht verkennen dürfen, daß es ihre oberste Aufgabe ist und bleibt, das Reich Gottes auf Erden zu bauen, und daß sie diese Aufgabe auch gegenüber denen, welche sich von ihr losgelöst haben, nicht außer acht lassen darf. Dies gilt nicht nur bei der Wiederaufnahme in die Kirchengemeinschaft und den darauf gerichteten seelsorgerlichen Bemühungen, sondern namentlich auch da, wo es sich darum handelt, die verderblichen Folgen der Loslösung von der Kirche den Seelen des heranwachsenden Geschlechts möglichst fernzuhalten; denn immer bleibt es das oberste Ziel, die Ausgetretenen durch den Dienst der Kirche in das rechte Verhältnis zu Gott zu führen - ein Ziel, das mit seelsorgerlicher Treue und Weisheit, mit vieler suchender, aber erforderlichenfalls auch mit versagender Liebe zu erstreben ist. Daß auch diese nachgehende Fürsorge ihre Grenzen hat, ist in den nachfolgenden Grundsätzen wohl erwogen worden.

Unsere Geistlichen und unsere Gemeinden aber rufen wir in dieser Zeit schwerer Kämpfe unserer Kirche zu doppelter Treue und doppeltem Eifer für unsere teure evangelische Kirche auf.

Um das Verhalten der Geistlichen nach einheitlichen Grundsätzen zu regeln, bestimmen wir in bezug auf die einzelnen Amtshandlungen der Geistlichen folgendes:

Taufe.
Die Taufe ist zu gewähren, wenn ein Teil der Eltern der Kirche angehört; doch soll sie nicht gegen den Einspruch des erziehungsberechtigten Elternteiles stattfinden.

Die Taufe *kann* gewährt werden, auch wenn beide Eltern ausgetreten sind. Sie darf aber nur dann vollzogen werden, wenn sie von den Eltern nachgesucht wird mit der schriftlich oder mündlich gegebenen Erklärung, daß sie die christliche Erziehung des Kindes wünschen. Von den Eltern ist außerdem ein schriftliches Versprechen abzugeben, daß sie ihr Kind an dem evangelischen Religions- und Konfirmandenunterricht teilnehmen lassen werden.

Der Geistliche soll in diesen Fällen mit besonderem Nachdruck auf die Wahl christlich gesinnter Paten dringen und diese mit besonderem Ernst auf ihre Pflichten hinweisen.

Konfirmation.

Ist ein Kind, dessen Eltern aus der Kirche ausgetreten sind, getauft und nicht aus der Kirche ausgeschieden, so ist es zum Konfirmandenunterricht und zur Konfirmation zuzulassen. Ist der Austritt auch für das Kind vollzogen, so kann die Zulassung auch eines religionsmündigen Kindes trotzdem erfolgen, wenn ein eigener Wunsch des Kindes vorliegt und nicht von den Eltern ausdrücklich Einspruch erhoben wird. Ein religionsmündiges, getauftes Kind ist auch gegen den Willen der Eltern, falls es den Wunsch äußert, zum Konfirmandenunterricht und zur Konfirmation zuzulassen.

Voraussetzung für die Aufnahme in den Konfirmandenunterricht ist die Teilnahme an dem evangelischen Religionsunterricht der Schule, geistige und religiöse Reife. Kinder, die an dem evangelischen Religionsunterricht der Schule nicht regelmäßig teilgenommen haben, bedürfen besonderer Vorbereitung für den Konfirmandenunterricht.

Abendmahl.

Aus der Kirche Ausgetretene haben den Anspruch auf Zulassung zum heiligen Abendmahl verwirkt.

Patenamt.

Aus der Kirche Ausgetretene sind von dem Patenamt zurückzuweisen.

Trauung.

Die Trauung ist unstatthaft, wenn beide Brautleute aus der Kirche ausgeschieden sind. Ist nur ein Teil der Brautleute ausgetreten, so kann die Trauung nur dann gewährt werden, wenn der Pfarrer sich überzeugt hat, daß der ausgetretene Teil nicht zu den Verächtern der christlichen Religion gehört und die Trauung ohne Ärgernis in der Gemeinde gewährt werden kann ...

Beerdigung.

Eine Mitwirkung der Kirche bei der Beerdigung Ausgetretener (wie auch Glockengeläute) findet nicht statt. Doch bleibt es Recht und Pflicht des Geistlichen, den der Kirche angehörenden Hinterbliebenen christlichen Trost zu spenden. Diese Trostspendung im Hause darf nur im Kreise der Angehörigen stattfinden und nicht im zeitlichen Zusammenhang mit der Beerdigung stehen. Die Mitwirkung des Geistlichen bei der Beerdigung eines Ausgetretenen ist statthaft in dem Ausnahmefall, wenn der Pfarrer aus persönlichem seelsorgerlichem Gespräch mit dem Verstorbenen weiß, daß der Ausgetretene seinen Schritt bereute und nur durch den Tod an dem Wiedereintritt in die Kirche gehindert wurde. Von dem Geistlichen ist in diesem Falle ein sofortiger Bericht über seine Teilnahme an den Superintendenten zu erstatten.

Wiederaufnahme.

Die Entscheidung über die Wiederaufnahme in die Kirchengemeinschaft steht dem Pfarrer der Wohnsitzgemeinde nach Benehmen mit dem Gemeindekirchenrat zu.

3.2. Bremische Evangelische Kirche: Verordnung betreffend das Verfahren gegenüber aus der Evangelischen Kirche Ausgetretenen vom 28. März 1961 (GVM [1961], Nr. 1 Z. 4) in der Fassung vom 21. Oktober 1976. Vom 2. November 1976. (GVM [1977], Sp. 10, in: ABlEKD 10 [1977], 410 f.)

Aufgrund des § 6 Abs. 2 des Gesetzes über den Austritt aus der Evangelischen Kirche (Austrittsgesetz) vom 23. Februar 1961(GVM 1961 Nr. 1 Z. 1) in der Fassung vom 15. Oktober 1975 (GVM 1976 Nr. 1 Z. 2) wird von dem Kirchenausschuß der Bremischen Evangelischen Kirche nachstehende Verordnung betreffend das Verfahren gegenüber den aus der Evangelischen Kirche

Ausgetretenen vom 22. Januar 1923 (GVM 1926 Nr. 2) unter Berücksichtigung der sich aus dem Austrittsgesetz in der Fassung vom 15. Oktober 1975 ergebenden Veränderungen neu verkündet:

§ 1

Kirchliche Amtshandlungen dürfen von den Pastoren an aus der Evangelischen Kirche Ausgetretenen grundsätzlich nicht vollzogen werden (§ 4 Abs. 2 des Gesetzes über den Austritt aus der Evangelischen Kirche - Austrittsgesetz - in der Fassung vom 15. Oktober 1975).

§ 2

Beim Begehren einer Amtshandlung hat sich der Pastor von der Zugehörigkeit des Antragstellers zur Evangelischen Kirche zu überzeugen. Ergeben sich Zweifel über die Zugehörigkeit, so ist die Evangelische Kirchenkanzlei oder, falls es sich um eine nicht im Gebiet der Bremischen Evangelischen Kirche wohnende Person handelt, das Pfarramt des Heimatortes um eine Auskunft zu ersuchen.

§ 3

Kirchliche Amtshandlungen im Sinne dieser Verordnung sind: die Taufe, die Konfirmation, die Trauung und die Bestattung.

§ 4

Ein Ausgetretener, der seine Wiederaufnahme in die Evangelische Kirche beantragt hat, gilt so lange als ausgetreten, bis der Kirchenausschuß seine Wiederaufnahme ausgesprochen hat (§ 5 Satz 3 des Austrittsgesetzes in der Fassung vom 15. Oktober 1975).

Bremen, den 2. November 1976

Der Kirchenausschuß der Bremischen Evangelischen Kirche

Brauer
Präsident

Binder
Pastor und Schriftführer

3.3. Evangelische Landeskirche in Baden: Richtlinien über das Verhalten und Verfahren bei Kirchenaustritten und bei der Wiederaufnahme Ausgetretener. Vom 9. Februar 1988. (GVBl. S. 163, in: ABlEKD 2 [1989], 52 f.)

Eine Empfehlung des Evangelischen Oberkirchenrates für Kirchenälteste, Pfarrer und kirchliche Mitarbeiter.

1. **Kirchlich-theologische Überlegungen**

1.1. Die Kirche freut sich über jeden, der zur Gemeinde Jesu kommt oder der wieder zu ihr zurückfindet. Darum soll auch das Verfahren bei einer Wiederaufnahme in die Kirche in seiner Gestaltung diese Freude deutlich zum Ausdruck bringen.

1.2. Der missionarische Auftrag sendet die Kirche zu allen Menschen und schließt auch jene ein, die sich von ihr getrennt haben. Darum sollte alles vermieden werden, was geeignet ist, Ausgetretene bloßzustellen, auszugrenzen oder dem Austritt den Charakter des Endgültigen zu geben. Briefe an Ausgetretene sollen diesen Gespräche anbieten, die Möglichkeit dazu geben, ihre Vorbehalte, negative Erfahrungen und Enttäuschungen mit der Kirche auszusprechen und deutlich machen, daß der Kirchenaustritt von der Gemeinde als Verlust und Anfrage empfunden wird.

1.3. Christsein und Taufe sind nach dem Zeugnis des Neuen Testaments untrennbar mit der Zugehörigkeit zur Kirche verbunden. Darum darf ein Kirchenaustritt nicht als Bagatelle betrachtet werden. Der Ausgetretene hat sich durch eine förmliche Erklärung von der Gemeinschaft der sichtbaren Kirche getrennt, auch wenn die Motive dazu im Einzelfall sehr unterschiedlich gewesen sein mögen und dem Ausgetretenen die Folgen in ihrer Tragweite nicht bewußt sind.

1.4. **Die Kirche bleibt ihren getauften Gliedern verpflichtet, auch wenn diese sich von ihr getrennt haben.** Darum haben alle Christen, besonders auch Pfarrer und kirchliche Mitarbeiter die Aufgabe, Ausgetretene bei sich bietender Gelegenheit zum Wiedereintritt zu ermutigen, sie dazu einzuladen und ihnen die dazu erforderlichen Schritte aufzuzeigen und zu erleichtern.

1.5. Der Wiedererwerb einer Kirchenmitgliedschaft in der Evangelischen Landeskirche bedarf sowohl der Willenserklärung des Ausgetretenen wie auch des Beschlusses des zuständigen Ältestenkreises über seine Wiederaufnahme (§ 23 Abs. 2 Buchst. d Grundordnung).

1.6. Eine Wiederaufnahme ist ein geistlicher Akt: Der Wiederaufgenommene bestätigt aufs neue sein Jawort zur Taufe. Als Zeichen der wiederauflebenden Zugehörigkeit zur Gemeinde Jesu Christi wird er zur Teilnahme am Mahl des Herrn eingeladen. Zugleich ist die Wiederaufnahme ein rechtlicher Akt, der die Zugehörigkeit zur Landeskirche regelt sowie Rechte und Pflichten der Kirchenmitgliedschaft begründet.

2. **Regelungen für die Wiederaufnahme in die Kirche**
2.1. Antrag auf Wiederaufnahme
Wenn Ausgetretene wieder in die Evangelische Landeskirche aufgenommen werden wollen, stellen sie einen schriftlichen Antrag. Ausreichend ist auch eine mündliche Bitte gegenüber dem für den Wohnsitz zuständigen Gemeindepfarrer.

2.2. Zuständigkeit
a) Zuständig für die Entscheidung über die Wiederaufnahme ist der Ältestenkreis der Pfarrgemeinde, in welcher der Antragsteller jetzt wohnt.
Wünscht der Antragsteller nicht Glied der Wohnsitzgemeinde, sondern einer anderen Pfarrgemeinde zu werden, so entscheidet der Ältestenkreis der gewählten Gemeinde über die Wiederaufnahme, falls der Ältestenkreis der Wohnsitzgemeinde einer solchen Wiederaufnahme nicht widerspricht (in sinngemäßer Anwendung von § 55 Grundordnung).
b) Jede Gemeinde, jeder Pfarrer und jede kirchliche Dienststelle sollte Antragsformulare vorrätig haben und Anträge auf Wiederaufnahme entgegennehmen. Sie sollten dem Antragsteller bei der Verbindung mit seiner Wohnsitzgemeinde behilflich sein und den Antrag an das zuständige Pfarramt weiterleiten.
c) Der für die Wiederaufnahme zuständige Gemeindepfarrer oder von ihm beauftragter Kirchenältester nimmt, sobald ein Antrag auf Wiederaufnahme vorliegt, persönliche Verbindung mit dem Antragsteller auf und sorgt dafür, daß eine alsbaldige Entscheidung im Ältestenkreis erfolgt.
d) Insbesondere in größeren Städten wird empfohlen, bei einer vorhandenen kirchlichen Dienststelle eine (zentrale) Kontakt- und Ansprechstelle für Ausgetretene einzurichten und in der Öffentlichkeit bekanntzumachen. Hier erfolgt eine erste Beratung von Antragstellern und ihre Weitervermittlung an das zuständige Pfarramt.

2.3. Gespräch vor der Wiederaufnahme
Der für den Antragsteller zuständige Pfarrer führt mit ihm ein seelsorgerliches Gespräch. Dabei sollen Gründe und Ursachen, die seinerzeit zum Austritt führten, besprochen und aufgearbeitet werden. Es sollten auch Sinn und Bedeutung von Taufe und Kirchenmitgliedschaft bedacht werden. Das Gespräch soll dazu helfen, daß die angestrebte Kirchenmitgliedschaft zu einer lebendigen Beziehung des Antragstellers zu seiner Kirche und Gemeinde führt.
Der Antragsteller wird eingeladen, am kirchlichen Leben der Gemeinde teilzunehmen.

Sofern er bisher nicht in den christlichen Glauben eingeführt wurde, soll ihm ein entsprechendes Angebot gemacht werden.

2.4. Der zuständige Kirchengemeinderat/Ältestenkreis entscheidet möglichst in seiner nächsten Sitzung über den Antrag der Wiederaufnahme. Eine Ablehnung des Antrages ist nur dann geboten, wenn die vorgebrachten Gründe über eine Wiederaufnahme nicht dem Wesen einer Kirchenmitgliedschaft angemessen sind.

Das Ergebnis der Entscheidung wird dem Antragsteller vom zuständigen Pfarrer mitgeteilt. Eine Wartezeit darf nicht auferlegt werden.

2.5. Vollzug der Wiederaufnahme

Die Aufnahme in die Evangelische Landeskirche soll in einer angemessenen Weise gestaltet werden, die mit dem Antragsteller abgesprochen wurde. Die Agende II bietet dafür eine Ordnung (S. 138 ff.) an. Die Aufnahme ist mit der Einladung zur Teilnahme am Abendmahl verbunden. Sie wird in das Kirchenbuch eingetragen. Der Aufgenommene erhält eine entsprechende Urkunde.

2.6. Bekanntmachung

Eine besondere Bekanntmachung im Gottesdienst oder Gemeindeblatt ist nur mit Einverständnis des Wiederaufgenommenen zulässig.

Karlsruhe, den 9. Februar 1988

Evangelischer Oberkirchenrat

3.4. Evangelische Kirche der Pfalz: Richtlinien über das Verhalten der Kirche gegenüber den Ausgetretenen. Vom 22. Februar 1991. (ABl. S. 56, in: ABlEKD 5 [1991], 200f.)

Das Verhalten der Kirche gegenüber den Ausgetretenen ist in den letzten Jahren durch Veränderungen gekennzeichnet, denen die Richtlinien aus dem Jahre 1921 (GOV I S. 77ff.) nicht mehr ganz gerecht werden.

Stärker als im Jahre 1921 wird die Notwendigkeit einer einladenden und offenen Kirche gesehen. Stärker auch als in der Vergangenheit tritt die Frage nach dem seelsorgerlichen Handeln des Pfarrers in den Vordergrund. Dennoch müssen wir in den Gemeinden die Entscheidung eines Kirchenaustritts ernst nehmen und immer wieder verdeutlichen, daß dies auch Konsequenzen für die Inanspruchnahme kirchlicher Amtshandlungen hat. Diese Gesamtsituation hat in den Gemeinden zu Verunsicherungen geführt. Die folgenden Richtlinien sollen weiterhin eine größere Gemeinsamkeit des Handelns ermöglichen. Sie regeln ihrem Wortlaut nach das Verhalten gegenüber den aus der evangelischen Kirche Ausgetretenen und geben damit zugleich eine Orientierung für das Verhalten der Kirche gegenüber anderen Nichtmitgliedern.

Der Landeskirchenrat hat aufgrund von § 98 Abs. 2 Nr. 1 der Verfassung der Evangelischen Kirche der Pfalz (Protestantische Landeskirche) am 22. Januar 1991 die nachstehenden Richtlinien beschlossen:

Artikel 1

I. Taufe

1. Die Taufe wird vorgenommen, wenn ein Elternteil der Kirche angehört und der andere Elternteil, der aus der Kirche ausgetreten ist, nicht widerspricht.

2. Die Taufe kann vorgenommen werden, wenn zwar beide Eltern aus der Kirche ausgetreten sind, aber ihre ausdrückliche Erklärung vorliegt, daß sie die christliche Erziehung ihres Kindes wün-

schen und es am evangelischen Religions- und Konfirmandenunterricht teilnehmen lassen werden. In solchen Fällen soll der Pfarrer den Eltern helfen, evangelische Paten zu finden.
3. Wer aus der Kirche ausgetreten ist, kann nicht als Pate zugelassen werden.

II. Trauung

1. Die kirchliche Trauung eines evangelischen Ehepartners mit einem aus der Kirche ausgetretenen Ehepartner kann vorgenommen werden, wenn die ausdrückliche Erklärung des Ausgetretenen vorliegt, den evangelischen Ehepartner in der Ausübung seines Glaubens nicht zu behindern und gegenüber einer christlichen Kindererziehung keine Einwände zu erheben.
2. Die kirchliche Trauung kann nicht vorgenommen werden, wenn beide Eheleute aus der Kirche ausgetreten sind.

III. Bestattung

1. Die Mitwirkung der Kirche bei der Bestattung Ausgetretener ist grundsätzlich unzulässig. Die kirchliche Bestattung kann nur in Ausnahmefällen vorgenommen werden,
a) wenn der Verstorbene den Wunsch zu erkennen gegeben hatte, der Kirche wieder angehören zu wollen und die Angehörigen eine kirchliche Bestattung erbitten oder
b) wenn der Pfarrer im seelsorgerlichen Gespräch mit den Angehörigen zu der Überzeugung kommt, daß die besondere Situation eine kirchliche Bestattung rechtfertigt und sie im Blick auf die Haltung des Verstorbenen und seiner Angehörigen zur evangelischen Kirche verantwortet werden kann. In diesem Fall berät sich der Pfarrer zuvor mit seinem Dekan.
2. Auch wenn die kirchliche Bestattung abgelehnt wird, soll der Pfarrer den Angehörigen, die der evangelischen Kirche angehören, eine Andacht anbieten, die aber nach Art, Ort und Zeit von einem Trauergottesdienst eindeutig unterschieden sein muß.

Artikel 2

Diese Richtlinien treten am 1. März 1991 in Kraft.

3.5. Evangelische Kirche in Hessen und Nassau: Von der Aufnahme in die Kirche, der Wiederaufnahme und den Folgen des Austritts (In: Evangelische Kirche in Hessen und Nassau (Hg.): Ordnung des kirchlichen Lebens der Evangelischen Kirche in Hessen und Nassau (Lebensordnung) [Darmstadt o.J.], S. 42.)

VIII. Von der Aufnahme in die Kirche, der Wiederaufnahme und den Folgen des Kirchenaustritts
Jesus spricht:
„Wer zu mir kommt, den werde ich nicht hinausstoßen." (Joh. 6,37)
In der Apostelgeschichte heißt es:
„Die nun sein Wort annahmen, ließen sich taufen und wurden hinzugefügt." (Apg. 2,41)
Der Hebräerbrief mahnt:
„Laßt uns aufeinander achthaben und uns anreizen zur Liebe und zu guten Werken, und nicht verlassen unsere Versammlungen, wie einige zu tun pflegen, sondern einander ermahnen." (Hebr. 10,24f.)

...

3. Von den Folgen des Austritts
3.1. Gespräche mit Austrittswilligen
Erhalten Gemeindeglieder davon Kenntnis, daß Mitglieder sich von der Kirche trennen oder zu einer Religionsgemeinschaft übertreten wollen, welche die Mitgliedschaft in der Evangelischen Kirche ausschließt, so sollten sie das Gespräch mit ihnen suchen. Auch sollten Kirchenvorstandsmitglieder sowie der Pfarrer oder die Pfarrerin auf Austrittswillige aufmerksam gemacht werden, damit sie ihre seelsorgerliche Aufgabe an ihnen wahrnehmen können.

3.2. Konsequenzen des Austritts

Hat sich ein Gemeindeglied durch den Austritt von Kirche und Gemeinde getrennt, ist damit der in der Taufe erfolgte gnädige Zuspruch Jesu Christi, aber auch sein Anspruch auf sein ganzes Leben, nicht aufgehoben.

Die Ausgetretenen entfernen sich jedoch von der Gemeinschaft, die von Gottes Wort und Sakrament lebt. Durch den Austritt gehen die Rechte der Mitgliedschaft verloren (wie Patenrecht, Wahlrecht). Auch besteht kein Anspruch mehr, kirchlich getraut und bestattet zu werden. Die gleichen Folgen treten ein, wenn ein Gemeindeglied auch ohne formellen Austritt zu einer anderen, die Mitgliedschaft der Evangelischen Kirche ausschließenden Glaubensgemeinschaft übergetreten ist.

3.3. Verbindung mit den Ausgetretenen

Weil Gottes Liebe und Treue unverbrüchlich gilt, können der Gemeinde Ausgetretene nicht gleichgültig sein. Ihnen steht die Teilnahme am Gottesdienst und an sonstigen Gemeindeveranstaltungen offen. Freundliche Kontakte und offene Gespräche können eine mögliche Rückkehr in die Gemeinde fördern.

3.6. **Evangelische Landeskirche in Württemberg - Oberkirchenrat (Hg.): Verfahren bei der Aufnahme und Wiederaufnahme in die Evangelische Landeskirche in Württemberg. Erlaß des Oberkirchenrats vom 19. Dezember 1995.** (In: ABl. EKiW 57, S. 15). (Als Vorlage diente der Erlass der Badischen Landeskirche vom 9. Februar 1988)

II. Wiederaufnahme in die Landeskirche

1. **Theologisch-kirchliche Überlegungen**

1.1 Die Kirche freut sich über alle, die zur Gemeinde Jesu kommen oder wieder zu ihr zurückfinden. Darum soll auch das Verfahren bei einer Wiederaufnahme in die Kirche in seiner Gestaltung diese Freude deutlich zum Ausdruck bringen.

1.2 Der missionarische Auftrag sendet die Kirche zu allen Menschen und schließt auch jene ein, die ihre Trennung von der Kirche erklärt haben. Darum sollte alles vermieden werden, was geeignet ist, Ausgetretene bloßzustellen, auszugrenzen oder dem Austritt den Charakter des Endgültigen zu geben. Briefe an Ausgetretene sollen diesen Gespräche anbieten, die Möglichkeit dazu geben, ihre Vorbehalte, negativen Erfahrungen und Enttäuschungen mit der Kirche auszusprechen und deutlich machen, daß die Erklärung des Kirchenaustritts von der Gemeinde als Verlust und Anfrage empfunden wird.

1.3 Christsein und Taufe sind nach dem Zeugnis des Neuen Testaments untrennbar mit der Zugehörigkeit zur Kirche verbunden. Darum darf die Erklärung des Kirchenaustritts nicht als Bagatelle betrachtet werden, auch wenn die Motive dazu im Einzelfall sehr unterschiedlich gewesen sein mögen und dem Ausgetretenen die Folgen in ihrer Tragweite nicht bewußt sind. Durch die Erklärung des Austritts verletzt ein getauftes Glied seine Pflichten der Kirche gegenüber und verliert daher auch bestimmte Rechte. Die Taufe und ihre Folgen können dabei weder vom Getauften noch von der Kirche aufgehoben werden.

1.4 Die Kirche bleibt ihren getauften Gliedern verpflichtet, auch wenn diese sich von ihr getrennt haben. Darum haben alle Christen, besonders auch Pfarrer und kirchliche Mitarbeiter die Aufgabe, Ausgetretene bei sich bietender Gelegenheit zum Wiedereintritt zu ermutigen, sie dazu einzuladen und ihnen die dazu erforderlichen Schritte aufzuzeigen und zu erleichtern.

1.5 Die Wiederaufnahme in die Landeskirche bedarf der Erklärung des Ausgetretenen, die ein vorbehaltloses Ja zur Rückkehr in die kirchliche Gemeinschaft beinhalten muß. Hat sich ein Gemeindeglied wegen erheblicher Lehrunterschiede von der Kirche getrennt, so muß seine Erklärung die Aufgabe dieser Lehrunterschiede einschließen.

1.6 Die Wiederaufnahme ist ein geistlicher Akt, der eine Umkehr auch auf seiten des Wiederaufgenommene voraussetzt. Dieser bestätigt aufs neue sein Ja-Wort zur Taufe. Als Zeichen der wiederauflebenden Zugehörigkeit zur Gemeinde Jesu Christi wird er zur Teilnahme am Mahl des Herrn eingeladen. Zugleich ist die Wiederaufnahme ein rechtlicher Akt, der die Zugehörigkeit zur Landeskirche sowie Rechte und Pflichten der Kirchenmitgliedschaft regelt. Da sich die Kirche aber einem ernsthaften Begehren auf Wiederaufnahme nicht verschließen darf, muß die Mitgliedschaft ab dem Zeitpunkt als wieder bestehend angesehen werden, in dem der oder die Ausgetretene zum Ausdruck bringt, wieder zur Kirche gehören zu wollen, soweit bei ihm oder ihr die vorstehenden Voraussetzungen erfüllt sind.

2. Verfahren bei der Wiederaufnahme in die Landeskirche

2.1 Erklärung des Willens zur Kirchenzugehörigkeit
Wer nach staatlichem Recht (§ 26 Kirchensteuergesetz Baden-Württemberg) den Austritt aus der Evangelischen Landeskirche mit bürgerlicher Wirkung erklärt hat, erlangt seine Rechte und Pflichten als Gemeindeglied wieder, wenn er gegenüber der nach kirchlichem Recht zuständigen Stelle erklärt, wieder zur Kirche gehören zu wollen.

2.2 Zuständigkeit
Für die Entgegennahme der Erklärung ist das Pfarramt zuständig, in dessen Seelsorgebezirk das ausgetretene Gemeindeglied seine Hauptwohnung hat. Sie kann auch gegenüber einem anderen Pfarramt oder gegenüber dem Evangelischen Oberkirchenrat abgegeben werden. Diese haben das Pfarramt der Hauptwohnung zu unterrichten. Angaben oder entsprechendes Verhalten gegenüber der staatlichen Meldebehörde und gegenüber dem Finanzamt sind als Erklärung nach II Nr. 2.1. anzusehen. Die Erklärung gegenüber kirchlichen Stellen kann ausdrücklich oder auch durch entsprechendes Verhalten abgegeben werden.

3. Gespräch mit dem Gemeindeglied
Der zuständige Pfarrer oder die zuständige Pfarrerin muß, möglichst vor der Wiederaufnahme, mit dem Gemeindeglied ein Gespräch über Taufe und Kirchenmitgliedschaft führen, in dem auch nach den Gründen des Austritts gefragt und die Problematik des Kirchenaustritts angesprochen wird. Bei diesem Gespräch ist weiter zu prüfen, ob der Wunsch nach Wiederaufnahme im Sinne der theologisch-kirchlichen Überlegungen als vorbehaltlos und wirksam angesehen werden kann. Im Zweifelsfall ist die Sache dem Kirchengemeinderat nach § 7 Kirchengemeindeordnung vorzulegen. Das Gespräch kann auch von einem anderen Pfarrer oder einer anderen Pfarrerin geführt werden, wenn diese dazu bereit sind. Das zuständige Pfarramt des Hauptwohnsitzes ist vorher zu hören. Ebenso können in Absprache mit dem Dekanatamt für mehrere Kirchengemeinden oder Pfarrbezirke besonders auf solche Gespräche vorbereitete Pfarrer oder Pfarrerinnen mit der Führung solcher Gespräche betraut werden.

keine Entscheidung des KV

3.7. **Evangelische Kirche der Union (Hg.): Ordnung des kirchlichen Lebens der Evangelischen Kirche der Union - Entwurf - (Berlin 1997), S. 27/30.**

2. Kirchenmitgliedschaft und Beteiligung am Gemeindeleben
II. Biblisch-theologische Orientierung

... Wer zur Kirche nicht mehr gehören will, kann den Kirchenaustritt erklären. Der Kirchenaustritt wird bei uns durch die staatliche Gesetzgebung geregelt. Damit ist aus der Sicht des Staates garantiert, daß niemand gegen seinen Willen einer Religionsgemeinschaft angehören muß (>>negative Religionsfreiheit<<). Es ist aber Sache der Kirchen, darüber zu entscheiden, welche Wirkungen der Kirchenaustritt innerkirchlich hat.

Die Taufe kann nicht rückgängig gemacht werden. Auch beim Kirchenaustritt behält sie ihre Gültigkeit. Eine Trennung von der Kirche kann die Verheißung des Evangeliums nicht aufheben, die in der Taufe sichtbaren Ausdruck gefunden hat. Das meint die theologische Rede vom durch die Taufe verliehenen >>unaufhebbaren Charakter<< (*character indelebilis*), >>Prägemal<< und >>unauslöschlichen Siegel<<. Deshalb wird die Taufe bei der Wiederaufnahme Getaufter, die ausgetreten sind, ebensowenig wiederholt wie bei der Aufnahme Getaufter, die aus einer anderen Kirche übertreten. Um der Taufe willen wird sich die Gemeinde der Ausgetretenen besonders annehmen, ihnen nachgehen, sie informieren, für sie beten und sie immer wieder auch zur Rückkehr in die Kirche einladen.

Der Kirchenaustritt beendet die Kirchenmitgliedschaft im rechtlichen Sinn. Amtshandlungen können von Ausgetretenen deshalb grundsätzlich nicht in Anspruch genommen werden. Seelsorgerlich begründete Ausnahmen sind vor dem Hintergrund der bleibenden Gültigkeit der Taufe jedoch in der Lebensordnung vorgesehen. (S. 27)

III. Richtlinien und Regelungen

... Artikel 10
Dienst an Ausgetretenen

Weil der Kirchenaustritt die Verheißung des Evangeliums nicht aufheben kann, die in der Taufe sichtbaren Ausdruck gefunden hat, besteht für die Gemeinde die Pflicht, Ausgetretenen nachzugehen, sie zu informieren, für sie zu beten und sie immer wieder auch zur Rückkehr in die Kirche einzuladen. (S. 30)

3.8. **Evangelische Kirche der Kirchenprovinz Sachsen (Hg.): Verordnung zur Aus- und Durchführung des Wiederaufnahmegesetzes. Vom 23. Juni 2001.** (ABlEKD 10 [2001], 425)

**Verordnung zur Aus- und Durchführung
des Wiederaufnahmegesetzes.
Vom 23. Juni 2001**

Aufgrund von § 4 des Wiederaufnahmegesetzes vom 18. November 2000 (ABl. S. 195) hat die Kirchenleitung zur Aus- und Durchführung des bezeichneten Kirchengesetzes folgende Verordnungen erlassen:

§ 1
(zu § 2 Abs. 1)

(1) Eintrittsstellen werden entweder durch die Kirchenleitung oder durch den Kreiskirchenrat eines Kirchenkreises im gegenseitigen Einvernehmen und im Benehmen mit dem örtlich zuständigen Gemeindekirchenrat eingerichtet.

(2) Die Entscheidung über die Wiederaufnahme wird von mit dem Dienst in den Eintrittsstellen beauftragten ordinierten Mitarbeitern im Pfarrdienst oder gemeindepädagogischen Dienst getroffen. Die Beauftragung geschieht durch das Organ, das die Entscheidung über die Einrichtung der Eintrittsstelle getroffen hat (Kirchenleitung oder Kreiskirchenrat). Kirchenleitung und Kreiskirchenrat unterrichten sich gegenseitig über die vorgenommenen Beauftragungen. Der Dienst in den Eintrittsstellen geschieht außerhalb des Stellenplanes für Mitarbeiter des Verkündigungsdienstes und in der Regel unentgeltlich.

(3) Voraussetzung für die Wiederaufnahme ist der Nachweis der Taufe und des späteren Austritts. In der Regel sind die Tauf- oder Konfirmationsurkunde sowie die Austrittsbescheinigung vorzulegen. Können einzelne Urkunden nicht vorgelegt werden, ist der Nachweis in anderer Weise zu führen; gegebenenfalls kann eine entsprechende Versicherung als Glaubhaftmachung anerkannt werden. Der Mitarbeiter oder die Mitarbeiterin hat sich vor der Entscheidung über die Wiederaufnahme von der Ernsthaftigkeit des Antrags auf Wiederaufnahme zu überzeugen. Ist die wiederaufgenommene Person noch nicht konfirmiert, so ist der für den Wohnsitz zuständige Gemeindekirchenrat auf diesen Umstand ausdrücklich hinzuweisen, damit die aufgenommene Person durch eine entsprechende Unterweisung zum Abendmahl zugelassen werden kann.

(4) Die Entscheidung über die Wiederaufnahme erstreckt sich auf getaufte Kinder, die das 14. Lebensjahr noch nicht vollendet haben, wenn der Antrag auf Wiederaufnahme entweder
- von den sorgeberechtigten Eltern gemeinsam oder aber
- von einem sorgeberechtigten Elternteil gestellt wird und der andere sorgeberechtigte Elternteil der Erstreckung der Rechtswirkung auf das Kind zustimmt oder
- von dem allein sorgeberechtigen Elternteil gestellt wird und der Antrag die Kinder ausdrücklich einschließt.

Hat ein Kind das 12. Lebensjahr vollendet, so erstreckt sich die Wiederaufnahme auf das Kind nur dann, wenn das Kind dem Antrag zustimmt.

(5) Über die Wiederaufnahme wird eine Bescheinigung ausgestellt, die der Person ausgehändigt wird, die den Antrag gestellt hat. Der Gemeindekirchenrat der Wohnsitzkirchengemeinde und das zuständige Kirchliche Verwaltungsamt erhalten jeweils eine beglaubigte Abschrift der Bescheinigung. Für die Bescheinigung erstellt das Konsistorium ein verbindliches Muster.

(6) Der Mitarbeiter oder die Mitarbeiterin, der oder die mit dem Dienst in einer Eintrittsstelle beauftragt ist, ist befugt, im Rahmen seiner oder ihrer Bevollmächtigung das Siegel der Körperschaft, die die Eintrittsstelle eingerichtet hat, zu führen.

(7) Die erforderlichen Sachkosten für die Einrichtung und Unterhaltung der Eintrittsstelle werden von der Körperschaft, die die Eintrittsstelle eingerichtet hat, getragen.

§ 2

Die Verordnung tritt am 1. Juli 2001 in Kraft.

M a g d e b u r g, den 23. Juni 2001

**Kirchenleitung der Evangelischen Kirche
der Kirchenprovinz Sachsen**
Axel N o a c k
Bischof

4. Zusätzliche Datenreihen
4.1. Übertretende der evangelischen Kirche zur römisch-katholischen Kirche und umgekehrt 1990–1998

Jahr	Übertritte von Katholiken zur evangelischen Kirche	Übertritte von Evangelischen zur römisch-katholischen Kirche
1990		4.913
1991	10.239	4.734
1992	10.767	4.666
1993	9.568	5.038
1994	9.998	5.591
1995	10.608	6.344
1996	10.457	6.981
1997	–	3.576
1998	9.739	3.625

Die Angaben gelten jeweils für ganz Deutschland.
Übertritte Evangelischer zur römisch-katholischen Kirche:
- 1991–1996 nach: Deutsche Bischofskonferenz - Referat Statistik: Wiederaufnahmen, Rück- und Austritte innerhalb der römisch-katholischen Kirche in Deutschland 1950–1998. Bonn o.J. Zitiert: Statistik 2. - 1997–1998 nach: Deutsche Bischofskonferenz - Referat Statistik.

Übertritte Katholischer zur evangelischen Kirche:
- 1991–1996 nach: Kirchenamt der EKD - Referat Statistik (Hg.): Eintritte 1991–1996. Hannover 1998. Zitiert: Eintritte. - 1997–1998 nach: Kirchenamt der EKD - Referat Statistik.

4.2. Einpersonenhaushalte in Deutschland 1961–2000

Jahr	Einpersonenhaushalte	Anteil in % an den gesamten Haushalten
1961	4.010.000	20,6
1962	4.510.000	22,3
1963	4.592.000	22,6
1964	4.848.000	23,3
1965	5.143.000	24,2
1966	5.145.000	23,9
1967	5.411.000	25,0
1968	5.538.000	25,1
1969	5.754.000	25,8
1970	5.527.000	25,1
1971	6.106.000	26,7
1972	6.014.000	26,2
1973	6.071.000	26,1
1974	6.431.000	27,2
1975	6.554.000	27,6
1976	6.867.000	28,7
1977	7.062.000	29,2
1978	7.093.000	29,3
1979	7.353.000	30,0
1980	7.493.000	30,2
1981	7.730.000	30,8
1982	7.926.000	31,3
1985	8.863.000	33,6
1986	9.177.000	34,3
1987	9.354.000	34,6
1988	9.563.000	34,9
1989	9.805.000	35,3
1990	9.849.000	35,0
1991	11.858.000	33,6
1992	12.044.000	33,7
1993	12.379.000	34,2
1994	12.747.000	34,7
1995	12.891.000	34,9
1996	13.191.000	35,4
1997	13.259.000	35,4
1998	13.297.000	35,4
1999	13.485.000	35,7
2000	13.750.000	36,1

Die erfassten Daten gelten bis 1990 für das frühere Bundesgebiet und ab 1991 für Deutschland. Sie sind folgender Statistik entnommen: Statistisches Bundesamt, Gruppe IX B: Fachserie 1, Reihe 3, 2000, Private Haushalte nach Haushaltsgröße. - 1983–1984 haben keine Mikrozensus-Erhebungen stattgefunden.

5. Zeitdokumente
5.1. Schreiben des Ev.-luth. Pfarramts Olbersdorf vom 27.3.1948

Ev.=luth. Pfarramt Olbersdorf
über Zittau 2

Fernruf 3761
Girokonto Olbersdorf 844

Brief Nr. 49.99

An
das Ev.-luth. Landeskirchenamt
D r e s d e n
============

Olbersdorf, am 27. März 1948

Betr.: Kirchenaustritt.

  In der Landesverfassung ist der Kirchenaustritt gesetzlich so verankert, daß derselbe vor dem zuständigen Standesbeamten des Wohnortes des Betreffenden zu Protokoll erklärt werden muß. Wenn dagegen jemand seinen Eintritt in die Kirche vornehmen will, muß er sich bei dem zuständigen Pfarramt dazu anmelden.
  Das Pfarramt bittet, bei dem zuständigen Dezernat dafür eintreten zu wollen, daß in Zukunft um der Einheitlichkeit willen auch der Kirchenaustritt vor dem für den Wohnsitz zuständigen Geistlichen erklärt wird. Diese Maßnahme ist auch darin begründet, daß die Standesämter z.Zt. bei Personenstandsbeurkundungen (Geburt, Eheschließung, Todesfall) keine Religionszugehörigkeit der Betreffenden angeben. Auch das wäre wünschenswert, wenn die Religionszugehörigkeit bei jedem zu beurkundenden Fall festgestellt und auf den Urkunden vermerkt würde. Wenn die Standesämter die Religionszugehörigkeit nicht beurkunden, fragt man sich, was es überhaupt für einen Sinn hat, den Kirchenaustritt vor dem Standesamt zu erklären, zumal dies ja eine rein kirchliche Angelegenheit ist, die mit dem Standesamt nicht das geringste zu tun hat.
  Vielleicht ist es möglich, daß Personenstands-Beurkundungs-Gesetz in diesem Sinne abändern zu lassen.

                 Ev.-luth. Pfarramt zu Olbersdorf.

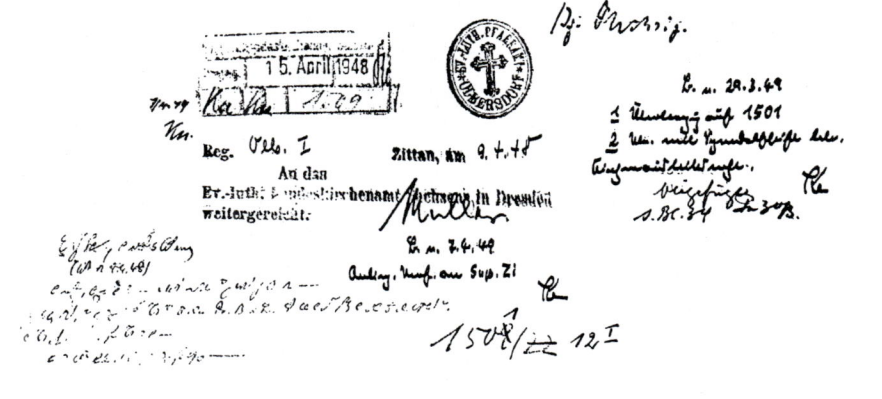

5.2. Schreiben des OLKR Kleemann vom 15.3.1949

15. März 1949

1501/22

An die
Kanzlei der Evangelischen
Kirche in Deutschland
- Berliner Stelle -
Berlin - Charlottenburg 2
Jebensstraße 3

====== Dem Evangelisch-Lutherischen Landeskirchenamt liegt ein Synodalantrag folgenden Wortlautes vor:

"Die Kirchenleitung möge bei der Staatsregierung dahinwirken, daß künftig Kirchenaustritte nicht mehr vor den Standesämtern, sondern bei den für den Wohnort zuständigen Pfarrämtern zu erklären sind."

Das Landeskirchenamt sieht sich nicht in der Lage, für den Bereich der sächsischen Landeskirche bei den zuständigen Regierungsstellen mit Aussicht auf Erfolg eine diesbezügliche Änderung des bestehenden gesetzlichen Zustandes zu erreichen und hält darüber hinaus eine generelle Regelung für die gesamte Ostzone für wünschenswert. Wir erlauben uns darum, der Kanzlei der Evangelischen Kirche in Deutschland dieses Anliegen zu unterbreiten, mit der Bitte, sich um eine Beseitigung des in allen Landes- und Provinzialkirchen des Ostens bestehenden Notstandes zu bemühen.

Im Auftrage:

gez. Lic. Kleemann
Oberlandeskirchenrat.

5.3. Entwurf eines Schreibens des OLKR Kandler vom 5.11.1949

Entwurf   Be   (Dikt.)

1501/37 I,220
K.B. 2003/48

5. November 1949.

An die
Kanzlei der Evangelischen
Kirche in Deutschland
Berlin-Charlottenburg 2
Jebensstr. 3

Betreff: **Zur Entgegennahme von Kirchenaustrittserklärungen zuständige Stellen**
(Verfassung der Deutschen Demokratischen Republik)

Wir beziehen uns auf die Äusserung kirchlicher Wünsche zu der vom Deutschen Volksrat beschlossenen, nunmehr inKraft gesetzten Verfassung der Deutschen Demokratischen Republik.
Wie von unterrichteten Kreisen des politischen Lebens erklärt wird und auch dem provisorischen Charakter der gegenwärtigen Ordnung entspräche, soll auch diese Verfassung zunächst nur einen provisorischen Charakter haben und ist deshalb mit Änderungen in näherer Zeit zu rechnen.
Wir bitten, bei Verhandlungen über solche Änderungen der Staatsverfassung rechtzeitig namentlich die unerfüllt gebliebenen kirchlichen Anliegen anzumelden.
Dabei möchte auch in Betracht gezogen werden das Anliegen, dass die Entgegennahme von Kirchenaustrittserklärungen den kirchlichen Stellen überlassen wird.
Eine solche Regelung entspräche der allgemein auch verfassungsmässig festgelegten Grundsätzen der Trennung von Staat und Kirche / zu wieder Eigenständigkeit der Kirche. Aus inneren Gründen muss die Kirche eine solche Regelung erstreben wegen ihrer missionarischen Aufgabe, ihrer Aufgabe nachgehenden Seelsorge, die der Kirche obliegt gerade denjenigen ihrer Glieder gegenüber, die sich von ihr trennen wollen. Die Erfüllung dieser Aufgabe ist selbstverständlich sehr erschwert, wenn der Kirchenaustritt vor staatlichen Stellen erklärt wird.
Andererseits muss wohl auch bedacht werden, dass durch eine Änderung in der Regelung der Zuständigkeit für die Entgegennahme der Kirchenaustrittserklärungen die Rechtsstellung der Kirche nicht beeinträchtigt werden könnte. Es könnte die Gefahr bestehen, dass durch eine Verweisung der Entgegennahme von Kirchenaustrittserklärungen an die Zuständigkeit kirchlicher Organe die Bestrebungen gefördert werden, die Kirche auf den Vereinsstatus herabzudrücken.
Die Beschränkung der rechtlichen Wirkung des bei Gericht erklärten Kirchenaustritts durch die Verfassung auf die "bürgerliche Wirkung", wonach die Kirche die Ausgetretenen kirchenrechtlich noch als ihre Glieder in Anspruch nehmen könnte, kann selbstverständlich zur Befriedigung der kirchlichen Anliegen nicht genügen, da es nicht möglich wäre, aus der kirchenrechtlichen Nichtanerkennung des bei Gericht erklärten Kirchenaustritts etwa für die Seelsorge irgendwelche praktischen Folgerungen zu ziehen.

Im Auftrage:
gez. Kandler.

9. Nov. 1949

5.4. Schreiben des OLKR Kandler vom 31.1.1955

Abschrift.

Neuerdings wird auch auf Hochschulprofessoren ein starker Druck ausgeübt, damit sie aus der Kirche austreten.
Ein zu meiner Gemeinde gehörender Hochschulprofessor hat erklärt, dass er diesem Druck schlechterdings nicht mehr widerstehen könne.
Er wolle deshalb die Kirchenaustrittserklärung in der staatsgesetzlichen Form vor dem Notar abgeben, damit aber seine Verbindung mit der Kirche nicht lösen.
Namentlich sei er bereit, seine mehr als 600.- DM betragende Kirchensteuer weiterhin zu zahlen.
Es erscheint der Prüfung wert

    ob ein solches Kirchenglied nach § 4 Abs. 2 der Kirchenverfassung trotz des mit "bürgerlicher Wirkung" vor dem Notar erklärten Kirchenaustritts weiterhin als Glied der Kirche betrachtet werden kann,

    ob mindestens von ihm die angebotene Zahlung noch angeboten werden kann.

An sich könnte wohl die Kirche nicht gehindert sein - auch unabhängig von unserem hinsichtlich der kirchlichen Bedeutung des Kirchenaustritts mit "bürgerlicher Wirkung" nach den staatlichen Gesetzen für die Kirche eingenommenen Standpunkt - einen solchen Menschen weiterhin als Glied der Kirche innerkirchlich zu betrachten.
Es geht allerdings auch um die Frage, ob ein solches Verfahren dem Gebote der Wahrhaftigkeit entspräche.
An sich könnte dieser Mann ja nach der Verordnung vom 16. Dezember 1945 (Amtsblatt 1949 Seite A 32 unter Nr. 13) in die Kirche wieder eintreten. Es fragte sich dann aber, ob es bei der erklärten Haltung gerechtfertigt wäre, die Wiederaufnahme entsprechend dieser Verordnung von der Erfüllung einer Bewährungsfrist abhängig zu machen.
Die Annahme von Geld als Ersatz für die geordnete Kirchensteuerzahlung ist nicht unbedingt von der Kirchengliedschaft abhängig.

Dresden, am 31.1.1955.   gez. Kandler.

Abschrift zu:
040 (Grunds.Entsch.)
Herrn OLKR Kandler

Kollegialsitzung
Dienstag, den 8. Februar 1955

Ref.: OLKRt. Kandler   Reg.Nr.: 1501/91
Lfd.Nr.: 19.)

Sachbetreff: Zulässigkeit eines innerkirchlichen Vorbehalts gegen den nach den staatl. Gesetzen mit bürgerlicher Wirkung erklärten Kirchenaustritt.

Beschluss: Zulässigkeit kann nicht bejaht werden.

- 2 -

B e s c h l u s s :

    Es erscheint nicht möglich, jemand, der - angeblich einem Drucke nachgehend - nach den staatlichen Kirchengesetzen den Kirchenaustritt erklärt, ohne - wie er annimmt, dadurch mit der Kirche brechen zu wollen, weiterhin als Glied der Kirche zu betrachten und von ihm weiterhin Kirchensteuer anzunehmen, und zwar
    trotz der Bestimmungen in § 4 Abs. 2 der Kirchenverfassung obwohl nach den staatlichen Bestimmungen der nach diesem erklärten Austritt nur bürgerliche Wirkungen hat obwohl die Kirche das Recht für sich in Anspruch nehmen muss, über die Zugehörigkeit ihrer Glieder selbst zu entscheiden.

5.5. Schreiben des Pfarrers Herbert Schwabe vom 11.10.1955

Herbert Schwabe
Pfarrer
Großerkmannsdorf
üb. Radeberg

Ev.-Luth. Superintendentur
Dresden-Land
Eingegangen am: 12. OKT 1955

Großerkmannsdorf, am 11. Oktober 1955

An
das Ev.-luth. Landeskirchenamt Sachsens
über die Superintendentur Dresden-Land.

Von Gemeindegliedern, die im Sachsenwerk Radeberg arbeiten, das ca 4500 Betriebsangehörige hat, ist mir mehrfach mit Empörung die Betriebszeitung" Der Motor" gezeigt und über die kirchenfeindliche Propaganda dort berichtet worden. In der Nummer v. 3. Oktober 1955 ist unter der Rubrik: "Aus unserm Parteileben" über eine Parteiaktivkonferenz vom 21.9.d.J. berichtet, die über "Marxismus und Religion" beraten hat. Aus einer "Lektion" des Genossen Schönbörner wird dabei u.a. mitgeteilt unter der Überschrift
  "Atheistische Propaganda muss gut vorbereitet sein."
"In unserem Staat dulden wir keine Verletzung religiöser Gefühle. Die Verfassung über religiöse Ausübung der christlichen Lehre wird eingehalten. - - - Wir wehren uns aber dagegen, wenn in der Frage der Jugendweihe und des Religionsunterrichts in den Schulen Massnahmen von einzelnen Pfarrern ergriffen werden, die sich gegen die verfassungsmässigen, garantierten Rechte richten. - - - - Wir wissen, dass nicht nur in Westdeutschland, sondern auch in der DDR. einzelne Pfarrer eine feindselige Haltung gegenüber unserm Staat einnehmen. Religion ist für jeden eine Privatsache und kennt bei uns keine Unterdrückung. Selbst in den sozialistischen Betrieben wird die Kirchensteuer durch unsre Staatsorgane eingezogen. - - - - Deshalb dulden wir es auch gar nicht, dass es einigen Pfarrern einfällt, gegen die Jugendweihe zu hetzen und zu schüren und den Menschen Angst einzutreiben wie im finstern Mittelalter. - - - - - - - - -
  Religion und Partei.
Wenn die Religion für jeden eine Privatsache ist, so sagen wir, dass es für einen Genossen der SED. keine Privatsache ist. - Religion ist eine bürgerliche Ideologie, und wir Marxisten lehnen die bürgerliche Ideologie vom wissenschaftlichen Standpunkt unsrer Weltanschauung ab. - - Wenn heute noch Mitglieder der SED. Mitglieder der Kirche sind, dann ist es an der Zeit, ihr Verhältnis zur Kirche zu überprüfen. - Religion ist bei vielen noch eine alte Überlieferung, mit der es zu brechen gilt. - Unsre Forderung muss sein, alle Kinder zur Jugendweihe zu gewinnen. - Es gilt, um jeden Menschen zu ringen. Als erstes ist die Überzeugungsarbeit in den Familien durchzuführen."
Zuletzt:
"Auch Genosse Schönbörner wies darauf hin, dass wir uns auf keinen Fall gestatten können, einen Kulturkampf zu führen."
  Diesen widerspruchsvollen Artikel dürfte die Kirche nicht so hinnehmen, da die Betriebszeitung eines grossen Werkes missbraucht wird zur Werbung für den Kirchenaustritt und die "Relig. Gefühle" vieler Werkangehöriger dadurch verletzt werden. Das ist schon nichts andres als Kulturkampf. Ausserdem wird im Betriebsrundfunk oft darauf hingewiesen, dass man seinen Kirchenaustritt gleich bei dem im Betrieb anwesenden Notar erklären könne. Einzelne wagen sich nicht dagegen zu protestieren.

5.6. Schreiben des Pfarrers Dr. Helmut Laue vom 27.10.1955

Abschrift von 1501/126

Dr. Helmut Laue　　　　　　　　　　Dresden N 23, den 27.10.1955.
Pfarrer　　　　　　　　　　　　　　Maria-Anna-Str. 3

An das
Ev.-Luth. Landeskirchenamt Sachsens
-über Ev.-Luth. Superintendentur
Dresden-Stadt-
D r e s d e n   A 27

Dem Landeskirchenamt erlaube ich mir, Mitteilung zu machen über einen Fall von öffentlicher Aufforderung zum Austritt aus der Kirche.

Anfang dieser Woche hing im Sachsenwerk Niedersedlitz folgender Aushang am Brett:

> Am 25.10. findet im Sachsenwerk Niedersedlitz
> 14 Uhr ein Vortrag statt über: "Die Verfassung der
> DDR. und die Kirche." Deine Austrittserklärung wird
> sofort von einem Kollegen des Staatsapparates ent-
> gegengenommen.

Dies meldete mir ein Glied meiner Seelsorgergemeinde, das mir als völlig zuverlässig bekannt ist. Er fügte noch hinzu, dass sonst solche Vorträge immer erst im Anschluss an die Arbeitszeit stattfänden, in diesem Falle aber eine Zeit während der Arbeitszeit gewählt wurde, damit alle gezwungen waren, daran teilzunehmen.

Der Vortrag fand tatsächlich statt, auch war der "Kollege des Staatsapparates" anwesend. Der Referent hetzte gegen die Kirche und den christlichen Glauben, fügte aber bei jedem Ausfall hinzu: "Damit will ich nichts gegen die Kirche gesagt haben!" Es muss übler Aufkläricht gewesen sein; denn er machte sich u.a. auch über die Beichtpraxis der Katholiken lustig ("Nach der Beichte kann man wieder von neuem anfangen zu sündigen").

Von den etwa 500 anwesenden Zuhörern hat keiner von der Möglichkeit des Kirchenaustritts Gebrauch gemacht. Während des Vortrages war jede Diskussion ausdrücklich verboten. Hinterher haben selbst aus der Kirche Ausgetretene ihrem Abscheu über diese Methoden entrüstet Ausdruck gegeben.

　　　　　　　　　　　　　　　　gez. Dr. Laue
　　　　　　　　　　　　　　　　　　Pfarrer
　　　　　　　　　　　　　　　an der Weinbergskirche.

5.7. Schreiben des Pfarrers von Bad Schandau vom 23.2.1960

Bad Schandau, am 23. Februar 1960

An das
Evangelisch-Lutherische Landeskirchenamt
D r e s d e n - A. 27

Betr. Kirchenaustritte bei der Nationalen Volksarmee.

Der Transportarbeiter Rainer R a s c h e , geb. 18.9.37, verheiratet, 3 Kinder, wohnhaft in Bad Schandau, Rosengasse 11, mit Kirchensteuern rückständig auf die Jahre 1956 bis 1959 im Gesamtbetrage von 84,50 DM, hat gestern unserer Steuereinholerin erklärt, daß er bei der Nationalen Volksarmee aus der Kirche ausgetreten sei. Daraufhin kam er auch noch persönlich zur Kirchensteuerstelle und brachte vor:
Er habe von 1957 bis 1959 bei der Nationalen Volksarmee gedient. Dort sei ihm und einigen 40 Soldaten vor versammelter Mannschaft bei Verlesung aus einer Liste mitgeteilt worden, daß sie aus der Kirche ausgetreten seien. Das habe er als gegebene Tatsache hingenommen und deshalb auch angenommen, daß er keine Kirchensteuer mehr zu zahlen habe.
Auf Befragen erklärte er weiter, daß er keine Austrittserklärung persönlich unterschrieben habe.
Auch uns ist keine Benachrichtigung zugegangen.
Er wurde aufgeklärt, daß ein Austritt nur durch persönliche Willenserklärung vor dem Staatlichen Notariat rechtsgültig ist.
Angeblich aber will er gar nicht austreten. Er ist auf den Gesuchsweg an den Kirchenvorstand zu einer Ermäßigung verwiesen worden.
Auch ist unserer Kirchensteuerstelle in mehreren anderen Fällen die Zahlung von Kirchensteuern von Angehörigen der Nationalen Volksarmee verweigert worden, da bei der Volksarmee verkündet worden sei, daß während dieses Ehrendienstes die Kirchensteuer ruhe.
Dem Landeskirchenamt berichten wir hierüber als Material für gleichgeartete Fälle.

Ev.-Luth. Pfarramt Bad Schandau.

5.8. Schreiben zum Beschluss über das Ruhen kirchlicher Rechte

Gemeindekirchenrat ▆▆▆▆▆▆▆▆   Dessau, den ▆▆. 19▆▆

Herrn
▆▆▆
▆▆▆▆▆

Beschluß über das Ruhen kirchlicher Rechte

Sie sind ein Glied unserer Evangelischen Kirchengemeinde und haben sich trotz der Bemühungen unserer Kirchensteuerhebestellen und des zuständigen Kreiskirchensteueramtes der Entrichtung Ihrer kirchlichen Abgaben (Kirchensteuer) entzogen. Sie wurden gebeten, der Kirche zur Erfüllung der mannigfaltigen Aufgaben auch Ihr Opfer (Kirchensteuer) zu geben. Sie haben sich aber ablehnend verhalten.

Nun ist es in der Glaubensverbundenheit der Evangelischen Kirche, wo jeder ernsthafte Christ sein Opfer zur Aufrechterhaltung des kirchlichen Lebens bringt, nicht vertretbar, daß Sie bei Ihrem Verhalten weiterhin im Vollbesitz der kirchlichen Rechte bleiben. Wir haben daher gemäß § 1 Art. 89a Abs. 3 des Kirchengesetzes vom 17. 12. 1956 beschlossen, daß mit Wirkung vom ▆▆▆▆▆▆▆ nachstehende kirchlichen Rechte ruhen:

Die Berechtigung zum Patenamt, der Anspruch auf kirchliche Trauung, der Anspruch auf kirchliche Bestattung.

Außerdem ruht das kirchliche Wahlrecht, da Sie ohne Not seit einem Jahr mit der Kirchensteuer im Rückstand sind.

Gegen diesen Bescheid können Sie binnen zwei Wochen beim Evangelischen Landeskirchenrat in Dessau Beschwerde einlegen, sie ist zu begründen. Die Beschwerde kann auch beim Gemeindekirchenrat eingelegt werden.

Wenn wir diese Maßnahme nach reiflicher Überlegung gegen Sie getroffen haben, so bezieht sich das nicht auf die Mitgliedschaft zur Evangelischen Kirche, sondern betrifft lediglich das Ruhen der obengenannten kirchlichen Rechte. Wir hoffen aber, daß Sie bald den Weg zu Ihrer Kirchengemeinde finden, um wieder in den Besitz der kirchlichen Rechte zu gelangen.

Der Vorsitzende

5.9. Schreiben des Landesbischofs Heinrich Herrmanns vom 14.8.1998

Heinrich Herrmanns
– Landesbischof –

**Ev. Luth. Landeskirche
Schaumburg–Lippe**

Landeskirchenamt – Herderstraße 27 – 31675 Bückeburg

Herrn Pfarrer
Dirk Dütemeyer
Franz-Wieber-Str. 14

48351 Everswinkel

14. August 1998 /pl

Sehr geehrter Herr Pfarrer Dütemeyer,

Sie haben uns wegen einer Ausarbeitung zum Thema Kirchenaustritte angeschrieben.

Leider sehen wir uns nicht in der Lage, die von Ihnen erwarteten Materialien zum Kirchenaustritt zu sammeln und bereitzustellen. Insbesondere sind Sie ja an den unterschiedlichen Reaktionsweisen in den Kirchengemeinden interessiert, wie eine Kirchengemeinde auf die Meldung eines Austritts reagiert.

Die Zahlen, die sich auf die Evangelisch-Lutherische Landeskirche Schaumburg-Lippe beziehen, liegen Ihnen ja über die Daten der EKD vor.

Da ich neben meiner Aufgabe als Bischof auch Vorsitzender einer größeren Kirchengemeinde bin, kann ich Ihnen zu Ihrem Thema folgende Mitteilungen machen.

In unserer Kirchengemeinde Bückeburg werden jedes Jahr im Kirchenvorstand alle Ausgetretenen vorgelesen und es wird den Mitgliedern des Kirchenvorstandes Gelegenheit gegeben, zu den Bekannten, die sich meist darunter befinden, Stellung zu nehmen. Es geht hierbei um Abwägungen, ob ein Besuch sinnvoll ist oder nicht. Ähnlich verfahren eine größere Zahl unserer Kirchengemeinden.

Die Grunderfahrung ist die, daß nach einem Entscheidungsprozeß, der zu einem Kirchenaustritt geführt hat, meist die kirchenablehnende Position oder irgendeine Kritik an der Kirche oder aber auch alleine die Sparmaßname ein solches Gewicht bekommen hat, daß die Entscheidung nicht leicht umzukehren ist.
Unsere Erfahrung geht in die Richtung, daß oft nach mehreren Jahren bei der Gelegenheit besonderer persönlicher Ereignisse (Anfrage um eine Patenschaft, Eheschließung, ein erschütterndes Erlebnis, das in den Lebensweg getreten ist) eine größere Bereitschaft besteht, wieder auf die Kirche zuzugehen. Deshalb habe ich in den letzten Jahren in meinen Bischofsberichten im Bereich des Gemeindeaufbaus und der Seelsorge immer wieder unsere Pastorenschaft und auch die Mitglieder

unserer Kirchenvorstände gebeten, systematisch Hausbesuche zu machen und bei diesen Gelegenheiten auch die ausfindig zu machen, die in vergangenen Jahren die Kirche verlassen haben. Oft befinden sich unter den neu Zugezogenen überdurchschnittlich viele Ausgetretene.

Die hier bei uns wohnhaften, aus Schaumburg-Lippe stammenden Ausgetretenen sind ja in unseren Unterlagen leicht auffindbar. Unsere Pastoren bitte ich, sich diese Listen anzuschauen, um bei günstigen Gegebenheiten, wenn man sich in der Gemeinde bei verschiedenen Gelegenheiten, auch bei öffentlichen Festen begegnet, bereit für ein Gespräch zu sein.

Ein in diese Richtung zielendes stetiges Argumentieren hat vielleicht ein wenig dazu beigetragen, daß wir in Schaumburg-Lippe in den letzten Jahren einen deutlichen Anstieg der Wiedereintritte verzeichnen können. Hinzu kommen auch steigende Zahlen bei Erwachsenentaufen. Das heißt, es haben die Pastoren auch darauf geachtet, daß Zuzüge etwa aus Rußland (hier tauchen immer häufiger kirchlich ungebundene Menschen auf) dennoch auch bei Besuchen im Blick sind und Gelegenheiten gesucht werden, diese Menschen für die christliche Gemeinde zu gewinnen.

Nach unserer Erfahrung kann - wenn überhaupt - vor allem über den Weg des persönlichen Kontaktes und des gewinnenden Gespräches eine Bewegung in Richtung Kirche ausgelöst werden. Die Ursachen des Austritts, die Umstände, weswegen einzelne nie zur Kirche gekommen sind, sind so differenziert, daß darauf ein beweglicher und aufmerksamer Gesprächspartner seitens der Kirche eingehen muß. Deshalb haben auch allgemeine briefliche Äußerungen an Ausgetretene mit dem Ziel, sie wiederzugewinnen, eine höchst geringe Wirkung. Nicht selten ist dann die Reaktion zu hören: "Jetzt, da ich ausgetreten bin, da kommt die Kirche und sucht mit mir Kontakt". Ein eher hämisch-ablehnender Unterton ist dann herauszuhören.

So viel als Reaktion auf Ihre Anfrage.

Mit dem Wunsch für eine erfolgreiche und hilfreiche Ausarbeitung grüße ich Sie aus Bückeburg
Gott befohlen
Ihr

5.10. Schreiben des Dr. Johannes Georg Bergemann vom 6.10.1998

Dr. Johannes Georg Bergemann

28211 Bremen
Lothringer Str. 8
Tel. 0421 / 34 16 35

06.10.1998

Herrn
Pfarrer Dirk Dütemeyer,
Franz-Wieber-Str. 14

48351 Everswinkel

Sehr geehrter Herr Pfarrer,

leider hat sich die Beantwortung Ihres Schreibens vom 12.08.1998 verzögert, weil es mit Verspätung in meine Hände gelangt ist und ich längere Zeit ortsabwesend war.

Zu Ihrer Frage, warum in Bremen der Kirchenaustritt vor der Kirche zu erklären ist, ist folgendes zu sagen:

In Bremen wurde bis zum Erlaß der staatlichen Steuerordnung für die Religionsgesellschaften vom 09.11.1922 keine Kirchensteuer erhoben. Es gab auch keine staatliche Regelung für den Austritt aus der Kirche. Der Kirchenaustritt mußte mit Erlaß der Steuerordnung für die Religionsgesellschaften geregelt werden. Das ist in § 3 Abs. 2 der Steuerordnung in der Weise geschehen, daß der Kirchenaustritt der zuständigen Religionsgemeinschaft gegenüber zu erklären ist. Die Kirchen haben daraufhin entsprechende Bestimmungen erlassen, die Bremische Evangelische Kirche durch Kirchengesetz vom 13.11.1922.

Auseinandersetzungen zwischen Kirche und Staat über diese Frage hat es nicht gegeben. An sich ist es ja auch nur konsequent, den Kirchenaustritt der jeweiligen Kirche gegenüber zu erklären, und nicht dem Staat gegenüber. Schwierigkeiten mit dieser Regelung und ihrer Abwicklung hat es in Bremen nicht gegeben. Ich darf auf einen Aufsatz von mir über das Verhältnis von Staat und Kirche in Bremen in der Zeitschrift für Evangelisches Kirchenrecht, Band 9 (1963), Seite 228 ff. - 242/43 - verweisen.

Die Regelung in den anderen Ländern, den Kirchenaustritt vor staatlichen Stellen zu erklären, dürfte darauf zurückzuführen sein, daß das Austrittsrecht erstmalig vor der Trennung von Staat und Kirche durch die Reichsverfassung von 1919 geregelt worden ist und die staatliche Zuständigkeit hierfür ohne weiteres tradiert wurde. Ich habe diese Frage aber nicht geprüft, es ist lediglich eine Vermutung.

Ich hoffe, Ihnen mit diesen Ausführungen gedient zu haben, und bin

mit den besten Grüßen

(Dr. Bergemann)

6. Literaturverzeichnis

Anz, Wilhelm: Artikel: Aufklärung - I. Geistesgeschichtlich. RGG 1. Sp. 703–716. Tübingen ³1957.
Arbeitskreis „Kirche von morgen": „Minderheit mit Zukunft". epd-Dokumentation 3a/95. Frankfurt am Main 1995.
Baier, Helmut: Artikel: Kirchenbücher. TRE XVIII. 528–530. Berlin/New York 1989.
Barth, Karl: Die kirchliche Dogmatik IV/3. 2. Hälfte. Zollikon-Zürich 1959.
Becker, Winfried: Der Kulturkampf als europäisches und als deutsches Phänomen. HJ 101.1981. 442–446.
Belz, Christian: Artikel: Zielgruppenmanagement. In: Tietz, Bruno, Richard Köhler, Joachim Zentes (Hgg.): Handwörterbuch des Marketing IV. Sp. 2801–2813. Stuttgart ²1995.
Bergemann, Hans Georg: Staat und Kirche in Bremen. ZEvKR 9.1963. 228–259.
Besier, Gerhard: Artikel: Kulturkampf. TRE XX. 209–230. Berlin/New York 1990.
Ders.: Konzern Kirche. Neuhausen-Stuttgart 1997. Zitiert: Konzern.
Beyreuther, Erich: Artikel: Wöllner und das W.sche Religionsedikt. RGG 6. Sp. 1789–1790. Tübingen ³1962.
Bischof von Münster (Hg.): Kirche + Leben extra. Der Haushalt für den nordrhein-westfälischen Teil des Bistums Münster. Wofür das Bistum Münster Geld ausgibt. Münster 1998.
Biskupski, Angelika, Lutz Motikat: Unter anderen(m) Kirche. begegnungen 12. Berlin 1995.
Biskupski, Angelika: Zum Projekt „Konfessionslosigkeit in (Ost-) Deutschland". In: Studien- und Begegnungsstätte Berlin (Hg.): Zur Konfessionslosigkeit in (Ost) Deutschland. begegnungen 4/5. 5–10. Berlin 1994.
Blang, Hans-Georg, Martina Sedlaczek, Holger Tremel: Strukturanalyse der Öffentlichkeitsarbeit in der evangelischen Kirche. epd-Dokumentation 21/95. Frankfurt am Main 1995.
Bock, Wolfgang: Fragen des kirchlichen Mitgliedschaftsrechts. ZEvKR 42.1997. 319–337.
Bollwerk, Jan: Pro und Contra Kirchenaustritt. Niedernhausen/Ts. 1995.
Bonhoeffer, Dietrich: Ethik. München ⁹1981.
Ders.: Widerstand und Ergebung. Gütersloh ¹³1985.
Bremische Evangelische Kirche: Verordnung betreffend das Verfahren gegenüber aus der Evangelischen Kirche Ausgetretenen vom 28. März 1961 (GVM 1961 Nr. 1 Z. 4) in der Fassung vom 21. Oktober 1976. Vom 2. November 1976. ABlEKD 10.1977. 410–411.
Ders.: Kirchengesetz über den Austritt aus der Evangelischen Kirche (Kirchenaustrittsgesetz). Vom 21. März 1978. ABlEKD 10.1978. 439–440.
Brummer, Arnd, Wolfgang Nethöfel (Hgg.): Vom Klingelbeutel zum Profitcenter? Hamburg 1997.
Büscher, Wolfgang: Unterwegs zur Minderheit – Eine Auswertung konfessionsstatistischer Daten. In: Henkys, Reinhard (Hg.): Die evangelischen Kirchen in der DDR. S. 422–436. München 1982.
Campenhausen, Axel Frhr. v.: Der Austritt aus den Kirchen und Religionsgemeinschaften. HSKR 1. 777–785. Berlin ²1994. Zitiert: Austritt.
Ders.: Der heutige Verfassungsstaat und die Religion. HSKR 1. 47–84. Berlin ²1994. Zitiert: Verfassungsstaat.
Ders.: Kirche im zweiten Jahrzehnt der DDR. ZEvKR 39.1994. 386–401. Zitiert: DDR.
Claessen, Herbert: Datenschutz in der evangelischen Kirche: Praxiskommentar zum Kirchengesetz über den Datenschutz der EKD. Neuwied/Kriftel ²1998.
Conzelmann, Hans: Der erste Brief an die Korinther. KeKNT 5. Göttingen ¹²1981.

Dahm, Karl-Wilhelm: Artikel: Kirchenmitgliedschaft. TRE XVIII. 643–649. Berlin/New York 1989.

Daiber, Karl-Fritz: Religion in Kirche und Gesellschaft. Stuttgart/Berlin/Köln 1997.

Demke, Christoph: Institution im Übergang. EvTh 57.1997. 119–132.

Denecke, Axel: Begrenzte Gemeindegliedschaft. PTh 84.1995. 650–653.

Deutsche Bischofskonferenz - Referat Statistik: Übertritte und Rücktritte zur, sowie Austritte aus der katholischen Kirche in der Bundesrepublik Deutschland 1920–1986. Bonn o.J.

Ders.: Wiederaufnahmen, Rück- und Austritte innerhalb der katholischen Kirche in Deutschland 1950–1996. Bonn o.J.

Ders.: Bevölkerung und Katholiken im Deutschen Reich und in der Bundesrepublik Deutschland 1871–1986. Bonn o.J.

Ders.: Eckdaten des Kirchlichen Lebens in den Bistümern Deutschlands 1997. Bonn o.J.

Deutsche Demokratische Republik: Kirchenaustritt: Verordnung über den Austritt aus Religionsgemeinschaften öffentlichen Rechts. Vom 13. Juli 1950. S. 331. (Ges.-Bl. der DDR 1950. 660/61). ABlEKD 11.1950.

Deutsche Marketing-Vereinigung e.V., Deutsche Bundespost POSTDIENST (Hgg.): Das Deutsche Kundenbarometer 1994. Düsseldorf/Bonn 1994.

Deutsche und Berliner Bischofskonferenz (Hg.): Codex des Kanonischen Rechtes. Kevelaer 1989. Zitiert: CIC/1983.

Dreher, Siegfried: Besuch bei Ausgetretenen. Das missionarische Wort 6.1986. 243–246.

Drosten, Michael: Kirche auf neuen Wegen. asw 12.1992. 32–36.

Eigler, Gunther: Platon. Politeia Bd. 4. Darmstadt 1971.

Engelhardt, Hanns: Artikel: Kirchenaustritt. EKL 2. Sp. 1099–1100. Göttingen [3]1989.

Ders.: Einige Gedanken zur Kirchenmitgliedschaft im kirchlichen und staatlichen Recht. ZEvKR 41.1996. 142–158.

Engelhardt, Klaus, Hermann von Loewenich, Peter Steinacker (Hgg.): Fremde Heimat Kirche. Gütersloh 1997. Zitiert: Engelhardt, Fremde Heimat Kirche.

Ermel, Horst D.: Die Kirchenaustrittsbewegung im Deutschen Reich 1906–1914. Studien zum Widerstand gegen die soziale und politische Kontrolle unter dem Staatskirchentum. Phil. Diss. Köln 1971.

Evangelische Kirche der Pfalz: Richtlinien über das Verhalten der Kirche gegenüber den Ausgetretenen. Vom 22. Februar 1991. (ABl. S. 56). ABlEKD 5.1991. 200.

Evangelische Kirche der Union (Hg.): Ordnung des kirchlichen Lebens der Evangelischen Kirche der Union - Entwurf -. Berlin 1997. Zitiert: EKU-Lebensordnung.

Evangelische Kirche in Deutschland (Hg.): Kirchengesetz über die Kirchenmitgliedschaft, das kirchliche Meldewesen und den Schutz der Daten der Kirchenmitglieder (Kirchengesetz über die Kirchenmitgliedschaft). Vom 10. November 1976. ABlEKD 11.1976. 389–391. Zitiert: EKD-Kirchenmitgliedschaft.

Evangelische Kirche in Deutschland - Abt. Statistik (Hg.): Die Bevölkerung des Deutschen Reichs, der Reichsteile und der größeren Verwaltungsbezirke nach der Religionszugehörigkeit am 17. Mai 1939. Hannover o.J.

Ders.: Eintritte 1991–1996. Hannover 1998. Zitiert: EKD-Eintritte.

Ders.: Aufnahmen und Austritte in den Gliedkirchen der EKD 1963 bis 1996. Hannover 19. Juni 1998.

Evangelische Kirche in Hessen und Nassau (Hg.): Ordnung des kirchlichen Lebens der Evangelischen Kirche in Hessen und Nassau (Lebensordnung). Darmstadt o.J. Zitiert: Lebensordnung.

Ders.: Person und Institution. Frankfurt am Main 1993. Zitiert: EKHN-Person und Institution.
Ders.: evangelisch aus gutem Grund. Darmstadt 1996.
Evangelische Kirche von Westfalen - Landeskirchenamt (Hg.): Das Recht in der Evangelischen Kirche von Westfalen. Bielefeld Mai 1998.
Ders.: (WIEDER)DAZUGEHÖREN. Bielefeld 1998.
Ders.: Die Kirche und ihr Geld. Bielefeld 2000.
Evangelische Landeskirche in Baden: Richtlinien über das Verhalten und Verfahren bei Kirchenaustritten und bei der Wiederaufnahme Ausgetretener. Vom 9. Februar 1988. (GVBl. S. 163). ABlEKD 2.1989. 53. Zitiert: Kirchenaustritt.
Evangelische Landeskirche in Baden - Oberkirchenrat (Hg.): Eine offene Tür. Karlsruhe 1988.
Evangelische Landeskirche in Württemberg - Oberkirchenrat (Hg.): Verfahren bei der Aufnahme und Wiederaufnahme in die Evangelische Landeskirche in Württemberg. Erlaß des Oberkirchenrats vom 19. Dezember 1995. (ABl. 57. 15). Zitiert: Erlaß des Oberkirchenrats Württemberg.
Evangelische Landeskirche in Württemberg - Amt für Information (Hg.): Kirche – Ja denn sie ist für alle da. Stuttgart 1997.
Ders.: Dokumentation Kontakt-Telefon vom 5. April bis zum 10. Mai 1997. Stuttgart o.J. Zitiert: Landeskirche Württemberg – Dokumentation.
Evangelischer Stadtkirchenverband Köln (Hg.): misch Dich ein. Köln 1994.
Evangelisch-Lutherische Kirche in Bayern Dekanat München: Das Evangelische München-Programm. McKinsey & Company. 22. Juli 1996.
Ders.: Das Evangelische Münchenprogramm. Überarbeitete Fassung zum Stand der Umsetzung im Juli 1998. München 30.7.1998.
Evangelisch-Lutherische Kirche in Bayern - P.Ö.P. (Hg.): Kirchgeld steigern. Gemeinde entwickeln. Ein Leitfaden. München 1998.
Evangelisch-Lutherische Landeskirche Sachsens (Hg.): Kirchengliedschaft und Kirchensteuerpflicht in der Evangelisch-Lutherischen Landeskirche Sachsens. Vom 23. Mai 1996. Dresden 1996.
Evangelisch-Reformierte Kirche: Der Heidelberger Katechismus. Neukirchen-Vlyun 1997.
Faber, Heije, Ebel van der Schoot: Praktikum des seelsorgerlichen Gesprächs. Göttingen 1968.
Feige, Andreas: Kirchenaustritt. Gelnhausen/Berlin 1976.
Ders.: Erfahrungen mit Kirche. Hannover ^{2}1982.
Ders.: Artikel: Kirchenentfremdung/Kirchenaustritt. TRE XVIII. 530–535. Berlin/New York 1989. Zitiert: Kirchenaustritt 1989.
Ders.: Kirchenmitgliedschaft in der Bundesrepublik Deutschland. Gütersloh 1990. Zitiert: Kirchenmitgliedschaft.
Fischer, Ulrich: Die Vision von Kirche. In: Vom Nutzen des Marketing für die Kirche. epd-Dokumentation Nr. 7/99. Frankfurt am Main 1999.
Foitzik, Alexander: „Stärkere Orientierung am Kunden" - Interview -. HerKorr 52.1998. 342–347.
Freter, Hermann: Artikel: Marktsegmentierung. In: Tietz, Bruno, Richard Köhler, Joachim Zentes (Hgg.): Handwörterbuch des Marketing IV. Stuttgart ^{2}1995. Sp. 1802–1814.
Gallenkämper, Bernhard: Die Geschichte des preußischen Kirchenaustrittsrechts und Aspekte seiner heutigen Anwendung. Inaugural-Dissertation. Münster 1981.
Gasparri, Petri (Hg.): Codex Iuris Canonici. Freiburg i.B. 1918. Zitiert: CIC/1917.
Gemeinschaftswerk der Evangelischen Publizistik (Hg.): epd-Wochenspiegel Nr. 10/01. Frankfurt am Main 2001.

Göhre, Paul: Die neueste Kirchenaustrittsbewegung aus den Landeskirchen in Deutschland. Jena 1909.

Greinacher, Norbert: Die Entwicklung der Kirchenaustritte und Kirchenübertritte und ihre Ursachen. In: KH 25.1957–1961. 441–448. Köln 1962.

Grimm, Jacob, Wilhelm Grimm: Artikel: Glied. Deutsches Wörterbuch 4. I. Abt. 5. Teil. Sp. 2–47. Leipzig 1958. Zitiert: Bd. 4.

Ders.: Artikel: Mitglied. Deutsches Wörterbuch 6. Sp. 2350. Leipzig 1885.

Hahn, Hans-Otto: Marketing statt Sammeldose. EK 29.1996. 96–99.

Hanselmann, Johannes, Helmut Hild, Eduard Lohse (Hgg.): Was wird aus der Kirche? Gütersloh 1984.

Hansmann, Karl-Werner: Artikel: Prognoseverfahren. In: Tietz, Bruno, Richard Köhler, Joachim Zentes (Hgg.): Handwörterbuch des Marketing IV. Stuttgart [2]1995. Sp. 2171–2183.

Harder, Hans-Martin: Zur wirtschaftlichen Neuorientierung der östlichen evangelischen Kirchen nach der „Wende". PTh 34 (1999). 267–284.

Hartmann, Klaus, Detlef Pollack: Gegen den Strom. Opladen 1998.

Haß, Matthias: Der Erwerb der Kirchenmitgliedschaft nach evangelischem und katholischem Kirchenrecht. Berlin 1997.

Hattenhauer, Hans, Günther Bernert: Allgemeines Landrecht für die Preußischen Staaten von 1794. Frankfurt am Main/Berlin 1970. Zitiert: ALR.

Heinemann, Heribert, Norbert Greinacher: Artikel: Kirchenaustritt. LThK 6. Freiburg [2]1961. Sp. 193–197.

Heiner, Franz (Hg.): Gesetzentwurf über die Freiheit der Religionsausübung im deutschen Reiche. AKathKR 82.1902. 1–487.

Heitmann, Steffen: Die Entwicklung von Staat und Kirche aus der Sicht der „neuen" Länder. ZEvKR 39.1994. 402–417.

Henkys, Reinhard: Von der EKD zum DDR-Kirchenbund. In: Heßler, Hans-Wolfgang (Hg.): Bund der Evangelischen Kirchen in der DDR. Berlin 1970. S. 11–27.

Ders.: Kirche-Staat-Gesellschaft. In: Ders. (Hg.): Die evangelischen Kirchen in der DDR. München 1982. S. 11–61.

Ders.: Volkskirche im Übergang. In: Ders. (Hg.): Die evangelischen Kirchen in der DDR. München 1982. S. 437–462. Zitiert: Volkskirche.

Hermelink, Jan: Gefangen in der Geschichte? PTh 89.2000. 36–52.

Herzog, Roman: Artikel: Glaubens-, Bekenntnis- und Gewissensfreiheit. EStL 1. Sp. 1153–1172. Stuttgart [3]1987.

Heussi, Karl: Kompendium der Kirchengeschichte. Tübingen [17]1988.

Hild, Helmut (Hg.): Wie stabil ist die Kirche? Gelnhausen/Berlin 1974.

Hildebrand, Georg: Der Religionsunterricht an den öffentlichen Schulen im bisherigen und neuen Recht. Berlin 1922.

Hildebrandt, Horst (Hg.): Die deutschen Verfassungen des 19. und 20. Jahrhunderts. Paderborn/München/Wien/Zürich [14]1992.

Hillebrecht, Steffen: Was die Kirche nutzen kann. asw 12.1992. 38–39.

Ders.: Ansatzpunkte der Markt- und Meinungsforschung im Dienste des Kirchenmarketings. JAVf 1.1994. 4–15.

Ders.: Grundlagen des Kirchlichen Marketing. ZFP 4.1995. 221–231.

Hilling, Nikolaus: Die kirchliche Mitgliedschaft nach der Enzyklika Mystici Corporis Christi und nach dem Codex Juris Canonici. AKathKR 125.1951. 122–129.

Höhmann, Peter: Austritte als Gegenstand kirchlicher Planung. SUB 20.1997. 96–106.

Hollerbach, Alexander: Das Verhältnis von Kirche und Staat in der Deutschen Demokratischen Republik. HKKR. S. 1072–1081. Regensburg 1983. Zitiert: Kirche und Staat.
Ders.: Kirchensteuer und Kirchenbeitrag. HKKR. S. 889–900. Regensburg 1983.
Hoof, Matthias: Der Kirchenaustritt [Medienkombination]. Neukirchen-Vluyn 1999.
Horx, Matthias: „Glauben light". In: Brummer, Arnd, Wolfgang Nethöfel (Hgg.): Vom Klingelbeutel zum Profitcenter? Hamburg 1997. S. 25–35.
Huber, Ernst Rudolf: Deutsche Verfassungsgeschichte seit 1789. 2. Der Kampf um Einheit und Freiheit 1830 bis 1850. Stuttgart/Berlin/Köln/Mainz ³1988. Zitiert: Verfassungsgeschichte 2.
Ders.: Deutsche Verfassungsgeschichte seit 1789. 4. Struktur und Krisen des Kaiserreichs. Stuttgart/Berlin/Köln/Mainz 1969. Zitiert: Verfassungsgeschichte 4.
Ders.: Deutsche Verfassungsgeschichte seit 1789. 6. Die Weimarer Reichsverfassung. Stuttgart/Berlin/Köln/Mainz 1981.
Huber, Ernst Rudolf, Wolfgang Huber: Staat und Kirche im 19. und 20. Jahrhundert. 1. Berlin 1973. Zitiert: Staat und Kirche 1.
Ders.: Staat und Kirche im 19. und 20. Jahrhundert. 2. Berlin 1976. Zitiert: Staat und Kirche 2.
Ders.: Staat und Kirche im 19. und 20. Jahrhundert. 3. Berlin 1983.
Ders.: Staat und Kirche im 19. und 20. Jahrhundert. 4. Berlin 1988. Zitiert: Staat und Kirche 4.
Idea Spektrum: Die Talfahrt ist gebremst. 1/2.1998. 12.
Ders.: Die Mitgliedskirchen der Evangelischen Kirche in Deutschland (EKD) und ihre Entwicklung. 1/2.1998. 13.
Institut für Demoskopie Allensbach: Kirchenaustritte. Allensbach 1992. Zitiert: Kirchenaustritt 1.
Ders.: Begründungen und tatsächliche Gründe für einen Austritt aus der katholischen Kirche. Allensbach 1993.
Jacobi, Erwin: Staat und Kirche nach der Verfassung der Deutschen Demokratischen Republik. ZEvKR 1.1950. 111–135.
Jäger, Alfred: Konzepte der Kirchenleitung für die Zukunft. Gütersloh 1993.
Jarass, Hans D., Bodo Pieroth: Grundgesetz für die Bundesrepublik Deutschland. Kommentar. München ⁴1997.
Jörns, Klaus-Peter: Die neuen Gesichter Gottes. München 1997.
Johnsen, Hartmut: Die Evangelischen Staatskirchenverträge in den neuen Bundesländern – ihr Zustandekommen und ihre praktische Anwendung. ZEvKR 43.1998. 182–222.
Jugendwerk der deutschen Shell (Hg.): Jugend '97. Opladen 1997.
Käsemann, Ernst: Leib und Leib Christi. Tübingen 1933.
Ders.: Paulinische Perspektiven. Tübingen ²1972.
Kaiser, Jochen-Christoph: Arbeiterbewegung und organisierte Religionskritik. Stuttgart 1981.
Kantzenbach, Friedrich Wilhelm: Das Phänomen der Entkirchlichung als Problem kirchengeschichtlicher Forschung und theologischer Interpretation. NZSTh 13.1971. 58–86.
Kiderlen, Hans-Joachim: Steuer oder Spende. EK 8.96. 446–449.
Kirchenamt der EKD (Hg.): Minderheit mit Zukunft. Zwischenbilanz und Anregungen zur Weiterarbeit in den Kirchen. Hannover 1996.
Ders.: Taufe und Kirchenaustritt. TEXTE 66. Hannover 2000. Zitiert: TEXTE 66.
Kirchliches Handbuch - Krose, H. A. (Hg.): KH 1.1907–1908. Freiburg 1908.
Ders.: KH 7.1917–1918. Freiburg 1918.
Ders.: KH 8.1918–1919. Freiburg 1919.
Ders.: KH 9.1919–1920. Freiburg 1920.
Ders.: KH 10.1921–1922. Freiburg 1922.

Kirchliches Handbuch - Zentralstelle für kirchliche Statistik des katholischen Deutschlands Köln (Hg.): KH 18.1933/34. Köln 1934.
Ders.: KH 20.1937/38. Köln 1938.
Ders.: KH 21.1939. Köln 1939.
Ders.: KH 22.1943. Köln 1943.
Kirchliches Handbuch - Groner, Franz (Hg.): KH 24.1952-1956. Köln 1956.
Ders.: KH 25.1957-1961. Köln 1962.
Ders.: KH 26.1962-1968. Köln 1969.
Ders.: KH 27.1969-1974. Köln 1975.
Kirchliches Jahrbuch - Schneider, Johannes (Hg.): KJ 40.1913. Gütersloh 1914.
Ders.: KJ 42.1915. Gütersloh 1916.
Kirchliches Jahrbuch - Sasse, Hermann (Hg.): KJ 58.1931. Gütersloh 1932.
Ders.: KJ 61.1934. Gütersloh o.J.
Kirchliches Jahrbuch - Beckmann, Joachim (Hg.): KJ 60-71.1933-1944. Gütersloh 1948.
Ders.: KJ 76.1949. Gütersloh 1950.
Ders.: KJ 77.1950. Gütersloh 1951.
Ders.: KJ 78.1951. Gütersloh 1952.
Ders.: KJ 81.1954. Gütersloh 1956.
Ders.: KJ 82.1955. Gütersloh 1956.
Ders.: KJ 83.1956. Gütersloh 1957.
Ders.: KJ 85.1958. Gütersloh 1959.
Ders.: KJ 95.1968. Gütersloh 1970.
Ders.: KJ 97.1970. Gütersloh 1972.
Ders.: KJ 100.1973. Gütersloh 1975.
Kirchliches Jahrbuch - Hausschild, Wolf-Dieter, Erwin Wilkens (Hgg.): KJ 103./104.1976/77. Gütersloh 1981.
Ders.: KJ 106.1979. Gütersloh 1983.
Ders.: KJ 107.1980. Gütersloh 1984.
Ders.: KJ 108./109.1981/82. Gütersloh 1985.
Ders.: KJ 110.1983. Gütersloh 1986.
Ders.: KJ 111.1984. Gütersloh 1986.
Ders.: KJ 112.1985. Gütersloh 1988.
Ders.: KJ 113.1986. Gütersloh 1989.
Ders.: KJ 114.1987. Gütersloh 1990.
Ders.: KJ 115.1988. Gütersloh 1991.
Ders.: KJ 119./120.1992/93. Gütersloh 1996.
Kleinmann, Dieter: Probleme und Möglichkeiten bei der Ausgestaltung eines Kirchensteuersystems aus theologischer und ökonomischer Sicht. In: Lienemann, Wolfgang (Hg.): Die Finanzen der Kirche. München 1989. S. 919-944.
Klessmann, Michael: Ärger und Aggression in der Kirche. Göttingen 1992.
Klumpp, Martin, Wolfgang Tuffentsammer: Kirchenaustritte - Motive Ursachen Zusammenhänge. Studie in der Evang. Gesamtkirchengemeinde Stuttgart 1990/1991. Stuttgart 1991.
Knittermeyer, Hinrich: Artikel: Atheismus. RGG 1. Sp. 670-678. Tübingen ^{3}1957.
Kock, Manfred: Gedanken über die Zukunft der Evangelischen Kirche. epd-Dokumentation 21a/99. Frankfurt am Main 1999.
Köcher, Renate: Artikel: Kirchenaustritt. II. Praktisch-theologisch. LThK 5. Sp. 1510-1511. Freiburg/Basel/Rom/Wien ^{3}1996.

Kotler, Philip, Eduardo L. Roberto: Social Marketing. London/New York 1989.
Krämer, Peter: Die Zugehörigkeit zur Kirche. HKKR. S. 162–171. Regensburg 1983.
Krzeminski, Michael, Clemens Neck: Sozial Marketing. Ein Konzept für die Kommunikation von Wirtschaftsunternehmen und Nonprofit-Organisationen. In: Ders.: Praxis des Sozial Marketing. Frankfurt am Main 1994. S. 11–35.
Kuphal, Armin: Abschied von der Kirche. Gelnhausen/Berlin/Stein 1979.
Land Niedersachsen: Niedersächsisches Kirchenaustrittsgesetz. Vom 4. Juli 1973. ABlEKD 9.1973. 1032 f.
Ders.: Austritt aus Religionsgemeinschaften des öffentlichen Rechts. Vom 8. Mai 1978. ABlEKD 9.1978. 410–413.
liberal-Verlag (Hg.): Thesen der F.D.P. – Freie Kirche im freien Staat. Sankt Augustin o.J.
Lindemann, Andreas: Die Kirche als Leib. ZThK 92.1995. 140–165.
Lindner, Herbert: Kirche am Ort. Stuttgart/Berlin/Köln 1994.
Link, Christian: Artikel: Natürliche Theologie. EKL 3. Sp. 631–634. Göttingen [3]1992.
Link, Christoph: Artikel: Kirchengliedschaft. I. Evangelisch. B. Juristisch. EStL 1. Stuttgart [3]1987. Sp. 1595–1604.
Lissner, Anneliese, Rita Süssmuth, Karin Walter (Hgg.): Frauenlexikon. Freiburg/Basel/Wien 1988.
Listl, Joseph: Artikel: Kirchenaustritt. I. Rechtlich. LThK 5. Sp. 1510. Freiburg/Basel/Rom/Wien [3]1996.
Lochman, Jan Milic: Artikel: Atheismus. EKL 1. Sp. 302–304. Göttingen [3]1986.
Lorenz, Dieter: Personenstandswesen. Meldewesen. Datenschutz. HSKR 1. 717–742. Berlin [2]1994.
Lüdicke, Klaus: Die Kirchengliedschaft und die plena communio. In: Lüdicke, Klaus, Hans Paarhammer, Dieter A. Binder (Hgg.): Rechte im Dienste des Menschen. Graz 1986.
Lütz, Manfred: Der blockierte Riese. Augsburg 1999.
Lukatis, Ingrid: Frauen und Männer als Kirchenmitglieder. In: Joachim Matthes (Hg.): Kirchenmitgliedschaft im Wandel. Gütersloh 1990.
Mader, Klaus, Detlef Perach, Werner Greilich, Gerd Tritz, Dietmar Besgen (Hgg.): ABC des Lohnbüros 1998. Bonn 1998.
Marré, Heiner: Die Kirchenfinanzierung in Kirche und Staat der Gegenwart. Essen [3]1991.
Ders.: Das kirchliche Besteuerungsrecht. HSKR 1. 1101–1147. Berlin [2]1994.
Ders.: Die Systeme der Kirchenfinanzierung in Ländern der Europäischen Union und in den USA. KJ 123.1996. 253–261.
Meffert, Heribert: Marketing: Grundlagen marktorientierter Unternehmensführung: Konzepte-Instrumente-Praxisbeispiele. Mit neuer Fallstudie VW-Golf. Wiesbaden [8]1998.
Mehlhausen, Joachim: Artikel: Freidenker. TRE XI. 489–493. Berlin/New York 1983. Zitiert: Freidenker.
Ders.: Artikel: Kirchengliedschaft. I. Evangelisch. A. Theol. EStL 1. Stuttgart [3]1987. Sp. 1592–1595. Zitiert: Kirchengliedschaft.
Merkel, Friedemann: Artikel: Bestattung – V. Praktisch-theologisch. TRE V. 749–757. Berlin/New York 1980.
Ders.: Bestattung in der Volkskirche. In: Ders.: Sagen-hören-loben: Studien zu Gottesdienst und Predigt. S. 178–189. Göttingen 1992.
Meyer, Christian: Zur Übertrittsregelung in Niedersachsen. ZEvKR 24.1979. 340–345.
Mikat, Paul: Religionsrechtliche Schriften. Erster Halbband. Berlin 1974.

Mitglieder des BVerfGE (Hg.): Entscheidungen des Bundesverfassungsgerichts. 44. Bd. Tübingen 1977. Zitiert: BVerfGE 44.
Ders.: Entscheidungen des Bundesverfassungsgerichts. 55. Bd. Tübingen 1981.
Motikat, Lutz: Kirche ohne Konfessionslose? begegnungen 14. Berlin 1996.
Nagel, Horst (Hg.): Rechtssammlung der evangelisch-lutherischen Landeskirche Hannovers I. Hannover 1969.
Neubert, Ehrhart: Die postkommunistische Jugendweihe – Herausforderung für kirchliches Handeln. In: Studien- und Begegnungsstätte Berlin (Hg.): Zur Konfessionslosigkeit in (Ost-) Deutschland. begegnungen 4/5. 33–86. Berlin 1994.
Ders.: „gründlich ausgetrieben". begegnungen 13. Berlin 1996. Zitiert: ausgetrieben.
Nordelbische Evangelisch-Lutherische Kirche (Hg.): Rechtsverordnung über das Kirchenbuch- und Meldewesen sowie zur Kirchenmitgliedschaft (KMKMVO). Vom 17. Februar 1989 (GVOBl. S. 62). In: Göldner/Muus/Blaschke. 30. Erg. Lfg. April 1994.
Nordelbische Evangelisch-Lutherische Kirche - Vorbereitungsausschuß der Synode (Hg.): Zukunft der Kirche – Kirche mit Zukunft. epd-Dokumentation 46/96. Frankfurt am Main 1996.
Nowak, Kurt: Geschichte des Christentums in Deutschland. München 1995.
Ökumenische Projektgruppe neu anfangen (Hg.): neu anfangen – Christen laden ein zum Gespräch. Dokumentation über 10 Jahre. Bonn 1996.
Ostdeutsche kirchliche Arbeitsgruppe: „Kirche mit Hoffnung". epd-Dokumentation 17/98. Berlin 1998.
Perrey, Jesko: Nutzenorientierte Marktsegmentierung. Wiesbaden 1998.
Petersen, Jens: Die Kirchensteuer. Wedemark [2]1998.
Piper, Hans-Christoph: Der Hausbesuch des Pfarrers. Göttingen [2]1988.
Pius XII.: Mystici Corporis Christi. Freiburg 1947.
Planer-Friedrich, Götz: Die Krise als Chance sehen. EK 6.1998. 347–349.
Projektgruppe neu anfangen (Hg.): Ein Projekt stellt sich vor (Prospekt).
Pollack, Detlef: Kirche in der Organisationsgesellschaft: zum Wandel der gesellschaftlichen Lage der evangelischen Kirchen in der DDR. Stuttgart/Berlin/Köln 1994.
Quarch, Christoph, Michael Strauß: Grund zur Hoffnung. EK 1.1999. 17–20.
Rabe, Karl Ludwig Heinrich: Sammlung Preußischer Gesetze und Verordnungen. Bd. 1. 7. Abt. (1823). Halle 1823.
Raffée, Hans: Kirchenmarketing – Irrweg oder Gebot der Vernunft? In: Bauer, Hans, Erwin Diller (Hgg.): Wege des Marketing: Festschrift zum 60. Geburtstag von Erwin Dichtl. Berlin 1995. S. 161–175.
Ders.: Kirchenmarketing – die Vision wird Wirklichkeit. In: Vom Nutzen des Marketing für die Kirche. epd-Dokumentation 7/99. Frankfurt am Main 1999. Zitiert: Kirchenmarketing II.
Renck, Ludwig: Verfassungsprobleme des Kirchenaustritts aus kirchensteuerlichen Gründen. DÖV 9.1995. 373–375.
Robbers, Gerhard: Kirchenrechtliche und staatsrechtliche Fragen des Kirchenübertritts. ZevKR 32. 1987. 19–46.
Rogers, Carl: Therapeut und Klient. Hamburg/Frankfurt a. Main 1983.
Roosen, Rudolf: Die Kirchengemeinde – Sozialsystem im Wandel. Berlin/New York 1997.
Ruh, Ulrich: Auf dem Prüfstand. HerKorr 53.1999. 337–340.
Schelsky, Helmut: Ist die Dauerreflektion institutionalisierbar? ZEE 1.1957. 153–174.
Schmidt, Arthur B.: Der Austritt aus der Kirche. Leipzig 1893. Zitiert: Austritt 1893.
Schmidt-Bleibtreu, Bruno: Kommentar zum Grundgesetz. Neuwied/Kriftel/Berlin [8]1995.

Schmidt-Eichstaedt, Gerd: Kirchen als Körperschaften des öffentlichen Rechts? Köln/Berlin/ Bonn/München 1975.

Schönfelder, Heinrich: Deutsche Gesetze. München Februar 1990.

Schrage, Wolfgang: Der erste Brief an die Korinther (1 Kor. 11,17–14,40). EKK VII/3. Neukirchen-Vluyn 1999.

Seite, Berndt: Verdunstung des Glaubens? LM 12.1995. 2–5.

Selmayr, Maike M.: Marketing eines "Glaubens"-Gutes: Übertragung des modernen Marketingansatzes auf die evangelische Kirche in Deutschland; dargestellt am Fallbeispiel der Martin-Luther-Gemeinde in Lüneburg. Frankfurt am Main 2000.

Standop, Ewald: Die Form der wissenschaftlichen Arbeit. Vollst. neu bearb. und erw. von Matthias L. G. Meyer. Heidelberg/Wiesbaden [14]1994.

Statistische Beilage zum ABlEKD: Statistische Beilage Nr. 4 zum ABlEKD 8.1952.

Ders.: Statistische Beilage Nr. 5 zum ABlEKD 11./12.1952.

Ders.: Statistische Beilage Nr. 19 zum ABlEKD 6.1958.

Ders.: Statistische Beilage Nr. 21 zum ABlEKD 4.1960.

Ders.: Statistische Beilage Nr. 22 zum ABlEKD 4.1961.

Ders.: Statistische Beilage Nr. 23 zum ABlEKD 6.1962.

Ders.: Statistische Beilage Nr. 80 zum ABlEKD 10.1987.

Ders.: Statistische Beilage Nr. 88 zum ABlEKD 11.1993.

Ders.: Statistische Beilage Nr. 89 zum ABlEKD 10.1994.

Ders.: Statistische Beilage Nr. 90 zum ABlEKD 1.1995.

Ders.: Statistische Beilage Nr. 92 zum ABlEKD 11.1998.

Statistisches Bundesamt (Hg.): Mitgliederzahl und -bewegung der Evangelischen Kirche und der Katholischen Kirche 1953–1996. Abt. Bevölkerung -VIII B -173-. Wiesbaden 1998.

Ders.: Bevölkerungsentwicklung 1871–1950. Abt. Bevölkerung -VIII B -173-. Wiesbaden 1998.

Ders.: Bevölkerung im früheren Bundesgebiet, neue Länder und Deutschland ab 1950. Abt. Bevölkerung -VIII B -173-. Wiesbaden 1998.

Ders.: Die Bevölkerung nach der Religionszugehörigkeit. In: Statistik der Bundesrepublik Deutschland. Bd. 35. H. 9. S. 60. Wiesbaden 1956.

Ders.: Bevölkerung und Kultur. Volks- und Berufszählung vom 6. Juni 1961. H. 2. S. 106.

Ders.: Bevölkerung und Kultur. Volkszählung vom 27. Mai 1970. H. 6. S. 28f.

Ders.: Bevölkerung und Erwerbstätigkeit. Volkszählung vom 25. Mai 1987. Fachserie 1. H. 6. S. 72.

Ders.: Private Haushalte nach Haushaltsgröße. Abt. VIII B. Wiesbaden 1998.

Statistisches Jahrbuch für das Deutsche Reich - Kaiserliches Statistisches Amt (Hg.): SJ 11.1890. Berlin 1890.

Ders.: SJ 16.1895. Berlin 1895.

Ders.: SJ 25.1904. Berlin 1904.

Ders.: SJ 29.1908. Berlin 1908.

Statistisches Jahrbuch für das Deutsche Reich - Statistisches Reichsamt (Hg.): SJ 43.1923. Berlin 1923.

Ders.: SJ 44.1924/25. Berlin 1925.

Ders.: SJ 46.1927. Berlin 1927.

Ders.: SJ 53.1934. Berlin 1934.

Ders.: SJ 54.1935. Berlin 1935.

Ders.: SJ 59.1941/42. Berlin 1942.

Stein, Albert: Kirchengliedschaft als rechtstheologisches Problem. ZEvKR 29.1984. 47–62.
Sternberg, Johannes-Georg: Kirchenaustritte in Preußen von 1847 bis 1933 im Lichte der kirchlichen Publizistik als Anfrage an die evangelische Kirche. Bochum 1992.
Stoll, Peter: Sozialwissenschaftliche Überlegungen zur Kirchenmitgliedschaft. In: Loewenich, Hermann von, Horst Reller (Hgg.): Unterwegserfahrungen: Gemeinde entwickeln in West und Ost: Überlegungen und Kurzkommentare zur „missionarischen Doppelstrategie". S. 84–106. Gütersloh 1991.
Stollberg, Dietrich: Seelsorge praktisch. Göttingen 1970.
Walf, Knut: Artikel: Kirchengliedschaft. II. Römisch-katholisch. EStL 1. Sp. 1604–1606. Stuttgart [3]1987.
Weber, Hermann: Artikel: Körperschaft des öffentlichen Rechts. EKL 2. Sp. 1453 f. Göttingen [3]1989.
Wendt, Günther: Bemerkungen zur gliedkirchlichen Vereinbarung über das Mitgliedschaftsrecht in der EKD. ZEvKR 16.1971. 23–37.
Wichern, Johann Hinrich: Sämtliche Werke Bd. III/2. Hg. v. Peter Meinhold. Berlin/Hamburg 1969.
Wöllnersches Religionsedikt: Novum Corpus Constitutionum Prussico-Brandenburgensium 8,2. Sp. 2175–2184. Berlin 1791.
Zentralarchiv für Empirische Sozialforschung an der Universität zu Köln, Zentrum für Umfragen, Methoden und Analysen (ZUMA) (Hg.): Allgemeine Bevölkerungsumfrage der Sozialwissenschaften ALLBUS 1994 - Codebuch. Köln 1995.
Ders.: Allgemeine Bevölkerungsumfrage der Sozialwissenschaften ALLBUS 1996 - Codebuch. Köln 1997.